尼山丛书

第八届
尼山世界文明论坛
文集

第三卷

尼山世界儒学中心
中国孔子基金会秘书处 编

山东友谊出版社·济南

"讲仁爱""讲道德"的孔孟仁说

向世陵

(中国人民大学国学院)

摘要:"讲仁爱""讲道德"具有十分丰富的思想蕴含。孔孟的"道德"或"仁义道德"渗透到社会生活的方方面面,从孝悌到为政、从情感到礼法、从需要到权利、从个人修身到社会治理和民生疾苦等无不关联,并牵连到儒道等多家"仁"说。得"仁道"者生,但"不仁"之道也有自身的价值。"仁爱""仁义"都在不断充实着"道德"的内涵并为其实现提供最重要的生机活力。

关键词:仁;道德;仁爱;仁义

党的十八大以来,习近平总书记多次号召我们"讲仁爱""讲道德",认为"国无德不兴,人无德不立"[1],这是对中国传统优秀文化最好的继承,如今这已逐渐成为社会的风气。

仁爱与道德在传统社会是密切关联的,因为"仁"自孔子始已成为儒家道德的核心。孔子创立了仁学,又注重人的德行修养,提倡以德治国,故后又衍生出"仁爱""仁道""仁德""仁义道德"等相应的语词。但传统社会的"道德",较之我们今天通用的"道德",含义要更为宏阔。从个体修身、人格培养、社会习俗、民生疾苦到宇宙本原,可以说无处不有它的身影。我们要讲好新时代的"道德",就应该珍惜这一传承悠久的文化资源,弄明白传统社会"仁义道德"的蕴含及其价值所在。

---

[1] 习近平:《汇聚起全面深化改革的强大正能量》,《人民日报》,2013年11月29日。

一、依据于"道德"的"仁爱"

孔子讲过一段在后世很有名的话,就是"志于道,据于德,依于仁,游于艺"(《论语·述而》)。这里的"道德仁艺",如果宽泛地解释,就是君子一生,应当是志向在道,根据在德,依凭于仁,而悠游于礼乐射御书数"六艺"之中。在这里,除"游于艺"之"游"特别一些外,"志""据""依"三者含义虽也有别,但其实并没有太大的异义,它们在孔子那里属于平行的同等程度的语词,故在不同情形下也可以互换,例如孔子不仅讲"志于道",他也讲"志于仁"(《论语·里仁》)便是如此。三者的不同,多半还是出于修辞的需要。

放在整个《论语》的语境中来审视这四句话:首先,由于"性与天道不可得而闻"和"朝闻道,夕死可矣"的缘故,"闻道"明显不易,但也正因为如此,它成为君子追求的最终目标;其次,由于"天生德于予"和"君子怀德","德"为君子本来具有,关键在始终坚守不失,反面之例,便是中庸之德,民失之已久矣;再次,孔子于仁,有多方面的考量和要求,"依于仁""志于仁"是正面讲,反面说就是"不违仁",故君子应当"知仁""好仁""安仁""为仁",而理想的结果便是"求仁而得仁"。可以说,孔子的这些"仁"说,也不妨看作是对"志于道""据于德"的要求,因为"道德"总体上是原则性的,它们的价值内涵及其实现方式,还需要具体明确,即必须要有"仁"的内容并在"依于仁"的人生实践中去获得真正的体验。人若真能以"仁"为依凭,就不但"道德"的方向明确,而且可以从容地悠游于"六艺"之中,因为"六艺"在孔子,本来就是展示他仁学精神的道德实践活动。

孔子没有将"仁"与"道"或"德"组合起来成为"仁道"和"仁德",但他讲过"君子学道则爱人"(《论语·阳货》),又以"爱人"解答"仁"(《论语·颜渊》),这不但可以关联起"仁爱"一词,而且可推知此"道"的内涵就是仁;而颜渊所以位列"德行"科之首,远超越其他弟子而最为孔子看重,正是因为他能"其心三月不违仁"(《论语·雍也》),仁心在根本上塑造了人的德行,故"德"的内涵同样是仁。正是因为如此,儒家注重仁爱的"道德",也不妨具体化为"仁道"和"仁德"。"仁"的精神进入"道德",是儒家学说成立的关键,因为它真正标示出了儒学的本色就是仁学。

从孔子所言和儒家仁学后来发展的实际看,从"仁爱"出发讲"道德",展现为一种蕴含十分丰富的场景和内容。因为"仁"在孔子是一个多义性的范畴,例如:"夫仁者,己欲立而立人,己欲达而达人"(《论语·雍也》),这是承认我和他人都是同样的人,都享有平等的权利,爱自己也应当爱他人;"克己复礼为仁"(《论语·颜渊》),这是立足于自我修身和践行礼制规范,对什么是"仁"进行定义性的解说;"观过,斯知仁矣"(《论语·里仁》),表明仁德离不开知觉智慧,这里需要正确的是非善恶判断;"能行(恭、宽、信、敏、惠)五者于天下为仁矣"(《论语·阳货》),明确宣示作为仁人,应当具备恭敬、宽厚、诚信、勤敏、惠爱这五种德行;而孔子答樊迟问仁的"爱人"(《论语·颜渊》),则是直接标举出"爱"的情感关怀,再联系到"泛爱众"(《论语·学而》),不但表明了"爱人"是一种责任,更凸显出"爱"所具有的普遍的人类之爱的价值。

可以发现,在孔子的这些"仁"说中,尽管"仁"具备多面向和多层次的蕴含,并在社会生活中发挥着不同的作用,但"爱"与"德"无疑是贯穿于其中的主干,而且二者间又是相互关联的。人本主义哲学和心理学家弗洛姆说:"所有形式的爱常常包含着共同的基本要素:关心、责任、尊重和了解。"[1]显然,作为"爱"的这些"共同的基本要素",东西方哲学是具有共识的。审视孔子的仁学,一方面,"爱人"聚焦了"仁"的精神,突出了对人的关爱和尊重,而且将人与人之间的情感交流和维系社会群体必需的互助扶持等亲社会行为联系为一体。另一方面,"仁"之一词在经由孔子编选而来的《尚书》中就与人的德行或曰"道德"密切关联,君主的德行、爱民的政治和民心的归顺是相互依赖而共存的[2]。这也附带解释了孔子一生都期待的从政治国的指导方针,就是"为政以德"(《论语·为政》)。那么,孔子这里的逻辑,就是"德"与"爱"的这种内在联系,必然会外化和彰显为"为政"的治国实践及相应的礼法制度。"仁爱"概念的出现,自然就反映了这样的趋势和要求。

据现有文献看,"仁爱"这一复合词不见于先秦时期主流或经典的儒家代表作,而是初现于孔子后裔编集的《孔子家语》之中。《孔子家语·五刑解》记载,弟子冉有向孔子讨教上古三皇五帝为何"制五刑而不用",孔子给予了解

---

[1] [美]艾里希·弗洛姆著,刘福堂译:《爱的艺术》,上海:上海译文出版社2018年版,第29页。
[2] 参见《尚书》的《仲虺之诰》《太甲下》《金縢》《蔡仲之命》诸篇的"仁"说。

答,认为刑罚制度必须要有,但那针对的是不孝顺父母、不遵守礼制的不法之徒,而不是普通民众,这里更需要重视的是仁爱的情怀。孔子曰:"是以上有制度,则民知所止,民知所止则不犯,故虽有奸邪、贼盗、靡法、妄行之狱,而无陷刑之民。不孝者生于不仁,不仁者生于丧祭之无礼也。明丧祭之礼,所以教仁爱也。能教仁爱,则服丧思慕,祭祀不懈,人子馈养之道。丧祭之礼明,则民孝矣,故虽有不孝之狱,而无陷刑之民。"(《孔子家语》卷七《五刑解》)

《尚书》中有《吕刑》篇,具体阐释了从上古传承而来的"五刑",虽然刑罚必须威严,但贯穿刑罚的基本精神是"德","德威惟畏.德明惟明",而且是有德者才能典刑事[①]。《吕刑》言德刑而不言仁礼,而在《家语》中,孔子则依据仁礼诠释德刑,并将仁爱的精神灌输于其中。在孔子师徒问答的具体场景中,"仁爱"是构成丧祭之礼的基本内涵,是礼法的中心,内仁与外礼互相发明。

在文中,孔子所以要通过"明丧祭之礼"去"教仁爱",基本理由在孝道。"孝"作为对父母的敬爱,在《论语》中被规定为"为仁"之本,"不仁"自然就是不孝。讲"仁爱"的孝道,在父母活着时表现为子女馈养父母,而在父母去世后,则转化为对父母的服丧思慕,祭祀不懈。生前死后能够一致尽孝,这是对孔子申明的"生事之以礼,死葬之以礼,祭之以礼"(《论语·为政》)的仁孝原则的最好的贯彻。所以《家语》要说"丧祭之礼明,则民孝矣"。尽孝爱父母集中表现了仁与礼的一致性,如果人民都能依仁循礼,就从根本上避免了"不孝"刑罚的惩治,"而无陷刑之民"。

与践行仁孝相反,"不孝"则属于刑罚惩治的首恶大罪。《孝经》言"五刑之属三千,而罪莫大于不孝",故必须严惩这一"大乱之道"(《孝经·五刑章》)。从《孝经》到《孔子家语》,内容都有《五刑》一章(篇),就此可见孔子并非不重视刑罚。因为"齐之以刑"毕竟可以收到"民免"而不犯罪的效果(《论语·为政》)。但是,"为政"的重心却不能放在刑罚,而必须放在仁德上。刑罚的作用也就主要在儆戒,即虽有而不用,以期达到孔子向往的"孝治"天下的场景:"孝者,德之至,道之要也。民用和睦,上下无怨"也(《孝经·开宗明义章》)。这个维系着"德""道"关键的孝,正是仁德、仁道,是仁爱精神的最真切的贯彻,它所

[①] 参见《尚书·吕刑》,孔安国传,孔颖达疏,李学勤主编:《十三经注疏·尚书正义》,北京:北京大学出版社1999年版,第432、552页。

宣扬的"民用和睦,上下无怨"而不用刑罚的"太平"盛世,用《韩诗外传》的话来说,就是:"太平之时,民行役者不逾时,男女不失时以偶,孝子不失时以养。外无旷夫,内无怨女。上无不慈之父,下无不孝之子。父子相成,夫妇相保。天下和平,国家安宁。"①

人与人和睦相爱,一切和和美美,刑罚自然悬置而无所可用。因为制定刑罚惩治犯罪,其初心是爱民而不是害民,而不能舍本逐末:"刑罚之所以生,各有源焉。不豫塞其源,而辄绳之以刑,是谓为民设阱而陷之。"(《孔子家语·五刑解》)"豫塞其源"要求从根源入手,对民众进行教化和引导,而决不能"为民设阱"采用愚民政策。"是故先之以博爱,而民莫遗其亲;先之以敬让,而民不争"(《孝经·三才章》)。随着圣王身体力行的教导,仁爱的精神已化为百姓日常的孝让品行,人民自然不可能再违法犯罪。

二、仁义互发的"道德"与"道二"的分解

《孝经》讲的"博爱"与"敬让"如果拆分开,"博爱"自然是仁,即以普遍之爱引导孝亲以至成为风尚;"敬让"则属于义,即通过敬上让长、谨守秩序消解民之争心。由此,"义"的范畴亦不可少:"义所以别贵贱,明尊卑也,贵贱有别,尊卑有序,则民莫不尊上而敬长"(《孔子家语·五刑解》)。尊上敬长的良好社会氛围依赖于规范秩序,人有爱和享受爱的权利,但同时也有接受基于"义"的规则和礼法的义务。《礼记·乐记》称:"仁以爱之,义以正之,如此则民治行矣。"仁、义分说的理由还是充分的:基于仁心而爱人是仁学的基础,但只有爱,人心容易流散而无序,故必须辅助以"义"来正之。如果人人都依仁守义,孝亲而又敬长,天下大治就在不言之中了。

如此仁与义的相互发明,回到《论语》,实际就是孔子强调的"孝悌"伦常的推广。不过,孔子自己是将孝悌双方都系属于仁的。作为一个复合词的"仁义",是由曾"学儒者之业,受孔子之术"(《淮南子·要略》)的墨子创先使用的。作为对以"邪说""充塞仁义"的墨家学说的批评者,孟子应该非常熟悉墨子的

---

① 韩婴撰,许维遹校释:《韩诗外传集释》卷三,北京:中华书局1980年版,第102页。

"仁义"说①,而且反过来可以说明他不能不受到其时流行的重孝悌的"仁义"观的影响。事实上,儒墨都是把他们推重的孝悌的根源,一同上溯到尧舜先王之道的。而"尧舜之道,孝弟而已矣"(《孟子·告子下》)。不过,孝悌或仁义虽然畅行于天下,但它们各自的侧重,孟子以为仍然需要留意。按他自己的简别:"亲亲,仁也;敬长,义也;无他,达之天下也。"(《孟子·尽心上》)

在这里,亲亲、敬长本来是基于家庭关系而成立的个体的良善品质,属于私德的要求;但随着它被提升为仁、义的一般原则和规范,就使得原属个体的美德变为通行于整个天下、构成为调节全社会人伦秩序的普遍道德法则,即又兼通社会公德了。孟子引用《诗经·既醉》之语发挥说:"《诗》云:'既醉以酒,既饱以德。'言饱乎仁义也,所以不愿人之膏粱之味也。"(《孟子·告子上》)醉酒烘托饱德,而这"德"的内容就是仁义,内在仁义充实,善德光明彰显,这是做人的真正的追求,而不是满足口腹之欲的膏粱美酒。

仁义公私德兼顾,由个体推广到社会并用以治理国家,故孟子不谈"利吾国",而要求以仁义治天下。其基本的路径,就是"老吾老以及人之老,幼吾幼以及人之幼,天下可运于掌"的"推恩",并以为"古之人所以大过人者,无他焉,善推其所为而已矣"(《孟子·梁惠王上》)。今人所以不能及理想中的古人,就在于不能够将尊老爱幼、孝亲敬长的品德推广到全社会,用孟子说齐宣王的话,就是"功不至于百姓"。结果,不但不能保四海,甚至不能保妻子。

如此的仁义"道德",固然也关注个体修身和君子品格的崇高,但更重要的,还在经由孝悌的推广,去维系和改善人民的生计与国家的安危。生存权因之成为仁义的第一权利,并构成"道德"的基石。而其中所流淌的,正是"爱"的情怀。孟子呼唤仁义,正是要求普遍性地爱人敬人,"仁者爱人,有礼者敬人"(《孟子·离娄下》)。"仁者爱人"使儒家"仁爱"的标识,更加鲜艳夺目。同时,"敬人"之"义",在这里又成为"礼",是因为"礼"是"义"的外在规范。孟子虽极力弘扬仁义礼智"四德",但四德各自的地位和关系并不一样,按孟子自己的区分,"仁之实,事亲是也;义之实,从兄是也;智之实,知斯二者弗去是也;礼之实,节文斯二者是也"(《孟子·离娄上》)。仁义作为事亲从兄的孝悌之道,是

---

① 墨子从"天意"出发考察"仁义之本"而宣扬兼爱,"忠惠""慈孝"是与"仁义"并行的"天下之善名"。参见《墨子·天志中/天志下》的相关论述。

四德的中心，"智"是对这一中心的认知和坚守，"礼"则是规范仁义为可遵守依循的恰当礼节仪式。不过，由于仁爱之"义"总是要通过一定的礼节仪式表现出来，故孟子又时常将二者合为一体，而有"礼义"的称谓。

孟子为维护"孔子之道"而对"仁义"的强调和坚守，实际上形成了儒家以"仁义"论"道德"的传统，"仁义道德"后也因之成为中国仁学史和伦理学史上最负盛名的语词。到魏晋南北朝隋唐时期，由于佛老的流行和侵蚀，儒家"道德"的精神内涵变得模糊不清。韩愈为坚守儒家正统的"道德"观，提出了"仁与义为定名，道与德为虚位"的在思想史上振聋发聩的观点，以便使儒家的"仁义道德"与"去仁与义之言"的老子"道德"明确区别开来①。

的确，老子也有自己的"道德"，并有与孔子论"道德仁义"有些相似的"道德仁义礼"之说。但是，老子的"道德"在说明宇宙的创始，它恍惚又高远莫测，随着人"为仁""求仁"的主体性实践活动的日渐加强，现实人伦背离初始的"道德"越来越远。结果，道、德、仁、义形成前后否定而非共存的关系，即失道才有德，失德才有仁，失仁才有义，一句话，"大道废，有仁义"（参见《老子·三十八/十八章》）。从"道德"到"仁义"，其走向和趋势是步步退行的。

"道"既然是无为，"无情"就是一个基本的定位，故"天地""圣人"均"不仁"也。而在孔孟，道德的中心就是爱人，人情是一个基本的考量。"不仁"之无情，在孔子是明确反对的。弟子宰我不愿意为父母尽孝而守丧三年，背离了曾有"三年之爱于其父母"的亲情，所以孔子斥责他是"不仁"（《论语·阳货》）。子女不能尽孝，是下对上之"不仁"；而君王不爱下民，则显然是上对下之"不仁"。

孟子称述孔子之语曰："道二，仁与不仁而已矣"（《孟子·离娄下》）。"道"只有二，即"仁"道与"不仁"之道②。但到底是仁还是不仁，取决于是否敬君和爱民，而又尤其是后者。因为孟子坚守的"仁道"，就是尧舜传下的爱民之道。所以孟子提出的判断仁与不仁的标准，说到底是看执政者是爱民还是暴民及其程度差异："暴其民甚，则身弑国亡；不甚，则身危国削。"（《孟子·离娄上》）

---

① 参见韩愈：《原道》，《韩昌黎全集》，北京：中国书店1991年版，第172页。
② 如果做严格限定，传世先秦诸子文献尚未见有"仁道"一词。但《孔丛子·记问》记载有孔子作《丘陵之歌》，其歌词有"仁道在迩，求之若远"句。

不过,这个"仁与不仁"的"二道",如果换一个角度来看,那就是儒与道两家"道德"的分野,即孔孟的"仁"道与老子的"不仁"道。一方面,儒道双方都是尊崇"道德"的,而且还都从人世扩展到天地万物。老子讲"万物莫不尊道而贵德",只是"夫莫之命而常自然"(《老子·五十一章》),"道德"的尊贵,是体现在它们的"常自然"而"不仁"上的。因此,"不仁"在老子并不是消极否定的意义,它揭示的是天地和圣人"无为"的本性,故人们应当依循而不是违背,仁爱当然也就是不需要的。

然在孔孟,"不仁"则是反社会的,它会导致失去天下国家乃至自身生命,故绝不能坐视:"天子不仁,不保四海。诸侯不仁,不保社稷。卿大夫不仁,不保宗庙。士庶人不仁,不保四体"(《孟子·离娄上》)。那么,在儒家,"仁"道就是"生道","不仁"之道则是死道,可谓得之者生,失之者死也[①]。在"仁"道与"不仁"道上儒道的对立,也正衬托出儒家必须通过坚守"仁义"去彰显"道德"。在这里,如果我们将老子的"失道而后德,失德而后仁,失仁而后义"(《老子·三十八章》)的"道德仁义"说,按照其"道生万物"的宇宙生成论模式重塑一下,那就是有道方有德,有德方有仁,有仁方有义,一句话,有道德而后有仁义。"道德"既然为仁义奠定了最为牢固的宇宙论根基,那坚守仁义也就必然会弘扬"道德"。当然,这是孔孟也是整个儒家的道德——仁义道德。

[①] 明末高攀龙立足"生生"发挥说:"'道二,仁不仁而已'。仁,生道也;不仁,死道也。天下之祸,万有不同,皆死道也。天下之福,万有不同,皆生道也。仁则生,善则福,犹形影然。"高攀龙:《同善会序》,《高子遗书》卷九上,文渊阁《四库全书》,第1292册,第561页。

子家驹定律：人皆柔顺于"委食"
——公羊学语境下昭公流亡的政治哲学分析

余治平

（上海交通大学哲学系）

摘要：季氏当国，把持鲁政，昭公于廿五年立意铲除季平子势力，大夫子家驹以牛马尚能"对委己者柔"的道理相劝阻，隐喻鲁国民众则也会"顺于食己之人"。但未被采纳。昭公组织公室力量围攻季平子家族，没能把握住其求饶出逃的火候，导致叔孙氏、孟孙氏势力集结反扑，鲁大乱而昭公出奔于齐，流亡国外，最终还客死晋邑乾侯。昭公、季平子君大夫之间的博弈不只是"民为邦本"政治哲学底线要求在春秋学语境中的一次生动演绎，还交织着君臣一伦形式与实质、"得名"与"得民"的对冲和较量。昭公是君，但已名存实亡，徒有礼制形式的合法性。而季氏大夫柄权，虽非礼却因政绩而获得民众支持，具有实质的合法性。昭公之失是他在任期间始终没能名副其实地履行国君职责，以至臣民皆大失所望。于是"得民"比"得名"更有道义力量。礼制形式必须服从于实质性的人民利益需要。

关键词：子家驹；昭公；委食；得名；得民

昭公廿五年是有异象的。夏天的时候，《春秋》曰："有鸜鹆来巢"，一种原非诸夏中国本土的鸟类，鸜鹆飞来鲁国都城并筑下窝巢。《公羊传》曰："何以书？记异也。何异尔？非中国之禽也，宜穴又巢也。"[①]《周礼·冬官考工记序》

[①] 何休解诂，陆德明音义，徐彦疏：《春秋公羊传注疏·昭公二十五年》（下），刁小龙整理，上海：上海古籍出版社2014年版，第1004页。下引该书文字，皆只标年份，而不出注。

云:"鹳鹆不逾济",①因为是热带、亚热带的飞禽物种。《穀梁传》曰:"来者,来中国也"②,指从南方、从外面飞向鲁国。胡安国《传》曰:"济水东北会于汶,鲁在汶南,其所无也,故书曰'有'。"③按照公羊家天人感应说的学术系统,论劝诫君王的事象,异比灾厉害,属于严重警告一类。非本土的外禽飞来,是一异;而穴居改建巢、占巢,则为二异。董仲舒《春秋繁露·王道》曰:"臣下上僭,不能禁止",有"鹳鹆来巢,《春秋》异之,以此见悖乱之征。"④外鸟飞来筑巢,鲁国必有悖乱发生。天性穴居的一种动物,现在竟然爬上了树,本该生存于地下的鸟类却霸占了树上的空间,显然是下级侵凌上级之乱象,抢了原本不属于自己的位置,"尊尊之道"不再。班固《汉书·五行志中之下》解释说:"鹳鹆,夷狄穴藏之禽,来至中国,不穴而巢,阴居阳位,象季氏将逐昭公,去宫室而居外野也。鹳鹆白羽,旱之祥也。穴居而好水,黑色,为主急之应也。天戒若曰,既失众,不可急暴;急暴,阴将持节,阳以逐尔,去宫室而居外野矣。昭不寤,而举兵围季氏,为季氏所败,出奔于齐,遂死于外野。"⑤此可谓"先事后异",政出大夫,季平子当国,以下犯上,僭越了作为国君的昭公之权力和尊严。天人相感,先异后事,鹳鹆一鸟的来源、习性、颜色都能够涵摄、预知昭公除季事件整个过程和最终结局。何休《解诂》曰:"非中国之禽而来居此国,国将危亡之象",非本土的鸟类入境,是凶兆,预示着国家即将灭亡。"鹳鹆,犹权欲。宜穴又巢,此权臣欲国,自下居上之征也,其后卒为季氏所逐。"权臣以下犯上,凌驾主公威风,大有夺君王之国的气焰。

一、"又雩"书法释放"逐季氏"信号

《春秋》曰:"秋,七月,上辛,大雩;季辛,又雩。"初三日,昭公举行大雩祭,

---

① 郑玄注,贾公彦疏:《重刊宋本周礼注疏附校勘记·冬官考工记序》,见嘉庆二十年江西南昌府学刻本《十三经注疏》(3)影印,台北:艺文印书馆2014年版,第595页上。
② 范宁注,杨世勋疏:《重刊宋本穀梁注疏附校勘记·冬官考工记序》,见嘉庆二十年江西南昌府学刻本《十三经注疏》(7)影印,台北:艺文印书馆2014年版,第180页。下引该书文字,皆不出注。
③ 胡安国:《春秋胡氏传·昭公二十五年》,杭州:浙江古籍出版社2010年版,第440页。下引该书文字,皆不出注。
④ 董仲舒:《春秋繁露·王道》,见乾隆三十八年抱经堂刻本影印,上海:上海古籍出版社1989年版,第25页下、第26页。
⑤ 班固:《汉书·五行志中之下》,陈焕良、曾宪礼标点,长沙:岳麓书社1994年版,第640页。

以求降雨;下旬,廿三日,再次举行大雩祭,依然在祈求上天降雨于鲁国。每年四月,当龙星出现时,鲁国都要定期举行雩祭,即正雩或常雩。夏季、秋季遇有大旱,则需要另外举行没有乐队伴奏的雩祭,以求上天降雨人间大地。《公羊传》曰:"又雩者何?又雩者,非雩也,聚众以逐季氏也。"经文称"又雩",实际上不是真的在举行雩祭,而是昭公聚集众多公室贵族的力量试图驱逐季平子。《穀梁传》曰:"又,有继之辞也",又字,似乎只在表达继续、后来、接着的含义,语气平实而冷静。然而,公羊家却并不这么认为。徐《疏》已经发现并总结说,"诸夏雩祭文,悉不言'又'",雩祭典礼是国之大事,一月之内,上旬刚办过一次,岂能轻易又于下旬再次重复呢?!既书"又",则显然"异于常例",当从别处理解和诠释。胡安国《传》曰:"季辛又雩,灾之甚也",昭公之政治失误已经到了非重视不可的地步了,值得反思、悔改之处也太多了。"昭公之时,雨雹地震四见于经,旱干为虐,相继而起",又"有鹳鹆来巢",现在的昭公如果能够"反身修德,信用忠贤,灾异之来必可御矣",如加防范,严格要求自己,似乎也还来得及。然而,可惜的是,昏庸的昭公却至今"犹不知畏,罔克自省",于是也便可知他铲除季氏行动之最终结果了。

《解诂》曰:"一月不当再举雩。言'又雩'者,起非雩也。昭公依托上雩,生事聚众,欲以逐季氏。"经文"不书'逐季氏'者,讳不能逐,反起下孙,及为所败,故因雩起其事也。"《春秋》经文记录旱情,超过一个月甚至一个季节不下雨的,才予以记录,短时间的则一律忽略。僖公三年"夏,四月,不雨",作为一大异象,何休注曰:"太平一月不雨,即书。春秋乱世,一月不雨,未害物,未足为异,当满一时乃书。"不雨、雩祭,加载《春秋》经,显然是有时间要求的。个把月的旱情,不足为《春秋》所牵挂,也犯不着君王出面兴师动众地举行一番祭祀之礼。《左传》则把事情想得比较简单:"秋,书再雩,旱甚也。"[1]旱情严重,需要雩上加雩,以表达人们求雨的虔诚心情,但这个观点则不为公羊家所认同。徐《疏》曰:"然则《春秋》之义,一时能害,方始书雩,岂有再举其雩乎?!"鲁国七月上旬的雩祭尚未见效,如果在七月下旬再搞一次,则显然是太靠近的重复,因而是无谓的折腾。"既无再举雩之例,而言'又雩'者,何?以起其非实雩"。经

---

[1] 杜预:《左传注·昭公二十五年》,上海:上海古籍出版社2016年版,下册,第879页。下引该书文字,皆不出注。

文书"雩",却不是真正的雩,其深刻用意,则还得到"雩"之外去寻找。①

既然昭公想借助于举办雩祭之礼,而聚集众人,驱逐季氏,经文为什么却不予以直接陈述呢?《解诂》曰:"不书逐季氏者,讳不能逐,反起下孙,及为所败,故因雩起其事也。"季氏力量实在太强大,远非昭公一时所能够扳倒。季友后裔,亦称季孙氏,是鲁国当国的权臣,史称"三桓"之一。季氏家族的势力形成于僖公时期,壮大于成公年代,至昭公已经尾大不掉了。季友之孙季文子,即行父,传其子季武子,武子又传其孙季平子,平子执掌国朝十八年之久,又传其子季桓子,桓子又传其庶子季康子,相继垄断鲁国的军政大权。孔子所见之世,书法则当隐晦。昭公微弱,只能听任季氏,虽有拨乱反正之心,却无镇压之力,《春秋》为之避讳,故意不提及事情的真相,而只是以轻飘的"又雩"二字而一笔带过,看似无关紧要,但却可能已是剑拔弩张而惊心动魄的历史事件,唯有目光敏锐的读者,方可咀嚼出潜藏在这两个字当中的大义。②

据《左传》,公为、公果、共贲等鲁大夫都很怨恨季平子的专横,怂恿昭公铲除季氏集团。预测事态的发展结果,大夫臧昭伯认为难以成功,郈昭伯却认为可以。大夫子家懿伯则也投了反对票,理由是:"谗人以君徼幸,事若不克,君受其名,不可为也。舍民数世,以求克事,不可必也。且政在焉,其难图也。"然而,九月戊戌,固执的昭公却还是选择了"伐季氏",也攻入了季氏家门。季平子登上家中阳台而请求曰:"君不察臣之罪,使有司讨臣以干戈,臣请待于沂上以察罪",这是季平子第一次降低条件,希望昭公把他放逐在沂水边上的采邑去进行自我反思罪过,可是昭公"弗许"。季平子又"请囚于费",主动求刑,也被拒绝,这是季平子第二次开出自我处罚的条件,可是昭公依然"弗许"。季平

---

① 公羊学解《春秋》,常常喜欢使用一些特别的辞,故意"歪曲"一下最基本的事实,而传递出几许自己想象中特别的意义,作为王道真理而信奉、呼吁和坚守。康有为《春秋董氏学》称:"盖《春秋》之作,在义不在事,故一切皆托。"孔子著《春秋》,就使用了很多"托",因而也要求读者别盯住那些事情描述,而应该侧重于发现藏在其背后的深刻蕴意。《左传》只是平铺直叙、忠实纪录历史事件之本身,而《公羊传》则一定要在其中引申出"自以为是"的意义,阐发其所蕴藏的道义价值和伦理规定。
② 孔子所见世,昭公"逐季氏,而言又雩",则显然是"微其辞也"。微词,寓意隐蔽而深邃,不会轻易被发现和看穿。仅从其字面是不可能读出作者的隐蔽意义的,经文"又雩"二字绝非宫廷政变的血腥,也没有剑拔弩张、一触即发的战争火药味,但它可以非常巧妙地传递出昭公聚集鲁国公室力量准备反扑除害、拨乱反正的信息。"又雩"是集体活动,政变也是集体行动,二者有共性,即都要聚集人,都要整合各种力量。因为人群聚集,则容易闹事。个人有理性,集体却无意识,经常会沦落为不自觉的盲从。任何政军事件或民间的造反起义,一旦发生集体非理性行为,则皆不可收拾。

子的第三次请求则是:"以五乘亡",出奔国外,从此再也不踏入鲁国半步,可是昭公依然"弗许"。子家懿伯则劝谏说:"君其许之!政自之出久矣,隐民多取食焉,为之徒者众矣。日入慝作,弗可知也。众怒不可蓄也,蓄而弗治,将蕴。蕴蓄,民将生心。生心,同求将合。君必悔之!"只可惜昭公"弗听"。昭公当时的心里期望值很高,非除害不可,绝不留有后患!郈昭伯这时也火上浇油说"必杀之",斩草要除根,一定要置季平子于死地。然而,就在这个决定昭公命运的关键时刻,季孙、孟孙前来搭救季平子了。叔孙氏之司马鬷戾聚集众人拼死攻打季氏家宅的西北隅,成功突破昭公防线。孟懿子拘捕了郈昭伯,"杀之于南门之西",并开始攻打昭公的军队。子家子曰:"诸臣伪劫君者,而负罪以出",有意让昭公留下。如果季平子"意如之事君也,不敢不改"。昭公则说:"余不忍也。"昭公与臧昭伯到公室墓地商议后,便离开了鲁国都城。己亥,失势的昭公逃到了齐国,临时驻扎、留宿在齐鲁边界在线的城邑——阳州。可见,昭公的失败有两个主要原因:一开始并不能够认清自己的政治处境,轻视了长期掌握执政大权的敌人已形成的顽固势力,不听从良言劝告而轻易攻打季平子;在掌握绝对军事优势的情况下又不能作出适当的让步,错失了制胜的大好时机,一旦敌人纠集、反扑过来则了无还手之力,只得丢失王位而仓皇逃窜,连本国都待不下来,而不得不选择流亡生涯。《春秋》经文不提及昭公出逃的悲催过程,显然是在为尊者讳。

二、牛马"对委己者柔"

《春秋》曰:"九月,己亥,公孙于齐,次于阳州。"鲁昭公出奔、逃亡到了齐国,停留或驻扎在阳州。孙,通"逊",指逃遁,逃亡。《说文·辵部》曰:"逊,遁也",指逃跑。《穀梁传》曰:"孙之为言,犹孙也。讳奔也。"《春秋》为昭公出逃而避讳,言其"孙"而不直言"遁",严守"尊尊之道"矣。胡安国《传》曰:"内出奔,称'孙',隐也。"《春秋》王鲁,对鲁国之人事单独建构一套叙述语言,其书法、辞法皆有别于其他诸侯国。鲁国的君臣流亡到外国,《春秋》经文并不直接称"出奔",而是曰"孙"。解其为"隐",指哀怜、同情,《孟子·梁惠王上》曰:"王若隐其无罪而就死地,则牛羊何择焉?"赵岐《注》曰:"隐,痛也。"[①]于此则表明

---

① 参阅焦循:《孟子正义·梁惠王上》,北京:中华书局1983年版,第83页。

孔子不忍心直言作为国君的鲁昭公活生生被赶出了鲁国这一悲催的事实。《春秋》对所发生的历史事件,录不录地名,则也有一定的讲究。《解诂》曰:"地者,臣子痛君失位,详录所舍止。"孔子作《春秋》,写到这里,十分体谅鲁国众多臣子痛失其君王、已经六神无主的心情,所以便直接记录下了昭公流亡途中临时驻扎的地名,寓意日夜牵挂、时刻关注。

昭公铲除季平子的势力,经文只交代了一句最后的结局,《传》文则陈述了事件的全部过程。昭公将以"无道"、长期"僭于公室"为由而杀季氏,臣下子家驹却敢于当面历数昭公本人僭越天子的非礼行为:宫门外建构两观,乘坐大路车,以朱干玉戚表演《大夏》之舞,以"八佾"的超规格表演《大武》舞蹈;并且,还认真分析了铲除行动的困难与所带来的巨大风险:即便牛马也会顺从于豢养它的主人,季氏虽然专权但却长期受到民众的拥护,还是不要多取其辱了。然而,昭公却不听从贤臣的劝告,铲除行动便以溃败而告终,不得不离开鲁国而"走之齐"。

昭公杀季氏,《传》文欠缺使用了一个"弑"字,值得玩味。[①] 臣下杀君上曰弑。徐《疏》曰:"臣下犯于君父,皆谓之'弑'。"儒家重礼,杀的行为具有等级区分。以下杀上,臣下、儿子谋害君、父的行为则一律称作"弑"。隐公四年,《公羊传》曰:"与弑公",《解诂》曰:"弑者","杀君之辞"。《春秋》一书中,凡臣弑君,则皆罪该万死,天子、诸侯理当联合讨伐之;子之杀父,也罪大恶极,而不可饶恕。《解诂》曰:"《传》言'弑'者,从昭公之辞。"季平子是臣,昭公是君,大夫长期擅政,僭越君权,故君刻意要予以清除,杀了就杀了,理所应当,按《春秋》常例则不该用"弑"之辞,用"弑"则明显如《疏》所曰"违于常义"。何休称:"昭公素畏季氏,意者以为如人君,故言弑。"猫竟然怕起了老鼠,天理安在?!诸侯畏惧大夫,并还把大夫当君主一样看待,这样的君王当得怎么不憋屈呢?!《疏》曰:"君讨臣下,正应言杀。"《传》文却让季平子享有昭公一样的属辞,可能是顾及季氏已经长期摄行王事的基本事实,但又是一个明显违礼的巨大错误。《疏》曰:"季氏为无道者,谓无臣之道。"季氏无臣子之道,《传》则必须予以纠

[①] 《传》"将弑",唐石经、诸本同。《释文》则作"将杀"。阮元校曰:"按依疏则《传》文本作'弑'也,汉石经、《公羊》'弑'皆作'试',犹今人语云'姑且试之',故其语可通乎上下也。"如果是"试",则说明对铲除季平子之事,昭公本人也在犹豫不决中,具有尝试、试探的性质,而不能断然胜算,故才征求臣下的意见。

正,国君杀一个逆臣,岂可滥用"弑"辞!

按照子家驹所说,"诸侯僭于天子,大夫僭于诸侯"已经是自春秋以来周室朝廷和各个侯国的一种基本政治生态了。称其为时"久矣",则是人所共见、共知的现象,是一种既定事实。只说"大夫僭于诸侯",昭公是能够理解的,自己就是"政出大夫"的受害者。而说"诸侯僭于天子",则属于臣下当面怼了一把君上,不得不佩服子家驹的胆略,同时,也意味着鲁昭公自即位以来并没有在臣子面前树立起足够的政治威信。《解诂》曰:"昭公素畏季氏",威风扫地,尊严全无,实在是丢尽了君王之为君王的大脸!臣下能够直言不讳地揭发主公僭越天子的一桩桩丑事,这是要让君王何颜、何言以对呢!好在《公羊传》并没有谴责子家子不忠,也没有批评他作为臣子不尊,而是任其列举诸侯如何僭越天子之事实,让鲁昭公也做一回鲜活的反面教材,季氏僭越昭公不妨理解为昭公僭越周王的翻版,都该被谴责、被批判。天子是诸侯的公室,诸侯是大夫的公室,尊重公室是春秋时代最大的政治,是《春秋》"大一统"的底线要求,属于最基本的礼法道义,理应无条件遵守。政出诸侯之后的一个必然性结果就是政出大夫,违礼之事可以上行下效,你对天子不臣,大夫就可以对你不臣。昭公对臣下僭越看得很清楚,却对自己僭越天子浑然不知,此乃人性之弱点。只看到别人对自己有错,而看不到自己对别人也有错。《解诂》曰:"失礼成俗,不自知也。"春秋以来礼崩乐坏的政治生态,已经让人们耳濡目染而见怪不怪、习以为常了。[1]

子家驹坦率地对昭公曰:"夫牛马,维娄委己者也,而柔焉。季氏得民众久矣,君无多辱焉!"这里的"维",本义为系物的大绳,又指系,拴着。《墨子·备蛾傅》曰:"客则乘队,烧传汤,斩维而下之。"[2]可引申为对家养牲畜的栓、系。《解诂》曰:"系马曰维,系牛曰娄",能具体辨别出拴马、拴牛的不同。《疏》曰:"皆谓系之于厩,不得放逸于郊也",并引《诗·小雅·白驹》曰"皎皎白驹,食我场苗,絷之维之,以永今朝"[3]为证,饲养在家中厩棚里的牲畜,肯定会对主人产

---

[1] 徐《疏》曰:"鲁人始僭在《春秋》前,至昭已久,故不自知",昭公本人就是在这种颠倒黑白、是非混淆的恶逆环境里成长、成熟起来的,因为缺乏足够的反思、自省能力与意识而未能免于默认不正常、非礼甚至罪恶之实然为应然。恰恰是这一点,也构成了昭公铲除行动失败的思想原因。
[2] 参阅孙诒让:《墨子间诂·备蛾傅》,北京:中华书局2017年版,第567页。
[3] 参阅雒江生:《诗·小雅·白驹》,西安:三秦出版社1998年版,第499页。

生感情,也会听主人使唤。"系牛曰娄者,正以上言牛马,下言维娄,维既属马,娄属于牛亦可知矣。而文不次者,意到则言矣。"但实际上,维马洛牛,应该是一种对文表达方式,指拴着圈养的牛马,而不必拆分开来解释。① 委,通餧,餧,后写作喂。《玉篇》曰:"餧,饲也",指对动物的饲养。《广韵》曰:"餧,饭也",喂饭,喂食。《礼记·月令》曰,季春之月,"餧兽之药,毋出九门。"② 餧、餧、喂,皆指把食物送进嘴里,给食物吃,提供食物,泛指饲养,豢养。委己,《解诂》曰:"委食己者",指喂养自己的主人。③

"对委己者柔",这姑且算作"子家驹定律"的最基本含义。在子家驹劝说昭公的对话中,蕴藏着一条铁打的政治哲学法则,那就是:谁对老百姓好,老百姓就拥护谁。大多数人对宫廷斗争、政权更替都是不关心的,甚至持一种无所谓的态度。在前民主时代里,人民是没有能力、没有渠道、也没有资格选择自己的代言人的,更不用说参政、议政了。民智未开情况下的民,往往是不会进行独立思考的。必须承认,绝大多数的民众是没办法站在王道正义、历史规律的高度,而去认识、理解眼前复杂的权力斗争和政治较量的,只会根据自己的感觉、生活的经验而决定他们的政治立场和政治取向。

三、"顺于食己之人"

铲不铲除季氏,可能跟鲁国的普通民众没有什么密切关系,他们根本就没有发言权,而反对铲除、甚至要誓死捍卫季氏的人,则肯定是那些在季氏集团统治期间的既得利益者们。《疏》曰:"言牛马之类,犹顺于食己之人,而季氏作

---

① 《疏》引旧说"娄者,侣也,谓聚之于厩",圈养一群牛马,而不是单只,作为副词,用以修饰牛马,似乎也通。
② 郑玄注:《宋本礼记·月令》(典藏本·上),北京:国家图书馆出版社2020年版,第293页。
③ "牛马维娄"也存在断句之争议。《解诂》于"娄"下断句,而曰"系马曰维,系牛曰娄",则断了文气,丢失了动词"委"的连续性。刘尚慈《译注》引高邮王引之《经义述闻》卷二十四曰:"此当读'且夫牛马'为句,'维娄委己者也而柔焉'为句。'维'与'惟'同,'娄'古'屡'字也(委,俗作餧)。云'屡餧己者'喻季氏之得民已久也。故下句曰'季氏得民众久矣',言牛马非他人是顺,惟屡餧己者而顺焉,亦犹季氏之得民久而民皆从之也。"此说也顺,只是对"维"、"娄"的解释有所不同。或连句"且夫牛马维娄委己者也",亦通,于义更为顺畅。引文见《春秋公羊传译注·昭公二十五年》,北京:中华书局2010年版,第563页。王闿运《笺》曰:"牛、马无亲,唯驯扰于屡饲己者。"牛、马之类的牲畜即便没有人一样的情感,但它们也都有一个共同的特性,即只听从于不断喂它们饲料的人,对别的人则皆不驯服。见《春秋公羊传笺·昭公二十五年》,长沙:岳麓书社2009年版,第479页。

赏,有年岁矣,民从之,固是其宜矣",显然,徐彦把"子家驹定律"揭示、阐释得更为彻底,"顺于食己之人"是人之本性,也是动物之本性,也可以说,是天地万物都有的一条必然规律。在这个世界上,没有什么绝对的真理,也没有什么绝对的正义,有的只是与自己相关的利益。《解诂》曰:"季氏专赏罚,得民众之心久矣。民顺从之,犹牛马之于委食已者。"千万不要把这里的"民众"理解成鲁国万千草民,而应该是"百姓之官",即身处鲁国体制内的既得利益者,他们是季氏当国期间的大夫、中低官吏阶层。这些人长期从季氏集团的手里领取俸禄,得到过无以计数的好处。想让他们拨乱反正,而帮助姬姓诸侯王室夺回权力,进而尊王道、正礼法,则几乎是不可能的,除非寄希望于季氏统治集团内部发生分赃不均的叛变。子家驹算是春秋时代的一位看透了政权本质、看透了人性本质的伟大政治家和伟大哲学家,他由此而果断推测昭公除季事件必然失败,十分英明地预知了最终结果,只可惜昭公却一丁点都听不进去。

子家驹甚至已经说到"君无多辱焉"的份儿上了,理由则如《解诂》所曰:"恐民必不从君命,而为季氏用,反逐君",昭公虽有理,公室虽然的确是站在公义、正义的一边,礼制上是合法的,因而"得名"。然而,鲁国的"民",主要指当此之时拥有发言权和决定权的体制内官宦阶层,他们会非常清醒地认准实权派,而无情地抛弃早已有名无实而沦为一副空架子的君王昭公。关键时刻,一定是实实在在的利益决定人持有什么样的立场并采取什么样的行动,而坚持王道真理、良心发现,也不是绝对没有,而只是概率极低。这就是残酷的现实,不承认也不行。"子家驹上说正法,下引时事以谏者,欲使昭公先自正,乃正季氏。"昭公不先行反省自己的过错,不赶紧纠正自己的失误,而想先拿已经"得民"的季氏集团开刀,奢望解决"政出大夫"的问题,则如同做梦,必然惨败。先是流亡齐国,栖居阳州,最后则客死他乡——晋国的乾侯。

"子家驹定律"并不深奥玄虚而难以认知,毋宁只是说出来一个最基本的政治哲学常识而已,这常识因为被遮蔽得太久,所以人们都没有清楚地意识到,并且也不重视。实际上,民谚俗语中也有类似的概括,"士为知己者死","女为悦己者容",《战国策·赵策》《史记·刺客列传》中都有类似的记载。男人最愿意为那些能够理解自己、欣赏自己的人而奉献出自己的生命;女人最愿意为那些喜欢自己、懂得自己的人而装扮面容,至于对方是好人、坏人,则都可以置之不顾。其实,这句话也能够补充证明"对委己者柔"这条政治哲学定律,甚至,其所站的层面还应该更高,因为"知己""悦己"都已经超越了"委己"的兽性需求和物性档次。前者显然是有高度、有境界的,已经超摆脱了肉体感性的束缚,而升华为一种理解自己、喜欢自己的精神追求上了,但后者却还在喂养、供养、饲养的生存论中打拼和挣扎。"士为知己者死""女为悦己者容"的道理很多人都能够明白,甚至可以达到不言而喻的程度,但"对委己者柔"在许多人那里却始终幽暗含糊而不得敞亮、澄明。

四、痛录之之辞:野井"遇礼"

《春秋》曰:"齐侯唁公于野井。"齐景公亲自前往野井慰问鲁昭公。唁是微词,其本义为吊丧,泛指对遭遇非常变故之人的哀悼,后则演绎为单指对遭遇丧事之人的慰问。[①] 这里的唁则特指慰问亡国、失地、易位的人。《穀梁传》曰:"吊失国曰唁。唁公不得入于鲁也。"鲁昭公身为一国之君,其失位之悲,失国之痛,犹如丧失了生命存在的死人,所以齐景公才前往给予慰问。只此一个"唁"字,足见孔子著《春秋》之何等费尽心机,如何巧妙揭示出昭公失位、失国的目前状况以及随后命运之悲惨。此乃《春秋》辞法之精妙矣!

齐景公前往野井慰问丧魂落魄的鲁昭公,了解昭公离开鲁国社稷具体缘由、过程和目前状况、未来打算。昭公连续三次拒绝齐景公赠予"先君之服"和"先君之器",其理由也值得玩味。第一次拒绝,是因为岂"敢辱大礼"而"敢辞",即把"先君之服"和"先君之器"当作莫大的礼品,失位、失国之君简直想都不敢想,更不用说占用和享受了。《解诂》曰:"不敢当大礼,故敢辞。"如此厚重的礼品与"不佞"之"丧人"身份极不相称,担当不起,消受不了,所以理应推辞不收。第二次拒绝,则是因为"吾宗庙之在鲁",也曾有"先君之服"和"先君之器",只是之前一直未加使用罢了,而今昭公如果整天穿戴、使用齐侯赠予的礼品,睹物思旧,则难免回想起自家的宗庙祖祢,激荡起作为不肖子孙的万千懊恼与悔恨,更会自加罪责一等,而痛心不已。《解诂》曰:"已有时未能以事人,

---

[①] 《说文·口部》:"唁,吊生也。"死者已逝,只能向生者表示慰问。胡安国《传》曰:"生事曰唁,死事曰吊。"现代汉语中,吊、唁一如,混淆使用,但古汉语中的吊、唁的对象是有所不同的,慰问活人,称为唁;悼念死者,则为吊。但《诗·墉风·载驰》曰:"归唁卫侯。"驱车回到卫国,悼念已经死去的卫戴公申。

今已无有，义不可以受人之礼。"自己也曾拥有过君王的礼服和礼器，只是当时没有穿上和使用，也未能体验一把作为君王的赫赫威风，现在穿上别国的君服、使用别国的礼器，则不但没有任何意义，也会使自己蒙受耻辱，则成何体统！从这个角度看，齐景公之赐服、赐器，未尝没有故意羞辱一下邻国之君鲁昭公的"险恶用心"。第三次拒绝，则是因为齐景公随机应变地说了一句"飧乎从者"，《解诂》曰："欲令受之，故益谦言从者。"送给随从人员，让他们穿上和使用，这个借口，看起来比较说得过去，算是给了昭公一个台阶下。但仔细想来则也有问题，齐国人为齐侯订制的服装、礼器，怎么可以赠送给鲁国君王身边的随从大夫呢，恐怕打死他们，也不敢僭越消受吧！然而，事不过三，齐景公连续三次非常诚恳的相劝，要求予以坦然接受，如果再拒绝下去，昭公就是非常严重的失礼了。

在齐景公面前称"丧人"，这是昭公自己的感喟。失位、丧国之人，不敢在别的诸侯面前使用自己的旧称。《解诂》曰："行礼，宾、主当各有所称。时齐侯以诸侯遇礼接昭公，昭公自谦失国，不敢以故称自称"，昭公已经没有脸面在齐国君王这里做客了，宾、主的地位和称呼其实已经严重不对等了，昭公曾经的拥有与齐景公现在的拥有，一虚幻，一真实，两者已经不能平起平坐了。按照公羊家的礼法，国是君的国，君是国的君，国君是不能离开自己的国度的。国家一旦发生危难，国君则应当"死位"，也就是说，要率领王族和军队竭力守护，以死相拼，而与国家相始终。但如果选择出逃，离开了本国，苟且偷生，流亡国外，则再也没有资格称自己为国君了。"嗷然"，指哭时发出没有实际语言内容的悲号，并且声音很大。《解诂》曰："嗷然，哭声貌。感景公言而自伤。"齐景公之言"孰君而无称"，其实是一句很平常反问句，哪有君王没有称呼的，还是正面肯定昭公是还鲁国的国君的，但弱者总有一颗"玻璃心"脆弱得很，听者有意，竟然就号啕大哭了起来。何休的理解是，"犹曰谁为君者而言，无所称乎？昭公非君乎？"昭公弃国而去，现在已经不是鲁国的国君了，因而不能再使用君王这一尊贵的称呼了，这个冷酷的事实已经严重打破了昭公君臣长期以昭公为君的心理习惯，但又必须直接面对而躲闪不得。然而，可惜的是，大家一时竟然还缓不过神来，所以便一起抱头痛哭。

一帮君臣哭过之后，大家围起来组成一堵矮墙，用车前横木的盖布当作席子,用马鞍当作桌几,昭公与景公行了诸侯相遇之礼。诸侯冬季相见之礼曰遇,仪节相对简约。惠士奇《春秋说》曰:"诸侯未及期相见曰遇,相见于却地曰会,莅牲曰盟。"按照周制,为降低串通、谋反的危险,王室对诸侯见面的频次和时间,皆有严格规定。诸侯不及时的见面,则谓遇。遇,也有一套仪式要求。《周礼·春官·大宗伯》曰:"以宾礼亲邦国:春见曰朝,夏见曰宗,秋见曰觐,冬见曰遇,时见曰会,殷见曰同,时聘曰问,殷眺曰视。"鲁昭公失位、失国而流亡到齐国的野井,齐景公是以遇礼之规格接待他的,《解诂》曰:"以诸侯出相遇之礼相见。"可惜的是,在荒郊野外,被环境、条件所限,故才以人为菑,以幦为席,以鞌为几,两位诸侯因陋就简,也算完成了一次遇礼。所以,孔子不得不发出"其礼与其辞,足观矣"的感叹,也恰恰反映出当时"礼崩乐坏"的程度已经非常严重了。《解诂》曰:"言昭公素能若此,祸不至是。主书者,喜为大国所唁。"出事之后的昭公,其言行皆合礼法要求,其对社稷的情怀也非常真挚诚敬,可惜为时已晚,早点如此也不至于落得一个流亡漂泊的悲催下场。

《春秋》载录齐景公前来慰问之事,何休以为是悲中有喜,大国诸侯还没有嫌弃和放弃鲁昭公,还能够与之一起行诸侯相见之礼。这无疑是对已经失位、失国而没有资格再称君王的昭公的一种政治承认,值得欣慰。但据《左传》,昭公的德行仍然没有多大改变。野井遇礼之后,齐景公想赐予昭公一块土地,"自莒疆以西,请致千社,以待君命。寡人将帅敝赋以从执事,唯命是听。君之忧,寡人之忧也。"齐、莒接壤处二万五千户的土地和人口规模,还有齐国的军队随时可供调遣,昭公当然很高兴。但随行大臣子家驹却坚定劝阻说:"天禄不再。天若胙君,不过周公,以鲁足矣。失鲁,而以千社为臣,谁与之立?且齐君无信,不如早之晋。"昭公很天真,智商有问题,政治上显得极不成熟,容易相信人。即便能够拿到齐、莒接壤处的这块土地,用作复兴基业的根据地,也得受制于人,甚至,还得向别人称臣。子家驹的理由是,从天道逻辑上看,上天不会向同一个人赐予两份福禄;从历史经验上看,被上天所保佑的各个君王中,最好的也不会超过周公了,赐予整整一个鲁国就已经足够了;而从目前所处的状况看,失去鲁国的君王,却领受下别的诸侯王赐予的二万五千户,既然做了别的诸侯王的臣子,谁还愿意帮助回国复位呢?!再从齐国的做派和齐侯的为人上看,景公这人只是嘴甜,说说而已,是没有信用可言的,在齐国根本就不能待下去。最后，子家驹给昭公指点了一条出路：还不如早点去晋国，相比之下，晋顷公似乎还可靠一些。然而，昭公却执意"弗从"，他更大的悲剧已经为时不远了，甚是可惜！胡安国《传》直言不讳地批评昭公曰："昭公丧齐归无戚容而不顾，娶孟子为夫人而不命，政令在家而不能取，有子家子之贤而不能用，而屑屑焉习仪以亟，能有国乎?!"大行已失，却在小礼上计较，往往抓不住事情的本质要害，没有经邦纬国之大气象。孔广森《通义》曰：经文"讥昭公不知礼之本，而威仪、文辞是亟，故不能以礼为国，致有此辱也。"礼只是事情的纹饰，有所规范才可以保证事情做成做好，切不可丢掉事情本身。昭公对礼的理解过于表面化，这便决定了他不可能真正治理好鲁国。

《春秋》有地之、不地之书法。经文记下齐国的地名"野井"，明确地之，也属于痛录之、详录之之辞。《解诂》曰："地者，痛录公，明臣子当忧纳公也。"这是孔子故意要把昭公失国后的遭遇描写得凄凉、惨烈一些，以便足以引起后世王者的高度警惕。同时，也试图严正提醒目前还在鲁国的那些臣子们：应该认真考虑一下如何让昭公回国光复的事情了。徐《疏》曰："书其唁公于野井者，正欲痛公而详录之"，事发突然，越是悲剧，读者则越会等待进一步的消息，故希望能够载录下事件的整个过程，甚至不放过任何一个细节。徐彦引昭公二十九年春，"齐侯使高张来唁公"，则不书地名，而以为"不复书其地，正以公居于运，与在国同，故与此异"，诸侯国内出行，是可以不地的；而昭公三十一年夏，"晋侯使荀栎唁公于干侯"，为了交代并突出鲁国的君王昭公目前已经流亡到晋国的城邑了，故特意地之，则"与此同"。

五、"齐侯取运"：尴尬的鲁昭公

《春秋》曰："十有二月，齐侯取运。"齐景公率师占领了鲁邑西运。运邑，《穀梁传》《左传》皆作郓，鲁国之西运，靠近齐国，今山东郓城东。运邑的隶属关系比较复杂，鲁昭公二十五年"齐侯取运"，让逃亡的昭公居住，实际已经在齐国的控制之下，至鲁定公十年，方才归还。《公羊传》曰："外取邑不书？此何以书？为公取之也。"按照《春秋》之正常书例，外国军队夺取别国的城邑是不予记载的，但这次则例外，原因就在于齐国挑起侵略鲁国战争的意图是为鲁国君王昭公的生存和复国而夺取地盘。取，是《春秋》战辞书法中较为严重的一级,经过激烈的交锋,已经拿下并占有了对方的城邑或土地。《左传》则曰"围","十二月庚辰,齐侯围郓",则显得温和得多。根据齐、鲁目前的军事实力对比和政治影响度,鲁国已经是无君无主之国,季氏集团断然不敢迎战,齐师包抄郓邑,鲁国无奈而放弃守护的可能性则极大。

《春秋》一向反战,却还把"齐侯取郓"当作一种善举。《解诂》曰:"为公取郓以居公,善其忧内,故书。不举伐者,以言语从季氏取之。"齐景公占领西郓,其军事目的并不是为自己扩大地盘,而是为出奔在齐的流亡国君鲁昭公考虑,准备为他设立一块光复的据点。故经文并没有对齐侯使用"伐"辞,是孔子有意而为之的。孔广森《通义》引孙觉曰:"《春秋》取田邑,皆贬之曰人,罪其擅取也。惟齐景为昭公取郓,以其取不为己得,特书其爵。"①经文没有写"齐人取郓",而称"齐侯取郓",刘敞《春秋传》曰:"外取邑称人,此其称齐侯,何?称人者,授之也;称齐侯,非授之也",②实际上称人之辞的"取",也没有得到任何合法授权,故不从。在《春秋》,齐景公取郓,虽然是一种不受鼓励的军事行动,但也为其保留了爵位,没有直呼其名,说明并不"绝"之,意在表彰一种天下无道之际诸侯救诸侯、危难之时还能够有人帮衬一把的善良德行。然而,叶梦得《传》却又不同意,而有另解,昭"公不能自有其地,而齐取之以居公。为公者,病矣。其挚齐侯者,不能纳公而徒取其地以居之,非诸侯之道也。"③齐景公夺得西郓之地,也是不会白白转让给昭公的,相反倒会自己占有之,这就不符合天下诸侯之间相携相扶的友谊了。但诸侯兼并、疯狂占有土地的本性,几乎是不可改变的。所以,还是叶梦得厉害,一眼就把齐景公隐蔽深邃着的内在欲望给看穿看透了。

外取邑不书,出现例外则必追究其原由。徐彦《疏》引襄公元年春正月,九国部队联合"围宋彭城",《公羊传》曰,宋大夫"鱼石走之楚,楚为之伐宋,取彭城以封鱼石"。经文书围,而《传》文书取。经文是要强调尽管鱼石有罪,但也

---

① 孔广森:《公羊春秋经传通义·昭公二十五年》,顾廷龙主编:《续修四库全书·经部·春秋类》影印,上海:上海古籍出版社2002年年版,第129册,第159页。
② 刘敞:《刘氏春秋传·昭公二十五年》,《文渊阁四库全书·经部·春秋类》影印,台北:台湾商务印书馆1982年版,第147册,第470页。
③ 叶梦得:《叶氏春秋传·昭公二十五年》,《钦定四库全书荟要》,长春:吉林出版集团有限公司2005年版,第34册,第343页。

不予诸侯专封。而《传》文则基于鱼石有罪,楚国竟然为之悍然采取军事行动,是在控诉楚之不义。然而,隐公四年春"莒人伐杞,取牟娄",却书伐、书取,《解诂》曰:"外但疾始",发生在鲁国之外的军事占领事件,虽不符合记录的原则,但孔子为了表达对入《春秋》第一次取别国之城邑事件的痛恨之情,故还是如实将其记录在史册上。

周天子分土封侯,以便拱卫天下共主。诸侯、三公、卿大夫的土地、爵位,皆受命于周王。《春秋》尊尊,诸侯之间凡发生取邑、灭国之类的恶性事件,皆为擅自变更土地关系,擅自消灭诸侯之位,应该受到天子、诸侯的联合讨伐。《穀梁传》曰:"取,易辞也。"虽然"内不言取",但"以其为公取之,故易言之也。"故"齐侯取运"的特殊性就在于他的主观目的是正确的,地拿过来之后还是在鲁昭公的名下,还是为鲁昭公所用,没有方向性错误,因而值得《春秋》所肯定。尽管如此,对于一国之君的昭公本人而言,看到外国诸侯率师占领自己国家的土地、包围自己国家的城邑、攻打和残杀自己国家的人民子弟兵,站在一旁的他,究竟是为之鼓掌呢,还是大声喝止呢?都值得我们深刻思索。其身份变易之迅速,角色转换之尴尬,思维错乱之幻化,人格分裂之剧痛,已非常人所能承受得了的!其君国荣誉感不丧失殆尽,个人的脸皮不足以厚,则肯定一时转不过弯来。可以说,这个弯子,转得越陡、越快,事情本身和主角人物的悲情就越浓烈,也越能够打动读者。

胡安国《传》曰:"及书'齐侯取运',则见公已绝于鲁",昭公允许或默认齐景公攻打西运之地,本质上就是一个不可原谅的错误,如果是主动催促,或积极怂恿,则更是一种莫大的罪恶了。"齐侯取运"的金鼓声一响,就意味着昭公已经自暴自弃而自绝于他曾经拥有的鲁国和鲁国人民了,鲁国的大片国土估计他今生今世,这辈子都回不去了,他也不可能再一次成为鲁国的君主了。"君者,有其土地、人民,以奉宗庙之典籍也",这是君之为君的底线要求。而现在的昭公,却是"已不能有而他人是保",把自己的生存安全和王位光复的希望统统都寄托在别国的诸侯身上了,这个宝,押得实在太危险了,明显已有"不君"之嫌,而不能成其为君了。"《春秋》之义,欲为君尽君道,为臣尽臣道,各守其职而不渝也。"昭公失国,理当死国,亦即拼了命地在国内加以捍卫,与"三桓"势力斗争到底,但他却选择了弃国而去,逃亡国外。故而已经被"素王"孔子行使惩治之权柄,褫夺了君王之命、君王之职。现在的昭公,已经不配再为君王了。"昭公失君道,季氏为乱臣,各渝其职而不守矣。其为后世戒,深切着明矣。"季氏虽乱,但他始终只在国内专政耍横,对国君不好,对人民还行,虽违背了"尊尊之道"的礼制规定,却也没有什么吃里爬外的恶行勾当。但如果昭公还不赶快离开齐国,任凭齐景公继续对鲁国肆意采取军事行动,昭公则早晚非沦为不齐不鲁而又亦齐亦鲁的"大鲁奸"不可,那可就要成为一个"国君叛国""国君卖国"的历史大笑柄了。

结语

鲁昭公与季平子的政治博弈,一方是君,一方是臣。按照周礼的规范要求,季氏长期当国、柄权则显然是不对的。自西周末期,尤其是春秋以来,"政出大夫"本身就是一大社会乱象,是"礼崩乐坏"的一个重要标志。昭公有心围剿季氏势力,也不应该叫做"政变",而应该是一种"拨乱反正"的纠偏才对。正常情况下,君杀大夫违礼,应该事先请示或禀报一下周天子;但大夫如果有罪,君则可以先斩后奏。《公羊传》在描述铲除季氏事件的发生过程中,竟然两次使用"弑"字。这显然是一个以下犯上、罪大恶极之辞,主语多为臣下。可见,这时候的孔子可能已经正视并面对季氏成为鲁的国家命运决定人的残酷现实,也承认了季平子在鲁的首脑和领导地位,因而便把昭公放在实际臣下的位置上加以叙事,这的确足以使《公羊》颠倒君臣,魔幻一把。昭公、季平子这对君、大夫之间的博弈不仅仅是"民为邦本"古老政治哲学底线要求在春秋学语境中的一次生动演绎,并且其中还交织着君臣一伦形式与实质的对冲,以及"得名"与"得民"的残酷较量。在"子家驹定律"中,昭公是君,"得名",随时都理当亲政临国,从季氏手里夺回权力,这样才能够恢复周礼,而名至实归;季平子尽管不是国君,却以大夫身份妥妥地掌控着一国,拥有政权、兵权和财权,并且更重要的是在他执政期间,还能够致力于发展经济,改善民生,壮大鲁国兵力,拥有兵车千余乘,开拓疆域,因而能够受到民众的拥护,所以便"得民",能够让民众获得一点实惠。作为国君的昭公,得礼,具有形式的合法性,是一种理论上、逻辑上的应然,有名而无实;但作为大夫的季平子却是一种兑现了的实然,在你死我活的政治博弈中能够站得住脚,并且还能够长期左右鲁国公室和社会面上的局势,因而便具有实质的正当性。①《左传·昭公三十二年》,晋国大夫史墨在回答正卿赵简子"季氏出其君,而民服焉,诸侯与之;君死于外而莫之或罪,何也?"的问题时,已经明确指出过:"天生季氏,以贰鲁侯,为日久矣。民之服焉,不亦宜乎!"季氏虽擅权,却能够赢得民众的信服。"鲁君世从其失,季氏世修其勤,民忘君矣。虽死于外,其谁矜之?社稷无常奉,君臣无常位,自古以然。"得名、正位的君王,如果没有仁政善政作为支撑,也可以沦为陪臣。"民不知君,何以得国?"只有赢得人民拥护,才可以保持长期执政的态势。昭公作为君,其名分本身并没有错,错的则是他在任期间始终没有能够名副其实地做国君该做的事情,以至于让群臣失望,让鲁国全体人民失望。恰恰是"君不君",才催生并成就出"臣不臣"的合法性。昭公是非礼的源头,季氏专政则属于次生产物,大前提错误却可能收获局部的行为有效性和正当性。人民拥护就行,哪怕名不正言不顺也无所谓,因为包括鲁国的百姓之官和底层社会都已经被季氏长期所"委食",人性中对投喂自己的对象都会予以感恩和报答的那份感情也便陆续释放出来,而变成一种现实政权的凝聚力和稳固剂,这便使得昭公突然心血来潮,胆敢想铲除和摧毁季氏势力的计划变得复杂而艰难了起来。但从政治统御的高度来分析,则依然是那条"天视自我民视,天听自我民听"②的古老政治法则在发挥作用,无论谁在台上,让人民获得实惠、让人民满意才是政权合法性和历史走向选择的决定性因素。"得民"比"得名"更为重要,也更具有远胜于铁甲之师的道义力量。徒有形式的礼制,最终都不得不服务并服从于实质性的人民利益之客观需要。这便可以警示当政者必须顾及人民的死活,不可肆意妄为。

---

① 这里不妨借鉴 M.舍勒的伦理学话语系统来进行理解和诠释,"所有质料伦理学都只会导向行动的合法性,惟有形式伦理学才能够论证意欲的道德性",并且,所有的质料伦理学"都必然是成效伦理学"。因为"善(Güter)就其本质而言是价值事物(Wertdinge)。"见《伦理学中的形式主义与质料的价值伦理学》(Der Formalismus in der Ethik und die materiale Wertethik),倪梁康译,北京:生活·读书·新知三联书店 2004 年版,第 6、5、8 页。昭公"得名"虽然拥有形式的合法性,披着国君的外衣,但却必然要输给"得民"的季平子,因为已经从他的擅政中获得过既得利益的鲁国百姓之官和底层民众都拥护他。理论的合法性往往是斗不过行动的合法性的。
② 蔡沉:《书集传·周书·泰誓中》,北京:中华书局 2017 年版,第 115 页。

荀子社会治理思想论略

郑治文

（曲阜师范大学 孔子文化研究院）

摘要：荀子是"中国第一位社会学者"，以礼为本、礼法合论是其社会治理思想的显著标识。荀子言说的"礼法"，其所同于法家所谓"法"者在于，从社会政治秩序建构的客观视野来论"礼"，并通过以"法"注"礼"，强化了"礼"作为制度规范建构的意义，使"礼"（礼法）成为一种秩序建构的客观规则。其所不同于法家者在于，一者，荀子礼法合治的精神实质是以"法"补"礼"、以"礼"统"法"，即以"法"的强制性和"刑"的暴力性来推动"礼"所规范下的差等秩序的实现，以"礼"别贵贱长幼、贫富轻重的差等性原则来统摄"法"不别亲疏、不殊贵贱的普遍性精神；二者，荀子通过对"治法"与"治人"、"良法"与"君子"的辩证认识，在重视"礼"（礼法）的客观性规则的同时，又十分强调"人"（君子、治人）在礼法制度规范建构（尽制）中的主体性作用。

关键词：荀子；社会治理思想；"群"论；"礼法"论；"君子"论

荀子是"中国第一位社会学者"[1]，虽同为先秦儒学宗师，然其所以异于孔孟者在于，他从"重建秩序"的现实社会政治要求出发重构了儒学精神，构筑了以"礼"论为中心，包含"天生人成"论、"性恶伪善"论、"明分使群"论、"隆礼重法"论等新思想内容的学术体系，强化了儒学经世应世的社会政治之维。"群"

---

[1] 参见卫惠林：《社会学》，台北：正中书局1980年版，第17页。

论作为荀子思想的重要奠基观念之一,十分鲜明地体现了荀学的社会学意蕴①。由此出发,我们认为,距今两千多年的荀学可谓是中国古典社会学的最早版本②,荀子儒学可谓是一种"社会儒学"③。"在先秦诸子中,能够显明地抱有社会观念的,要数荀子,这也是他的学说中的一个特色。他是认定了群体的作用的,认为'能群'是人类所以能够克服自然界而维持其生存的主要的本领;群之所以能够维持是靠着分工;分工的依据就是礼义。"④"在中国思想史上,以社会群体为基点构建自己理论体系并提炼出核心理念"群"的只有荀子一家,这其实就是古代的社会学。"⑤以下我们将以荀子"礼"论为中心,旁及其"礼法"论、"礼义"论和"君子"论等重要观念,试图对荀子的社会治理思想(群学)作一简要论述。

如所周知,孔孟荀是先秦儒学发展的杰出代表,然相较于孔孟的醇儒地位而言,荀子却是中国儒学发展史上备受争议的人物。或以其为"杂家",或以其为"儒法过渡的人物",或以其为"黄老道家"⑥,甚至还有以其为法家者。通过对荀子礼法思想的讨论和分析,我们发现,荀子确系儒学宗师无疑,因为其礼法思想守护着孔孟儒家重礼治、人治(贤能政治)的基本立场;然而,他又是不同于孔孟的法家化的现实型儒家⑦,因为其言"礼"、言"礼法"又有与法家所谓"法"有极相接近之处。大体说来,荀子言说的"礼法",其所同于法家所谓"法"者在于,从社会政治秩序建构的客观视野来论"礼",并通过以"法"注"礼",强

---

① 黄玉顺研究指出:"21世纪儒学界开始注意'社会'概念的儒学解读。'社会'虽是近代日本人对'society'的汉字对译,却体现了一般'社会'概念与汉语传统的'社''会'观念之间的对应关系。严复将'society'译为'群',源自荀子。确实,荀子的'群'概念即是一般'社会'概念。"(黄玉顺:《儒学的"社会"观念——荀子"群学"的解读》,《中州学刊》2015年第11期。)严复将英国斯宾塞的《社会学研究法》翻译为《群学肄言》,他第一次把西方社会学译为"群学",而中国群学实源于荀子。
② 景天魁:《论群学元典——探寻中国社会学话语体系的第一个版本》,《探索与争鸣》2019年第6期;宋国恺:《群学:荀子的开创性贡献及对其精义的阐释》,《北京工业大学学报》(社会科学版)2017年第4期。
③ "社会儒学"的提法借鉴了涂可国的观点,参见涂可国:《社会儒学视域中的荀子"群学"》,《中州学刊》2016年第9期。
④ 郭沫若:《十批判书》,《郭沫若全集》(历史编第二卷),北京:人民出版社1982年版,第225页。
⑤ 牟钟鉴:《荀学新论》,北京:商务印书馆2021年版,第45页。
⑥ 赵吉惠:《荀况是战国末期黄老之学的代表》,《哲学研究》1993年第5期。
⑦ 李泽厚说:"荀子是在新时代条件下的儒家,他不是法家,也不再是像孔孟那样的儒家。"(李泽厚:《荀易庸记要》,《文史哲》1985年第1期。)

化了"礼"作为制度规范建构的意义,使"礼"(礼法)成为一种秩序建构的客观规则。其所不同于法家者在于,一者,荀子礼法合治的精神实质是以"法"补"礼"、以"礼"统"法",即以"法"的强制性和"刑"的暴力性来推动"礼"所规范下的差等秩序的实现,以"礼"别贵贱长幼、贫富轻重的差等性原则来统摄"法"不别亲疏、不殊贵贱的普遍性精神;二者,荀子通过对"治法"与"治人"、"良法"与"君子"的辩证认识,在重视"礼"(礼法)的客观性规则的同时,又十分强调"人"(君子、治人)在礼法制度规范建构(尽制)中的主体性作用。

概言之,荀子所谓"礼法"与法家所谓"法"的接近之处在于,都将其作为一种调剂物质、建构秩序的客观规则;其所不同之处在于,荀子的"礼法"是礼本位的,而"礼"的差等性(等级性)原则不同于"法"的普遍性(一断性)精神;此外,荀子的礼法思想还重视将"法"(礼法)的客观规则与"人"(君子、治人)的主体作用相结合以建构秩序,体现了儒家贤能政治、精英政治的特点。

荀子这种以"礼"统"法"、以"法"补"礼"的礼法思想对秦汉以后中国的社会治理产生了深远影响。秦汉以后,中国古代社会治理中"儒法合流"、"法律儒家化"、"法的礼学化"等文化现象在战国末年的荀子那里早已可以窥见其貌矣。

一、礼法与秩序:秩序建构之客观规则的寻求

子学展开的时代是列国纷争、社会动荡的乱世,在这种时代语境下,先秦诸子无论儒、墨、道、法等都有一种浓重的秩序情结[①]。荀子生当战国末年,天下即将"定于一"的历史前夜,建构秩序的追求在他那里表现得更加直接而迫切。史华兹指出:"先秦时期的思想家,无论是孟子还是荀子,皆有'秩序至上'的观念;追求社会秩序的恢复与稳定是其共同的目标,而这样的目标到了战国末年更是具有急迫性。"[②]可以说,荀子的整个思想体系都是围绕"建构秩序"这一中心问题而展开的,"也就因此,他的整个思想核心,可以说是通向政治、以政治为依归的。"[③]

[①] 司马谈在《论六家之要指》中有言曰:"夫阴阳、儒、墨、名、法、道德,此务为治者也。"(《太史公自序》,司马迁撰:《史记》,北京:中华书局1959年版,第3288—3289页。)说的就是这个道理。
[②] [美]本杰明·史华兹:《古代中国的思想世界》,程钢译,南京:江苏人民出版社2004年版,第414页。
[③] 袁长瑞:《荀子政治思想中的民本倾向》,《白沙人文社会学报》2003年第2期。

在思考建构秩序的方案时,荀子将其思想的目光投到了"礼"上,而为了让儒家的"礼"能够承担起秩序建构的作用,他又对其进行了改造和革新,其中,荀子以"义"和"法"的观念来注"礼",使"礼义""礼法"成为一种建构社会政治秩序的客观规则,由此极大地开显了"礼"(礼法)作为制度规范建构的意义,这是对儒家礼学思想发展的一次重要理论提升。在"秩序与规则"的观念结构下来看[1],荀子"礼法"思想的首要理论意义在于,为社会政治秩序的建构确立了一种客观的制度规范标准。就"礼法"作为客观规则(制度规范)的意义而言,荀子所谓"礼法"无疑更接近法家所谓"法"的精神,而与儒家孟子以仁心仁政为核心的政治哲学思想所表现出的主观的道德精神形成一强烈之对比。

以性善论作为观念前提,孟子论政论礼皆收摄到人心的主观自觉上来讲,在孟子那里,仁政(不忍人之政)的理想政治秩序的达成不过是以"心"为价值根源的道德精神的实现过程。其言曰:

> 先王有不忍人之心,斯有不忍人之政矣。……恻隐之心,仁之端也;羞恶之心,义之端也;辞让之心,礼之端也;是非之心,智之端也。[2]

"辞让之心,礼之端也",孟子礼论的鲜明理论特质即在于其强烈的道德精神和内在化的思想倾向。相形之下,荀子则从"群"论和"性恶"论入手,在社会政治的外在化、客观化的视野下,开显了"礼"作为建构秩序之客观规则的意义。"群"论和"性恶"论统一于荀子对"人"的理解,是其人学思想和人禽之辨的重要内容,这与孟子基于性善论的人学观念有着明显的不同。具体来说,孟子认为,人所异于禽兽者主要在于其"道德性"(人性善),而这种"道德性"又表现为人有区别于禽兽的那一点"善心"。他说:"人之所以异于禽兽者几希;庶民去之,君子存之。"这"几希"的"善心"(仁心),是人禽之间的根本区别;而能否存养此"心",又划清了庶民(小人)与君子之间的界限。孟子言:"君子所以异于人者,以其存心也。君子以仁存心,以礼存心。"此之谓也。

与孟子不同,荀子以"能群"来定位人的本质特点,他认为,人所异于禽兽者主要在于其"社会性"(人能群)。他从"能群""有辨"等诸论着眼来讨论人禽之别,其言曰:

---

[1] 参阅杨国荣:《荀子的规范与秩序思想》,《上海师范大学学报》(哲学社会科学版)2013年第6期。
[2] 杨伯峻:《孟子译注》,北京:中华书局1960年版,第79—80页。

(人)力不若牛,走不若马,而牛马为用,何也?曰:人能群,彼不能群也。①

故人之所以为人者,非特以其二足而无毛也,以其有辨也。②

在人禽之辨的问题上,荀子不仅从"群"论入手,也把"礼义"所确定的人道"有辨""有分""有别"的差等秩序作为人禽之间的根本差别。至于人的群体性存在为什么需要"有辨""有分""有别"?或者说,为什么需要"礼义"来"明分使群"?要理解这个问题,除了以群学观念为基础外,这还涉及荀子性恶论的思想主张。

孟子论"性善",是以人人皆有的"不忍人之心"(仁心、善心)而立论;荀子论"性恶",则是从人人皆有的"欲望"而入手。在群学观念下,荀子揭示了人是群体性的存在,他认为,人只有结成"群",才能形成群体的"合力",而只有依靠群体的力量人才能"胜万物""居宫室"。可问题是,凡人皆有"欲",倘若顺着人的欲望自然发展就会引起争乱,而争乱必然导致群体秩序的崩溃。荀子以"欲"而论"性",认为任由人欲发展会导致群体秩序崩溃的严重后果,正是在这个意义下,他才说"人之性恶",此也正合乎其"所谓恶者,偏险悖乱也"③的说法。

孟子性善论是"以心善言性善",将此"善心善性"作为成德成治之"大本";而荀子则是"以欲论性",顺"欲"(性)自然发展会造成群体秩序崩溃之后果,故曰其"恶"。人人生而有欲,"人之性恶",如何才能避免因"人性恶"而造成的秩序解体呢?荀子由此而引出了"礼"的论说。他说:

人生而有欲,欲而不得,则不能无求;求而无度量分界,则不能不争;争则乱,乱则穷。先王恶其乱也,故制礼义以分之,以养人之欲,给人之求,使欲必不穷乎物,物必不屈于欲,两者相持而长,是礼之所起也。④

可见,荀子讲"群"论"性",最终都应落实到"礼"论上来理解,其落脚处仍是要凸显出"礼"的制度规范建构的重要意义。以"礼"的制度规范建构来化解人的社会性与人的自然性之间存在的冲突关系,避免人因顺性纵欲而相互争夺,因相互争夺而导致秩序解体。

---

① 《王制》,王先谦撰,沈啸寰、王星贤点校:《荀子集解》,北京:中华书局1988年版,第164页。
② 《非相》,《荀子集解》,第78—79页。
③ 《性恶》,《荀子集解》,第439页。
④ 《礼论》,《荀子集解》,第346页。

基于"人之能群"与"人之性恶"的认识,荀子认为,"群居和一"的理想社会政治秩序建构之关键在于,要使人有"养"有"分",使"欲"和"物"相持而长,而"礼"正是调节"欲"与"物"之关系的主要依凭①。梁启超评断孟荀政治思想时说:"孟子信性善,故注重精神上之扩充;荀子信性恶,故注重物质上之调剂。"②荀子通过"群"论和"性恶"论的观念引出了物质调剂(分)的问题,又将"礼"作为调剂物质的客观依据。以"礼"来进行物质调剂,从而建构社会政治秩序,荀子"礼"论作为制度规范建构之客观性意义由此显露无疑。

不仅如此,荀子还以"法"来注"礼",使礼法互含,从而更加强化了"礼"客观化、外在化的政治论色彩。荀子说:"礼法之大分也";"礼法之枢要也"③,他将"礼"与"法"结合,确立起了"礼法"的观念。荀子合论礼法,确立起"礼法"观念,其首要的理论意义在于,以"法"的客观精神和制度规范意义来强化"礼"、改造"礼",使"礼""礼法"成为一种建构秩序的客观规则。"礼法之枢要也";"法者,治之端也";就寻求秩序建构的客观规则而言,在荀子那里,"礼"与"法"具有同构性的思想关系,其所谓"礼""礼义""法""礼法"等,皆可以指向建构秩序的客观规则。在这个意义上说,荀子的"礼"(礼法)思想就是一种法思想。梁启超说:"荀子所谓礼,与当时法家所谓法者,其性质实极相逼近。"④

荀子所说的"礼""礼法"之所以与法家所谓"法"的性质"极相逼近",其关键之处正在于,其言"礼""礼法"已经涉及通过客观化的制度规范来调剂物质,以建构社会政治秩序的问题⑤。以"礼"作为调剂物质(分)的客观依据,这是荀子礼论的深刻之处和精彩之处,而"分一旦引入礼中,同时也改造了古老的礼,给礼输入了权利的新义,予以了法的解释。"⑥当"礼"作为调剂物质的"分"的客观规则时,"礼"也就有了"法"的内涵,"礼""礼法"与"法"在荀子思想中就有了

---

① 东方朔:《"欲多而物寡"则争——荀子政治哲学的逻辑前提和出发点》,《社会科学》2019年第12期。
② 梁启超:《先秦政治思想史》,北京:东方出版社1996年版,第113页。
③ 《王霸》,《荀子集解》,第221页。
④ 梁启超:《先秦政治思想史》,第119页。
⑤ 林宏星认为,"若就着现代意义的'政道'而言客观化,则荀子之措思用力多在'治道'一边;若就着一理想之观念求其客观之落实,并进而化之于社会的现实组织、政治制度之中而言,荀子之礼论确具有自觉寻求客观化的努力。"林宏星:《"道礼宪而一制度"——荀子礼论与客观化的一种理解》,《陕西师范大学学报》(哲学社会科学版)2017年第3期。
⑥ 俞荣根:《儒家法思想通论(修订本)》,南宁:广西人民出版社1998年版,第407页。

同构性的关系。诚如中国台湾学者吴进安所认为的,从荀子的礼法思想来看,法固然包括在礼中,但已触及解决"人欲与利益"调和的问题,亦可看出"法"已逐渐显现其价值意义。① 由"礼"而衍生出"法",使"礼""礼法"具有了"法"的那种作为客观化的制度规范建构的意义,这是荀子对儒家礼论的一次重要理论提升,也是其礼法思想的重要内蕴所在。

二、礼与法:礼法合治和差等秩序

作为秩序建构的客观规则,荀子所谓的"礼""礼法"与法家所谓的"法"当然具有极相接近之处,不过,我们也应注意到,荀子的"礼法"思想毕竟是以"礼"为本而开出的,他只是借助"法"的精神强化了"礼"的制度规范建构意义,据此而言,荀子以"礼"为本的"礼法"思想与法家的"法"思想之间又具有儒家之"礼"与法家之"法"的差异性。换言之,荀子礼法思想中,"礼"(礼法)与"法"具有同构性的一面,同时又始终保持着儒法之间的思想张力。就后者而言,荀子虽将礼法合论,确立起"礼法"观念,然这并不意味着在荀子那里"礼"与"法"之间就是一种完全平等并列的关系。因为荀子所谓"礼法"除了作为秩序建构之客观规则的思想意蕴外,其更为突出的内涵是以"礼"统"法"、以"法"补"礼",即借助于"法"的力量来实现"礼治"的差等秩序。也就是说,荀子所谓"礼法"所不同于法家所谓"法"而终归于儒家文化系统者正在于其"礼"本位的基本立场。当"礼法"作为秩序建构之客观规则时,"礼法"无疑已十分接近法家"法"的原则和精神,然当"法"为"礼"所统摄,只是作为"礼"的补充和辅助时,"礼法"就又有了不同的精神实质和内涵。具体来说,当我们对"礼"与"法"进行儒法之间的适度思想区分时,荀子合论礼法应该主要包括以下两个方面的思想内涵:

其一,以"法"补"礼",借助"法"的强制性和"刑"的暴力性来保证"礼治"的推行。为确保礼治的实现,荀子对儒家礼论的一大重要发展和推进就是较孔孟更加深刻地认识到了"礼"本身的局限性,从而试图以"法"和"刑"来辅助礼治的推行。在荀子看来,"礼"虽明分了等级秩序,确定了每个社会角色所对应的规范和要求,但是,如果不考虑"礼"的执行力的问题,其实这并不足以将礼治

---

① 吴进安:《荀子"明分使群"观念解析及其社会意义》,《汉学研究集刊》2006年第3期。

落到实处。为此,在实现群体秩序的基本追求下,荀子在高度重视"礼义"的社会治理意义的同时,也更加积极地肯定"法"与"刑"的治理效用,由此在"隆礼"的基础上又提出了"重法""重刑"的主张①。冯友兰先生说:"法有国家之赏罚为后盾,而礼则不必有也。"②其实荀子或许早已经有了这种认识,他已认识到了"礼"之于"法"(刑)的优越性,但"礼"又毕竟只是一种软性的约束,与"法"这种刚性的约束相比,"礼治"缺乏"法治"背后那种国家强制力作为后盾,而当缺乏"法治"背后的国家强制力作后盾时,又很难保证礼治的真正实现。诚如白奚先生所言:"荀子已清楚地意识到礼义的局限性,所以他认为,要使社会按照正常的秩序运行,就不仅要靠非强制性的规范——'礼义',还要依靠强制性的规范——'法度'。"③

荀子认为,面对"人之性恶"这个最基本的"经验事实","圣人"要"使天下出于治,合于善"除了需要"明礼义"之外,还要"立君上""起法正""重刑罚"④。所谓"明礼义"和"立君势""起法正""重刑罚"其实就是要合用"礼义"和"法度"(刑罚)以保证理想秩序的实现。"君人者,隆礼尊贤而王,重法爱民而霸"⑤,荀子主张,君主通过礼(德)与法(刑)两种治理手段来实现"出于治,合于善"的社会治理目标。在荀子礼法思想中,礼与法(刑)的关系也可以这样来理解,"打个形象的比方,如果说'礼'就如同是行车路上的各种交通指示标志和规则,明示你的车该怎样行、该何处停,那么'法(刑)'就是那些巡视和执法的警察,对不遵守或违反交通法规的车辆进行劝阻和惩戒。法(刑)是因礼而有、依礼而行、为礼而存。"⑥由此可见,荀子所谓"隆礼至法"主张的提出,就是设想在坚持"礼治"的基本方向的同时,又试图用"法治"来辅助其实现,我们甚至可以说,荀子之所以"重法""重刑"就是希望借用"法"的强制性和"刑"的暴力性来保证

---

① 陈登元说:"重礼者,儒家固有之见解,而重法者,荀子随环境而变化之一种结果。"(陈登元:《荀子哲学》,上海:三联书店2014年版,第127页。)
② 冯友兰:《中国哲学史》,北京:中华书局1961年版,第414页。
③ 白奚:《道德形上学和礼法互补——战国儒学的两个重要理论推进》,《中国哲学史》2011年第4期。
④ 《性恶》,《荀子集解》,第440页。
⑤ 《大略》,《荀子集解》,第485页。
⑥ 路德斌:《荀子与儒家哲学》,济南:齐鲁书社2010年版,第247页。

"礼治"的实现①。他说:"治之经,礼与刑,君子以修百姓宁。明德慎罚,国家既治四海平。"②荀子这种"礼"、"法"、"刑"合治的思想,既开显了儒家礼与乐的教化意义,又较孔孟更加明确了法与刑的治理价值。

总之,荀子合论礼法,一方面由"群"而论"礼",从群体社会政治秩序构建的角度来叙述"礼"的意义和功能,由此凸显了"礼"类似于"法"的那种客观的制度规范建构意义;另一方面,荀子认识到了儒家礼治论的不足,试图以"法"("刑")的强制手段来推行礼治,从而克服了儒家重礼而轻法的倾向。就荀子礼法思想以"法"的强制性和"刑"的暴力性来辅助礼治实现的重要精神实质而言,荀子无疑还是儒家的礼治论者,而并没有滑向法家所谓"法治"(刑治)的一端。此是儒法大分,不可不辨。

其二,以"礼"统"法",以"礼"的原则和精神来改造"法",使"法"的普遍性(一断性)让位于"礼"的差等性(分别性)。荀子"礼法"观念中,"礼"的主体性地位,除了表现为以"法"补"礼"外,还包括以"礼"统"法",将"礼以别异"的差等性精神融入到法思想之中,实现"法"的"礼"化。在荀子的思想世界,"礼"是建构社会政治秩序的主要规则,它具有"分"(别,辨)的重要作用和功能。何谓"分"(别)?"曰:贵贱有等,长幼有差,贫富轻重皆有称者也。"③由此,凭借礼"别"贵贱长幼、"分"贫富轻重而确立的社会政治秩序,就是一种有等有差的差等秩序。"礼"所规定的有"分"(别)的差等秩序,以及不同的社会分工和角色安排等是实现人之"群居和一"的重要保证④。如此,"礼"所规范下的世界就是君臣父子、兄弟夫妇、士农工商等各有其分、各载其事的差等化的世界。

尽管荀子明确主张"隆礼至法",并提出了"礼法"的概念,但"礼"与"法"结合的主要目的不是推行"法治",而恰恰是为了确保"礼"所确立的差等秩序的实现。不仅如此,当荀子一再强调"礼"之于"法"的本源性、基础性、统摄性地

---

① 关于荀子政治哲学中"礼""法""刑"关系的详细论述,参阅孙旭鹏:《荀子政治哲学中"礼"、"法"、"刑"的关系》,《江西社会科学》2014年第2期。
② 《成相》,《荀子集解》,第461页。
③ 《礼论》,《荀子集解》,第347页。
④ 荀子说:"故先王案为之制礼义以分之,使有贵贱之等,长幼之差,知愚、能不能之分,皆使人载其事而各得其宜,然后使谷禄多少厚薄之称,是夫群居和一之道也。"(《荣辱》,《荀子集解》,第70—71页。)

位时,"故非礼,是无法也"①;"礼义生而制法度"②;又"礼者,法之大分"③,"法"就被"礼"化了,"礼"的那种以"分"为特点的差等性精神就这样融入了"法"的思想中。或如有论者指出的,"荀子思想的最大特色是将'分'的概念纳入到礼的作用和职能之中,同时又将礼提高到法的高度。因此在某种程度上,礼所具有的'分'的作用和职能也成为法的精神的体现。"④如是这样,"法"的普遍性精神就让位于"礼"的有"分"有"别"的差等性原则。当"分被纳入了传统的礼,权利观念就被消融在亲亲、尊尊的血缘身份制度中,权利本位的法观念也就难以独立发展了。"⑤换言之,在"礼"的有"分"有"别"的差等性原则统摄下,"法"的那种作为普遍性规则的意义很难表现出来。

"法家不别亲疏,不殊贵贱,一断于法"⑥,显然,荀子所谓的"礼法"并不具备"法"的那种"不别亲疏,不殊贵贱"的"一断性"特点,因为"礼法"是以"礼"为本的,而"礼"通过"分"的功能所确立的是一种差等化的秩序。"礼"(礼法)所规范下的这种"差等秩序",并不同于"法"所规范下的那种"公道世界"⑦。因此,荀子虽明言"礼法",然"礼法"者主要是以"法"补"礼"、以"礼"统"法",这并没有改变其"以礼为宗"⑧的儒家思想底色。仅就此而言,荀子的礼法思想仍应归属于儒家"礼治"论,而非法家"法治"论的范畴。儒法之分、礼法之别,在荀子礼法思想中还是存在明确的思想界限⑨。

综合上述两方面的内容来看,荀子礼法思想中其所谓的"礼"与"法"具有相互区分的一面,又有相互融通的一面。就前者而言,它决定了荀子礼法思想

---

① 《修身》,《荀子集解》,第34页。
② 《性恶》,《荀子集解》,第438页。
③ 《劝学》,《荀子集解》,第12页。
④ 商晓辉:《万物以齐为首——慎到与荀子法思想比较研究》,《原道》2017年第2辑。
⑤ 俞荣根:《儒家法思想通论》,第407页。
⑥ 《太史公自序》,《史记》,第3291页。
⑦ "差等秩序"与"公道世界"的说法借鉴和化用了林宏星的说法。(参见林宏星:《差等秩序与公道世界——荀子思想研究》,上海:上海人民出版社2016年版。)不过,需要明确的是,我们这里"公道世界"之所谓"公道"是指"法"的那种不别亲疏、不殊贵贱的普遍性、同一性精神。
⑧ 《序》,《荀子集解》,第1页。
⑨ 参见郑治文:《道德理想主义与政治现实主义的统一:荀子政治哲学思想特质研究》,济南:山东大学出版社2020年版,第85—88页。

"礼治"论的儒家文化底色①,体现了荀子援法入礼,以建构礼治之差等秩序的理想追求;就后者而言,荀子所言说的"礼"已开始偏离"原儒"的精神而向法家"法"的立场逼近,"礼"已经具有了"法"的内涵,"礼""礼法"与"法"同构,都是作为调剂物质(分)、建构秩序的客观规则。

三、礼法与君子:"法"的客观规则和"人"的主体作用

从社会政治的客观视野来论"礼",赋予"礼"以"法"的内涵,将"礼"(礼法、法)作为调剂物质(分),建构秩序的制度规范,这是荀子礼法思想最为显著的理论特点。不过,在荀子的思想世界,良好社会政治秩序的建构又好像不是仅仅依靠"礼法"这样的客观规则就可以实现的。事实上,在考虑秩序建构的问题时,荀子除了重视"法"的客观规则外,还十分强调"人"(君子、治人)在制度规范建设过程中的主体性作用。为此,在讨论荀子秩序建构的设想时,除了"礼法"外,还须涉及一个非常重要的观念那就是"君子"(治人)。

在荀子那里,他通过对"君子"与"良法"、"治人"与"治法"之关系的辩证认识,确立了其建构社会政治秩序的基本方案。他说:"有治人,无治法。……故法不能独立,类不能自行,得其人则存,失其人则亡。"②又"故有良法而乱者有之矣;有君子而乱者,自古及今,未尝闻也。"③"有治人,无治法",从这样的话语来看,荀子好像只重"治人"(君子)而不重"治法"(良法)。然稍作分析,我们发现,荀子这里并非欲将两者彻底对立起来,他之所以如此立言,不过是为了说明"法不能独立,类不能自行"的道理,从而提醒我们要注意"法"的推行还需要"得其人",需要有"君子""治人"的参与。"君子"(治人)在"法"的推行过程中为何如此重要呢?这还要从荀子所理解的"君子"说起。

提及儒家的"君子"概念,我们很自然地会想到,它是指一种道德意义下的理想人格。毕竟儒家创始人孔子对君子思想的一个重要发展就是将其由身份的位阶概念变为道德的理想人格概念。"君子所以异于人者,以其存心也。君

---

① 涂可国指出:"礼治主义是儒家政治学说的重要特征,儒家又具有'礼体法用'的治道特征。"(涂可国:《政治儒学的一个重要向度:先秦儒家的法治思想》,《当代儒学》第15辑,成都:四川人民出版社2019年版,第86—87页)
② 《君道》,《荀子集解》,第230页。
③ 《王制》,《荀子集解》,第151页。

子以仁存心,以礼存心。"①经过孟子的进一步推扬,"君子"这一概念背后的道德精神愈发地强烈而纯粹。然而,与孔孟不同,荀子所谓的"君子"并非主要指向德性意义下的完美人格,它其实与"治人"一样,都是主要指向确立"礼法"所规范下的客观秩序而言的。"在荀子思想中,作为政治之理想人格的君子既是道德的楷模,也是理想的社会秩序和公道世界的设计者、承担者和完成者。"②荀子对"治人""君子"之于"治法""良法"的优先性的肯定,乃是将其"礼法"(法)的客观精神贯彻到底,这并非又转向了孔孟德治仁政的那种强调道德主体性(主观性)的主观论调。对于此一细节,台湾学者韦政通有深刻而精当的分析。他认为,荀子所说的"治人""君子",当同于尽伦尽制之圣王。"其本性不由主观之德性定,而由客观之礼义定。"③

可见,并非在道德价值的主观立场,而是要在"礼法之治"的客观精神上,方能明确荀子"君子"概念的独特所指。在礼法、君子与秩序的观念结构下,荀子一方面重视秩序建构中"礼法"之客观规范的确立;另一方面,他又深刻认识到君子(治人)在制度规范确立过程中所能发挥的主观能动作用。荀子说:

> 法者,治之端也;君子者,治之原也。故有君子,则法虽省,足以遍矣;无君子,则法虽具,失先后之施,不能应世之变,足以乱矣。④

> 礼义者,治之始也;君子者,礼义之始也。为之,贯之,积重之,致好之者,君子之始也。⑤

君子之所以能够成为"治之原""礼义之始",关键在于他们对待礼法、礼义,能够做到"应世之变"、不失先后之施,做到"为之,贯之,积重之,致好之"。所谓"为之,贯之,积重之,致好之",按我们的理解,是指君子不仅可以确立"治法"(礼义)、推行"治法",还能够"临事而变""知通统类",不断地修正和完善"治法",使"法治"(礼义之治)最终得以完美呈现。正如李涤生在注解荀子的上述话语时所发挥说的:"君子不仅是礼义的生产者、制作者('为之'),而且也

---

① 《离娄下》,《孟子译注》,第197页。
② 东方朔:《"无君子则天地不理"——荀子思想中作为政治之理想人格的君子》,《邯郸学院学报》2015年第4期。
③ 韦政通:《荀子与古代哲学》,台北:台湾商务印书馆1966年版,第92页。
④ 《君道》,《荀子集解》,第230页。
⑤ 《王制》,《荀子集解》,第163页。

是贯彻礼义、积累礼义、并使礼义获得最完满之表现的典范。"[1]

"礼义之谓治";"法者,治之端也",礼义(礼法)是"成治"的根本保证,调剂物质(分),建构秩序必循乎"礼法";"君子者,治礼义者也";"君子者,治之原也",君子(圣王)是使礼义可以获得最完满之表现(尽制)的杰出典范[2],举凡礼法的生产、制作、贯彻、积累、完善等都离不开君子。"礼法"和"君子"的完美结合,构成了荀子秩序建构的基本方案:"一方面,'法'表现为政治实践中程序化、形式化的方面,政治实践的主体,则是赋予这些'法'以生命力的人,忽略了人,则'法'便难以自行作用。另一方面,仅靠'人'及其内在观念,没有形之于外的普遍规范('法'),治理过程同样无法有效展开。"[3]其中,荀子对"法"的普遍规范的注重,表现了其礼法思想的法家化性格,而对"人"(君子、治人)在推行"法治"中的主体作用的高扬,又体现出了儒家贤能政治、精英政治的特点[4]。他不偏狭地倚重法令制度,而更重视具有治理才能的人,这当然更接近孔孟贤人之治。荀子重视治人,是由于看到国家大事复杂多变,法律常有迟滞不及之处,并非不要"法治","而是说法律的制定和执行离不开人,因此人是起决定作用的"[5],这与孔孟偏重人治的看法又有细微差异[6]。"有治人,无治法",在"治人"与"治法"、"君子"与"礼法"之间,荀子对"治人""君子"的格外偏重,似乎又证明了荀子以礼法和君子为中心的秩序建构思想虽在儒法之间,却又以儒为本的理论特质。诚如有论者指出的:"荀子的社会治理思想既承袭了儒家的文化传统,又有个人的思想创新。他的以'礼'治国、以'礼'行政的理论虽与孔

---

[1] 李涤生:《荀子集释》,台北:台湾学生书局1979年版,第179页。
[2] 荀子"圣王"的观念,非常有助于我们理解其"君子""治人"概念的主要所指。他说:"故学也者,固学止之也。恶乎止之?曰:止诸至足。曷谓至足?曰:圣(王)也。圣也者,尽伦者也;王也者,尽制者也。两尽者,足以为天下极矣。故学者,以圣王为师,案以圣王之制为法,法其法,以求其统类,以务象效其人。"(《解蔽》,《荀子集解》,第406—407页。)按照其对"圣王"的界定,我们也可以从"尽伦"和"尽制"两个方面来理解"君子"、"治人"。作为建构社会政治秩序的完美理想人格,"圣王"、"君子""治人"不仅在道德要求上有"尽"的完满表现,更为重要的是,其在制度规范建设方面亦须有这样的完满表现。(详细论说参见宫浩然、郑治文:《尽伦尽制,由圣入王——荀子对孔子圣人观的继承与改造》,《中华孔学》2022年第2期。)
[3] 杨国荣:《合群之道——〈荀子·王制〉中的政治哲学取向》,《孔子研究》2018年第2期。
[4] 参阅干春松《贤能政治:儒家政治哲学的一个面向——以〈荀子〉的论述为例》,《哲学研究》2013年第5期。
[5] 杨鹤皋:《中国法律思想通史》(上),湘潭:湘潭大学出版社2011年版,第127页。
[6] 韩伟:《法律起源与秩序生成:荀子法思想重释》,《原道》2019年第2辑。

子、孟子有所不同,但依然遵循着儒家'仁者爱人''为政以德'的文化精神,并没有走上法家所谓'远仁义,去智能,服之以法'的道路。"①

结语

荀子以礼(礼法)为中心的社会治理思想,是我们讨论中国政治思想发展史上的儒法关系问题时的一个重要参照系。其所表现出的"礼"的"法"化和"法"的"礼"化之双重面向,前者表明儒家之"礼"具有通向法家之"法"的可能维度;而后者则又表明作为儒学宗师的荀子对儒家"礼治"论思想底色的坚守,以及对法家"法治"观念的礼学化改造。由此,以儒为本,在儒法之间,以礼为宗,礼法合治,构成了荀子礼法思想最鲜明的理论特色。荀子这种以"礼"统"法"、以"法"补"礼"的礼法思想对秦汉以后中国古代社会治理思想的发展具有典范性的奠基意义。"儒法合流"是秦汉以后中国政治文化发展的一条重要主线②,其中儒法合流的一个突出表现就是法律的儒家化,而所谓"法律的儒家化"在很大程度上又主要体现为"法"的"礼"化,即将"礼"的差等性原则融入"法"的精神和实践中③。

秦汉以后,中国古代社会治理中出现的"儒法合流""法律的儒家化""法的礼学化"等文化现象,在荀子礼法思想中其实早已十分清晰地呈现出来了。论古,荀子礼法思想对秦汉以后古代中国的政治文明具有深刻的塑造作用;论今,荀子礼法思想中的某些理论因子,比如对"法之义"和"法之数"的区分;对"治人"与"治法"关系的辩证认识,等等,对当代中国的法治建设仍有一定的参照意义。荀子以礼为中心的社会治理思想,结合礼法而论君子,结合君子而论礼法,对现代法治建设的启迪意义在于:现代法治建设中所需要的法治人才,

---

① 季桂起:《试论荀子的社会治理思想》,《社会治理》2021年第11期。
② 参阅王晓波:《"阳儒阴法"是中国文化的主流》,《光明日报》2015年11月30日第16版;朱汉民、胡长海:《儒、法互补与传统中国的治理结构》,《武汉大学学报》2017年第2期。
③ 美国法史学专家布迪和莫里斯认为,"在整个帝国时代,真正体现法律特点的是法律的儒家化——换句话说,是儒家所倡导的礼的精神和有时是礼的具体规范,被直接写入法典,与法律融合于一。"([美]D.布迪、C.莫里斯著:《中华帝国的法律》,朱勇译,南京:江苏人民出版社2010年版,第26页。)瞿同祖更加明确地指出:"所谓法律儒家化表面上为明刑弼教,骨子里则为以礼入教,怎样将礼的精神和内容窜入法家所拟定的法律里的问题。换一句话来说,也就是怎样使同一性的法律成为有差别性的法律的问题。"(瞿同祖:《中国法律与中国社会》,北京:中华书局2010年版,第378页。)

不仅应该是有德君子,更应该是有才君子,他们不仅具有良好的德性修养,还在治礼义(修正完善法律)方面有突出的治才[1]。在荀子的秩序建构设想中,作为制度规范、客观规则的礼(礼法)是实现群体社会秩序的重要保证。以礼(礼法)的制度规范来建构群体秩序,需要进一步引出的就是作为制度规范的礼(礼法)如何才能正当和适宜的问题。荀子以义为中心的正义论思想所要回答的正是这个问题。"正义论",顾名思义,它所要回答的就是进行制度规范建构时要依循的正义原则的问题。其实,在荀子的正义论思想中,作为制度规范的礼(礼法)赖以建构的正义原则就是义。荀子常以礼义合论,已经十分明显地涉及正义问题的思考[2]。冯友兰曾指出:"礼之'义'即礼之普通原理。"[3]其所谓的"礼之普通原理"就是义所代表的普遍的正义原则。在讨论荀子正义观念时,黄玉顺提出,"礼制是怎么被确立起来的？礼制建构的根据何在？这个根据就是'礼义',即礼之义,也就是正义原则。"[4]循义而建构作为制度规范的礼(礼法),"以礼分施,均遍而不偏"[5],这反映出荀子对礼(礼法)的制度规范建构的公平性和适宜性问题的思考。由此,荀子的礼义论与其礼法论、君子论等一样,也是其秩序建构设想中不可或缺的重要理论环节。

---

[1] 高雪:《荀子对儒家君子思想政治性维度的凸显》,《阴山学刊》2022年第1期。
[2] 值得注意的是,荀子常常将礼义合论,充分说明了礼与义在其思想世界中的同构性关系。这种"同构性"的关系有时也让荀子的礼论本身就包含着义的内涵,由此而表现为一种公正性的原则。正如杨国荣分析指出的:"礼对所有的社会成员都一视同仁;它乃是根据同一原则对社会成员加以划界分等。换言之,尽管礼包含着等级分界,但它同时又表现为一种客观的划分原则。……于是,在荀子那里,礼便具有双重品格:一方面,它通过度量分界而化解了社会的紧张与冲突;另一方面,它又作为公正的原则而保证了社会分界的合理性。"(杨国荣:《善的历程——儒家价值体系研究》,上海:华东师范大学出版社2009年版,第97—98页。)这就意味着,我们在以义论为基础来讨论荀子的正义观念时也需要注意到,其礼论本身也已涉及公平性的正义原则的思考。在荀子那里,礼有时就指向礼义而表现为一种正义原则。
[3] 冯友兰:《中国哲学史》,第414页。
[4] 黄玉顺:《荀子的社会正义理论》,《社会科学研究》2012年第3期。
[5] 《君道》,《荀子集解》,第232页。

《淮南子》"道治"模式探讨

朱康有

(国防大学国家安全学院)

摘要：为适应秦汉以来社会发展形势，《淮南子》以黄老道家为主干，在批判吸收各家思想基础上，从国家长治久安高度提出"道治"模式。认为返归以"道"为指导思想的"至德之世"，是最理想的治理目标。在手段和方法选择上，主张顺遂自然之性以及民众"性命之情"；"人主之术"以"无为"为原则，君臣异道而和谐；强调因时求变、辩证施治。《淮南子》提出把握社会治理根源，突出和回归"道"，由"治本"达至彻底解决一切弊端，对实施"标本兼治"富有启发意义；治理主体首先要做好"自治"，有利于执政集团从中汲取更多属于"自我革命"的文化底蕴；对圣人、真人、至人等人格理想极尽描述，倡导自觉"身治"，镜鉴社会发展与人的发展保持一致。《淮南子》将人类甚至还没有进入文明状态的社会奉为"至德之世"则有极大局限性，以"道德"为唯一治理之归趋和标准理应扬弃。

关键词：天人合一；至德之世；人主之术；自然无为；身国共治

秦汉之际，适应我民族国家统一和社会治理的意识形态渐渐成熟。法家、儒家、道家等在中国传统中央集权制的形成过程中，从先秦的学术思想形态转变为影响历史进程的引领性价值资源。这些思想有一个共同特点，就是它们皆以某个学派为主干又不局限于该学派，而是熔铸了春秋战国以来百家争鸣的精华，闪烁着博大精深的智慧之光。它们的作者本身即是新生王朝的参与者、筹建者，又皆以名家、法家、儒家、墨家、道家、农家、兵家、阴阳家等思想学说作为素材，将之上升到国家长治久安的高度，在历史的比较中考察和鉴别得失,在现实的运用中萃取和总结规律。

西汉景帝、武帝时期,先后产生了两套为汉初服务的哲学思想和政治理论,一套就是以老庄道家思想为核心,修正、改造黄老之学,兼容各家的《淮南子》,另一套就是以儒家思想为核心,糅合阴阳五行思想的《春秋繁露》。虽然这两部著作思想体系大相径庭,但有一点是共同的,即它们都是为统治者开出的济世良方。汉初统治者一度采用黄老之学作为国家治理思想,并产生了巨大的社会效益——出现了经济繁荣的"文景之治"[1]。汉武帝以后,不管中国传统王朝如何更替,儒家实际上占据了主流意识形态地位,其他各家思想在大部分时期里只能作为陪衬和补充。不过,法家、道家等提出的主张仍然是中国传统治理思想的重要组成部分。[2] 在中华民族复兴的新时代,我们倡导"大道之行也,天下为公"的命运共同体理念,从《淮南子》的"道治"模式[3]中汲取中华优秀传统文化,显得非常重要。它指出,"国得道而存,失道而亡"(《淮南子·兵略》)。该著文采极佳,讲究对仗,善用比喻,篇量宏大而又高度凝练,比较详尽地论述了之前社会治理的经验与教训,对于我们今日推进完善治理体系、提升治理能力不无深刻启迪。

一、理想状态:道根德本

正如有学者指出的:"就内容的庞大有序、构架复杂严谨而言,在《淮南子》之前还没有哪一部著作能达到这样的水平。"[4]的确如此,作为一部旨在所谓"天地之理究矣,人间之事接矣,帝王之道备矣"的巨著,它扬弃了老庄"言道而不言事,则无以与世浮沉"的缺陷,追求一种"考验乎老庄之术,而以合得失之势者也"的导向,对"治乱之体"(《要略》)作出了新的说明和论证。

"天之与人,有以相通也"(《泰族》)。天人合一理念是我古代各家思想的主流观点,而天人相类或天人感应则为这种理念的初级形式。人与天之间,不

---

[1] 参见黄钊:《〈淮南子〉——汉初黄老之治的理论总结》,《武汉大学学报》,1990年第4期。
[2] 参见朱康有:《第三讲 中国传统治理思想》,颜晓峰主编,《国家治理现代化十八讲》,人民日报出版社2019年版。
[3] 曾有学者对这一模式从历史角度进行研究。参见高旭:《汉代黄老新"道治"的历史阐说——论〈淮南子〉著述意图、文本结构、思想体系及其政治理想》,《南昌大学学报》,2017年第5期。
[4] 陈一平:《淮南子校注译》,广东人民出版社1994年版,"前言"第8页。本文凡下引此著,仅注篇名。

仅外形上相类,而且在心理意识、情绪变化、运行方式上存在着诸多可通之处。一切生物中,"莫贵于人,孔窍肢体,皆通于天。天有九重,人亦有九窍;天有四时以制十二月,人亦有四肢以使十二节。天有十二月以制三百六十日,人亦有十二肢以使三百六十节"(《天文》)。人的形体与五官都是模仿上天:头圆象天,足方象地。人的血气运行如同雷霆风雨,人的喜怒哀乐之情与白天黑夜、寒天暑热一样分明;人的精神接受于上天,而形体则是从大地接受来的。天有四季、五行、九大区域、三百六十六日,人则有四肢、五藏、九窍、三百六十六个关节。"同类相应"观念是中国古代重要思想与文化特征之一。[1] 有学者解释说,"所谓'同类相动'是指同类之间或相同事物之间所发生的类同相感、气同相应的共振现象"[2]。基于"物类相应"的感性经验,人间活动尤其是杰出领袖或大的社会活动反过来可以"佐天长养",深深地影响自然界。"圣人者,怀天心,声然能动化天下者也。故精诚感于内,形气动于天……故国危亡而天文变,世惑乱而虹霓见"(《泰族》),万物有相连的渠道,灾气有相通的地方。最高统治者的行政作为对自然现象有更大的作用力,帝王的思想感情与天相通。因此,刑罚暴虐则多风灾,法令不正则多虫灾,杀害无辜则国有旱灾,政令不合时宜则多雨灾。君臣心不齐,日晕现象就会出现在天上。那么,天和人相互作用的中介又是什么?按照道家主流看法即为物质性的"气"[3]:"天地之合和,阴阳之陶化万物,皆乘人气者也。是故上下离心,气乃上蒸,君臣不和,五谷不为……春肃秋荣,冬雷夏霜,皆贼气之所生"(《本经》)。由此观之,宇宙就像一个人的身体,天地四方就是人的精神及活动所伸展的范围,不同的事物可以看成是在一个大的整体中而相互影响。

把天人合一的核心主旨仅解读为人与自然的关系,并非合乎中国传统哲学的价值取向。天人合一"主要是解决人之所以为人、人的德性问题"[4]。所以,对人和天之间本质特性的比较,才是二者相通的关键,并成为从中引出"道

---

[1] 温韧:《〈淮南子〉感应观新探》,《哲学研究》,1997年第12期。该文比较了《春秋繁露》与《淮南子》在天人感应思想上的异同。
[2] 参见邓红蕾:《论"人治"的"同类相动"效应》,《中南民族大学学报》,2014年第3期。该文概述了《淮南子》"同类相动"的五种类型。
[3] 参见刘丽、刘玮玮:《〈淮南子〉的气论及其医学养生思想》,《中华中医药杂志》,2019年第6期。此文讨论了《淮南子》的"大道即气""天人一气""顺气养寿"等思想。
[4] 斯洪桥:《人生论视域下〈淮南子〉天人合一观及其价值意蕴》,《南昌大学学报》,2017年第4期。

治"原则的根据,以遵循道的规律、顺应天地自然行事。最高之"道",被称为"一"或"太一","天地运而相通,万物总而为一。能知一,则无一之不知也;不能知一,则无一之能知也"(《精神》)。此道沉静无为,没有形态也没有形下规则,其大不可穷尽,其深不可测度,永远与人类一同化育,而人仅凭后天认知却无法把握它。社会治理的不同主体,只能是"帝者体太一,王者法阴阳,霸者则四时,君者用六律……故谨于权衡准绳,审乎轻重,足以治其境内矣",否则,违背了此法则,变成"帝者体阴阳则侵,王者法四时则削,霸者节六律则辱,君者失准绳则废"。如果小者施行大法,则傲慢放肆;大者施行小法,则狭隘而不能包容。只有"贵贱不失其体,则天下治矣"(《本经》)。说到底,圣人所取法之道,是以清净、虚无的道家宗旨为根本的。不过,此"道"在不同层次已有了差异。

从老庄主张"道"平等的理想性到这里讲的"贵贱",《淮南子》汲取了儒家思想,作了很大调整,使之与等差的现实需求、应用结合起来。"仰取象于天,俯取度于地,中取法于人……察四时季孟之序,以立长幼之礼而成官。此之谓参。制君臣之义,父子之亲,夫妇之辨,长幼之序,朋友之际,此之谓五。乃裂地而州之,分职而治之,筑城而居之,割宅而异之,分财而衣食之,立大学而教诲之,夙兴夜寐而劳力之。此治之纲纪也。"(《泰族》)甚至当时的阴阳家以及天文学等科技思想在治理中也有所反映。《礼记》和《逸周书》中的"月令"篇,本为古代天文历法著作,即按照一年12个月的时令,述载朝廷的祭祀礼仪、职责分配、法令禁令,这一点也被纳入《淮南子》的体例及论述中。如说,五月作为季夏,天子应当衣黄衣,祭奉四方之神、宗庙社稷,为民祈福行惠,令吊死问疾,存视长老;是月不可以合诸侯,起土功,动众兴兵,否则必有天殃。季夏如果行春令、秋令、冬令,都会带来意想不到的恶果。这种"律历之数"作为天地之道,"四时为纪",把四季的变化作为推行政令的法度、准则,实则农业社会长期实践规律的总结与提炼。至于说"天地之气莫大于和,和者,阴阳调,日夜分,而生物。春分而生,秋分而成,生之与成,必得和之精。故圣人之道:宽而栗,严而温,柔而直,猛而仁"(《泛论》),从"天地之气"引出圣人对"道"治"度"的把握,尽管有点牵强,也大体反映了秦汉以前古人对自然的观察和社会治理的丰富经验,不过在论证过程中采取了现今不大使用的"譬类"方法而已。

《淮南子》最后一篇《要略》不仅对各篇大旨作了简要说明，文末还对谋略家、儒家、墨家、《管子》、《晏子春秋》、纵横家、刑名家、法家产生的相关背景作了述要，并认为，像刘安及宾客此著，能够观察天地现象、贯通古今之事，权衡万事而确立制度，量度形体而采用适宜，才真正溯源道的真谛、符合上古三王的遗风，达至一统天下、治理万物、应对变化、通晓异类的目标。它并非只踩着一种脚印走路，守着一隅之见，拘泥于与自身关联的事物，反而眼界开阔并与世推移。在道论上，刘安校定此著确比老庄思想有所发挥，且自认为较儒、法更为优越。孔孟对形上之"道"要么避而不谈，要么谈之甚少，不能不说是原始儒家的一大缺陷。以后，荀子、董仲舒、王充等有所发展，但仍显薄弱，且汲取当时科学观念不足。《淮南子》除了注重借鉴儒家仁义基本思想之外，主要对其"道"论缺陷展开了批评。我们看到，原文中多对孔子赞赏有加，认为孔子作为个人来说，是明道知体的，但对于其提出的相关理论却批判甚多——实质体现了它更重视在治理理念和举措上"道根德本"的价值追求。对法家的主张似乎也是这样。总之，虽然它没有否定其他学派在"治末"上的重要性，相较而言却更倾心于黄老道家"治本"之功效。其标准应是建立在"大历史观"基础之上——至少从长时距看，它认为道家对国家长治久安的功用更大（儒家、法家、兵家等或许在短期内能起到"富国强兵"立竿见影效果，长期则带来诸多偏颇，甚至走向反面）。这就叫做"释大道而任小数……不足以禁奸塞邪，乱乃逾滋"（《原道》）。春秋末期以来，各国追求通过战争解决问题，刘安则指出，甲胄造得坚韧，就会有对付甲胄的更锋利的兵器出现；城墙筑成，就会有撞倒城墙的战车产生——正像舀汤来制止沸腾一样，祸乱却更加厉害了。实行严刑酷法，不是霸王的事业；因为过多地使用马鞭子，不是赶远路的办法。只有遵循道的规律，顺遂天地自然行事，可以治理的范围就是天地四方也不能和它相提并论。

　　固然，百家不同学说各有产生的缘由，像墨子、杨朱、申不害、商鞅的学说对于治理国家来说，却像车盖上少了一根橑、车轮上少了一条辐那样：有了它可以凑数，没有它也不影响使用。如果各自认为独自把握了关键，那就和天地万物的道理不相符了。刘安清楚地意识到，当时已经不是"大治"之际，各方面学说和主张都有适合不同范围的使用价值。既然"道出一原"，"道有经纪条贯,得一之道,连千枝万叶",所以任何时候都应该"举事而顺于道者"(《俶真》)。就是说,在阶段性的治理过程中,尽管一时使用了技术性的措施("数"),但不能忘记长远的指导思想。目标一定要远大,才能引领当下,不至于迷失方向。万万不可陷入或迷惑于阶段性的目标中,那样就会半途而废。在没有达到理想的道治社会之前,治理手段无疑是多样化的。"夫仁者,所以救争也;义者,所以救失也;礼者,所以救淫也;乐者,所以救忧也",但要明白,"仁义礼乐者,可以救败,而非通治之至也"(《本经》)。至"道德定于天下"时,不仅礼乐不用,且仁义也不必用了。仁义之所以不能比道德大,是因为仁义包容在道德之中。换句话说,有了道德,仁义自然就有了,无需画蛇添足。"失本则乱,得本则治",抓住了治理的根本要素,才能使社会得以彻底的健康的运行,抓不住根本,按下葫芦浮起瓢,就会乱象丛生,"有道以统之,法虽少,足以化矣;无道以行之,法虽众,足以乱矣"(《泰族》)。以道根德本为治,总体战略上的布局是:一方面表现在时间历程中的发展最终目标安排上,一方面则是从空间全局入手。从"道"的角度论,就可以统括起来并等同视之。站在"刘氏"天下的立场上,《淮南子》试图"为封建统一大帝国的长远统治,提供一个较为完备的学说","向最高封建统治者贡献治国之道"[①]。

按照道家观点,道散佚则成为德,德溢出则成为仁义,仁义确立则道德就废止了。因此,越古的社会应该越符合"道德"属性。比如以前黄帝治理天下,理顺日月运行的规律,调和阴阳之气,节制四时的变化,校正音律历法的准则,使男女有别、雌雄各分,上下关系明确、贵贱等级分明,强者不能欺凌弱者、多的不能压榨少的,各级官吏公正而不偏私,上下协调而无过失,法令严明,市场上没有见机抬价的现象,人民没有仇恨相争之心,于是五谷丰登,甚至出现凤凰翔于庭、麒麟游于郊的好征兆。然而,黄帝之道还比不上伏羲氏之道。当时战胜了自然界各种凶灾后,社会安康,无忧无虑,蒙蒙然与万物和谐,人们不用智巧,漂浮周游,自由自在,甚至禽兽虫蛇也藏起它们的利爪毒刺而无捕捉吞噬之心。这是遍地道德上通于天、巧诈荡然无存的缘故。而到了夏桀之时,君主昏暗不明,政道杂乱而不整治,抛弃了五帝的施政措施,推翻了三王的准则,君臣离心,骨肉疏远,以至于山不生长高大的乔木,湖泽没有深深的积水。逮

[①] 牟钟鉴:《〈吕氏春秋〉与〈淮南子〉思想研究》,人民出版社2013年版,第154—155页。

周室衰而王道废,儒家、墨家便开始分裂道而议论,分别徒党而争辩。这些都丧失了立身的根本。大凡世人之所以丧失本性、道德逐渐衰落,溯源起来已经很久远了。春秋战国时期,七国不同姓氏诸侯自己制定法律,各地习俗迥异。纵横家从中离间,相互兴兵争斗。兼并他国,伏尸数十万,损失车辆以千百数。倚仗武力征伐,天下不能融合为一家。刘安反对这一时期以及秦代"法治",认为申不害、韩非、商鞅的治国方法,是拔起它的根,像丢掉杂草那样把根本丢掉,不去彻底探寻患难产生的根源。仅靠刑罚,做事刻薄,背离道德根本,去竞争刀尖锥末的利益,草菅人命,百姓劳苦死亡过半。他们却洋洋得意,自以为实现天下太平。这实际上是"抱薪救火"的举措。历史发展到汉代,"天下混而为一,子孙相代,此五帝之所以迎天德也"(《览冥》),黄老道家之学迎来了一个"反五帝之道"的契机,在深度整合与熔铸传统"治道"资源的基础上,"为西汉王朝重构和提出更为切合其大一统政治发展的新'治道'思想"[1]。

对治理手段的选择,直接与社会状态的进展程度有关。这一点,与其载述的发展阶段相吻合,大体也符合上古以来历史演变过程。作者将最高的社会理想模型看作是对三皇五帝时代即"至德之世"(以伏羲、神农、黄帝等为代表。亦称"太清之治"或"至人之治",表明个人的发展与社会的状态是一致的)的某种复归。值得注意的是,儒家"大同"理想也是希望通过恢复周代礼乐,达至小康,进而"前进"到原始共产主义状态——当然,完全的回去是不可能的,实质为螺旋式的、更高层次的返归。同样,现代马克思主义追寻的最终目标——共产主义社会——其经典作家亦将之看作是"否定之否定"后"真正的人"及其本性光辉的再现。这是我们今天讲文化复兴应当关注的治理文化相通之处。在未来理想社会中,人作为"类",不只是物质经济生产力得到了极大发展,其群体道德觉悟层次的高水平再现应是最主要的标志。相比儒家而言,道家除了展现人与人之间关系的和谐之外,还对人与自然的和谐状态作了更多描述。在大道引领下,似乎各种因"私"带来的矛盾和冲突得到了合理的解决。"晚世学者,不知道之所一体,德之所总要,取成之迹,相与危坐而说之,鼓歌而舞之,故博学多闻,而不免于惑",这是"背其本而求其末,释其要而索之于详",故"未可与言至也"(《本经》),认为理想中的五帝三王,所做的事业不一,却旨意相

---

[1] 高旭:《〈淮南子〉黄老"治道"哲学思想论纲》,《华侨大学学报》,2018年第2期。

同;所走的道路不同,而归宿一致。指归哪里? 显然,是一个道根德本的"至德之世"。

二、运行规则:君臣相"因"

在远古道德最纯粹的时代,商贾从店铺中得到利润,农人从耕种中得到快乐,大夫各安其职,依照各自本性要求,做好分内之事,《淮南子》称之为相"因"之道——因时、因地、因民之性。"三代之所道者,因也。故禹决江河,因水也;后稷播种树谷,因地也;汤、武平暴乱,因时也"(《诠言》),且不违背人的"性命之情"①。此乃道家真正称颂的"无为":把握住道的根本,不要有意为天下之事,而应顺随其自然之性去推求。

世人一般认为,"无为"就是寂静无声,漠然不动,引之不来,推之不往,如此才把握了道的原则。刘安颇不以为然。他反驳说,自古有盛德的君主,劳累形体,竭尽思虑,为民兴利除害而不懈;他们放下身段,敢于做卑贱的农活,不担忧性命短暂而忧愁百姓穷苦,如果把这种行为说成是"无为",岂不悖哉!圣王在其位,履其职,不是为了贪图爵禄,艳羡势位,而是从事兴起天下的利益、消除万民的祸害。由此观之,那么,圣人为百姓忧虑劳累也太多了,所以自天子以下直到一般老百姓,所谓四肢不动、思虑不用而可以办好事情,满足生存和发展,这是根本没有听说过的。显然,这种"忧劳"非是为一己之私、一家之私。他明确指出,"若吾所谓无为者,私志不得入公道,嗜欲不得枉正术,循理而举事",根据实际来成就功业,依顺自然之势,诈巧不能参与其中。那种用人妄为来违背自然才是道家所指的"有为","非吾所谓为之"(《修务》)。除了可能存在的极少数上智之人、至德之人外,对于一般人来说,后天的教化和学习、改造、奋斗、争取是非常必要的。

当然,这种学习和改造无非是为了恢复人的本性。所谓真人,即性合于道也。那么,人的自然本性是什么,又如何为治理提供根据呢? 万物顺其自然发展,然后人世之事才能得到治理,"民有好色之性,故有大婚之礼;有饮食之性,故有大飨之谊;有喜乐之性,故有钟鼓管弦之音;有悲哀之性,故有衰绖哭踊之

---

① 一些学者也注意到《淮南子》中"因"的重要性,参见何善蒙:《"道"、"因"、"权"、"义"与〈淮南子〉政治哲学的结构》,《江汉论坛》,2017年第1期。

节。故先王之制法也,因民之所好而为之节文者也。因其好色而制婚姻之礼,故男女有别"(《泰族》),这些都是已经存在于人们的本性中,只不过需要圣人的教养来进一步塑造、引导。故先王的教化就是依照人们所喜好的来规劝他们向善,依照人们所讨厌的来禁止奸邪。因顺本性则天下人都听从,违逆本性,那么即使制订了法也不能执行。如此进行治理,就没有了人为的痕迹,外在的干预和强制作用就被降到了最低限度,一切看来是人自身本性使然。静漠闲淡好像没有作为,却又没有什么不是他的作为;恬淡安适不去有意处理什么事情,却又没有什么事情不能处理好。"所谓无治者,不易自然也;所谓无不治者,因物之相宜也"(《原道》)。最好、最高的治理,就是不变易人民的自然本性。能够因顺人民的愿望,就能无敌于天下了。没有本性,不可以教育训导,有本性而没有教养则不能遵循道。因此,人的本性尽管有仁义资质、善性禀赋,如没有圣人制定规则来教导他,同样不可能归化于道。

把握了"道"的圣人,理应与现实之"王"合为一体,实现"圣人在上"之治。[①] 世人之所以热衷于想当天子,是因为天子能够给他带来极尽耳目的欲望,满足身体舒适的需要。这其实是一种极大的误解。真正的君王职责应当是统领管理百官,使万民和睦。"君人之道"或"人主之术"同样表现在对"因"的运用上:"处无为之事,而行不言之教。清静而不动,一度而不摇,因循而任下,责成而不劳……不为赏罚喜怒,名各自名,类各自类,事犹自然,莫出于己","不下庙堂之上,而知四海之外者,因物以识物,因人以知人也。故积力之所举,则无不胜也;众智之所为,则无不成也"(《主术》)。做君主的高明方法是,抓住纲要,树立公正,使百官通达,环绕中心,各自致力于相应职责,人人努力工作,各尽其能。

在治理天下过程中,君王如何运用"法则"和"权柄"? 法,是天下量度的标准,是君主的工具。对尊贵者不减轻处罚,对卑贱者不加重刑,公正之道畅通,则偏私之道就堵塞了。古时候设置官吏,是用来限制人民,使他们不能放纵自己;确立君主,是用来制约官吏,使他们不能专行;法典和礼仪的规定,用来限制君主,使其不能独断。法对民、官、君形成了平等的制约,体现了社会的公

[①] 关于圣王与治道的关系,参见戴黍:《圣王与治道——试论〈淮南子〉的圣王史观》,《天津社会科学》,2007年第5期。

道。关于法的起源,涉及法的哲理:法生于义,义生于众人适宜,众人适宜则合于人心,这是统治的要领。所以,通于根本的人,不会乱于末节;掌握要领的人,不会迷惑于琐细的内容。法,不是从天下掉下来的,也不是从地下长出来的,而是产生于人间,反过来约束人们自己的。要求下民执行的法律,上层如不遵循就不能施行推展;禁止人民做的事情,自己首先不要去做。所谓亡国,并不是说这个国家没有君主,而是没有法。变革法制,并不是没有法,如有法而不用,则与没有法相同。君主立法,首先自己作出标准和榜样,这样法令便能施行天下,"禁胜于身,则令行于民矣"。法治规则,并不是什么外在的东西,而是人类自身社会要求的外化,自觉遵守并不只是对民众或官员的要求,更重要的是人主首先应"先自为检式仪表"。总之,法律准则是君主用来制约臣下的东西,废弃而不用,就好像没有缰绳、马嚼子而奔驰,群臣、百姓就可以反过来戏弄他们的主上了。这里的"法"即是控制臣下的"术"。以此看,刘安的新道家并不一概反对法家思想,相反是从自己角度吸收了其合理内容。同样,对于权势的掌控也是如此。[①] 认为即便是圣人,若无权在手,化民就会大打折扣。它认识到,权势的要害,足以移风易俗。当尧还是一个普通百姓的时候,他的仁慈不能教化一里的范围,而桀居于最高的位置,便能令行禁止。由此看来,贤能不足以治理,而权势可以改变风俗。正确发挥好权势的作用,对于调动属下和民众积极性不可小觑。形象地说,权势是国君乘坐的车子,爵位俸禄是臣下骑马用的缰绳和马镳头;把握权势要害,控制颁行爵禄的权力,明确缓急的标准,调整取予的限度,人们就能竭尽全力而不厌倦。这种治理,"执柄持术,得要以应众,执约以治广,处静持中,运于璇枢,以一合万,若合符者也"(《主术》),"事省而易治",是最省力、最经济的方法。在行使君王职责中,不能随意表露喜好或厌恶之情,意欲见于外即易为人臣所制。真正的"君道"应最接近"道"的原初本质,比如它的无形寂寥、自然无为、虚静感应等特质。圣明君主在位,空廓没有行迹,静悄没有声音,官府像无事可干,朝廷像没有人。

最高的统治者必须通过庞大的官员体系进行治国,处理好君臣关系即成为治理活动的重要内容。如君臣不和,即使是尧舜也不能实现治世。首先,君

[①] 《淮南子》对先秦法家思想中关于"法、势、术"等核心范畴的改造,参见王效峰、梁道礼:《〈淮南子〉对先秦法家思想的承绪与改铸》,《西安交通大学学报》,2014年第5期。

臣异道,各有所守。"主道员者,运转而无端,化育如神,虚无因循,常后而不先也;臣道方者,运转而无方,论是而处当,为事先倡,守职分明,以立成功也。是故君臣异道则治,同道则乱。各得其宜,处其当,则上下有以相使也"(《主术》)。君和臣、上和下,官职有差别,不同的事务却能协调,百官所为便各有所守了。其次,主逸臣劳,责少职寡。士人不兼任官职,职责少就容易守职。百官向君主述职,一定要完成他们的职责任务;君主在上面精明审察,官吏便在下面勉力从事。不能造成"人主逾劳,人臣逾逸"的局面。再次,君正臣直,君制臣忠。无为,是道用的表现;无为控制有为,则是策略——与法家讲的"术"不同,这是基于道家理念讲的"术"。它要求,看见根本便知道末梢,观察趋向便能预见归宿,掌握一而应对万,把握纲要而治理详细。当然,关键还是在君能公正无私。绳正于上,木直于下。与此相反,乱国君主昏暗不明,群臣结成党派而不忠诚,大臣独揽权力,下级官吏倚仗权势,朋党比周,戏弄主上;君臣相欺甚或相怨,治道就会被堵塞,国家陷入危亡之中。只有上下一条心,君臣一同志,最终即可造成一种巨大治理优势:"群臣辐辏并进,无愚智贤不肖,莫不尽其能者,则君得所以制臣,臣得所以事君,治国之道明矣"(《主术》)。

很多人把道家的这种君臣"因循、因顺"治理方法理解为消极、被动,实际上是有问题的。其实,它要求我们在认知上应当克服一时一域的片面局限,远观博见,放大理性思索的眼界,从大时空的角度考虑治理难题,"夫守一隅而遗万方,取一物而弃其余,则所得者鲜矣,而所治者浅矣……治大者道不可以小"(《泰族》)。它反复指出并批驳了人的这种认识狭隘性:"夫井鱼不可语大,拘于隘也;夏虫不可与语寒,笃于时也;曲士不可语至道,拘于俗、束于教也"(《原道》)。易简之道可以治大,可以合众,可以成就帝王业;下降至具体举措上,则可展开为万端,表现为综合治理方法的系统运用,这就有可能避免片面性弊端,从而达到"一""多"高度统一。

《淮南子》作为汉初新道家之代表,非常重视"因时"而"求变",乃历史主动精神的显著体现。它认为,以一世之度制治天下,譬犹刻舟求剑,譬由胶柱而调瑟也。只要把握住治理的根本,就不必法古循旧。治国有常,而利民为本[①];

[①]《淮南子》的利民思想受到了儒家影响。参见陈德琥:《论〈淮南子〉的亲民思想》,《求索》,2017年第1期。

政教有经,而令行为上。"苟利于民,不必法古;苟周于事,不必循旧。夫夏、商之衰也,不变法而亡;三代之起也,不相袭而王。故圣人法与时变,礼与俗化。衣服器械,各便其用;法度制令,各因其宜。故变古未可非,而循俗未足多也。百川异源,而皆归于海;百家殊业,而皆务于治"(《泛论》)。一切以"治"为目的,并不局限于哪家哪说。并非人的智慧才能不高,亦并非各家学说不精,关键在是否合乎时代选择。以形下之道的变易性来求形上之道的不变性;所遵循的道,好像金石乐器一样,浇铸成型、定下音调就不能改变,而所做的事就像琴瑟那样,每根弦都可以改变、调整。

一些所谓"明事者",背离道德之本,说什么"礼义足以治天下",而所谓礼义者,不过是五帝三王的典籍、流传一个时代的风俗遗迹,这些都是圣王用来应对形势、适合变化、根据情况而采取的相应措施而已。"是故世异则事变,时移则俗易。故圣人论世而立法,随时而举事","故制礼义、行至德,而不拘于儒、墨"(《齐俗》)。每个时代的礼法均是在探讨克服各自患难的困境下产生,条件变化了,当然制定的礼法应主动求变,不能被一时的礼乐捆住手脚。说到底,法制礼义本就是治理所用的工具手段,而"非所以为治也"。了解了法背后的"道"的精神,"知法治所由生,则应时而变;不知法治之源,虽循古,终乱"(《泛论》),必须与化推移,不法其已成之法,而法其所以为法。如果搬用、套用过时的礼法,就会成为笑谈。这是关乎国家存亡的大学问,唯有修道有成的圣人懂得权变。

老庄辩证施治原则在《淮南子》中得到了极大程度的发挥。"天下是非无所定,世各是其所是,而非其所非。所谓是与非各异,皆自是而非人",它看到了人们是非标准的相对性。"若夫是于此而非于彼,非于此而是于彼者,此之谓一是一非也。此一是非,隅曲也;夫一是非,宇宙也"(《齐俗》),半是半非的"是非"是片面的,而绝对的那个"是非"则是放之四海皆准的。如何能找到这样的标准?摆脱形下的"是"与"非"即可。比如,在刚与柔两个极端之间,太刚则折,太柔则卷曲,恰在刚柔之间才是得道之本,颇似于儒家所讲的"中庸"之道。为什么常常会发生"始于治,常卒于乱"的情形? 就是说,人们经常以为是正确的治理,最后走向了反面呢?因为树立一个善的东西,就有一个不善的东西与之对立。这说明,形下相对之善,往往会导致不善的结果。不仅不要批判"非",而且连人们以为好的正面的标准也不要有意识地去树立和倡导。君子修养行为而不谋求善名,施舍付出而不张扬仁爱。张扬了善就使士人争名誉,知道了利的产生就使人民争功劳。即便行善也不自以为善,为人谋利也不以为功。人们去"争",为名而名,为利而利,诈伪兴起,治理便无望。凡得道者,其形色之体应深深隐藏,其名声不可宣扬。否则,丑恶必定假托美好的声名为自己辩解,邪僻必定蒙上正直的外表为自己开脱。伪善兴起,假正大兴,名不副实,头脑中自以为是的价值标准混淆,再来进行治理就困难多了。"喜德者必多怨,喜予者必善夺。唯灭迹于无为,而随天地自然者,唯能胜理……故誉生则毁随之,善见则怨从之。利则为害始,福则为祸先。唯不求利者为无害,唯不求福者为无祸"(《诠言》)。

三、模式架构:身国共治

"道家治国治身治心思想都是以'道'为指导思想和哲学依据,在'道'的统摄下,道家治国治身治心思想构成了相互贯通、三体合一的思想体系。"[①]《老子》《庄子》《管子》中的稷下道家四篇、黄老帛书以及《吕氏春秋》[②]乃至《淮南子》都极其显著地突出了这一倾向。其模式架构符合中国传统文化的基本结构,并与儒家宗旨"内圣外王"一致,区别仅仅在于各家思想"内"和"外"比重的不同、方法的差异、旨趣的不一。《淮南子》认为,"矩不正,不可以为方;规不正,不可以为员;身者,事之规矩也。未闻枉己而能正人者也。原天命,治心术,理好憎,适情性,则治道通矣"(《诠言》),借用詹何的对话说,"未尝闻身治而国乱者也,未尝闻身乱而国治者也"(《道应》)。"道"为治本,但此"道"首先应在治理主体特别是最高君王身上体证出来,然后外推应用于臣属和民众,这叫做"内能治身,外能得人"。

新道家与儒家一个共同点就是,都认为先治理好自己身心,是治理社会和带领民众的前提,且将之看作根本,而平治天下事业作为"末"不过是这个"本"的延续和深化。它打比方说,心中没有什么持守,而又有治理天下的壮志,这就好像没有耳朵却想调谐钟鼓音乐,没有眼睛而想喜爱斑斓的色彩,都一定不

---

① 来永红:《论道家治国治身治心思想体系》,《兰州大学学报》,2013年第3期。
② 有学者指出,尽管《淮南子》无一字提到吕不韦及其《吕氏春秋》,但在一定意义上说,《淮南子》是《吕氏春秋》在新的历史条件下的再现,两书堪称为秦汉之际道家著作的姊妹篇。参见牟钟鉴:《〈吕氏春秋〉与〈淮南子〉的比较分析——兼论秦汉之际的学术思潮》,《哲学研究》,1984年第1期。

能实现。天下的关键,"不在于人而在于我身",自身能保持着道,"彻于心术之论",不受嗜欲、欲念、好恶等影响,那就具备了洞察和把握外物的素质,顺遂天下、治理天下。拥有天下,难道一定要靠权势发号施令、掌控生杀予夺来推行政令吗?"所谓有天下者,非谓此也,自得而已"(《原道》),做到自得于道,天下也就反过来在自己的静观甚至掌控之中,即真正能实现自我与天下相合、互相拥有,又哪里会不能容身于天地之间呢? 所谓自得,是指保全自己的身心,不受外在贵贱、贫富、劳役的制约,内通天机,与道一致。用内心来制约外物,什么事都不会废弃;内心能保持道的状态,对外物就能包容处理好。

新道家讲的"至乐"或"无乐之乐"与宋明以后儒家讲的"内乐"高度一致。一般认为,先秦儒家之"乐"是靠外在的"礼乐"治理支撑起来的,实际上经宋明儒的研究,"孔颜之乐"有其内在的心性修养作为根据。刘安认为,统治者只知道设置钟鼓乐器,排列管乐、弦乐,耳听靡靡之乐,眼视美丽之色。这样作乐,炽盛显赫,被诱惑而有所羡慕,但酒宴结束、音乐撤去,心里惆怅忧郁,好像丢掉了什么。究竟是什么原因呢? 不是以内心的快乐来引起感应外物的乐趣,而是以外物的刺激来引起快感,故奏乐就高兴、曲终就悲哀,是"悲喜转而相生,精神乱营"的结果,是依赖外物产生"边际效应"的后果。应该说,新道家对"乐治"的心理分析是非常深刻的,它揭示了管理者加强自身修养、树立正确政绩观的内在必要性。不能自得其乐,即使拥有整个天下,百姓皆成为臣仆,也不足以保养身心;曲解"乐"的真正含义,每天不断损害本性,丧失了应该保持的东西。如不能在内心有所持守,用外物影响来自我修饰,不能滋润于皮肤、渗透到骨髓、作用于思想深层——外物的影响如不能在内心发生作用,便不能在心中停留;心中主张如不能和外物呼应,便不能推行。"所谓乐者,人得其得者也……能至于无乐者,则无不乐,无不乐则至极乐矣"(《原道》),能达到没有世俗乐趣观,就无不快乐,亦即最大的快乐。懂得重视自身修养,看轻身外世界,那就逐渐接近于"无我"之大道了。这是道家倡导"身重天下"才能"托天下"的内在理论根据。

如何通过治身达到治天下? 道家认为,作为一个生命体,人是由形、气、神三个方面组成的有机体,"夫形者,生之舍也;气者,生之充也;神者,生之制也","形神气志,各居其宜,以随天地之所为"(《原道》)。三者之中,神为主导,神比形重要,"神失其守"或"形神相失""形神俱没"是极端情况。[1] "至人"对天下的治理,能做到心志与精神相安处、形体与本性相调和;虚空无为但天下自然和平,恬炎无欲但人民自然纯朴。能够拥有天下的,一定不会丧失他的封国;能够拥有封国的,一定不会丧失他的家族;能够治理家族的,一定不会遗弃他的身体;能够修养身体的,一定不会忘记他的内心;能够追原内心的,一定不会损害他的本性;能够保全本性的,一定不会迷失道。"能强者,必用人力者也;能用人力者,必得人心者也;能得人心者,必自得者也。故心者,身之本也;身者,国之本也"(《泰族》)——这是一个内外互推的逻辑论证过程,认为身心能治理,始可与之言道;如身心都无法治理,奈天下何!

养神在修身中处于核心地位。人的精神畅顺而纤微,随外物迅速变化,像云的蒸发、风的流动,全在乎对它如何运用。通过砥砺其才,自我检验与道相通的智慧,观览万物的广博,消除万物间的障弊,静观事物的始终端倪,察见无尽境界,逍遥飘荡于外,卓然远离,藏形于无,认知能力就能大幅提高。心中有像镜子一样的价值参考模式,观照事物明明白白,不为古今差异而改变自己源于本性的主张。如将心性返回本原,心绪遨游于虚无之境,即能破除"莫知务通也,不明于类也"的"心之塞"即心性的盲区和障碍。"所谓明者,非谓其见彼也,自见而已;所谓聪者,非谓闻彼也,自闻而已;所谓达者,非谓知彼也,自知而已。是故身者,道之所托,身得则道得矣。道之得也,以视则明,以听则聪,以言则公,以行则从"(《齐俗》),以身载道,就能聪明自达,智慧萌发,言说公允,行则畅通。而单纯的、外在的礼仪节行,则无法穷尽至治之本。治身与治国可作类比:修养身体,最上策是修养精神,其次是修养身躯;治理国家,最上策是修德感化,其次是严明法令。养神至精妙地步,能够神妙感化,说明真情是胜过大声呼喊的;圣人在上位,人民改变自身而服从教化,这是真情首先打动了民心。在上面发动却得不到下层呼应,说明真情与命令不一致。把受之于天地的元气聚拢在心房玄关,持守而不散失,便能与天道相通,以此隐修,怀抱仁爱诚实之心,其教化便如神如风。"块然保真,抱德推诚。天下从之,如响之应声,景之像形,其所修者本也。刑罚不足以移风,杀戮不足以禁奸,唯神化

---

[1] 参见高旭:《〈淮南子〉道家生命哲学论纲——基于形、气、神、志的辩证考察》,《南昌大学学报》,2016年第4期。

为贵"(《主术》),安然自得,保守本真,怀抱道德,推诚置腹,之所以能起到"太上神化"的效果,是因为"至精为神",人性中最纯粹的东西——"气之精爽"功能自然发挥,忠信内在形成,感应表现在外。故此,做外王的事业,先要平和意志,清净精神;神清意平,所做的事情才能公平正直。水激荡则波浪兴起,精气惑乱则智力糊涂。智力昏乱,则不可以执政,就像波动的水不能够作为平准一样。圣王掌握住这个"一"而不丧失,万事万物之情就全部掌握了,四夷都会臣服。

结语

《淮南子》以论"治"为主旨,显示了汉初学术思潮务实致用的宗旨和倾向[①]。刘安在终篇《要略》中论述了从西周文王以来先秦儒家、墨家、管子、晏子、纵横家、刑名家、商鞅等学说,针对时代面临的矛盾,回应和化解冲突和危机,皆提出了见解。他把诸子学说置于解决不同社会历史的困境中审视,不仅深刻指出了各家的要旨和本真,而且亦能明确揭示这些学说的价值和演变。为探索天道、人事的规则,化解危机,《淮南子》借鉴了诸子学说中的精华,抛弃它认为过时和错误的部分,提供出自己一套治国理政的思想体系。[②]

关于"治本"的思想。人类社会的发展如同一个生物有机体,在环境和内在要素的作用下体现为"发育"的历程,且不可避免地出现各种不健康的"病症"来。如何医治这些创伤、消除积弊,使之走上正常的路径?道家创始人老子把社会治理区分为"天下有道"和"天下无道"两种状态,并提出如同儒家创建者孔子"为政以德"的看法——"以正治国""以道莅天下",在这一总原则指导下,认为必须把握住社会治理的根源才能由"治本"达到彻底解决一切问题。刘安在《淮南子》中并没有完全否定各家思想价值,认为要在吸收和借鉴它们合理之处的基础上,重点还是要突出和回归合"道"的理想路径上。

关于"自治"的思想。中国传统治理思想的理论学说是建立在"内圣外王"这一框架基础上的[③],认为治理社会、国家乃至天下的前提是,统治者或者说治理主体自身首先要"内圣",即做好自我治理。以刘安为代表的新道家在这一

---

① 参见戴黍:《道·人·史:〈淮南子〉的论治维度及思想史意义》,《现代哲学》,2007年第2期。
② 参见张立文:《冲突与医治:〈淮南子〉化解危机的哲学》,《江海学刊》,2010年第1期。
③ 参见朱康有:《中国传统哲学价值再评估》,《哲学动态》,2006年第9期。

方面有着非常丰富的内容可供今人资鉴。汉初社会局面为这种学说提供了昙花一现的实证机遇。遗憾的是，东汉以后，道家思想基本上走上宗教的歧化方向；魏晋玄学亦只是将道家和儒学结合的一种不成功的尝试，乃士人躲避现实的精神自我构建，并未发挥出多少现实意识形态功能。《淮南子》提供的治理思想资源在历史上的沉没和湮灭就成为必然。近年来对《淮南子》的研究兴起了一个高潮，这非常有利于我们从中汲取更多属于"自我革命"的文化底蕴。[①]

关于"身治"的思想。马克思主义社会治理思想，深深影响了19世纪下半叶以来的世界历史进程。经典作家主张，个人发展和社会发展的水平、个体解放和社会解放的程度基本是一致的，其重点在于优先改造制约人的外在社会环境。这一旨趣可以和基于中华优秀传统文化关于理想社会的实现举措"互补"。我们欣喜地看到，新时代把家庭教育促进上升为国家"法"的意志，并大力倡导家风、家道的优化，正是将社会治理向内延伸的结果。我们认为，这一治理内向延伸的最终指向必然是社会大众人人自觉的"身治"状态。新道家追寻"人"回归"人道"的努力，与马克思主义主张"人"复归"真正的人"有一致之处。在向理想社会的迈进途中，生命"身心"的自我升华与觉悟成为一个极其重要的内在动力源泉、必不可少的条件之一。

随着现代国家治理的进步，我们也许能从《淮南子》中发掘出更多的宝藏和智慧。自然，作为两千多年前的著作，其局限性在所难免。它把人类甚至还没有进入国家状态和文明状态的早期群居社会奉为"至德之世"，一面主张因时而变，一面又主张返回到"无知无识"的原始状态，这就陷入了极大的矛盾之中。它没有看到中国古代社会在几千年中取得的巨大进步——尽管这种进步是以"道德"退步为代价的。这说明，评价社会治理的标准不能只是单一的人性，尤其不能只是唯一的德性。人类历史证明，没有生产力的分工和进化，没有物质文明的发展，社会治理达到的解放程度除了极其少数的"圣人"或"圣王"或有所突破外，绝大部分的民众（包括治理主体在内）是不可能达到的。

[①] 在《中国知网》上以"淮南子"为名进行搜索，20年来发表包括学位论文在内的文献基本上每年有40余篇，大大高于以往时期。

儒家思想

孔子：心不违仁与富贵为人之所欲
——心学与共同富裕的理想之一

陈卫平（华东师范大学中国现代思想文化研究所）
汤颖（华东师范大学哲学系博士生）

摘要：心学不只是作为特殊形态的阳明心学，它存在于中国哲学各个历史阶段，和"性与天道"息息相关，应当由此形成"中国心学"的研究视野和领域。本文从不违仁之心与欲富贵之心在孔子思想中的关联，揭示其关于共同富裕的思考。从国家治理层面来看，孔子的思考可以概括为德政礼治与德本财末、先富后教，还从四个方面的哲学理论为实现共同富裕提供支撑；从个人发展层面来看，孔子的思考可以概括为修己志仁与得其应得、公利即义，并把见利思义作为个人全面发展的起点，揭示了共同富裕的终极的人文关怀。

关键词：中国心学；孔子；心不违仁；共同富裕

中国人民自古以来就有共同富裕的追求，这为在中国式现代化道路上实现共同富裕提供了丰厚的思想资源，而先秦诸子是其历史源头。孔子作为先秦诸子中最早建立体系的哲学家，在要求心不违仁的同时，又说"富与贵，是人之所欲也"（《论语·里仁》）此"欲"乃心向往之。本文阐述不违仁之心与欲富贵之心在孔子思想中的关系，揭示其关于共同富裕的思考。

一、"中国心学"与孔子论"心"

本文将孔子的不违仁之心与欲富贵之心联系起来考察其共同富裕的思想，有意强调"中国心学"的研究范围不应局限于阳明心学。南宋真德秀曾将儒家经典论"心"的格言以及北宋以来理学家"心"论文字汇编成《心经》，表明在阳明心学之前,儒家已有历史悠久的心学。

中国传统哲学围绕"性与天道"而展开,而"心"正是其中极重要的观念。所谓天道,即天地万物的普遍原理,其中关于世界统一性原理的探讨集中于心和物的关系上,这里包含气(物质存在)、心(主观精神)、理(概念范畴)三项,因而最后经过儒、释、道的相互作用,形成了张岱年所说的三个主要潮流:"唯理的潮流,始于程颐,大成于朱熹","主观唯心论的潮流,导源于程颢,成立于陆九渊,大成于王守仁","唯气的潮流亦即唯物的潮流,始于张载"而王夫之"加以发扬"。[①] 所谓性,一方面指向人的本质是什么这个人生普遍原理的根本问题,另一方指向如何化本性为德性即造就理想的自我。而心与性密切相关,儒、道、释都将两者并举,形成各自的心性论,对此已有很多相关的研究成果。所以,论心之学贯穿于中国传统哲学。康有为曾说:"心学固吾孔子旧学哉!颜子三月不违,《大学》正心,《孟子》养心,宋学尤畅斯理。当晚明之季,天下无不言心学哉!"佛教"三藏言心,未有精微渊异如《楞伽》者。"(《日本书目志》卷二)康有为认为心学是从孔子到阳明的儒学固有之学,而佛教也以"言心"为宗。这里缺失了道家,实际上先秦老庄因物"游心"而逍遥、破除"成心"以齐物、"心斋"涤欲为真人,一直成为后来道家心性论、心物论的重要命题。心学也是中国近代哲学的重要内容。贺麟指出,从清末康有为到1945年抗战胜利的50年间,中国哲学值得"大书特书"的一点,就是"陆王之学得了盛大的发扬"[②],他以此为主线论述了康有为及以后的谭嗣同、梁启超、章太炎、欧阳竟无、梁漱溟、熊十力、马一浮等人的心学。从整个中国近代哲学来讲,在这思想队列"头"上,应有龚自珍的"自尊其心"(《尊史》)和魏源的"事必本夫心"(《皇朝经世文编·叙》),而在这思想队列的"尾"上,则需续以贺麟自己的"新心学"。以心学的盛大发扬来概括中国近代哲学显然是片面的,不过陆王心学对中国近代哲学确有重要影响。传统哲学的心物和心性问题在近代继续得到关注,"唯物论""唯心论"成为近代哲学家分析和构建哲学理论的常用概念,而心性论同样是他们分析和构建哲学理论的重要内容,这在贺麟上述列出的哲学家中表现得尤为突出。以上从中国传统哲学的主题和从古代到近代的历史,

---

① 张岱年:《中国哲学大纲》,中国社会科学出版社1982年版,第26—27页。
② 贺麟:《五十年来的中国哲学》,商务印书馆2002年版,第3页。

简略地说明从古代到近代存在着不绝如缕的"中国心学"。就是说,心学不局限于作为哲学一种特殊形态的阳明心学,而是应当拓展于整个中国哲学的各个历史发展阶段以及诸多层面、诸多问题。

康有为说心学为孔子所固有,不过《论语》中孔子直接论心之言并不多,其中最重要的是如下两段话:"吾十有五而志于学,三十而立,四十而不惑,五十而知天命,六十而耳顺,七十而从心所欲不逾矩。"(《论语·为政》,以下引《论语》只注篇名)"回也,其心三月不违仁,其余则日月至焉而已矣。"(《雍也》)这两段话均与修身进德有关,"违"与"逾"意思相近,把它们联系起来,可以理解为不逾之"矩"即不违之"仁"。就是说,颜回之"心"长年累月坚守仁德已属不易,而最完美的则是达到随心所欲而不逾越仁德的自由境界。虽然孔子对心的论述较少,他之后的孟子和荀子却是先秦诸子中论心之言说最多的。孔子上述两段话开启了孟、荀心论的不同进路。孟子主要从伦理学上论心,"君子所性,仁义礼智根于心"(《孟子·尽心上》)。显然这是由心不违仁开其端的。荀子论心亦有伦理道德的涵义,如"以仁心说"(《荀子·正名》),但他更多是从认识论上着眼的,如《解蔽》《正名》等篇,以"心"为认识"物之理"的"天君",对"心何以知"的认识过程做了详尽的考察,注重"解蔽"以去除"心术之公患",论述以"心知道"的思维方法等,这与孔子的"从心所欲不逾矩"有关,因为心不逾矩是以心对"矩"的认识和把握为前提。"子入太庙,每事问"(《论衡·知实》)就是要了解清楚太庙祭礼之"矩"。荀子曾将礼比喻为"规矩":"规矩者,方圆之至;礼者,人道之极也。"而这规矩由心之思虑而得:"礼之中焉能思索,谓之能虑。"(《荀子·礼论》)可以说,荀子的心论大力彰显了"从心所欲不逾矩"的认识论意蕴。

最近有学者著文,以《说文解字》的"凡心之属,皆从心"的训诂为出发点,认为《论语》中孔子使用过的有"心"偏旁或"从心"的字(词、概念),都有着"心学"内涵,对此全面进行考察,才能把握孔子的"心学"[1],这有一定道理。本文以孔子不违仁之心与欲富贵之心来论述其共同富裕的理想,是对孔子"心学"的某个侧面的展现。

---

[1] 参见高华平、康丹芸的《孔子"心学"初探》,《孔子研究》2022年第2期。

二、德政礼治与德本财末、先富后教

从国家治理层面来看,孔子关于共同富裕的思考,可以概括为德政礼治和德本财末、先富后教,而这都是心不违仁的展开,如梁启超所说:"儒家言道言政,皆植本于仁。"①

孔子认为有两种治国方略:"道之以政,齐之以刑,民免而无耻;道之以德,齐之以礼,有耻且格"。(《为政》)他以为前者治标而后者治本。"道之以德",就是用道德来训导民众的思想,即"为政以德"(同上)的德政;"齐之以礼",就是用礼教来规范民众的行为,即"为国以礼"(《先进》)的礼治。德政礼治统一于仁:孔子以仁为全德之称,是一切道德的总纲②;礼以仁为内核和依据,"人而不仁,如礼何?"(《八佾》)所以,德政礼治正是心不违仁在治国方略上的体现。于是后来孟子把这样的治国方略称为"仁政"。孔子以"爱人"来回答樊迟的问,德政礼治就以此为核心价值,所以,孔子赞扬"古之为政,爱人为大;所以治爱人,礼为大"(《孔子家语·大昏解》),而与之相对立的苛政则犹如吃人的虎狼:"苛政猛于虎。"(《礼记·檀弓下》)"夫政之不平而吏苛,乃甚于虎狼矣。"(《新序·杂事第五》)德政礼治的仁爱最主要表现在两个方面:一是关注民生,使百姓的生活逐步富裕。子张问如何从政,孔子告之须以"因民之所利而利之"(《尧曰》);他还叙述了尧禅让时对舜的命辞,"四海困穷,天禄永终"(同上)使天下百姓穷困,天赐的禄位就会永远终结。以后《易传·系辞下》发扬了孔子的思想:"圣人之大宝曰位,何以守位曰仁,何以聚人曰财。"圣人以仁爱执掌权位,就要依靠财富团聚民众;二是注重教化,让民众都具有明德向善的精神追求,"季康子问政于孔子曰:'如杀无道,以就有道,何如?'孔子对曰:'子为政,焉用杀?子欲善而民善矣。君子之德风,小人之德草,草上之风,必偃。'"(《颜渊》)。以教化作为为政的主要手段,就会形成从德风到德草即社会上下共同尊德为善的氛围。因此,孔子把民间教化和出仕为政看作同一回事,"或谓孔子曰:'子奚不为政?'子曰:'《书》云:孝乎惟孝,友于兄弟,施于有政。是亦为政,奚其为为政?'"(《为政》)上述两个方面意味着德政礼治追求的共同富

---
① 梁启超:《先秦政治思想史》,东方出版社1996年版,第81页。
② 冯友兰:《中国哲学史》上册,华东师范大学出版社2000年版,第62页。

裕既有物质的也有精神的。

　　这同样反映在孔子如何把握上述两个方面关系的思考中。《颜渊》记载："子贡问政。子曰：'足食、足兵，民信之矣。'"然而，如果必须在食和信之间选择其一，孔子主张"去食，自古皆有死，民无信不立"。孔子认为就治国理政而言，取信于民是比足食、足兵更为重要的立足根基。《礼记·大学》将这样的思想概括为"有德此有人，有人此有土，有土此有财，有财此有用。德者，本也；财者，末也"。行德政就会得民心，得民心就能拓展国土，有了土地才能生产财富，有了财富就能用以经世济民，因而德本财末。这样的价值观存在着道德决定论的偏颇，但其中也有在清贫的物质生活中坚守德本的正能量。著名的"孔颜之乐"就是如此："子曰：'饭疏食饮水，曲肱而枕之，乐亦在其中矣。不义而富且贵，于我如浮云'。"（《述而》）"一箪食，一瓢饮，在陋巷，人不堪其忧，回也不改其乐，贤哉，回也。"（《雍也》）这里的"乐"蕴含着因物质生活之穷困而反衬的精神富裕的意义。如果说德本财末是就价值观而言，那么，从施政路径来说，则是先富后教。据《孔子家语·贤君》记载，鲁哀公问政于孔子，孔子对曰："政之急者，莫大乎使民富且寿也。"鲁哀公说："为之奈何？"孔子曰："省力役，薄赋敛，则民富矣；敦礼教，远罪疾，则民寿矣。"这里明确地表示在为政的实际操作上，最先需要解决的急迫之事，是使民众富起来；为此需要采取"省力役，薄赋敛"的政策；然而，在"富口袋"的同时不能忽略了"敦礼教，远罪疾"的"富脑袋"；而"民寿"则是"富口袋"和"富脑袋"的综合结果，将共同富裕最终落实于全民健康的生命价值中。这样的施政路径就是先富后教。孔子到卫国，冉有为他驾车，沿途看到人烟稠密："子曰：'庶矣哉。'冉有曰：'既庶矣，又何加焉？'曰：'富之。'曰：'既富矣，又何加焉？'曰：'教之'。"（《子路》）在当时农业生产中，人口众多（庶）为发展生产提供了最重要的劳动力保证，而发展生产是为了使民众生活富裕，在此基础上还要对民众进行教化。《说苑·建本》有类似更简洁的记载："子贡问为政。孔子曰：'富之。既富乃教之也，此治国之本也。'"这包含着道德教化要以物质基础为依托的正确认识。关于"富之"的"省力役，薄赋敛"，孔子给出了具体内容，即"十一而税，用民之力岁不过三日，入山泽以其时而无征，关讥市廛皆不收赋。"（《孔子家语·王言解》）实行十分之一的税率，民众服役每年不超过三天，让百姓进山泽伐木渔猎而不滥征税，交易场所都不滥收赋税,他强调"此则生财之路"(同上),即民众致富之路。关于"教之",孔子提出"有教无类"(《卫灵公》)即无论何种社会地位、职业身份的人都有接受教育的权利,以此打破"学在官府"对于教育资源的垄断,为精神共同富裕提供制度担保。同时,他把传统文明的结晶"六艺"传授于民众,"以六艺教一般人,使六艺民众化,实始于孔子",而且"孔子之以六艺教人,亦时有新意"。[①] 这样的"教之"是要大众把传统文化作为共同的精神财富继承下来,并予以发展和创新,以形成实现共同精神富裕需要依赖的共同的文化根底。然而,无论是本末关系还是先后关系,孔子都试图把物质和精神的富裕相联结。

更值得注意的,是孔子为德政礼治爱人之仁的共同富裕提供了哲学理论的支撑,这主要有以下四方面:

第一,天地无私的形上根据。《礼记·孔子闲居》记载:"孔子曰:'天无私覆,地无私载,日月无私照。奉斯三者以劳天下,此之谓三无私'。"孔子认为天地覆载万物、日月普照万物,对它们一视同仁而无偏私,让它们共同生育繁衍,君王的德政就应该如此对待天下百姓,使他们都能过上美好的生活。孔子称颂尧为效法天道的典范:"大哉!尧之为君也。巍巍乎!唯天为大,唯尧则之。"(《泰伯》)让百姓富足,是尧则天而行的重要表现。上面所引的"四海困穷,天禄永终"是从反面反映了这一点。以下这段对话则从正面反映了这一点:"子贡曰:'如有博施于民而能济众,何如?可谓仁乎?'子曰:'何事于仁,必也圣乎!尧舜其犹病诸!'"(《雍也》)在孔子看来,尧以崇高无私的天地为榜样,朝着"博施于民而能济众"的圣人事业而努力。这是以尧的则天而行表明天地无私是百姓理应实现共同富裕的形上天道根据。

第二,舟水之喻的民本思想。《荀子·哀公》记载:鲁哀公问孔子,怎样防止政权被颠覆的危机,"丘闻之,君者,舟也;庶人者,水也。水则载舟,水则覆舟。君以此思危,则危将焉而不至矣"。这里以舟水之喻强调民为君本,即庶民是君王政权能否永续稳固的基础。在孔子看来,解决民生问题,使下层百姓摆脱贫穷困苦,是这个基础最重要的奠基石。《荀子·哀公》还记载了颜渊对政治的考察,更具体地反映了这一点:鲁定公问颜渊,何以能够预料善于驾驭马车的东野毕的那些马很快会逃逸。颜渊答道:"臣以政知之。昔舜巧于使

---

① 冯友兰:《中国哲学史》上册,华东师范大学出版社2000年版,第45、56页。

民,而造父巧于使马。舜不穷其民,造父不穷其马,是以舜无失民,造父无失马。"而东野毕不顾"马力尽矣",依然驱使它们驰骋不已,由此判断这些马匹将不堪忍受而离开;鲁定公请他说得再详细一点,颜渊对曰:"臣闻之,鸟穷则啄,兽穷则攫,人穷则诈。① 自古及今,未有穷其下而能无危者也。"孔子对此予以肯定。② 这是把舟水之喻的以民为本作为"自古及今"的历史规律,因而为政富民体现了对于历史规律的自觉顺应。

第三,先予后取的互惠伦理。《孔子家语·贤君》记载,鲁哀公表示愿意按照孔子"使民富且寿"的话去做,但又"恐吾国贫矣",孔子回应:"《诗》云:'恺悌君子,民之父母。'未有子富而父母贫者也。"这是认为民众对于统治者的服从,是基于先予后取的互惠伦理,犹如先是父母辛劳抚养子女成人,而后子女尽其所能回报父母。孔子的学生有若进一步阐述了这样的道理。鲁哀公问有若:年景饥荒,财政困难,怎么办?有若建议用十分抽一的税法。哀公说,即使十分抽二,我还感到不能解决问题。有若对曰:"百姓足,君孰与不足?百姓不足,君孰与足?"(《颜渊》)只有先让百姓富足了,君主才会获得足够的财源。这样的先予后取的互惠互利,是君主承担利民富民责任的伦理依据。

第四,大同小康的社会理想。《礼记·礼运》篇孔子对于大同小康的论述,实际上提供了实现共同富裕在不同阶段的目标。小康的基础是"天下为家",施展能力是为了各自家庭获得温饱,"各亲其亲、各子其子,货力为己"。然而,这些"未有不谨于礼者也"。于是,不仅家庭和睦,而且民众通过努力做事而得其应得,"礼之先币帛也,欲民之先事而后禄也"(《礼记·坊记》)。而且"古之明王行礼"的重要方面是"与万民同利"(《孔子家语·问礼》)。这是共同富裕的初级阶段。大同作为共同富裕的最高阶段,实行"天下为公"的"大道",在物质财富上人人共建共享,"货,恶其弃于地也,不必藏于己;力,恶其不出于身也,不必为己",而且使"矜寡孤独废疾者"得其所需。在精神面貌上,消除了小康阶段的阴谋算计、武力抢夺等,实现了"选贤与能"的政治文明和"讲信修睦"的社会和谐。可以说,大同小康作为理想社会是孔子为实现共同富裕奠定的

---

① 《孔子家语·颜回》记载:在"人穷则诈"后面有"马穷则佚"。
② 《孔子家语·颜回》记载,孔子听闻此事评价道:"夫其所以为颜回者,此之类也,岂足多哉。"即他之所以是颜回,就在于颜回常有这类表现,不足以过多赞扬。

信念基础。

上述四方面的思想都是心不违仁的表现。在前引关于博施济众的对话中,孔子接着就以"仁之方"来回答子贡的何谓仁,表达了天地无私般地博施济众,其出发点是"己欲立而立人,己欲达而达人"的仁之方。程颢对此就是这样理解的,认为"'博施济众',乃圣之功用",即圣人之"仁之体"的发用(《二程遗书》卷二上)。颜渊将以民为本作为历史规律,孔子对此的评论表达出这样的涵义;这对于出自心不违仁的颜回而言,是很自然的。关于互惠伦理,《阳货》记载:子张问仁,孔子曰"能行五者于天下为仁矣",而"惠"列于其中。统治者在"养民也惠"(《公冶长》)的同时,也得到了让百姓更好地为其服务的回报,"惠则足以使人"(《阳货》)。在孔子眼里,这样的互惠伦理是"为仁"的重要表现。关于天下为公,孔子视其为志士仁人的崇高境界和人格。微子、箕子、比干不顾身家性命,心忧天下,忠诚奉公,孔子赞许道:"殷有三仁。"(《微子》)因此,后来儒家普遍以公释仁,如程颐在回答"如何是仁"时说:"只是一个公字。学者问仁,则常教他将公字思量。"(《二程遗书》卷二十二)这四方面的思想意味着德政礼治建立在心不违仁基础上的共同富裕具有丰富的思想内涵。

二、修己志仁与见利思义

就个人发展层面而言,孔子关于共同富裕的思考,可以概括为修己志仁与得其应得、公利即义,这无疑是心不违仁的表现。因为修己志仁如下所说,就是要成为"无终食之间违仁"(《里仁》)的君子;而君子的"九思"之一是"见得思义"(《季氏》),意味着义是内心之仁在面对利益时的外在表现,得其应得和公利即义是其所思之义的重要方面。

孔子认为作为个体的为政者应当修己志仁以成君子,否则不可能把满足百姓对美好生活的向往作为施政目标。《宪问》记载:"子路问君子。子曰:'修己以敬。'曰:'如斯而已乎?'曰:'修己以安人。'曰:'如斯而已乎?'曰:'修己以安百姓。修己以安百姓,尧舜其犹病诸!'"把为政者的"修己"和所为之政的"安百姓"归于何为君子的问题,实际上是指出了为政者只有"修己"成德之君子,才有可能使天下百姓安乐。君子作为孔子的理想人格是仁德的化身:"君子去仁,恶乎成名?君子无终食之间违仁,造次必于是,颠沛必于是。"(《里仁》)因此，修己以成就君子的过程，就是始终不渝追求仁德的过程："苟志于仁，无恶也。"(《里仁》)将志于仁之君子与修己、安百姓联系在一起，意味着志于仁既指向何者可以为政，又指向为政为何。孔子以为要使百姓都能安乐，即使尧舜恐怕也颇为犯难，因为能安乐百姓的是高于仁德的圣人，这在前面引用的博施济众的话语已表明了这一点。然而，没有修己志仁，绝不可能把超乎仁德之上的安乐百姓当作为政的追求。就是说，修己志仁是为政者以安乐百姓为己任的基本前提，如后来黄宗羲所言："志仁者，从民生起见。"(《孟子师说》卷六)

孔子对其弟子的告诫和教诲始终贯穿了这一观点。在此略举两例：其一，冉雍使南面。孔子说"雍也可使南面"(《雍也》)，认为冉雍可以居官治民。之所以可以，从何者为政而言，"恭己正南面"(《卫灵公》)，冉雍恭己即修己而有仁德，在孔子十大杰出弟子中被列为"德行"佼佼者，时人称其有仁德而没有口才，"雍也仁而不佞"，孔子反问道：何必要有口才呢？(《公冶长》)因为冉雍是修己志仁之人，所以他明确地以安乐百姓作为为政的目的。"仲弓问仁。子曰：'出门如见大宾，使民如承大祭。己所不欲，勿施于人。在邦无怨，在家无怨。'"冉雍(仲弓)表示将努力以百姓无怨之仁作为为政的方向(《颜渊》)。其二，曾点之志。孔子请子路、曾点、冉有、公西华四位学生"各言其志"。子路志在三年内使"千乘之国"民众有勇知义；冉有志在三年内使疆土纵横五六十里或六七十里的小国民众富足；公西华志在成为掌握祭祀、外交礼仪等专门技能的"小相"(即小司仪)；而曾点的志向则是暮春时节，换上春装，约上五六个青年、六七个少年，在沂水河边洗洗澡，在舞雩台上吹吹风，然后唱歌而归。孔子喟然叹曰："吾与点也。"(《先进》)朱熹《四书集注》解释此章时指出：曾点言志是"即其所居之位，乐其日用之常"，即身居普通人的地位，以在日常生活中修己为乐。在孔子看来，子路、冉有、公西华要去管理公共政治事务，其前提是要像曾点那样修己志仁，这是他在子路、冉有、公西华面前表示赞同曾点之志的重要原因。如果我们注意到《公冶长》篇中孔子专门评论子路、冉有、公西华三人的第八章，就可以理解这一点。在此章孔子说子路具有管理"千乘之国"兵赋的才干，冉有具有让"千室之邑、百乘之家"民众富足的能力、公西华"可使与宾客言"即有掌握外交礼仪的本领，但这三人均"不知其仁也"，意谓他们在修己志仁上还有待努力。将此章与"曾点之志"章相比照,不难看出孔子所要表达的和冉雍"可使南面"所要表达的思想是一致的,即为政者能否心念天下黎民,首要的是能否修己志仁而不是才能的高下。

孔子还通过评说古今的人物事件来强调这一点。《宪问》记载:孔子说"齐桓公正而不谲",之所以作出这样的评价,是有见于齐桓公任用的管仲,"一匡天下",国强民富,"民到于今受其赐",因而孔子否定了对于管仲"未仁乎""非仁者与"的疑虑,肯定他"如其仁,如其仁"。臧文仲是鲁国执政集团的核心成员,孔子指责他为"窃位者"(《卫灵公》),批评其"三不仁",即"下展禽,置六关,妾织蒲"(《孔子家语·颜回》)就是排斥贤者柳下惠,设置关卡以阻碍人们贸易,指使小妾"织蒲"与民争利。学界对于孔子对臧文仲如此评价有不同意见,但从中可以看到孔子强调不仁的为政者不可能为百姓的民生问题操心。无论是对弟子的教诲,还是列举古今的人物事件,孔子都在强调实现民众的共同富裕,而不只是发展经济的问题。为政者不断修己志仁即不断自我净化,提升为天下苍生造福的境界则是关键。因此,孔子把"举贤才"(《子路》)作为为政的重要举措,认为"举逸民,天下之民归心焉"(《尧曰》)举用隐逸的贤人必能赢得民心,这表现了儒家贤能政治与富民裕民的关联性。①

个体的社会性表现于其活动受到制度的制约。孔子对于以修己志仁作为为政者的前提提出了制度设想,这就是"学也,禄在其中"(《卫灵公》),通过努力学习而后出仕获得俸禄,即先学习而后步入仕途。这在《论语》中可以找到不少例证,如"子曰:'三年学,不至于谷,不易得也。'"(《泰伯》)"子路使子羔为费宰。子曰:'贼夫人之子。'子路曰:'有民人焉,有社稷焉,何必读书,然后为学?'子曰:'是故恶夫佞者。'"(《先进》)孔子讲的"志于学"(《为政》)以"志于仁"为导向,他对颜回的评价就反映了这一点。他肯定颜回为其弟子中的"好学"者,颜回死后再无如此好学者了,"今也则亡"(《先进》),因为颜回能长久坚守仁心,其他弟子则做不到,"其心三月不违仁,其余则日月至焉而已矣"(《雍也》)。子夏进一步阐发了老师的"仕"与"学"的关系,"仕而优则学,学而优则

---

① 孟子在儒家中最先讲"尊贤使能"(《孟子·公孙丑上》),认为贤能政治是君主与民同甘共苦的基础。《孟子·离娄下》指出,孔子对执掌国政的禹、稷和贫而乐的颜回都许以"贤",孟子以为这意味着如果后者担任前者的职位,也同样会对天下百姓的苦难感同身受,以拯救他们脱离苦难为己任。

仕"(《子张》)春秋之际,仕者多为贵族世袭,未学而仕者大有人在,子夏的前半句是针对这种状况而言的,有亡羊补牢之意;而后半句则反映了孔子的主张,即要将其作为制度而确定下来,保障为政者必须是修己志仁者,从而才有可能使其致力于济世安民。

孔子认为实现共同富裕离不开价值观的引导。共建共享是共同富裕之"共同"的重要内涵,然而,如果没有用共同的价值观来凝聚人们,那么共建共享是不可能的。对此孔子提出以"见利思义"(《宪问》)作为共同价值观。这里的义是指行为的当然之则,即一般的道德原则;利则是指功利即利益和功效。见利思义就是要求人们对于利的取舍,以是否合乎义为标准。从实现共同富裕的方面来说,主要是两方面:得其应得和公利即义。

通常将孔子的义利观称为重义轻利,这并不妥帖。因为它容易导致人们以为孔子拒斥功利,其实不然。前面所讲的先富后教,就有见于物质生活是道德教化的基础。孔子承认功利对于个人有着不可忽视的价值,因为"富与贵,是人之所欲也""贫与贱,是人之所恶也"(《里仁》),功利追求具有满足个人自身需要的正当性。因此,他认为在一定条件下,人们应当积极设法获取财富,"邦有道,贫且贱焉,耻也"(《泰伯》)。政治清明的时代,就应当让每个人以改变贫困走向富裕为光荣。他还用略带自嘲的口吻说道:"富而可求也,虽执鞭之士,吾亦为之。"(《述而》)如果可以求得财富,即使是执鞭之士这样的贱职,我也会主动为之。联系他说过"吾执御矣"(《子罕》)表示愿意掌握驾车技能,可见孔子主张人们以某种技能来自主求富。子贡具有这种精神,因而孔子赞赏他不受束缚而在商业领域屡创奇迹:"赐,不受命而货殖焉,亿则屡中。"(《先进》)就是说,孔子希望各人各尽其能而发财致富。

但是,社会成员中每个人的利益是不尽一致的,而且物质财富是有限的,因而如果放纵每个人对于物质利益的追求,那么社会成员之间就会因争夺物质财富而引发普遍性的冲突,"放于利而行,多怨"(《里仁》)。显然,充满怨恨的社会不可能出现共建共享的共同富裕。孔子认为唯有以义来化解利益冲突,"义然后取,人不厌其取"(《宪问》),合乎义之取会得到社会的普遍认可。所取合乎义的重要内涵是公正地分配财富,由此社会成员就能避免怨恨而转为皆大欢喜,"公则说(悦)"(《尧曰》)。孔子提出了公正分配的原则:"丘也闻

891

有国有家者,不患寡而患不均,不患贫而患不安,盖均无贫,和无寡,安无倾。"（《季氏》）这里的"均"不是说每个人获得相等的财富即同等富裕,而是指每个人依据自己的名分等级而获其所应得,名分等级不同,所获得的当然是有差异的。在他看来,这样的有差异的共同富裕,体现了"和而不同"（《子路》）的精神。他反对冉有为季氏敛财,是因为"季氏富于周公"（《先进》）即季氏所得财富超过了其名分等级所应得的。孔子对卫公子荆赞赏道,"善居室。始有,曰：'苟合矣。'少有,曰：'苟完矣。'富有,曰：'苟美矣'"（《子路》）,就是卫公子荆对财产拥有程度的"始有""少有""富有"都表示出知足的心态。这种心态就是满足于自身名分等级之应得。孔子以卫公子荆和季氏作为正反典型,意在强调合义之取就是得其应得,此即后来荀子说的"当取而取"。

公利即义是见利思义的另一重要涵义。所谓"君子喻于义,小人喻于利",将义和利与君子和小人相匹配,已经表露了这个意思。因为小人所喻之利是个人的实惠,"小人怀惠"（《里仁》）,而君子则以替群体谋利为担当,"可以托六尺之孤,可以寄百里之命"（《泰伯》）"因民之所利而利之"（《尧曰》）。因此,公利即君子所喻之义,见利思义就是把公利置于私利之上。后来宋明儒家明确地指出了这一点："义与利,只是个公与私也。"（《程氏遗书》卷十七）"义也者,天下之公也；利也者,一己之私也"（《证人社约言》之五）。孔子强调公利即义是有见于个人不能脱离群体而生存,他对那些劝其离群隐居的人说："鸟兽不可与同群,吾非斯人之徒与而谁与？"（《微子》）作为个体的自我不能与鸟兽为伍,只能生活于同类的群体之中,因而这个群体的每个成员犹如是兄弟,"四海之内,皆兄弟也"（《颜渊》）。显然,实现共同富裕是以兄弟般关系共处共存的共同体的必然要求。

然而,人们往往不满足于得其应得而存有非分之想,往往只顾及私利甚至以私损公,所以必须把见利思义确立为共同的价值观,将道德原则的价值视为至上的,即"义以为上"（《阳货》）,并做个按照义来修养自己品质的君子,"君子义以为质"（《卫灵公》）,从而达到"不义而富且贵,于我如浮云"（《述而》）的境界。就是说,共同富裕的共建共享必须由"共义"即共同的"见利思义"的价值观为根基。这表现了"见利思义"与修己志仁的关联,也表现了共同富裕在物质和精神两个层面上的联系。

孔子还把确立见利思义的价值观与成人之道即每个人的全面发展相联系。对于实现共同富裕的向往,从根本上说就是追求合乎人性发展的生活,而个人的全面发展则是其核心,孔子认为这要以见利思义为基础。"子路问成人。子曰:'若臧武仲之知,公绰之不欲,卞庄子之勇,冉求之艺,文之以礼乐,亦可以为成人矣。'曰:'今之成人者何必然! 见利思义,见危授命,久要不忘平生之言,亦可以为成人矣。'"(《宪问》)从中可见,"成人"就是全面发展的人:像臧武仲那样的睿智,孟公绰那样的不贪婪,卞庄子那样的勇敢,冉求那样的多才多艺,再用礼乐予以文饰,现在要成为这样的人首先是能够做到见利思义。这是希望每个人都能在见利思义价值观的引导下获得全面发展,揭示了实现共同富裕的终极的人文关怀。

一斑见豹,通过孔子上述的思想,可以看到心学包含实现共同富裕的追求,对此作进一步的研究和阐发,应当是中国心学的题中之义。

论朱子的通礼思想
——以《仪礼经传通解》为中心的考察

董恩林

（华中师范大学国学院）

摘要：本文认为，四库全书馆臣提出的"通礼"概念包括四点涵义：一是汇辑而不是注疏古今礼书礼制，二是兼顾天子至于庶人的礼制，三是贯通三礼经传记注疏，四是不注重论辩以发明经义。而朱子在《仪礼经传通解》一书中，绝不是简单地将原有三礼经传记与注疏合并而已，其书名并不能真正反映其实际内容和理论体系。其实际内容是借此为名，提出了一种全新的七礼体系，即"通礼"体系，包括家礼、乡礼、学礼、邦国礼、王朝礼、丧礼、祭礼；其通礼思想至少包括会通三礼、会通古今、简便常行士庶通用、切于教化通于修齐、义理与度数并重五点内容，深得孔子"时为大"的中庸思想。

关键词：朱子；通礼；《仪礼经传通解》

关于朱子的礼学著作《仪礼经传通解》（以下简称《通解》）及其所包含的礼学思想，目前的研究成果已相当丰富。[①] 但多数成果，均从《周礼》《仪礼》《礼记》三礼会通，或五礼（吉、凶、军、宾、嘉）或《仪礼》冠、昏、丧、祭、射、御、朝、聘的礼学系统来审视问题，除青年学者徐到稳从目录学角度分析了"何谓通礼"外[②]，很少有人关注《四库全书》馆臣为《通解》新立"通礼"类目这一重要变化；

[①] 叶纯芳、乔秀岩编：《朱熹礼学基本问题研究》，中华书局2015年版；姜广辉主编：《中国经学思想史》，中国社会科学出版社2010年版第三卷；徐公喜：《礼学视域下的朱子学》，江西人民出版社2016年版，等等。

[②] 徐到稳：《何谓通礼？——一种目录学的分析》，载叶纯芳、乔秀岩编：《朱熹礼学基本问题研究》，中华书局2015年版，第37—38页。

即使是专门研究《通解》的论著也没有正视《通解》所创立的家礼、乡礼、学礼、邦国礼、王朝礼、丧礼、祭礼这一新礼学体系。[①] 也许正是这一缺憾,导致有关朱子礼学的研究成果,最后对朱子礼学思想究竟是什么这一问题多半都是语焉不详。[②] 唯有《中国经学思想史》第七十章论及朱子的礼学思想理论框架为"以古今论礼""以天理人欲论礼""以阴阳五行论礼""以体用论礼",但这些似乎应该属于论礼的方法、路径,且非朱子所独具,从孔孟到北宋五子,均能找到此理论框架的踪影。有鉴于此,本文拟从思想史与文献学角度解析朱子《通解》一书,探讨其通礼思想的来源、内涵、特点等,以就教于专家学者。

一、何谓"通礼"?

"通礼"一名古已有之,考查史籍,约义有三:其一是作为语词使用的通行、通用之礼。如《汉书》卷二五下《郊祀志下》:"天子尊事天地,修祀山川,古今通礼也。"[③]《晋书》卷二十《礼志中》:"未统帝者居丧,古今之通礼也。"这是古今通行之礼的意思。《隋书》卷九《礼仪志》:"东面者,君臣通礼。"这是说面朝东,这是君臣面向位置的通用之礼。朱子所撰《家礼》、秦蕙田所撰《礼书纲目》均设有"通礼"一目,也是指日常通用通行之礼。其二是指历代朝廷依照三《礼》和当代需要制定的变通、实用之礼。检历代正史礼志可知,自西汉叔孙通依据儒家礼制思想制定临时礼仪后,历代朝廷都曾根据时代需要而对《周礼》的吉、凶、军、宾、嘉五礼和《仪礼》的冠、昏、丧、祭、射、御、朝、聘八礼作过不同的损益会通,从而制定本朝礼仪规范。如《晋书》卷一九《礼志上》载:荀颉受命因魏代前事,撰为新《五礼》,"参考今古,更其节文",成百六十五篇。"江左则有荀崧、刁协损益朝仪。"这就是说西晋荀颉所撰《五礼》并非《周礼》之五礼,而是以吉凶军宾嘉为类目,参考古今礼制变化,据当代需要增损之而为朝廷行用的五礼

[①] 如王志阳博士学位论文《〈仪礼经传通解〉研究》误以为四库馆臣把《通解》归入了"三礼总义"类;李少鹏博士学位论文《〈仪礼经传通解〉研究》设一节专谈《通解》基本结构,未提此书所创立的家礼、乡礼、学礼、邦国礼、王朝礼、丧礼、祭礼七礼体系,仍按《仪礼》冠、昏、丧、祭、射、御、朝、聘的礼学系统来论述;殷慧博士学位论文《朱熹礼学思想研究》将朱子礼学分为周礼学、仪礼学、礼记学三礼论述,将《仪礼经传通解》归入仪礼学范围而论其编撰过程与旨趣,等等。
[②] 有关朱子礼学研究的论文,围绕朱子礼学思想谈其背景、方法、路径、意蕴、实践、本体、经世、内化、诠释、影响等等,最后几乎都没有正面回答其礼学思想内涵是什么这一问题。
[③] 班固:《汉书》卷二五下《郊祀志第五下》,中华书局1962年点校本,第1248页。

规范,东晋荀崧又在此基础上"损益朝仪"而定东晋礼制。至隋代,"文帝命太常卿牛弘集南北仪注,定《五礼》一百三十篇"。隋炀帝又在江都组织学士修《江都集礼》,这同样是会集南北朝各代所定礼制而损益之,以成当代礼仪法典。唐太宗又"诏中书令房玄龄、秘书监魏徵等礼官学士,修改旧礼,定著《吉礼》六十一篇,《宾礼》四篇,《军礼》二十篇,《嘉礼》四十二篇,《凶礼》六篇,《国恤》五篇,总一百三十八篇,分为一百卷"①。是为《贞观礼》,唐高宗又编有《显庆礼》。唐玄宗更是组织大臣编《大唐开元礼》,以三礼为理论基础,"折衷贞观、显庆以为唐礼"②,详细编列唐高祖以来所实施的各种礼仪规范,成吉礼七十八卷、宾礼二卷、军礼十卷、嘉礼四十卷、凶礼二十卷,加上三卷序例,共一百五十三卷。其周必大原序曰:"盖古今之不同、质文之递变,虽先王未之有者可以义起,奈何区区残编断简泥古而窒今,使我朝盛典不传于后世耶?""朝廷之所用,有司之所守,非一定之论则内外无所适从,非不刊之书则子孙无所取法。"这就是说,古今不同、质文递变,这是时代规律,即使先王没有的礼制,当今也可以根据需要而制订,不必拘泥于本不齐全的三礼经典。这表达了修撰《开元礼》的指导思想和宗旨。而据《旧五代史》记载:"周显德五年十一月丁未朔,诏翰林学士窦俨,集文学之士,撰集《大周通礼》。"③其所编《通礼》"请依《唐会要》所分门类,上自五帝,迄于圣朝,凡所施为,悉命编次。凡关礼乐,无有阙漏。"④《唐会要》所分门类,不仅有五礼体系,更多的则是汇编了秦汉以来特别是唐代以来,政府与社会有关礼乐的"凡所施为",即日常采取的礼乐仪则与举措,"无有阙漏"则意味着全面地汇编所有资料。这是朝廷所编实用礼仪第一次以《通礼》之名出现,表明此前历代朝廷以三《礼》为依据所编当代礼仪法规,都是这种"通礼"性质的礼制。后来,宋代有陈鄂撰《开宝通礼》二百卷,《通礼义纂》一百卷,同样是"本唐《开元礼》而损益之"⑤。元世祖时太常寺编有《至元州县社稷通礼》(又名《至元州郡通礼》),明太祖时先后编有《大明集礼》《大明

---

① 《旧唐书》卷二一《礼仪志一》。
② 《大唐开元礼》卷首《考略》,四库全书本。
③ 薛居正等撰:《旧五代史》卷一一十八《周书九·世宗纪第五》,中华书局1976年点校本,第1576页。
④ 《旧五代史》卷一四十五《乐志下》。
⑤ 脱脱等撰:《宋史》卷九八《礼一》,中华书局1985年点校本,第2421页。

礼制》等,清代乾隆时期编有《大清通礼》,另有《藩国通礼》等。历代朝廷所编这些通礼、集礼,都以吉凶军宾嘉为类目,而以本朝所施行的礼仪为内容,也就是说是各自朝廷实施礼仪制度的汇编。可见,历代统治者都出于当代政治与教化的需要而做过会通三礼、五礼的工作,换句话说,就是自汉以后,"三礼"经典之外,历代统治者、学者根据各个时代所行礼制,构建了一个会通三礼而实用化的"通礼"体系。其三是清代《四库全书总目》在"礼类"中设《仪礼》《周礼》《礼记》、三礼总义、通礼、杂礼书六子目,这是国家图书目录中首次设"通礼"类目。其所设"通礼"类除"存目"外,实收四部礼书:北宋陈祥道《礼书》一百五十卷、朱子《通解》三十七卷《续》二十九卷、江永《礼书纲目》八十五卷、秦蕙田《五礼通考》二百六十二卷。四库馆臣按语曰:"通礼所陈,亦兼三礼。其不得并于三礼者,注三礼则发明经义,辑通礼则历代之制皆备焉。为例不同,故弗能合为一类也。"① 馆臣们认为,"通礼"所收几部礼书之所以不能放进"三礼总义"而要另设类目,是因为这几部书仅仅汇辑历代旧礼经典、会通历代礼制而非校注发明"三礼""经义"。如列为"通礼类"第一书的宋代陈祥道《礼书》完全打破"三礼"、五礼、八礼体系,只以礼仪中的名物、度数等为细目,先图后文,将"三礼"经传注疏等加以综合汇纂,使之成为一部无所不包的礼学工具书;列为"通礼类"第二书的就是朱子《仪礼经传通解》,后面的江永《礼书纲目》、秦蕙田《五礼通考》,均是"仿朱子《经传通解》之例"②。《礼书纲目》以嘉礼、宾礼、凶礼、吉礼、军礼、通礼、曲礼、乐为八大类,遍采经史子集四部中有关礼仪文字,总为一百零六篇,而首列朱子有关礼书编纂的篇章为三卷,且其书名初即为《增订仪礼经传》,显示出继承朱子礼学思想与《通解》体例的宗旨;再如秦蕙田《五礼通考》,也是以五礼统摄经史子集四部中有关礼仪制度的文字,细分七十五类。另据《四库全书总目》曹庭栋《昏礼通考》提要:"夫'通'有二义,一则自天子达于庶人,'通'乎上下者也;一则自先王以迄后世,通乎古今者也。"③综上可知,《四库总目》所谓"通礼"一名涵义至少包括以下四点:一是汇辑而不是注疏古今礼书礼制,二是兼顾天子至于庶人的礼制,三是贯通三礼经传记注疏,四是

---

① 《四库全书总目》卷二十二《经部二十二·礼类四》,第180页。
② 秦蕙田:《五礼通考》序,影印文渊阁《四库全书》,经部,第一三五册,台北商务印书馆1986年版,第60页。
③ 《四库全书总目》卷二五《经部二十五·礼类存目三》,第209页。

不注重论辩以发明经义。显然,这是一种贯通、会通之礼。它与前二义尤其是与历代朝廷所编纂的《通礼》《集礼》等是有区别的,朝廷所编《通礼》《集礼》是"古今"之通礼、"集"天子诸侯之礼,而不注重贯通三礼经传记注疏,以实用为特色;《总目》之"通礼"是"通"历代之礼、士庶之礼,而注重贯通三礼经传记注疏,是为实用之礼提供文本依据的。

那么,顾名思义,朱子的《仪礼经传通解》只是将《仪礼》的经与传加以会通解释,为什么会被列入"通礼"类呢?《礼书纲目》《五礼通考》明明是五礼会通,为什么是"仿朱子《经传通解》之例"?朱子究竟有着怎样的"通礼"思想?这是需要我们深入考察的问题。

二、朱子《通解》的内容结构及其通礼思想

朱子《通解》一书,表面上是《仪礼》的"经传通解",实则打破了秦汉以来《仪礼》冠、昏、丧、祭、射、御、朝、聘八礼和吉、凶、军、宾、嘉五礼架构,将儒家礼学体系划分为家礼、乡礼、学礼、邦国礼、王朝礼、丧礼、祭礼七大类。[①] 其生前只完成了前五类的编纂工作,后面丧、祭二礼为其拟定提纲,由其弟子黄榦、杨复完成。

提要:"榦之言有曰:始余创二礼粗就,奉而质之先师,喜谓余曰:君所立丧祭礼规模甚善,他日取吾所编家乡、邦国、王朝礼,其悉用此更定。云云。则榦之所编,尚不失朱子之意。"杨复"自序其书云南康学宫旧有家乡、邦国、王朝礼及张侯虑续刊丧礼又取祭礼稿本并刊而存之。窃不自揆,遂举稿本,参以所闻稍加更定,以续成其书。"足见黄榦、杨复二弟子所续是在朱子所拟提纲或旧稿基础上完成的,完全可以视为朱子思想的体现。

为分析方便,兹列其类目如下:

1.《家礼》五卷:士冠礼(仪)、冠义(记)、士昏礼(仪)、昏义(记)、内则(记)、内治(新)、五宗(新)、亲属记(尔雅)。

2.《乡礼》三卷:士相见礼(仪)、士相见义(新)、投壶(记)、乡饮酒礼(仪)、乡饮酒义(记)、乡射礼(仪)、乡射义(新)。

[①] 李旭文章《朱熹修撰〈仪礼经传通解〉编年考辨》(《文献》,2021年第3期)论证了朱子编纂是书的前后经过,可参考。

3.《学礼》十一卷：学制（新）、学义（新）、弟子职（管子）、少仪（记）、曲礼（记）、臣礼（新）、钟律（新）、钟律义（新）、诗乐（新）、礼乐记（新）、书数（新）、学记（记）、大学（记）、中庸（记）、保傅（大戴）、践阼（大戴）、五学（新）。

4.《邦国礼》四卷：燕礼（仪）、燕义（记）、大射礼（仪）、大射义（新）、聘礼（仪）、聘义（记）、公食大夫礼（仪）、公食大夫义（新）、诸侯相朝礼（新）、诸侯相朝义（新）。

5.《王朝礼》十四卷（自此以下因未经朱子审定而称《仪礼集传集注》）：觐礼（仪）、朝事义（新）、历数（新）、卜筮（新）、夏小正（大戴）、月令（记）、乐制（新）、乐记（记）、王制（记）之甲（分土）、王制之乙（制国）、王制之丙（王礼）、王制之丁（王事）、王制之戊（设官）、王制之己（建侯）、王制之庚（名器上）、王制之辛（名器下）、王制之壬（师田）、王制之癸（刑辟）。

6.《丧礼》十五卷（由黄榦审定，自此以下称《仪礼经传通解续》）：丧服（仪）、士丧礼（仪）、士虞礼（仪）、丧大记（记）、卒哭祔练祥禫记（新）、补服（新）、丧服变除（新）、丧服制度（新）、丧服义（新）、丧通礼（新）、丧变礼（新）、吊礼（新）、丧礼义（新）、丧服图式目录（新）。

7.《祭礼》十四卷（由杨复审定）：特牲馈食礼（仪）、少牢馈食礼（仪）、有司彻（仪）、诸侯迁庙（大戴）、诸侯衅庙（新）、祭法（记）、天神（新）、地祇（新）、百神（新）、宗庙（新）、因事之祭（新）、祭统（记）、祭物（新）、祭义（记）。[1]

共七类六十六卷八十七目。四库馆臣充分注意到朱子此书七礼体系的创新意义，指出："所载《仪礼》诸篇，咸非旧次，亦颇有所厘析。"[2] 可见朱子此书一是打破了三礼体系旧有的次序，二是重新"厘析"了三礼体系的篇章。朱子究竟是如何重新排序与厘析的呢？我们试从文献学的角度做如下分析：

第一，就礼学体系而言，儒家五经中有《礼经》（即《仪礼》），后来增至十三经，《仪礼》之外增加了《周礼》《礼记》，《周礼》提出了吉、凶、军、宾、嘉的五礼体系，《仪礼》《礼记》提出了"冠、昏、丧、祭、射、御、朝、聘"的八礼体系。朱子将上述两种分类统一纳于其所创家礼、乡礼、学礼、邦国礼、王朝礼、丧礼、祭礼的七

---

[1] 以上目录括号内，"仪"指《仪礼》原篇目，"记"指《礼记》原篇目，"大戴"指《大戴礼记》原篇目，"新"指三礼原无而新创立的子目。
[2]《四库全书总目》卷二二，第179页。

礼体系中，可以说是创造性地构建了一个新的礼学体系。尽管这一体系是朱子与余正甫等友朋弟子反复商量讨论后确定下来的，但打通三礼所含五礼、八礼体系，却是朱子不变的初衷。在朱子看来，这种七礼体系可能更接近《仪礼》原有的架构，因为他认为，现存"《仪礼》多是士礼，天子诸侯丧祭之礼皆不存"，"自汉以来，凡天子之礼，皆是将士礼来增加为之"，也就是说原有的天子诸侯之礼没有传下来，两汉以来天子邦国之礼都是在士礼基础上增改而成的。另外，"河间献王所得礼五十六篇，却有天子诸侯之礼，故班固谓'愈于推士礼以为天子诸侯之礼者'"，"鲁共王坏孔子宅，得古文《仪礼》五十六篇，其中十七篇与高堂生所传十七篇同。郑康成注此十七篇"[1]，遂导致另外的三十九篇绝传。朱子认为，汉代河间献王所得古礼五十六篇包括了邦国、王朝之礼，可惜没有传下来，因为郑玄只注了有关士礼的十七篇，导致有关天子诸侯的礼书失传。宋代王应麟详检河间献王所得礼古经五十六篇及孔子弟子后学所记一百三十一篇的篇名，散存于他籍流传至今的有：学礼、天子巡狩礼、朝贡礼、朝事仪、烝尝礼、中霤礼、王居明堂礼、古大明堂礼、本命篇、聘礼志、弟子职、奔丧、迁庙、衅庙、三正记、别名记、亲属记、明堂记、曾子记、礼运记、五帝记、王度记、王霸记、瑞命记、辨名记、孔子三朝记、月令记、大学志，等等。[2]

考之史籍，"家礼"一名在唐以前即有之，《晋书·礼志中》云"公义夺私情，王制屈家礼"[3]，这是指家庭家族的礼仪；《新唐书·艺文志》著有"杨炯《家礼》十卷"[4]，《新五代史·崔居俭传》载"崔氏自后魏、隋、唐与卢、郑皆为甲族，吉凶之事，各著家礼"[5]。至宋代，随着中古门阀士族的衰落，原本应用于世家大族的家礼影响下达庶民阶层，家礼著述更多，如司马光的《书仪》《居家杂仪》《涑水祭仪》、吕大钧的《吕氏乡约》《吕氏家祭仪》、张载《横渠张氏祭仪》、程颐的《伊川程氏祭仪》，等等。朱子也在《通解》之前很早就编撰了《家礼》一书。"乡礼"首见于郑玄《礼记注》，指乡饮酒、乡射礼等；"学礼"见于《大戴礼记》，《汉

---

[1]《朱子语类》卷八五，《朱子全书》第17册，上海古籍出版社、安徽教育出版社2002年版，第2898—2899页。
[2] 王应麟著，张三夕、杨毅点校：《汉制考 汉艺文志考证》卷二，中华书局2011年版，第156页。
[3] 房玄龄等撰：《晋书》卷二〇，中华书局1974年版，第645页。
[4] 欧阳修等撰：《新唐书》卷五八，中华书局1975年版，第1491页。
[5] 欧阳修撰：《新五代史》卷五五，中华书局1974年版，第635页。

书·贾谊传》即载有《学礼》的内容;"邦国礼"见于《周礼》太宰之职,《史记·鲁世家》杜预注"鲁以周公故,有天子礼乐",可见天子礼与诸侯邦国礼是不同的。司马光在《资治通鉴》中论叔孙通为汉高祖制礼时指出:"礼之为物大矣!用之于身,则动静有法而百行备焉;用之于家,则内外有别而九族睦焉;用之于乡,则长幼有伦而俗化美焉;用之于国,则君臣有叙而政治成焉;用之于天下,则诸侯顺服而纪纲正焉。"①他显然也是从家、乡、邦国、王朝关系来论礼的。而朱子认为司马光制礼"却是本诸《仪礼》,最为适古今之宜"②。可见朱子敢于打破《仪礼》十七篇之序,创新为七礼体系,大胆补入其他礼学资料以为经,既有其经学根据,也吸收了当代礼学家的研究成果。他显然是想通过汇纂所有礼学资料来恢复包括邦国礼、王朝礼在内的五十六篇古礼全貌。

第二,在篇章结构上,《通解》七礼八十七目,以《仪礼》《礼记》篇目为主,有《仪礼》原十七篇中的十六目,即将《士冠礼》《士昏礼》归入《家礼》,《士相见礼》《乡饮酒礼》《乡射礼》归入《乡礼》,《燕礼》《大射》《聘礼》《公食大夫礼》归入《邦国礼》,《觐礼》归入《王朝礼》,《丧服》《士丧礼》《士虞礼》归入《丧礼》,《特牲馈食礼》《少牢馈食礼》《有司彻》归入《祭礼》,《既夕礼》则拆分归入《丧礼》之《士丧礼》。有《礼记》原四十九篇中的二十目:《冠义》《昏义》《内则》入《家礼》,《投壶》《乡饮酒义》《乡射义》归入《乡礼》,《少仪》《曲礼》《学记》《大学》《中庸》归入《学礼》,《燕义》《聘义》归入《邦国礼》,《王制》《月令》归入《王朝礼》,《丧大记》归入《丧礼》,《祭法》《祭统》《祭义》归入《祭礼》,剩余篇目则被拆分归入相关类目中。《周礼》则全部拆分归入七礼各篇中,以《王朝礼》为主。七礼其余五十一目,或为其他经子史书原有篇目,如《大戴礼记》的"保傅""践阼""夏小正""诸侯迁庙"、《尔雅》"亲属记"、《管子》"弟子职"等篇;或为新创类目,如《家礼》中的《内治》《五宗》,《乡礼》中的《士相见义》,《学礼》中的《学制》《学义》《臣礼》《钟律》《钟律义》《诗乐》《礼乐记》《书数》《五学》,《邦国礼》中的《公食大夫义》《诸侯相朝礼》《诸侯相朝义》,《王朝礼》中的《朝事义》《历数》《卜筮》《乐制》《王制》(合《周礼》与《礼记王制》而成),《丧礼》中的《卒哭祔练祥禫记》《补服》《丧服变除》《丧服制度》《丧服义》《丧通礼》《丧变礼》《吊礼》《丧礼义》《丧服图式目

---

① 司马光:《资治通鉴》卷一一,中华书局1956年版,第375—376页。
②《朱子语类》卷八四,《朱子全书》第17册,第2883页。

录》,《祭礼》中的《诸侯衅庙》《天神》《地祇》《百神》《宗庙》《因事之祭》《祭物》等。由此可见,其八十七目不仅远超三礼原有类目总数,且多数属创新类目,绝不仅仅是三礼经传记原有篇章的合刊汇编。

第三,在内容表现形式上,《通解》采用了"三礼"原有的"经""传""记""注""疏""音义"等板块,但又突破了这些板块之间的界限,而是贯通十三经、融会经子史,重新定义和组织了这些板块:大体上依据《仪礼》经文原则,将三礼及其他经子史书中所有关于礼仪制度方面的文字及孔子相关论述作为"经文",而不管它来自原经文还是原传、记文;将所有关于礼仪制度义理阐释的文字作为"传""记"文,也同样不管它来自原经文还是原传记文、原注疏或子史书,其"传""记"之间则略有区别,——"传"职在解释义理与背景材料,取材非常广泛,有十三经之经、传,也有抄自子史杂书,"记"则仅限"三礼"中的"记"体文字;再采择郑玄三礼注、贾公彦《仪礼疏》或孔颖达《礼记疏》附于经、传、记后,"注"则限于郑玄,疏则有删减组合。[①] 对于相关经、传、记、注、疏不足的地方,则通过移经补经、以记补经、以传补经、以注补经、以子史书补经、移经为传记、升注疏与子史为传记等方式,加以移易、分割、节选、改写;对于相关经、传、记、注、疏的难解与疑误之处,则以"今按""今详"等编者按语的形式加以考辨与说明。除十三经外,作为经文补充的子史书和注,有《大戴礼记》《孔子家语》《国语》《荀子》《尔雅》《白虎通义》《列女传》《说苑》《新书》《新序》《淮南子》《管子》《吕氏春秋》《黄石公三略》《汉书》《后汉书》《隋书》《孔丛子》《司马法》《通典》、毛诗传、三礼郑注及汉唐以来礼学成果等。如家礼《冠义》,除以《礼记·冠义》一篇为主外,引入了《仪礼·士冠礼》中"记"的内容、《礼记》"郊特牲""玉藻""曾子问""杂记"中有关冠义的内容、《孔子家语·冠颂》《左传·襄公九年》《国语·晋语》的相关文字作为"经文";又如家礼《内则》"胎教"一节,既取《列女传》为经文,又缩写此传为"传";如乡礼《士相见义》全篇以刘敞《士相见义》与

[①] 叶纯芳的《朱熹〈仪礼经传通解〉对〈礼记〉经、传的界定》见叶纯芳、乔秀岩编《朱熹礼学基本问题研究》中华书局,2015年版,一文详细分析了朱子在《通解》一书中对《礼记》全文经、传性质的界定和处理,证实有力,可参阅。另同书所载廖明飞《朱子〈通解〉引录〈仪礼〉郑注文小考》亦有助于了解《通解》对郑注的处理方式。

《白虎通义·文质篇》补①,学礼《弟子职》以《管子·弟子职》补,王朝礼《乐制》分别节选自《周礼》《左传》《荀子》《白虎通义》《国语》《史记·乐书》等;又如学礼《钟律》经文"用《周礼》《吕览》《汉志》《隋志》通修"②;王朝礼《王制之丙》将《周礼秋官》"朝士"郑司农注"王有五门:外曰皋门,二曰雉门,三曰库门,四曰应门,五曰路门"直接作为经文补入,置于"朝士"经文前;又如王朝礼《王制之壬》将小雅《车攻》诗"田车既好,四牡孔阜,东有甫草,驾言行狩"的毛传"田者,大艾草以为防,或舍其中……故战不出顷,田不出防,不逐奔走,古之道也"一段近百字作为经文补入,接于《王制》一段经文后③;甚至直接将宋代赵彦肃所传《十二诗谱》作为学礼《诗乐》的经文补入,还打算将《九章算经》补入学礼的《书数》中。而升注疏与子史为传、记的,除上述子史书外,还有《史记》《汲冢周书》《通鉴》等;至于升"记"为"经"或降"经"为"记"的也很多,如《周礼》原经文就有很多被拆散为"记",附于各篇"经"文之后,又如《仪礼·士昏礼》经文的"祭行""奠菜""婿见妇之父母"直接来自此礼"记"文等。在疏文方面,朱子更加广泛地吸收当世礼家的见解以为补充,引用了刘敞、陈祥道、张载、吕大临、吕大钧、二程、陆佃、吕希哲、沈括、林之奇、叶梦得、张淳等人的礼学成果,大大扩展了古礼文献资料和解说材料的选取范围。但需注意的是,朱子在《通解》中仅仅节选郑注、贾孔二疏为注疏,或引当代礼家成果为疏,并通过按语表达自己的意见,并没有将自己的任何见解作为"注疏"掺入。④

第四,在内容编排上,朱子首先基本打破了五经原来的"经""传""记""注""疏"的次序,各篇大多以"经""传""记""注""疏""今按"的次序成篇。基本排序是,礼仪制度经文在前,后附解释经文礼义的"传""记","注""疏"则各附于经、传、记之下以做进一步解说,最末才是朱子的"今按"。但经文之后"传""记"的编排又根据实际灵活处理,有的有"传"无"记",如家礼《士冠礼》《冠义》《内治》《五宗》、学礼《诗乐》《臣礼》《钟律》《亲属记》等;有的无"传"有"记",如

---

① 刘敞:《士相见义》,见《公是集》卷三七。还有邦国礼之《公食大夫义》,亦以刘敞载是集的《公食大夫义》补。
② 朱熹:《仪礼经传通解》卷一三,《朱子全书》第2册,第486页。
③ 孙致文:《〈仪礼经传通解〉研究》(台湾"中央"大学2005年博士学位论文)以此段毛诗传注文为郑笺,误。
④ 孙致文:《〈仪礼经传通解〉研究》(台湾"中央"大学2005年博士学位论文)以为《通解·弟子职》注文乃朱子自加,误也,实为朱子引唐房玄龄《弟子职注》。

家礼《士昏礼》、乡礼《士相见礼》《投壶礼》《乡饮酒礼》《乡射礼》等；有的既有"传"又有"记"，如家礼《内则》则是经文之后，有的附"传"，有的附"记"。而无"传""记"的则占多数，如家礼《昏义》、学礼的《学制》《学义》《弟子职》《少仪》《学记》《大学》《中庸》、邦国礼的《大射仪》《诸侯相朝礼》等，只有经文。其次，对所有礼仪制度性质的文字，《通解》创造性地将之一一分章分节，使之条理化，使读者更易于理解。自古以来，学者都认为《仪礼》难读，原因在于"经不分章，记不随经"①。故郑玄在遍注三礼时即尝试对经文加以分节，后来疏家继承不二，但注疏多按经文内容需要而定。朱子在此基础上，按照礼仪程序将经文分节，并加上仪式名称，使《仪礼》经文层次与涵义一目了然，基本解决了自古以来《仪礼》难读的问题，以防止"憸人舞文弄法"，使"此辈无所匿其奸"②，故朱子后的学者几乎全盘接受了朱子的这一创新成果。

总之，朱子在《通解》中实际上完全突破了他本人在《朱子语类》及《乞修三礼札子》中所言的以《仪礼》整体文献为经的原则，打破了传统经、传、记、注、疏的结构与界限，创造了新的经、传、记、注、疏篇章结构，构建了新的礼仪架构与新的礼学体系。

三、《通解》体现出的通礼思想

结合《朱子语类》等相关内容，我们不难总结出《通解》以上结构内容体现出的通礼思想：

其一，会通三礼。这是朱子重建礼学的最基本设想。其实，朱子之前，很早就有学者开始做会通三礼的工作，如汉代郑玄遍注三礼，就是想通过训诂手段串通三礼意蕴；又如《后汉书》载东汉明帝时，"（曹）褒既受命，及次序礼事，依准旧典，杂以《五经》谶记之文，撰次天子至于庶人冠婚吉凶终始制度，以为百五十篇"③。这是见于记载的官方系统整理礼经文献的活动。魏晋南北朝时期，也出现了许多试图贯通礼经的书籍，《隋书·经籍志》即载有《三礼义宗》《三礼大义》等多部著作。到了宋代，这方面的著作更多，仅《宋史·艺文志》所

---

① 朱熹：《答应仁仲》，《朱子全书》第 23 册，第 2550 页。
② 朱熹：《答李季章》，《朱子全书》第 21 册，第 1708 页。
③《后汉书》卷三五《曹褒传》，中华书局 1965 年版，第 1203 页。

载就有聂崇义《三礼图集注》、欧阳丙《三礼名义》、鲁有开《三礼通义》、殷介集《五礼极义》、孙玉汝《五礼名义》,等等。但朱子会通三礼的思想有其独特之处:一是以《仪礼》为主,而不是像前人那样以《周礼》或《礼记》为主,因为他认为:"《仪礼》是经,《礼记》是解《仪礼》。如《仪礼》有《冠礼》,《礼记》便有《冠义》;《仪礼》有《昏礼》,《礼记》便有《昏义》;以至燕、射之类,莫不皆然。"①以王安石废《仪礼》而重《礼记》为"无识",这与陈祥道《礼书》以《周礼》为主是不同的。② 二是打破原来的三礼及吉、凶、军、宾、嘉五礼和冠、昏、丧、祭、射、御、朝、聘八礼的界限,提出家礼、乡礼、学礼、邦国礼、王朝礼、丧礼、祭礼的七礼新体系,并按照这一框架重新组织三礼原有的经、传、记与注疏,传、记、注可以升为经文,经文也可以降为传、记文,基本根据文字内容与性质确定,可以说是将三礼原有经、传、记、注、疏内容重新组合。这是朱子之前所有学者都没有尝试过的举措。江永在《礼书纲目序》中评论这种体例说:"其编类之法,因事而立篇目,分章以附传记,宏纲细目,于是粲然,秦汉而下未有此书也。"③邵懿辰在《礼经通论》中也加肯定:"自一身一家,推而一乡一国,以达于天下。小大微著、远近卑高之序,固当如此。"④三是将三礼古今研究成果熔于一炉,而不仅仅局限于三礼经传记注疏,详见下一点。

其二,会通古今。这是朱子会通礼学的基本原则和动机。朱子曾对其弟子和朋友反复强调"古礼难行。后世苟有作者,必须酌古今之宜","礼,时为大。有圣人者作,必将因今之礼而裁酌其中,取其简易易晓而可行"⑤,"以古礼减杀,从今世俗之礼"⑥,赞赏司马光《书仪》"最为适古今之宜"⑦。这是朱子对古礼与今世俗之礼的基本态度。他眼里的"古"即秦汉以前经史子书中的"古礼","今"即秦汉以来尤其是北宋的礼俗流传和礼仪施行现状。如何会通呢?就是因道义之礼而损益制度之礼。朱子把礼区分为礼义与礼文,礼义即"三纲、五常,亘古亘今不可易","所因之礼,是天做底,万世不可易;所损益之礼,

---

① 《朱子语类》卷八五,《朱子全书》第 17 册,第 2899 页。
② 《朱子语类》卷八十三《春秋·经》,《朱子全书》第 17 册,第 2871 页。
③ 江永:《礼书纲目》序,文渊阁《四库全书》本部经第一一三册,台湾商务印书馆 1986 年版,第 43 页。
④ 邵懿辰:《礼经通论》卷一,《皇清经解续编》卷一二七七。
⑤ 《朱子语类》卷八四,《朱子全书》第 17 册,第 2877—2878 页。
⑥ 《朱子语类》卷八四,《朱子全书》第 17 册,第 2886 页。
⑦ 《朱子语类》卷八四,《朱子全书》第 17 册,第 2883 页。

是人做底，故随时更变"，"所因，谓大体；所损益，谓文为制度，那大体是变不得底"①。体现在《通解》中，就是基本打破三礼经、传、记、注的界限，汇编自古及今所有关于礼学的经典资料，既以古礼经为主为据，也搜罗了历代以来主要的礼学诠释资料，包括宋代学者的礼学成果等，"中间无所不包"②。朱子这样做的目的是"略存古之制度，使后人自去减杀，求其可行者而已"③，可见其会通古今还包含建立古今礼学资料库，以便后人"酌古今之宜"取其可行之礼而运用的意图。酌古今之宜必然涉及如何对待三礼经文缺失的问题。朱子在与余正甫讨论这一问题时有过解释："熹昨来之意，但谓今所编礼书内，有古经阙略处，须以注、疏补之，不可专任古经，而直废传注耳。其有未安，则亦且当论其所疑，别为一书，以俟制作之君子，非谓今日便欲笔削其书也。然遂以为虑启废经之弊，而不敢措一词于其间，则亦非通论矣。"④朱子之意是既要尊重古礼经传记及注疏等，不可轻改直废经典，也不能害怕落得"废经"骂名而"不敢措一辞于其间"，这最能体现朱子"酌古今之宜"的通礼思想。如《通解》卷一《冠义》"虽天子之元子，犹士也，其礼无变，天下无生而贵者故也"一语，朱子下加按语曰："此明世子之冠犹士礼也，然疑句上有懿子问世子之冠如何一节，及'子曰'字，今亡。句下有'无大夫冠礼'一节，今错在后记及《郊特牲》篇中，然亦有阙文。此下旧有'行冠事必于祖庙，以裸享之礼将之，以金石之乐节之'，系《左传》文。又有'所以自卑而尊先祖，示不敢擅'一节，已见上文。皆与此上下文不相属，亦记者妄附。必损益之，然后下文意乃相属。"⑤这就是朱子损益三礼"经文"的态度。故朱子在《通解》中既对三礼古注疏做了很多整理重组工作，又增加了大量秦汉以来特别是唐宋人的礼学成果。

其三，简便常行，士庶通用。朱子会通古今三礼的目的是为当代社会推行礼治提供古礼范本与根据，以便为当代朝野士庶取用，故以日用常行为主、士庶通用为原则。宋代是一个重视礼仪与礼治的时代，各派学者都注重研究礼学的当代实用价值，编纂了各种适于日用常行的《书仪》类礼书。朱子同样认

---

① 《朱子语类》卷二四，《朱子全书》第 14 册，第 864—865 页。
② 《朱子语类》卷一九〇，《朱子全书》第 17 册，第 3538 页。
③ 《朱子语类》卷八四，《朱子全书》第 17 册，第 2886 页。
④ 朱熹：《答余正甫》，《朱子全书》第 23 册，第 3075—3076 页。
⑤ 朱熹：《仪礼经传通解》卷一，《朱子全书》第 2 册，第 72—73 页。

为,礼制必须切合当代需要,必须具有实践性,他在《讲礼记序说》中指出:"礼者,履也,谓昔之诵而说者,至是可践而履也。""盖先王之世,上自朝廷,下达闾巷,其仪品有章,动作有节,所谓礼之实者,皆践而履之矣。"[1]他认为礼仪制度不是空文,要身体力行之。他在《论语集注》中对"子所雅言,诗、书、执礼,皆雅言也"一语的解说也特别强调了"礼"的实践性:"礼以谨节文,皆切于日用之实,故常言之。礼独言执者,以人所执守而言,非徒诵说而已也。"[2]在他看来,"执守"就是践行。要使礼制便于践履,当然要注意它的日常性,所以朱子强调读礼书,首先要节出其中日用常行的内容来读:"若欲观礼,须将《礼记》节出切于日用常行者看,节出《玉藻》《内则》《曲礼》《少仪》看。"[3]《玉藻》《内则》《曲礼》《少仪》所载正是日用常行的礼仪规范。他又曾在《答吕伯恭》中透露:"欲修吕氏《乡约》《乡仪》,及约冠昏丧祭之仪,削去书过行罚之类,为贫富可通行者。"[4]所谓"贫富"亦是士庶之别。而要使礼制适于日用常行、士庶通用,就必须考虑民众的接受程度,尽量使之简便易行。朱子认为:"大凡礼制欲行于今,须有一个简易底道理。若欲尽拘古礼,则繁碎不便于人,自是不可行。"[5]他曾举《明堂位》"周人每事皆添四重虞韨"和北宋神宗文德殿常朝班"官甚苦之,其后遂废"为例说明古礼"必须斩新别做""必须简易疏通,使见之而易知,推之而易行""盖以人情趋于简便故也"[6]。朱子终其一生都十分关注礼学的世俗化,如其十七八岁即开始考订《家礼》,认为《家礼》大多是日常生活中洒扫、应对、进退以及嫁娶、丧葬等人伦日用之礼和行为规范,而首先编成《祭仪》,也是因为士庶最常用的是祭礼。对于古礼的一些礼节、一些古礼器与礼服的减省,朱子都注明"以从简便"[7],并特别注明:"凡此皆古礼。今之贤孝君子,必有能尽之者,自余相时量力而行之,可也。"[8]朱子在其有限的出仕经历中,每到一地都着力推动地方礼治,如在同安为主簿整顿县学释奠礼,出台《申严婚礼状》,在漳州发

---

[1] 朱熹《晦庵先生朱文公集》卷七四,《朱子全书》第 24 册,第 3585 页。
[2] 朱熹撰:《四书章句集注》,中华书局 1983 年版,第 97 页。
[3]《朱子语类》卷八七,《朱子全书》第 17 册,第 2940 页。
[4] 朱熹:《答吕伯恭》,《晦庵先生朱文公文集》卷三三,《朱子全书》第 21 册,1458 页。
[5]《朱子语类》卷六三《中庸·十八章》,《朱子全书》第 16 册,第 2095 页。
[6]《朱子语类》卷八四《礼一·论考礼纲领》,《朱子全书》第 17 册,第 2878 页。
[7] 朱子《家礼》中有多处这样的注明,此不详列。
[8]《家礼》卷四《丧礼·居丧杂仪》,《朱子全书》第 7 册,第 930 页。

布《晓谕居丧持服遵礼律事》,在长沙发布《乡约》约束民风等。① 体现在《通解》中的一个重要表现就是朱子对七礼所有礼仪程序做了分章分节,使《仪礼》原来很难读懂的礼仪程序层次分明、一目了然,以便于士庶易晓而据实际需要择取选用。另外,朱子也在按语中表达了这种简易常行的礼学思想,如《通解》卷一《家礼》之"士冠礼"中的"戒宾辞",朱子按:"诸辞本总见经后,故疏云尔。今悉分附本章之左,以从简便。"②这说的是《仪礼·士冠礼》原经文将冠礼中各种戒辞、加辞、醮辞和醴辞等都放在卷末,而朱子将之一一拆附于各自小节的后面,以使人易晓、易用。又如《通解》卷七《乡礼》之"乡饮酒礼"乐宾一节的"工歌鹿鸣四牡皇皇者华"诗,朱子按:"鹿鸣,即谓今日燕饮之事,所以导达主人之诚意,而美嘉宾之德也。《四牡》,言其去家而仕于朝,辞亲而从王事,于此乎始也。'皇皇者华',言其将为君使而赋政于外也。《学记》曰:'宵雅肄三,官其始也。'正谓此也。盖此三诗,先王所制以为燕饮之乐,用之乡人,用之邦国,各取其象而歌之也。"③这里如果没有朱子的按语,读者就很难体会其中乡人与邦国"各取其象"的区别。对于士庶通用,朱子认为《仪礼》只是古代士礼的一部分,缺乏诸侯与帝王之礼,建构七礼体系意在恢复古文五十六篇《仪礼》的全貌,使家、乡、邦国与天子之礼齐全整备,以使人们在修齐治平的人生修养中各得其所。他在论修礼书时举冠为例,指出"且如冠,便须于祭祀当用如何的,于军旅当用如何的,于平居当用如何的,于见长上当用如何的,于朝廷治事当用如何的,天子之制当如何,卿大夫之制当如何,士当如何,庶人当如何,这是许多冠都定了。"其他家、乡、邦国与天子之礼都应该这样"一一自着考究教定"④。在具体的编撰过程中,朱子也贯彻了这种思想,如《通解》家礼中的"士冠礼""士昏礼",以《仪礼·士冠礼》《士昏礼》为主,但在"冠义""昏义"中,朱子不仅运用《礼记·冠义》《昏义》解说了士冠礼、士昏礼所含义理,还杂取《孔子家语》及《礼记》的玉藻篇、曾子问篇、杂记篇,和《左传》《国语》《白虎通义》《说苑》等相关内容,将《士冠礼》《士昏礼》所缺诸侯与天子的冠礼、昏礼规范一一加以补充和说明;同时,在注疏中,注意说明士庶与诸侯天子的礼仪通用与区别。可以

---

① 参见李少鹏《〈仪礼经传通解〉研究》(吉林大学 2017 年博士学位论文)。
② 朱熹:《仪礼经传通解》卷一《士冠礼第一》,《朱子全书》第 2 册,第 46 页。
③ 朱熹:《仪礼经传通解》卷七《乡饮酒礼第十二》,《朱子全书》第 2 册,第 281—282 页。
④ 《朱子语类》卷八四,《朱子全书》第 17 册,第 2887 页。

说,《通解》的七礼体系既从制度上兼顾了个人、家庭、社会与国家各方面的礼仪需求,也从理解与参用方面给予了较为全面的义理解释,使士庶双方都可以从中取资、参照施行。

其四,切于教化,通于修齐。《仪礼》《礼记》的冠、昏、丧、祭、射、御、朝、聘八礼是从礼仪类型来划分的,《周礼》的吉、凶、军、宾、嘉五礼是从礼仪的性质来命名的,而朱子的七礼体系则是从人生到家庭到社会到国家逐步推开的,其特色就是与人生、与家庭、与社会、与国家联系起来,与《大学》提出的修身、齐家、治国、平天下的修养阶梯打通,这就使以往森严肃穆、枯燥无味的礼仪制度一变而切于实际教化,切于修身齐家的体用,使其礼学不仅是关乎个人成长及社会秩序的礼仪规范,更是治国平天下的治世之学。朱子曾欲打算将《大学》《中庸》《学记》等篇作为新编礼书卷端[1],他在《答潘恭叔》中也说过:"首章言君子修身,其要在此三者,而其效足以安民,乃礼之本,故以冠篇。""三者"即指"毋不敬、俨若思、安定辞"。[2] 尽管他后来接受门人余正甫的见解,在最后编成的《通解》中没有这样做,但这无疑表明在朱子心目中,"四子,六经之阶梯"、礼为君子修身之要的观念是牢固的。[3] 朱子《论语集注·为政》引胡氏曰:"自修身以至于为天下,不可一日而无礼。天叙天秩,人所共由,礼之本也。"这大约可以解释朱子上一设想的思想根源。朱子历来主张推行礼治,在短暂的从政生涯中曾付诸行动。朱子认为:"治有大小,而其治之必用礼乐,则其为道一也。"[4]孔子"齐之以礼"的意思就是"以礼新民也"[5]。具体而言,《通解》中的《家礼》《乡礼》《学礼》体现了儒家个人修身齐家的礼仪规范,后面的《邦国礼》《王朝礼》则体现了儒家礼学的治国、平天下功能。事实上,《通解》中体现朱子修齐治平礼学宗旨的地方有很多。如卷四《家礼》"内治","齐桓公会诸侯于葵丘",引其《孟子集注》曰:"初命三事,所以修身正家之要也。"[6]卷九《乡礼》在解释《周礼》师氏三德三行时,下加按语曰:"'至德'者",诚意正心,端本清原之

---

[1] 见《朱子语类》卷一九,《朱子全书》第14册,第663页。
[2]《晦庵先生朱文公文集》卷五〇,《朱子全书》第22册,第2314页。
[3]《朱子语类》卷一〇五,《朱子全书》第17册,第3450页。
[4]《四书章句集注》,中华书局,第176页。
[5]《朱子语类》卷一四《大学·经上》,《朱子全书》第14册,第441页。
[6]《仪礼经传通解》卷四,《朱子全书》第2册,第196页。

事。道,则天人性命之理,事物当然之,则修身齐家治国平天下之术也。"①卷十一《学礼》之"曲礼",在解释"安定辞""安民哉"一语时引吕大临曰:"以我对彼,我安则彼安,此修己以安人也。推我之所安而天下平,此修己以安百姓也。天下至大,取诸修身而无不足,故曰安民哉。此礼之本。"②《通解续》卷二《丧礼》解释"君子所贵乎道者三"事时,疏曰:"言道虽无所不在,然君子所重者,在此三事而已。是皆修身之要,为政之本。"③

其五,义理与度数并重。朱子对礼制的"义理"与"度数"有过不少分析与论述。他在《论语集注·学而》中说过:"夫礼,天理之节文,人事之仪则。"他在与友朋弟子交谈时,对此做过明确解释,指出:"节谓等差,文谓文采。等差不同,必有文以行之。"④这是说雅俗不同的礼仪需用不同的文字描述,体现的则是天理人性。"礼即理也,但谓之理,则疑若未有形迹之可言;制而为礼,则有品节文章之可见矣"⑤,"画出一个天理与人看,教有规矩可以凭据"⑥。意即谓礼是天理,则没有形迹可见,令人难以信从,而按照"天理"制定出具体可行的礼仪度数,等于是画出一个天理来给人看,令人有规矩可遵循。为了以礼导民化俗、修身齐家,为了简便易于推行,就必须既注重礼仪"度数""节文"的条理化,又要兼顾其背后的义理解说。注重礼书度数节文的条理化,自然是朱子整理礼书、重建礼学系统的重点所在。他曾多次指出:"须是且将散失诸礼错综参考,令节文度数一一着实,方可推明其义。"⑦这是强调只有通过礼仪节文度数的整理与钻研,才能参透其中义理。他又认为古时候礼乐之书具在,人皆识其节文度数,故只强调其中义理;如今礼乐之书不全,节文度数不清楚,故学者往往只言其义,而不知其中具体仪节程序,这是"失其本矣"⑧,因此,如今必须首先认真阅读仅存的礼仪之书,"许多训诂名物度数一一去理会。如礼仪,须自一二三四数至于三百;威仪,须自一百

---

① 《仪礼经传通解》卷九,《朱子全书》第2册,第389页。
② 《仪礼经传通解》卷一一,《朱子全书》第2册,第424页。
③ 《论语集注》,《朱子全书》第6册,第132页。
④ 《朱子语类》卷三六,《朱子全书》第15册,第1340页。
⑤ 朱熹:《朱子全书》第23册,第2893页。
⑥ 《朱子语类》卷四二,《朱子全书》第15册,第1494页。
⑦ 《朱子语类》卷八四,《朱子全书》第17册,第2877页。
⑧ 《朱子语类》卷八七,《朱子全书》第17册,第2972页。

二百三百数至三千。逐一理会过"①,真正弄清楚礼仪的节文度数。他在按语中也强调了这一思想,如《通解》卷一家礼的《冠义》篇"传曰:礼之所尊,尊其义也。失其义,陈其数,祝史之事也。故其数可陈也,其义难知也。知其义而敬守之,天子之所以治天下也"。朱子加按语曰:"此盖秦火之前,典籍具备之时之语,固为至论。然非得其数,则其义亦不可得而知矣。况今亡逸之余,数之存者不能什一,则尤不可以为祝史之事而忽之也。"②意思就是,在上古典籍完备、礼仪具在时,度数之陈述尚不重要,但在古礼亡逸较多的今天,度数之事就显得很重要了,并非祝史记述那么简单,不可轻视。

同样,朱子认为:"看礼书,见古人极有精密处,事无微细,各各有义理……若自家工夫未到,只见得度数文为之末,如此岂能识得深意?"③所以他在《通解》七礼体系中,对每一种礼仪制度都专设解"义"之篇,如"冠礼"必有"冠义","昏礼"必有"昏义",等等;如果没有现成的解"义"篇,则另编之,如《学制》篇,专编《学义》篇;《诗乐》篇,专编《礼乐记》以解其义;凡《通解》同一卷分上下的篇章,上篇基本属礼仪度数,下篇则为义理解说。这是他重视礼制义理解说的主要表现。朱子同时用按语的方式对许多礼仪都做了义理说明。《通解》(包括《目录》在内)有按语三百多条,近一半是用于解说义理的。如《通解》卷七乡礼"乡饮酒礼"戒宾介一节"主人戒宾,宾拜辱,主人答拜。乃请宾,宾礼辞,许。主人再拜,宾答拜"一段,纯粹是主客双方的答拜之辞,朱子加按语曰:"学成行修,进仕于朝,上以致君,下以泽民,此士之素所有志也。"④对于这种答拜之辞所含修身义理,如果没有朱子的按语解说,读者是很难理解的。又如卷八乡礼"乡射义":"孔子曰:君子无所争,必也射乎!揖让而升,下而饮,其争也君子。"朱子按曰:"此言君子恭逊,不与人争,惟于射而后有争。然其争也雍容揖逊乃如此,则其争也君子,而非若小人之争矣。"⑤射礼争胜而含君子、小人之别,这也是一般读者从孔子话语中难以明白的道理。又如卷十学礼的《少仪》篇:"瓜祭上环,食中,弃所操。"注疏均未说明为什么要这样做。朱子加按语曰:"头

---

① 《朱子语类》卷一一十七,《朱子全书》第18册,第3702页。
② 朱熹:《仪礼经传通解》卷一,《朱子全书》第2册,第71页。
③ 《朱子语类》卷八四,《朱子全书》第17册,第2887页。
④ 朱熹:《仪礼经传通解》卷七,《朱子全书》第2册,第265页。
⑤ 朱熹:《仪礼经传通解》卷八,《朱子全书》第2册,第371页。

忖,谓甍头所切一环也。以其所生之本味最甘美,又先断而不污,故以为祭。中者,中环也,亦甘且洁,故以奉尊者所操。下环为手所持处,以其味薄而不洁,故弃之而不食也。"①这就说明了这一仪节敬神、尊长的义理内涵。此类例子甚多,不必枚举。

总之,我们以为朱子在《通解》一书中,绝不只是简单地将原有三礼经传记与注疏合并而已,其书名并不能真正反映其实际内容和理论体系,换句话说,其实际内容并非《仪礼》经传记打通合解,而是借此为名,提出了一种全新的七礼体系,即"通礼"体系;其礼学思想带有浓厚的会通古今、会通三礼、雅俗融通、士庶通用、修齐与治平通用的色彩,深得孔子"时为大"的中庸思想,无怪乎四库馆臣要在《四库全书》中为之特立"通礼"新类目。而钱穆在总结朱子礼学时也说过:"朱子于经学中特重《礼》,其生平极多考《礼》议《礼》之大文章。尤其于晚年,编修礼书,所耗精力绝大。朱子论《礼》,大要有两端:一曰贵适时,不贵泥古;一曰礼文累积日繁,贵能通其大本。朱子意,其要不在考《礼》,而在能制《礼》。"②这个总结是很到位的,"适时""贵本"确为朱子礼学思想之大端,而"制礼"是指朱子《家礼》和《通解》所构建的通礼体系,最为有识。值得注意的是,无论是朱子还是其门人弟子,在《通解》编成前后,从来都只称《通解》为"礼书",特别是朱子在《答潘恭叔》中明确表示"其书则合为一书者为是,但通以《礼书》名之"③。这是一个很值得我们玩味的现象。笔者以为这透露出朱子在本意上从来都不仅仅是简单地将《仪礼》经传或三礼经传合并"通解"而已,而是要仿古礼制作的本义来编纂新的礼书,以规范新礼仪系统和构建新的礼学理论体系;可能是慑于庆元党禁时期政治形势的恶劣,朝廷对其迫害加剧,加之碍于"非天子不议礼、不制度、不考文"④的古训,朱子虽然迎难而上,率领众弟子坚持编纂礼书,但最终没有在书名上展示其创新和构建礼学体系的意图,只能隐晦地定名为《仪礼经传通解》。因此,我们今天对待《通解》,不宜囿于其书名所限,应该深入了解其详细内容与理论体系,唯此方能窥其礼学真谛。

---

① 朱熹:《仪礼经传通解》卷八《少仪第十九》,《朱子全书》第 2 册,第 421 页。
② 钱穆:《朱子的礼学》,见《朱子新学案》,巴蜀书社 1987 年版,1309—1954 页。
③ 朱熹:《答潘恭叔》,《晦庵先生朱文公文集》卷五〇,《朱子全书》第 22 册,2314 页。
④《礼记·中庸》。另外,朱子曾亲撰《天子之礼》,本欲直接编入《通解》,后因虑及被人误解为"自己著书"而作罢,可见朱子对孔子之训是敬重有加的。

道德生存与天命的分合及其意蕴
——以朱熹与阳明对《孟子·尽心》首章诠释为中心

郭美华(上海财经大学人文学院　华东师范大学现代思想文化研究所)
高瑞杰(上海师范大学哲学系)

摘要：自孔孟以来，道德主体性与天命之间就一直存在紧张关系，影响着后世诸儒对此问题的解读。在对《孟子·尽心篇》首章的诠释上，朱子以普遍之理的预设为根基，依据《大学》条目，从认知角度呈现一个由知到行、普遍的历时性进程，突出普遍天理对于现实生存的绝对优先性；而阳明则将此章三句视为三种品第之为学进路，并与《论语》《中庸》生知安行、学知利行、困知勉行结合起来，将此章理解为不同主体现实生存活动及其境界的共时性差异，对单纯的认知主义进路有所克服。但是，阳明依然将普遍天理预设为主体性良知的先天本质，同样湮没了真正的道德生存本身。事实上，重新敞露道德生存论的真蕴，将天命与道德生存划界，以人自身活泼的生存活动及其展开作为人之本质的基础，是彰显人自身生存性意义的必由之路。

关键词：道德生存；天命；孟子；朱子；阳明

儒学突出人的道德生存。道德生存论的一个基本维度，是天人之间的关系。在孔子那里体现为道德主体性与天命外在性的紧张关系。在孟子学说中，道德生存论有所深入，他将主体性选择与行动作为人之本质的根基，并将天命排斥在道德生存之外。但是，孟子突出道德生存的主体性及其自身实现，最终却又将最初排斥了的天命重新唤回并当作道德生存的根基。由此，他将孔子哲学中的天人(道德主体性与天命限制性)紧张关系，以更为醒目的方式显露出来。道德生存与天命的紧张关系，尤其体现在"尽心知性知天"的表达之中。以"尽心知性知天"章为中心,为消解道德生存与天命的紧张关系,朱熹以普遍之理的预设为根基,依据《大学》的条目,从认知角度将"尽心知性知天"章理解为"格物致知"之知为先,以"存心养性事天"之行为后,最终以"夭寿不贰,修身以俟之"为境界,显现为一个由知到行的、普遍的历时性进程。但是,朱熹如此进路,以普遍化的天理预设和认知主义取向,将个体性活泼泼的道德生存活动湮灭了。王阳明则从《中庸》与《论语》生知安行、学知力行、困知勉行的区分出发,将"尽心知性知天"理解为"生知安行",将"存心养性事天"理解为"学知力行",将"夭寿不贰,修身以俟之"理解为"困知勉行",从而将"尽心知性知天"章理解为一个不同主体现实生存活动及其境界的共时性差异。阳明的理解虽然注意到任何个体在任何生存环节上的知行统一之在,但是,阳明依然认可了朱熹的普遍天理承诺;并且,阳明将普遍天理预设为主体性良知的先天本质,同样也湮灭了真正的、活生生的道德生存活动本身。究极而言,在心与天之间引入普遍之理,将人的道德生存与天命二者"合一"起来,不但不是对孟子哲学心、性、天之紧张关系的解决,反而是对孟子道德生存论的合理内蕴进一步的瓦解和湮没。就此而言,我们需要克服朱熹与阳明学中天人合一的迷思,重新敞露道德生存论的真蕴,即将天命与道德生存划界,以人自身活生生的生存活动及其展开作为人之本质的基础。

一、孟子道德生存论的两重性:心、性、天的分离与天命的返回

就道德生存论而言,在孟子哲学中,心、性、天(命)之间,具有自身内在的紧张关系。在孔子那里,道德主体性与天命之间就具有一种紧张关系。一方面,孔子高扬道德生存的主体性,强调"为仁由己"(《论语·颜渊》)、"君子求诸己"(《论语·卫灵公》)、"求仁而得仁"(《论语·述而》)、"我欲仁斯仁至矣"(《论语·述而》)、"一日用其力于仁而未见力不足者"(《论语·里仁》)。如此基于主体性道德行动而有的生存,是人自身的一种不可诘问的生存状态——即人的主体性活动就是人实现自身的基础,不必更不能为如此主体性活动寻找一个外在的根据。就此而言,孔子说:"天生德于予,桓魋其如予何?"(《论语·述而》)"文王既没,文不在兹乎?天之将丧斯文也,后死者不得与于斯文也;天之未丧斯文也,匡人其如予何?"(《论语·子罕》)以天作为人之道德(文化)生

存的不可究诘的限制性担保,即不能将天在认知意义上积极性地预设为现实道德与文化活动的根据,而是强调在人自身的道德主体性活动就是人自身存在的根据。另一方面,孔子又认为人自身的存在受到外在必然性的制约,无论人如何努力,道之行与废受制于命[①];生命存在的开始与终结并不由人决定、生活财富的获得也不依赖于劳作,而是"死生有命,富贵在天"(《论语·颜渊》)。[②]在道德主体性与天命二重性之间,孔子最终以"知命"(《论语·尧曰》)和"畏天命"(《论语·季氏》)为归结,显现出一定的复杂性。《论语》最后以"不知命无以为君子"(《论语·尧曰》)结束,而在其一生自述之中,也提出"五十而知天命"(《论语·为政》),这都体现出孔子有着将天命视为生存内容的倾向。从而,在人自身的生存究竟奠基于人自身的主体性行动,还是根源于不可知的天命这一问题上,孔子哲学有着内在的紧张与模糊。

就其基本倾向而言,孟子承继了孔子所凸显的道德主体性,鲜明地消解着外在天命:"莫之为而为者,天也;莫之致而至者,命也。"(《孟子·万章上》)天或命渗透于人自身的整体生存之中,对于人的整体生存有所作为却并非道德生存论上的主体性作为,即无所为而为者之为(不可知其为者之为);如此无所为而为,牵引出人的整体性中逸出人自身主宰的命(不可知的必然性或偶然性)。无所为而为者或不以人之主体性行动为根据的生命流淌之倾向,孟子称之为"在外者";与在外者相对,有所为而为者,即基于人自身的主体性行动而有的生命倾向及其成就,孟子称之为"在我者":"求则得之,舍则失之,是求有益于得也,求在我者也。求之有道,得之有命,是求无益于得也,求在外者也。"(《孟子·尽心上》)在我者与在外者的区隔,使得孟子将孔子在道德主体性与天命外在性的紧张关系,作了一个推进,即强调"反求诸己"[③]——将人自身存在的根据奠定于人自身,而不是奠基于人自身活生生存在活动之外的某种抽象实体之上。所谓求则得之,意味着人之能求的主体性活动自身,其展开必然地达致自身的完成与完善。进而,在人之本质与天命(性与命)的区分以及人之本质的证成上,孟子给出了一个深刻的阐明,将人之能自由地选择何者为人

---

① 子曰:"道之将行也与?命也;道之将废也与?命也。"(《论语·宪问》)
② 颜渊死,孔子哀叹"天丧予"(《论语·先进》),伯牛有疾孔子悲叹"亡之命矣夫"(《论语·雍也》)。
③ 孟子在《孟子·公孙丑上》与《孟子·离娄上》两次突出此点。

之本质与何者为天命,视为人的更为本质之处:"口之于味也,目之于色也,耳之于声也,鼻之于臭也,四肢之于安佚也,性也,有命焉,君子不谓性也。仁之于父子也,义之于君臣也,礼之于宾主也,智之于贤者也,圣人之于天道也,命也,有性焉,君子不谓命也。"(《孟子·尽心下》)在此,关键不在于性与命的具体规定之别,而在于人自身可以自由而能动地选择以何为性、以何为命。一言以蔽之,人之能自由而能动地选择自己的本质,是人的更为本质之处。就此而言,孟子之意显明,尽管天命与人自身的整体性生存相涉;但在道德生存论上,天命是无关于人之本质或人之本质性生存内容的力量。

但是,孟子如此主张并不彻底,甚至于走向了其反面。道德主体性的突出,引向生存的自信与自我实现,由此,孟子自信其自身的"在我"之努力,可以弥漫天地之间——"善养浩然之气"(《孟子·公孙丑上》),从而在"我"之中可以备具天地万物——"万物皆备于我"(《孟子·尽心下》)。主体性行动自身之实现并不基于自身内在展开,而是受制于天的制约:"君子创业垂统,为可继也,若夫成功,则天也。"(《孟子·梁惠王下》)"行或使之,止或尼之。行止,非人所能也。吾之不遇鲁侯,天也。"《孟子·梁惠王下》)如此,通过将天命排斥在道德生存领域之外而突出心,在心的自我实现过程中,天命又重新返回到道德生存之中:"尽其心者,知其性也。知其性,则知天矣。存其心,养其性,所以事天也。夭寿不贰,修身以俟之,所以立命也。"(《孟子·尽心上》)在孟子看来,心的活动就是思:"心之官则思。"(《孟子·告子上》)尽心之本意,即是"尽思"[1],或者"思以得其自身":"思则得之,不思则不得也。"(《孟子·告子上》)思之所得,按照孟子道德生存论的本意,应当指向并融入生存活动本身活生生的展开(即所谓必有事焉而勿正勿忘勿助长)[2];但是,孟子将根源于且必须回归于生存活动之思,转而彰显一个脱离于鲜活生命活动的"本心"。鱼和熊掌不可兼得的道德生存困境,其真实的意义恰好在于道德主体在此困境之中的本真选择与本己行动,但孟子给出的是一个与现实背离的"本心"——"此之谓失

---

[1] 牟宗三含糊地说:"'尽心'之'尽'是充分体现之意,所尽之心即是仁义礼智之本心。"(牟宗三:《圆善论》,联经出版社2003年版,第130页。)牟氏在现实之思以前,同传统儒学一样,预设了某种道德本质或道德原则,这与其以天人合一来理解"尽心知性知天"章是一致的。
[2] 参见郭美华:《性善论与人的存在——理解孟子性善论哲学的入口》,《贵阳学院学报》2017年第4期,人大复印资料《中国哲学》2018年第1期。

其本心"(《孟子·告子上》)。所谓失其本心,那就意味着理智之思为现实生存活动寻找到了一个超越的根据,而生命存在的现实丧失了与如此根据的本质一致的关联。① 现实的生存活动,就成为一个不断寻找与返回本心的过程:"学问之道无他,求其放心而已矣。"(《孟子·告子上》)本心在一定意义上就是良知与良能的统一。表面上,孟子似乎以某种现实而"见在"②方式,证明了"四端之心"之作为"不学而知之良知"与"不学而能之良能"的当下存在。但是,恰好在此,有一个理智之思的僭越,即对于作为已然萌发的端,转而给出一个端的根据:"端,绪也。因其情之发,而性之本然可得而见,犹有物在中而绪见于外也。"③朱熹为现实的已然萌发之端,以理智抽象"回溯地给出"一个隐匿不见的根据。此根据就是性之本然或本然之性,亦即天理本身。孟子也将良知或心体视为"天之所与我者"(《孟子·告子上》),从而在主体性活动与天命二者究竟何者为人之存在的最终根据这一问题上,孟子倒向了天:"天之生物也,使之一本。"(《孟子·滕文公上》)"诚者,天之道也;思诚者,人之道也。"(《孟子·离娄上》)

孔孟在道德生存与天命之间的复杂与紧张,其分离与划界的维度,在后世的展开中,走向了将道德生存融入天命的"天人合一"式理解。尽管这有一个漫长而复杂的哲学历史过程,但我们可以通过朱熹和王阳明对"尽心知性知天"章的不同解释,窥见一条不断将道德生存融于天命而消解人自身的鲜活生存的扭曲进程。而且,尤其值得警惕的是,因为在主体性活动与天命的合一之中,缺乏逻辑与论证,后世所理解的孟子式天人合一,往往是基于独断论的"唯我主义天人合一",即以自我为天,比如孟子的如此言说,就不免以我为天的色彩:"天之生斯民也,使先知觉后知,使先觉觉后觉。予,天民之先觉者也。予将以此道觉此民也。"(《孟子·万章下》)"夫天,未欲平治天下也,如欲平治天下,当今之世,舍我其谁也。"(《孟子·公孙丑下》)在某种意义上,这也就是我们拒斥所谓天人合一的一个主要担忧。

---

① 参见郭美华:《道德与生命之择:〈孟子·告子上〉"鱼与熊掌"章疏释》,《现代哲学》2013年第6期。
② 在《孟子·梁惠王上》中,孟子对齐宣王阐明何以不忍杀牛而能忍杀羊,其根基就是"见牛而未见羊";孟子论证人皆有四端之心,其根基也是"今人乍见孺子将入于井"。
③ 朱熹:《四书章句集注》,中华书局2001年版,第238页。

二、朱熹的进路：理对心－性－天的本质贯穿与知先行后的认知取向

就孟子的致思逻辑而言，整体"生命和知识的关系乃是一种原始的所与"[①]。孟子在心－性－天关系上的复杂性与模糊性，以及其对于思的凸显[②]，使得后世对"尽心知性知天"的理解，往往先行关注于"思"，并且以"与天合"、以天命为本来理解人的道德生存：

> 尽心者，人之有心，为精气主，思虑可否，然后行之，犹人法天。性有仁义礼智之端，心以制之。惟心为正。人能尽极其心，以思行善，则可谓知其性矣。知其性，则知天道之贵善者也。存其心，养其性，所以事天也。能存其心，养育其正性，可谓仁人。天道好生，仁人亦好生。天道无亲，惟仁是与，行与天合，故曰所以事天。贰，二也。仁人之行，一度而已。虽见前人或夭或寿，终无二心，改易其道。夭若颜渊，寿若邵公，皆归之命。修正其身，以待天命，此所以立命之本。[③]

赵岐注首先以先思后行来理解"尽心"与"知性"（思虑可否然后行之）；然后突兀地说"犹人法天"，并具体指出"性有仁义礼智"，将天与性视为一个东西，从而思之所得就是人天生所有的善（仁义礼智之端）；继而，其所谓行，就是将天赋固有的善端实现在行动或现实生存活动之中，认识到现实生存活动是对先天既有之善端的实现，这就是"知性"（尽极其心，以思行善，可谓知其性也）；再而，赵岐以天道贵善来为思善以行作为担保，在理智循环中又给出一个行与天合来作为现实行动的目标——贵善的天道作为一个理智附加的预设，反过来成为现实生存活动的目的；最后，尽管赵岐还是将寿夭或生死置于道德

[①] 汉斯－格奥尔格·伽达默尔著，洪汉鼎译：《真理与方法：哲学诠释学的基本特征》（上），上海译文出版社1999年版，第305页。

[②]《孟子》中有多处提到思，是孟子哲学的核心概念之一。就总体倾向而言，孟子哲学中，思的基本规定是思本身内在于人的生命存在，一方面以具体的生存活动为内容（《孟子·离娄上》："仁之实，事亲是也；义之实，从兄是也；智之实，知斯二者，弗去是也。"），一方面不能穿凿而脱离现实生存活动的杜撰某种超越的实体依据（《孟子·离娄上》："天下之言性也，则故而已矣，故者以利为本。所恶于智者，为其凿也。如智者若禹之行水也，则无恶于智矣。禹之行水也，行其所无事也。如智者亦行其所无事，则智亦大矣。"）。不过，因为道德生存需要约束感性维度，思的突出易于脱离现实生存而走向理智抽象的普遍本质或超越实体。孟子对于孟子之思的讨论，可以参看：郭美华，《性善论与人的存在》，《贵阳学院学报》2017年第4期，人大复印资料《中国哲学》2018年第1期。

[③] 焦循撰：《孟子正义》卷二六，中华书局1987年版，第875—878页。

生存之外,但是一方面他将思之认知先天的仁义礼智之善作为现实生存活动的基础,另一方面他以预设的天道作为善行的根据,并且初步给出二者本质一致,这都使得"尽心知性知天"的诠释,在道德生存论上开始疏离了活生生的道德生存活动本身。

赵岐"知先行后"与"天人相合"的思路为朱熹所进一步推进:

> 心者,人之神明,所以具众理而应万事者也。性,则心之所具之理,而天又理之所从以出者也。人有是心,莫非全体,然不穷理,则有所蔽而无以尽乎此心之量。故能极其心之全体而无不尽者,必其能穷夫理而无不知者也。既知其理,则其所从出(天),亦不外是矣。以《大学》之序言之,"知性"则"物格"之谓,"尽心"则"知至"之谓也。①

醒目的是,朱子承继程子将心、性、天皆视为理的具体呈现的思路②,通过引入"理"的概念将几种概念真正勾连起来,从而以先天普遍之理作为心、性、天的共同本质:"心也、性也、天也,一理也。自理而言谓之天,自禀受而言谓之性,自存诸人而言谓之心。"③不论"理"的概念如何被"体贴出来",就其将心、性、天融合为一而言,它本质上都是基于理智思辨的抽象普遍性。从而,如此将理视为心、性、天的共同本质,都是先于、脱离于真实生存活动的理智穿凿。一个脱离于人的现实生存活动的、人的生存之本质,无疑也就消解了现实的道德生存活动本身。如此消解现实生存活动的倾向,在朱熹引入《大学》"格物致知"来解释"尽心知性"时更为显豁。《孟子》本文的顺序,"尽心"在前,"知性"在后,如果将"尽心"理解为融于"现实道德生存活动"的明觉之思,孟子之意还可以理解为内蕴着自觉的道德生存活动本身的展开,生成、造就自身的内容或本质。但结合心、性、天三者一理的预设,朱熹以"知性"作为"尽心"的先在条件,现实生存活动之意就彻底消失了:"所以能尽其心者,由先能知其性,知性则知天矣。知性知天,则能尽其心矣。"④知性作为尽心的前提,实质性的含义其实是在于强调心认识普遍超越之理,是心认识自身之理的先在前提。但因

---

① 朱熹:《四书章句集注》,第356页。
② 《二程全书遗书》第二十五、伊川先生语十一:"孟子言:'尽其心者知其性也,知其性则知天意。'心也、性也、天也,非有异也。"
③ 《四书章句集注》,第356页。
④ 《朱子语类》,第1422页。

为朱熹预设了理是心、性、天的共同本质,物之理(或天理)与心之理之间的区别就湮没了。性即是理,理从天出,心所具为理,朱熹在这里不过是同义反复而已——先知性之为理且天为理之所从出,是能彻底认知心中所具有之理的前提。显然,心、性、天、理完全是在"认知"范围中兜圈子,根本与真实的生存活动没有关联。

就"尽其心者知其性也"之本意而言,"尽"是一种主体性活动,"尽其心者"之"尽"并不由"天"作为"主体",而是心作为主体,"尽"的主体性活动本身在某种意义具有对于心、性、天三者一理的"生存论优先性";朱熹脱离现实的生存活动而以普遍之理为先,突出"认知优先性"。从道德生存论的视角看,认知优先性不可避免地消解了首要的生存论事实,即现实而具体鲜活的生存活动本身。由此,单纯从认知的角度看,朱熹以《大学》"格物致知"来诠释"尽心知性知天",以"知性知天"("物格"而知理)作为"尽心"(彻知所有理而"知至")的前提,也蕴含着能知之心,以所知之心为"外物"的含义。心与物的对峙及其在认知之域的和解,朱熹在《大学》"格物致知补传"中有一个阐述:

> 所谓致知在格物者,言欲致吾之知,在即物而穷其理也。盖人心之灵,莫不有知,而天下之物,莫不有理。惟于理有未穷,故其知有不尽也。是以大学始教,必使学者,即凡天下之物,莫不因其已知之理,而益穷之,以求至乎其极。至于用力之久,而一旦豁然贯通焉,则众物之表里精粗无不到,而吾心之全体大用无不明矣。此谓物格,此谓知之至也。[①]

朱熹引《大学》"格物致知"以解《孟子》"尽心知性知天",使得人之存在就转向在认知之域的观念融合本身,即,能知的心通过认识到事物之理,而将心融于理之中。理是普遍的、超越的,与个体自身鲜活的生命存在活动无关,现实的个体性生存活动只有通过认知把握到这个理,并将自身融入理之中,才有意义。

朱熹将"尽其心者知其性也,知其性则知天也"理解为先行之知,并且认为在认知展开环节中,以"知性"为"格物"而先于"尽心"之"致知"。在此基础上,他将"存心养性事天"理解为"行",认为"尽心知性知天"之"知"是"造其理",即获得真理性认识,"存心养性事天"之"行"是"履其事",只有先获得理,才能以

[①]《四书章句集注》,第 7 页。

事或行动实现此理：

> 事，则奉承而不违也……愚谓尽心知性而知天，所以造其理也；存心养性以事天，所以履其事也。不知其理，固不能履其事；然徒造其理而不履其事，则亦无以有诸己矣。①

知普遍之理才是尽心之理的先在前提，而尽心知性知天作为对于理的认知，又先在于人之具体而现实的生存活动。如此认知优先性，乃是突出普遍本质对于现实生存的优先性，并且以先在的普遍本质，作为现实生存活动的本质——人的现实生存活动，只是对于先行认识的、先在的普遍之理的实现，以使得如此之理"实有诸己"。生命存在的展开过程，其真实性内容与本质，并不由生存活动的具体过程生成与造就，而是将自身之外、之先的普遍规定性落实、贯彻到现实的行动中。朱熹似乎在突出现实道德生存活动对于理之实现于世界的重要性，但本质上他是将现实生存活动视为普遍之理的实现工具而已。

朱熹如此以认知内在的先后之序（知性先于尽心），以及以知先行后之序两重先后关系，来凸显普遍之理的认知优先性，将现实生命存在仅仅视为工具性的活动：

> 夫以《大学》之序言之，则尽心、知性者，致知、格物之事；存心、养性者，诚意、正心之事；而夭寿不贰、修身以俟之者，修身以下之事也。此其次序甚明，皆学者之事也。②

在这里，朱熹甚而至于将存养活动也视为诚意、正心的观念性活动。由此，其对于"尽心知性知天"章的理解，在道德生存论上，就走向了纯粹的观念性境界，而与生机勃发的现实生存活动天壤悬绝：

> 知天而不以夭寿贰其心，智之尽也；事天而能修身以俟死，仁之至也。智有不尽，固不知所以为仁；然智而不仁，则亦将流荡不法，而不足以为智矣。③

毕竟，在朱熹，心的灵明觉知不以鲜活的现实生命为内容，而以超越的普

---

① 《四书章句集注》，第356页。
② 黄宗羲：《宋元学案》卷四二，中华书局1986年版，第1370页。
③ 朱熹：《四书章句集注》，第356页。

遍之理为内容,从而"夭寿不二"与"修身俟死"就被视为了仁智统一之境界,不复孟子"事亲"与"行路"之"具体行事"意蕴。

三、王阳明的路径:共时性生存境界之差异与知行合一的取向

朱熹以《大学》"格物致知"之序来解释"尽心知性知天",撇开如上义理上的错失不论,即便从语法形式上看,也有着疑问。牟宗三指出:"是则'尽心'是由于'知性',因果颠倒,不合孟子原句之语意,而历来亦无如此读解者,此所谓异解也。"[①]朱熹将《孟子·离娄上》中"得天下有道:得其民,斯得天下矣;得其民有道:得其心,斯得民矣"的"得其心,斯得民",改为"得其民者,得其心也",认为"尽其心者,知其性也"的句式与之相似,以论证"知性"在"尽心"之先。[②]这种做法本身也显示,朱熹所在意的并非孟子之原意,而是其自身之偏见。

实际上,不单单是对于"尽心知性知天"章的解释,对于整个孟子哲学的诠释,朱子都基于其认知主义立场而将具体的、活泼的生存活动本身提炼成抽象的理,从而疏离了现实生命本身。[③] 个体性现实生存活动与普遍性原则之间的张力,进一步拉大为消解、湮灭了生机活泼的个体性生存活动本身,片面地凸显超越的普遍天理。而且,朱子将此章与《大学》"格物致知"纯粹认知取向相比附,脱离了具体现实的生存活动本身这个生存论地基,以刻画一种由外向即物穷理而后反尽其心并践履其理的过程,但问题在于,内外悬隔的心与理,如何能够在心之内融洽一如?正如张志强所论,"即凡天下之物,莫不因其已知之理而益穷之,以求至乎其极"的外向认识过程,如何能够在用力之久的状态之下,"而一旦豁然贯通",实现"众物之表里精粗无不到,而吾心之全体大用物不明"的内在境界跃升呢?[④]

阳明依据朱熹"格物致知"之说而亭前格竹致病,在某种意义上,就是对于朱熹心与理缺乏生存论的事实根基而内外悬隔的一种折射。

[①] 牟宗三:《心体与性体》,吉林出版集团有限责任公司2013年版,第368页。
[②]《朱子语类》卷六〇,第1422页。
[③] 郭美华:《道德存在的普遍性维度及其界限——朱熹对孟子道德哲学的"转戾"与"曲通"》,《哲学动态》2019年第6期。
[④] 张志强:《朱陆·孔佛·现代思想——佛学与晚明以来中国思想的现代转换》,中国社会科学出版社2012年版,第38页。

撒开王阳明与朱熹在《大学》"格物致知"、心与理关系等诸多问题上的具体差异，就"尽心知性知天"章的诠释而论，王阳明用"知行合一"与《中庸》不同主体在天人合一上的横向差异或共时性差异，来反对朱熹基于"格物致知"与"知先行后"的历时性（这个历时性并非物理意义上的时间）解释，将主体性生存活动与普遍性天理（人与天或性与天）的纠结关系，在推进的同时进一步显露了二者的内在紧张。

关于王阳明对"尽心知性知天"的理解，《传习录》有一段较为完满的记载：

"尽心由于知性。致知在于格物"，此语然矣。然而推本吾子之意，则其所以为是语者，尚有未明也。朱子以"尽心、知性、知天"为格物、知致，以"存心、养性、事天"为诚意、正心、修身，以"夭寿不贰、修身以俟"为知至仁尽，圣人之事。若鄙人之见，则与朱子正相反矣。夫"尽心、知性、知天"者，生知安行，圣人之事也；"存心、养性、事天"者，学知利行，贤人之事也；"夭寿不贰，修身以俟"者，困知勉行，学者之事也。岂可专以"尽心、知性"为知，"存心、养性"为行乎？吾子骤闻此言，必又以为大骇矣。然其间实无可疑者，一为吾子言之。夫心之体，性也；性之原，天也。能尽其心，是能尽其性矣。《中庸》云："惟天下至诚为能尽其性。"又云："知天地之化育，质诸鬼神而无疑，知天也。"此惟圣人而后能然。故曰此"生知安行"，圣人之事也。存其心者，未能尽其心者也，故须加存之之功。必存之既久，不待于存而自无不存，然后可以进而言尽。盖"知天"之"知"，如"知州""知县"之"知"。"知州"，则一州之事皆己事也；"知县"，则一县之事皆己事也，是与天为一者也。事天则如子之事父，臣之事君，犹与天为二也。天之所以命于我者，心也，性也，吾但存之而不敢失，养之而不敢害，如"父母全而生之、子全而归之者也"。故曰此"学知利行"，贤人之事也。至于"夭寿不贰"，则与存其心者又有间矣。存其心者虽未能尽其心，固已一心于为善，时有不存，则存之而已。今使之夭寿不贰，是犹以夭寿贰其心者也。犹以夭寿贰其心，是其为善之心犹未能一也。存之尚有所未可，而何尽之可云乎？今且使之不以夭寿贰其为善之心。若曰死生夭寿皆有定命，吾但一心于为善，修吾之身以俟天命而已，是其平日尚未知有天命也。"事天"虽与天为二，然已真知天命之所在。但惟恭敬奉承之而已耳；若俟之云者,则尚未能真知天命之所在,犹有所俟者也,故曰:所以立命。"立"者,"创立"之"立"。如"立德""立言""立功""立名"之类,凡言"立"者,皆是昔未尝有而今始建立之谓,孔子所谓"不知命,无以为君子"者也。故曰此"困知勉行",学者之事也。①

从义理上看,阳明以生知安行、学知力行、困知勉行来解释"尽心知性知天"章,是对《论语》《孟子》与《中庸》的兼采。《论语·季氏》曰:"生而知之者,上也;学而知之者,次也;困而学之,又其次也;困而不学,民斯为下矣。"《孟子·尽心上》曰:"尧舜,性之也;汤武,身之也;五霸,假之也。"《中庸》说:"或生而知之,或学而知之,或困而知之,及其知之一也;或安而行之,或利而行之,或勉强而行之,及其成功一也。"

首先要注意的是,阳明以"生知安行""学知力行"与"困知勉行"的主体间共时性区别,来解释"尽心知性知天"章,根基在于"知行合一"。阳明关于知行合一的诸多论说且不论②,他以"知行合一"诠释"尽心知性知天"章的问题关键在于,将朱熹勾销了的"行动"或"活动"重新召唤回来。没有具体而现实行动为基础的心、性、天,完全是理智的抽象。知行合一或知与行二者的统一,其实质就是阳明非常强调的"必有事焉"与"事上磨练";由此,阳明突出"致良知"之"致"的活动在生存论上优先于良知本身;而且,他不但说"心外无物",更进一步说"物外无心",心物二者在"事"上合一。③ 在此意义上,阳明哲学并非简单的"良知本体论"或"心本体论",而具有"事本体论"的特色。"必有事焉"与"事上磨练"的突出,意味着具体生命活动在道德生存论上的本源性。

其次,知行合一展开为一个现实的过程,在此过程中,天与人之间并非一个认知所追溯的"源初合一",而是将认知融于行动的、经由现实生命活动展开而有的"生成性合一"。尽管阳明承认"尽心知性知天",是圣人生知安行而直接实现了心、性、天三者合一或天人合一,有所偏颇,但他也说"圣人也是学

---

① 《传习录》卷中,第96—98页。
② 关于知行问题的具体讨论,参见郭美华:《道德觉悟与道德行动的源初相融之在——王阳明知行合一论之道德——生存论意蕴》,《贵阳学院学报》2019年第6期。
③ 郭美华:《致良知与性善——阳明〈传习录〉对孟子道德哲学的深化》,《江南大学学报》2015年第5期。

知"①,为此做了一定的纠偏。贤人"存心养性事天",见得有天,但其现实生存与天还是分而为二;一般学人"夭寿不贰修身以俟之",在其现实生存活动中,天尚未呈露。在某种意义上,贤人的天人为二与一般学人的天之隐匿不显,有着悬置直接性天人合一的意义,而凸显着现实生存活动这一生存论根源。朱熹用"知行"的两重先后之序,将整个"尽心知性知天"章连贯起来,以历时性的样式呈现,却因为其认知取向而在认知优先性下消解了生存论上的具体活动优先性,天人关系在其历时性中反而显现出非过程性。相反,阳明以圣人、贤人、一般学人的共时性差异,基于知行合一之"必有事焉的现实生存活动",将天人(心、性、天)之间的关联呈现为天之隐匿、天人为二与天人合一三种不同的现实生存状态,其共时性差异却显现出天人关系的过程性。在过程性中理解天人关系,过程展开的基础就是人自身的现实生存活动。就此而言,阳明较之朱熹,更为注重了具体现实生存活动的本源性,而对单纯的认知主义进路有所克服。

最后,值得一提的是,不同主体间在知行合一上的不同程度,以及在天人关系上的隐匿、分而为二、合一的共时性差异,折射出不同主体现实生存活动本身的差异。现实生存活动的差异,或者说从差异绽放的角度理解现实生存互动,具有彰显个体性生存的意义。而个体性的彰显,是生存活动之为现实而真实的最终依据。

然而,阳明基于知行合一、必有事焉的诠释,其敞露的积极生存论意义还是有限的。一方面,阳明接受了朱熹的"心—性—天本质一致"的预设:"心也,性也,天也,一也。故及其知之、成功则一。"②在所知之本质一致、生存活动本身展开指向的目标一致的基础上,所谓不同主体、不同个体的差异,实际上只是天赋能力大小以及由之引起的学习快慢之别,而不是个体性生存活动本身作为生命本质的差异,不是生机勃勃、五彩缤纷本身的"生存"差异,而是死气沉沉、色彩纯粹单一的"学习"差异:"三者人品力量,自有阶级,不可躐等而能也。"③另一方面,其知行合一所突出的行,也有着消解心物交融之行事的倾向,

---

① 《传习录》卷下,第195页。
② 《传习录》卷中,第170页。
③ 《传习录》卷中,第170页。

而以纯粹的观念活动为行:"我今说个知行合一,正要人晓得一念发动处,便即是行了;发动处有不善,就将这不善的念克倒了,须要彻根彻底不使那一念不善潜伏在胸中,此是我立言宗旨。"①一念发动处即是行,并要求克恶念,这是对于道德纯粹性的某种高蹈之论,而疏离于现实的生存活动。

四、天人分界与真实生存的绽放可能

哲学致思展开的过程,揭露出一个实情:人自身实现自身,人自身也扭曲自身。天人合一之论,表面上是人自身实现的某种完满状态,实质上却是人自身实现的某种扭曲样式。孔子说"性相近也习相远也"(《论语·阳货》),从生存论上说,天生固有之性并不重要,生命的习行过程所造成的差异才更重要。但后世总是在思辨认知的意义上,认为习行之区别不重要,而相近相同之性才重要。孟子说"人皆可以为尧舜",荀子说"涂之人可以为禹",后世认为这是道德平等之论,是道德之善的体现。然而,问题在于:就历史与现实而言,尧只有一个,舜只有一个,禹也只有一个,让无数充满差异的人去做那同样的"唯一一个",这怎么看都是不道德的。道德生存论视角下,我的独一无二的活生生的、逃逸于抽象概念之囚禁的真实存在何以可能? 在分析朱熹和阳明对"尽心知性知天"章的诠释中,我们领悟到一个基本的哲学洞见:认知优先性的"天人合一"论或"心、性、天一理论",是湮没真实存在的哲学曲见:"独断论的'天人合一'说,理路上和非功利主义的伦理理性与泯灭个性的'无我'论相联系。"②

独断论的天人合一,消灭自我,将现实生存完全消解融于某种超越的天理。其具体表现有朱熹所谓"存天理灭人欲"的"醇儒"之论:"尽夫天理之极,而无一毫人欲之私。"③阳明赞同存天理灭人欲之论,并且与成圣的普遍性承诺勾连一起,其言:"圣人之所以为圣,只是其心纯乎天理,而无人欲之杂。犹精金之所以为精,但以其成色足而无铜铅之杂也。人到纯乎天理方是圣,金到足色方是精。"④精金在于足色,而不在于分量;圣人在于纯乎天理,而不在于才力之大小。允诺一个"我与圣人拥有同样的良知":"自己良知原与圣人一般,若

---

① 《传习录》卷下,第 198 页。
② 高瑞泉:《"天人合一"的现代诠释——冯契先生"智慧说"初论》,《学术月刊》1997 年第 3 期。
③ 《四书章句集注》,第 3 页。
④ 《传习录》卷上,第 63 页。

体认得自己良知明白,即圣人气象不在圣人,而在我矣。"①辅之以"圣人可学而至",于是,就将所有人、每一个人引向绝对的"一"——既是普遍的本质,也是唯一的真理之"一",更是最完满的生存状态之"一"。差异性多样性的不同的个体,其现实生命活动,就成为自己之外的、某个"他者"给出的唯一而绝对的"一"的具象化表现。"独一无二的我"是没有意义的,只有"绝对而普遍的一"才是有意义的。如果"我"要有一点生存的意义,那么,"我"就得成为"一"的载体与实现之具。

只要以独断论的"天人合一"为基础,就必然会导致湮灭个体生存活动的"无我论"。因此,天人之间或心、性、天之间,基于现实生存活动的展开过程而进行适当的划界与合理的分离,是道德生存论能重新获得生机的前提。

孟子所谓"尽心知性知天",就其实质性意涵而言,可以视为对孔子"十有五而志于学"章的思辨性提炼。"尽心"之能动的生存活动的展开,是人得以领悟自身本性的基础;而人之领悟自身之本性,是人能认知天之所以为天的基础,这里体现了一种属我的内在必然性与非我的外在必然性之间的关联。这不是一个认识论意义上的本质一贯过程,而是一个自身领悟的生存活动,同时领悟于自身存在界限的问题——即一个自我觉悟的生存活动本身,一方面将自身存在的本质之性视为一个未完成的、不断生成的过程,一方面领悟于在自身存在过程中,总有着自觉领悟与自主行动之外的必然性和偶然性力量渗透在生命之中、限制着生命存在。正是在如此双重领悟下,活生生的生命存在活动,才得以真实地展开。简言之,在道德生存论上理解孟子哲学中的心—性—天的关系,必须以"我"与"天"(道德生存与天命)的彼此划界为基础。② 现代新儒学比如牟宗三依然在天人合一的陈旧模式理解"尽心知性知天":"宇宙秩序即是道德秩序,道德秩序即是宇宙秩序。"③如此以"道德与宇宙合一"来理解心—性—天关系,不过是用新瓶装老酒,依然将活生生的现实的生命存在活动,埋没在理智的抽象之中,而没有给出逸出概念之外的真正个体性存在④,即基

---

① 《传习录》卷中,第 123 页。
② 郭美华:《古典儒学的生存论阐释》,广西师范大学出版社 2014 年版,第 57 页。
③ 《圆善论》,第 135 页。牟氏对"尽心知性知天"的白话疏解,就是对如此"道德与宇宙合一"的具体阐述,参见《圆善论》第 129—130 页。
④ 冯契:《人的自由和真善美》,华东师范大学出版社 1996 年版,第 188 页。

于本真选择与切己行动而生成自身的真实个体。

  人诚然是一个有限的存在者,但其有限性是在自身的本己存在活动中持守自身,而不被无限所消解或吸纳:"对于有限来说,有限与无限的关联并不在于有限被其所面对者吸纳,而是在于有限寓于其本己存在,自存于己,在此世行动。"[①]自存于己的在世活动,是一个具体的自由生存活动,它并不让自身与某种抽象的原则一致:"自我的自由,既不是一个孤立的存在者的任性,也不是一个孤立的存在者与一种对于所有人来说都是必要的、理性的和普遍的法则之间的一致。"[②]就此而言,如何走出朱熹和王阳明以及牟宗三等为典型的"天人合一"或"心、性、天一理"的进路,而重新掘发孟子"尽心知性知天"中的道德生存论意蕴,释放出活生生的人自身,依然有待于一个漫长的哲学致思之旅。

[①] 伊曼纽尔·列维纳斯著,朱刚译,《总体与无限:论外在性》,北京大学出版社 2016 年版,第 283 页。
[②] 伊曼纽尔·列维纳斯著,朱刚译,《总体与无限:论外在性》,北京大学出版社 2016 年版,第 241 页。

论罗近溪之赤子之心及其现代意义

金慧洙

(釜山国立大学)

导论

儒家是下学而上达,内圣外王的道德实践之学。道德实践就是儒学大力强调的宗旨。儒学从孔子之仁来提示其路向,到孟子才建立儒学之心性学。孟子更把孔子之仁具体化,提出人性善之学。孟子之性善的根据就是恻隐、羞恶、辞让、是非的四端之心。四端,是人人都具有的,是不虑不学而知能的。宋明以来,朱子与王阳明都是以性善说为本,来建立他们自己独特的思想系统。朱子以理气为主,强调性即理的人性论,而阳明以心与良知为主,强调心即理的人性论。后来,朱子学以理在心外而进行讨论,就为官学化而变成教条的学问了,就为外在化了,就是说,因为朱子学以外在的学问(科举进士等)为主,就失去了内在的本性(即道德实践)之意,因此,儒家后学们提醒内在的本心之重要性,王门心学之后学,乃继承孔孟与阳明而发展,王龙溪(1498－1583,名畿,字汝中)与王心斋(1483－1541,名艮,字汝止)[①]、罗近溪(1515－1588,名汝芳,字惟德)等皆是,尤其,心学良知在罗近溪更深入而发展。

本文讨论,王门后学当中,作为王学左派的罗近溪之赤子之心。罗近溪的赤子之心就是孔孟学与阳明心学之继承,而且是良知学的发展。罗近溪进一步扩张良知之意,输入宇宙万物之生生不已的意,提出良知现在当下现成论。罗近溪的这样想法,就是关于在阳明看不到的宇宙生成论的建立,而且是良知论的扩大,这就是说,所谓赤子之心,就是他思维建立之基础。本文首先简略

---

① 本文只说及王学左派,因为对于良知等值得讨论的问题,王学左派比右派更多。

介绍良知演变与赤子之心来源；其次，进一步讨论罗近溪的赤子之心与其现代意义。

一、良知演变与赤子之心来源

良知是心学之重要概念，也是核心命题。"良知"两个字虽然是孟子提出来的，但是其发展与意义扩大才是从阳明来的。阳明所强调的良知，就是心与理，如下：

身之主宰便是心，心之所发便是意，意之本体便是知，意之所在便是物。……所以某说，无心外之理，无心外之物。①

先生曰，知是理之灵处，就其主宰处说，便谓之心，就其禀赋处说，便谓之性。孩提之童，无不知爱其亲，无不知敬其兄，只是这个灵能，不为私欲遮隔，充拓得尽，便完完是他本体，便与天地合德。自圣人以下，不能无蔽，故须格物以致其知。②

对阳明而言，心就是理与性，而且是身之主宰者，心是意念之本体所发的，就是良知，而良知就是作为理之先天明觉，道德实现的本源，好像小孩之本然。此能力是道德的是非判断与实践的能力，而在人心里具备的，阳明所说的"是非之心，不虑而知，不学而能，所谓良知也，良知之在人心"③。如此。由此，阳明之良知，因为不但包含主动的道德判断与其行为，也内含认识宇宙万物的灵明性，所以，就成为知行合一与天人合一的重要概念。

良知是王学的宗旨。④ 后来，王门后学把阳明之良知发展而加深，王学左派以心与良知之本体为主，将良知讨论下去，而主张对良知本体⑤的认识比别的更重要，就成为本体论的良知之发展。代表人物，就是王龙溪与王心斋，以及罗近溪。王龙溪是从阳明"四句教"来发挥良知的，就强调以无善无恶的心体（即四无⑥）为本体的良知，王龙溪认为，因为心是无善无恶之本体，所以，良

---

① 《传习录》卷上，6 条目。
② 《传习录》卷上，118 条目。
③ 《传习录》卷中，179 条目。
④ 《罗汝芳集》卷上，第 91 页。
⑤ 在王龙溪的立场下，心是无善无恶之本体，而良知、意念、物也是无善无恶。
⑥ 参考《王畿集》卷一，《天泉证道纪》，第 1 页。

知、意念、物也一起提升为在心体之明觉感应下为无善无恶。就王龙溪来说，良知本体也是在心之本体角度上来看。他所讲的良知，从心之本体说出来，就是先天的心体与气之灵明，而是包含自然感应的明觉之意的良知。① 进而，王龙溪强调，良知就是当下现在呈现出来的天机流行②，是至善的心体，一切万事万物都是从良知本体之感应自然显现出来的。

王心斋也建立了他自己的心学理论，就提出良知现成自在，其贡献与王龙溪一样相当高。他也接受王龙溪之四无说的立场，而强调良知就是性体与心体、道体、中节，而是现成见在的自然流行之天理，将良知天理之自然流行觉悟而自得。王心斋认为，人之良知就是，在现在之日用生活中，感应于天理流行而自然显现出来的，而且不需要理智的思辨或人为的。③

王龙溪与王心斋所提出的良知，就是以心本体为主的现在当下所成为的，是包括无为而自然的天地流行。由此，良知被此两位王氏更加大而加深了，而成为良知发展。在此情况下，罗近溪以阳明之良知为本，而把两位王氏之学说继承而深化，所谓赤子之心，就是罗近溪良知说之重要观念。

赤子之心是从孟子所说的"大人者，不失其赤子之心者也"④出来的。按照孟子学说，要达到大人或圣人之境界，就不应失去赤子之心，而赤子之心就是不虑不学而知能的良知良能，人人都具备着此心，如下说：

人之所不学而能者，其良能也；所不虑而知者，其良知也。孩提之童，无不知爱其亲者，及其长也，无不知敬其兄也。亲亲，仁也；敬长，义也，无他，达之天下也。⑤

所谓仁义者是爱父母而尊敬长辈的，而是不虑不学而可知道能做的，孟子所讲的赤子之心，就是仁义的本然状态，因此，不失去赤子之心，就是良知良能之实现，是到达最高境界的，即圣人或大人。朱子加注孟子的这句话而来说明，如下：

大人之心，通达万变，赤子之心，则纯一无伪而已。然大人之所以为大人，

---

① 参考《王龙溪全集》卷六，第11页。
② 参考《王龙溪全集》卷二，第18页。
③ 参考《明儒学案》卷三十二，第711—718页。
④《孟子·离娄下》。
⑤《孟子·尽心上》。

正以其不为物诱,而有以全其纯一无伪之本然。是以扩而充之,则无所不知,无所不能,而极其大也。①

朱子所说的赤子之心之重点,就是"纯一无伪"的真实状态,"大人之所以为大人"的理由,若保持如孩提的本然之心而继续扩充下去的,就是为大人的根本修养工夫。朱子的赤子之心只意味着一种居敬涵养的修养工夫。阳明虽然没有直接提出"赤子之心"一词,但将心与理、不虑不学的良知用孩提来比方,所以在他的良知观念里面包含赤子之心的意思,如下:

知是理之灵处。就其主宰处说,便谓之心,就其禀赋处说,便谓之性。孩提之童,无不知爱其亲,无不知敬其兄。只是这个灵能,不为私欲遮隔,充拓得尽,便完完是他本体,便与天地合德。②

在阳明来看,孩提之童,就是不虑不学而可以知道能做的道德行为,也是心之本然状态与本体,即孟子所讲的赤子之心。阳明对于赤子之心的话如此而已。但是,王龙溪直接说及赤子之心。王龙溪说:"赤子之心,纯一无伪,无智巧,神气自足,智慧自生,才能自长,非有所加也。大人通达万变,惟不失此而已。"③接着又说:

"赤子喜便喜,啼便啼,行便行,坐便坐,转处未尝留情,曾有机巧否?"④按照这两句话,王龙溪也主张,赤子之心就是真实无妄而虚灵不昧的良知本体(即本然状态),是对于天地流行与自然生生不已的起点,因此,一切所有的事事物物都是从赤子之心发出来的,其本然状态就是纯一不杂而真实无妄的良知本体。

由此可见,赤子之心的概念都自孟子而来。罗近溪也透过孟子与阳明到王龙溪与王心斋的思维而延伸他自己的赤子之心论。罗近溪关于赤子之心的讨论,在《明儒学案》与《罗汝芳集》里面,有不少文献。

二、罗近溪之赤子之心

关于良知本体与赤子之心的来源如上所述,罗近溪所讲的赤子之心以孟

---

① 《孟子集注·离娄章句下》。
② 《传习录》卷上,118条目。
③ 《王畿集》卷三,《书累语简端录》,第76—77页。
④ 《王畿集》卷十,《与沈凤峰》,第261页。

子与王龙溪之说法为主,接受了王心斋的良知思维系统。罗近溪也是儒家心学的继承人,他的学说重点也以孔子学为本,其学说包含孔子之仁说,而且,他也根据孟子之赤子之心的见解,提出更深刻的人性论与良知论,以继承孔孟之学与王门之良知心学。

探讨赤子之心之前,我们要先了解的就是关于心之内涵。心虽然是和孟子与王学所讲的四端与良知良能之心(包括性善)有密切关系,但是其本源在孔子之仁。孔子认为,仁包含至善之意,而且包括道德实践的功能。孟子继承孔子之仁说,而扩张其意味,强调人性善与为其根据的心(即恻隐、羞恶、辞让、是非的四端之心)、不虑不学而可知道能做的良知良能,以来提示赤子之心,无论后学关于赤子之心的学说,其本源都如是。罗近溪说:

仁者,人也;人,天地之心也。①

接着又说:

心性是一个神理,虽不可打混,然实不容分开。如曰知得某事善,能得某事善,此即落在知能上说善,所谓善之枝叶也。如曰虽未见其知得某事善,却生而即善知,虽未见其能得某事善,却生而即善能。此则不落知能说善,而亦不离知能说善,实所谓善之根本也。人之心性,但愁其不善知,不愁其不知某善也;但愁其不善能,不愁其不能某事某事也。类观夫赤子之目,止是明而能视,然未必其视之能辨也;赤子之耳,止是聪而能听,然未必其听之能别也。今解者只落在能辨能别处说耳目,而不从聪明上说起,所以赤子,大人,不惟说将两开,而且将两无归着也。呜呼!人之学问,止能到得心上,方才有个入头。据我看,孟子此条,不是说大人方能不失赤子之心,却是说赤子之心,自能做得大人。若赤子之心,止大人不失,则全不识心者也。②

罗近溪以孔子之仁说来说明,仁者就是人,即人心,人心就是天地之心,所以,仁就是天地之心。心学常常所探讨的心,就是天理或至善,即人之本,即性。那此心到底是什么呢?对心学而言,就是仁与人性之至善、良知(内涵良能)、天理、天心、天道,即身之主宰者,而是道德实践的本体与作用;而且,此心之功能就是没有不知道、没有不能做的,即赤子之心。罗近溪说明,心即是如

---

① 《罗汝芳集》卷上,《语录汇集类》,第112页。
② 《罗汝芳集》卷上,《语录汇集类》,第196页。

此的。罗近溪认为，大人之学就是不失去赤子之心，如本心、天地之心，即仁，进而，他扩大心之本体意义，而强调以宇宙生生的根源之心。罗近溪说：

孔子云："仁者人也。"夫仁，天地之生德也，天地之大德曰生，生生而无尽曰仁，而人则天地之心也。夫天地亦大矣，然天地之大，大于生，而大德之生，生于心。生生之心，心于人也。①

又说：

宇宙其一心矣乎！夫心，生德也。活泼灵莹，融液孚通。天此生，地亦此生也……生之谓仁，生而一之谓心。心一则仁一，仁一则生无所不一也……吾兹有取于易之乾坤矣。夫易，生生者也。夫乾之与坤，易之生生所由以合德者也。乾一坤也，坤一乾也。未有坤而不始于乾，亦未有乾而不终于坤者也。②

前已说过仁就是天地之心，是当作道德实践之最高范围的。但是，按照罗近溪的想法，仁就是宇宙之心，而把其心当作生生万物的大德，即生德，就是说，仁就是心，心就是作为生德的生生作用之根源，因此，人就是仁与心之主体，即道德判断与行为的主体，同时，是包含宇宙万物之生生法则，即生理。③如此，罗近溪按照程明道之"生生之仁"与《易传》之"生生不已"，以扩大起良知（即心之本）之意义来，进而说明，良知不但是道德实现的心之本体，也是包含万事万物之生生作用的本然状态，由此，他强调人与宇宙万物为一体。罗近溪认为，良知良能与乾知坤能就是不断地生生作用的仁之灵明的知，即天心与天道，而心就是人人都具有的仁（即人心），是生理或生德，又说：

天地无心以生物为心。今若独言心字，则我有心，而汝亦有心。人有心，而物亦有心，何啻千殊万异。善言心者，不如以生字代之，则在天之日月星辰，在地之山川万物，在吾人之视听言动。浑然此生生为几，则同然是此天心为复。故言下着一生者，便心与复实时浑合，而天与地，我与物，亦实时贯通联属，而更不容二也已。④

接着又说：

盈天地之生，而莫非吾身之生，盈天地之化，而莫非吾身之化。冒乾坤而

---

① 《罗汝芳集》卷上，《语录汇集类》，第388页。
② 《盱坛直诠》第34—35页。
③ 《罗汝芳集》卷上，《语录汇集类》，第140页。
④ 《盱坛直诠》，第121—122页。

独露,亘宇宙而长存,此身所以为极贵,而人所以为至大也。①

罗近溪认为,"天地无心"这句话,就是浑然天理的心之本体,其心落下生为人与事物,所以,人与事事物物都具有心,我自己与万物为一体。罗近溪认为,"心"字是与"生"字之意义相同,因为,如果在心之意义中没有生之意义的话,那么,吾心随着主观体验容易造成个别性与差别性,就与万物不能为一体。罗近溪所说的心,就是内涵生生不已的创生作用之意的天理,是生德与生理。由此,罗近溪强调,我与世界万物从生生作用的一心成为无主客之别的浑然一体,而作为本体的天心(即良知本体、赤子之心)就是现实世界之存在的根据,是把天地万物不断创生而感应的生生之机,即天机。罗近溪从此心之概念来提出赤子之心的良知,如下:

天初生我,只是个赤子。赤子之心,浑然天理,细看其知不必虑,能不必学,果然与莫之为而为,莫之致而至的体段,浑然打得对同过。然则圣人之为圣人,只是把自己不虑不学的见在,对同莫为莫致的源头,久久便自然成个不思不勉而从容中道的圣人也。②

从罗近溪之问答来看,如下:

曰:初生既是赤子,难说今日此身不是赤子长成。此时我问子答,是知能之良否? 曰:然。曰:即此问答,用学虑否? 曰:不用。曰:如此则宗旨确有矣。曰:若只是我问你答,随口应声,个个皆然,时时如是,虽至白首,终同凡夫,安望有道可得耶? 曰:其端只在能自信从,其机则始于善自觉悟。③

按照上所述,生生万物的生德或生理就是心,其心本来就是没什么人为,即纯一真实的本然状态,所以,没有善恶之对待的分别,只是绝对的至善与纯然本体(即心本身),赤子之心也如是。我出生初时,本来是个赤子,我们都有孩提之时节。罗近溪认为,刚刚出生的婴儿就是至极真实而清洁的状态,是没有自私心的本然之心,即天心。所以,赤子之心是浑然天理之本心,即良知良能之本然状态,而是良知本体,即绝对至善的心本身,这就是说,赤子之心是与天理本身最接近,即心本身本然或良知本体,包含生生之理(即生理)。由此,

---

① 《罗汝芳集》卷上,《语录汇集类》,第387页。
② 《明儒学案》卷34,《泰州学案三》,第764页。
③ 《明儒学案》卷34,《泰州学案三》,第763页。

罗近溪强调,赤子之心就是良知。罗近溪又说:

《礼记》谓:"人生而静,天之性也。"孟子曰:"大人者,不失其赤子之心者也。"夫赤子之心,纯然而无杂,浑然而无为,形质虽有天人之分,本体实无彼此之异。故生人之初,如赤子时,与天甚是相近。……吾人与天,原初是一体,天则与我的性情,原初亦相贯通;验之,赤子乍生之时,一念知觉未萌,然爱好骨肉,熙熙恬恬,无有感而不应,无有应而不妙,是何等景象,是何等快活!①

一切醒转,更不去此等去处计较寻觅,却得本心浑沦,只不合分别,便自无间断,真是坦然荡荡,而悠然顺适也。② 我今与汝终日语默动静,出入起居,虽是人意周施,却自自然,莫非天机活泼也。……所谓人性皆善,而愚妇愚夫可与知与能者也。③

罗近溪认为,赤子之状态就是,以天人之心还未分化的、纯一无杂而浑然无为的状态,是与天最接近的。而且,罗近溪接受孟子所讲的"人之所不学而能者,其良能也,所不虑而知者,其良知也。孩提之童,无不知爱其亲也,及其长也,无不知敬其兄也。亲亲,仁也;敬长,义也,无他达之天下也④",并强调,人性善之根据与良知之功能,又说:"人性皆善,是见得孩提之良知良能,无不爱敬亲长;言必称尧舜,是见得尧舜之道,只是孝弟而已矣"⑤,"人人孩提之初,皆知爱亲敬长,果是浑然本心,而仁不远人也"⑥。这就是说,赤子之心具有不思虑而不学习也可以知道能做的孝悌之起点,就是本然道德实现的起点,即良知本体,即仁或心体之状态。

从上所述的罗近溪言论来看,赤子之心有肯定依靠欲望行为的嫌疑,因为,心就是包含生生之理之自然性的,而自然性即内涵欲望本能,在赤子之心中,包括孩提之欲求本能,如要哭就哭而要睡就睡。但是,我们绝不可以如此看,因为,罗近溪所强调的心,并不是生出欲求本能来的生理,而是把道德判断与行为生出来的良知本体,而且,"生理"之理并不是生物学的生理,而是道德

---

① 《罗汝芳集》卷上,《语录汇集类》,第 124 页。
② 《明儒学案》卷 34,《泰州学案三》,第 770 页。
③ 《明儒学案》卷 34,《泰州学案三》,第 787 页。
④ 《孟子·尽心上》。
⑤ 《罗汝芳集》卷上,《语录汇集类》,第 160 页。
⑥ 《罗汝芳集》卷上,《语录汇集类》,第 102 页。

原则与道德实践的根源,即良知本身(即本体),而罗近溪所想的心之宇宙论的解释也是,为了说明良知本体扩大与其根据的,因此,罗近溪所讲的赤子之心的"心"不是前者的生理,而是后者,罗近溪认为,其心就是真心,他说:

> 曰大人者,须不失赤子时,晓知爱父爱母,不须虑,不须学,天地生成之真心也。此个真心,若父母能胎教姆教,常示毋诳,如古之三迁善养,又遇地方风俗淳美,又且有明师为之开发,良友为之夹持,稍长便导以敬让,食息便引以礼节,良知良能,生生不已。①

> 非思虑之不学,由心体之未透也。吾人日用思虑,虽有万端,而心神止是一个。遇万念以滞思虑,则满腔浑是起灭,其功似属烦苦。②

> 心为身主,身为神舍,身心二端,原乐于会合,苦于支离。故赤子孩提欣欣,长是欢笑,盖其时身心犹相凝聚,而少少长成,心思杂乱,便愁苦难当了。③

罗近溪认为,赤子之心是天地生成之真心,同时,就是良知,而此良知是直觉的,直觉的反应就是道德行为的反应,以培养赤子之心,而成为圣人之学的。罗近溪说:

"良知无从而发,有所发则非良知也"④,"其见既真,则本来赤子之心完养,即是大人之圣⑤"。这就是,良知本体不能受到外在的理智的影响,只是引发直觉的道德感应而实现道德实践。此道德感应都是当然的、对的、至善的、自然的。可是,理智的思考妨碍赤子之心,使人心导致对待的分别心与计较利害之心,这就掩蔽了本然的赤子之心,因此,我认为,罗近溪不太肯定理智的思考态度。按照罗近溪所说的赤子之心,就是无善无恶之心之本然状态,即良知本体,所以,其状态也是尚未感应于外在万事万物,只是纯一不杂而真实无妄的至善,此赤子之心就受到外在的影响,就发现出道德判断与道德行为,因为,赤子之心,就是不虑不学而知能的良知。罗近溪又说:"若有不知,岂得谓之良知?若有不能,岂得谓之良知?故赤子即已无所不知,无所不能也。……诸君知红紫之皆春,则知赤子之皆知能矣。盖天之春见于草木之间,而人之性见于

---

① 《罗汝芳集》卷上,《语录汇集类》,第 434 页。
② 《明儒学案》卷 34,《泰州学案三》,第 771 页。
③ 《罗汝芳集》卷上,《语录汇集类》,第 37 页。
④ 《罗汝芳集》卷上,《语录汇集类》,第 115 页。
⑤ 《罗汝芳集》卷上,《语录汇集类》,第 125 页。

视听之际。今试抱赤子而弄之,人从左呼,则目即盼左,人从右呼,则目即盼右。其耳盖无时无处而不听,其目盖无时无处而不盼,其听其盼盖无时无处而不转展,则岂非无时无处而无所不知能也哉?"①

罗近溪认为,赤子之心应该被培养,才可以是说大人之学,即圣人之学。罗近溪的心是生出道德判断与其行为来的根源,即良知本体,就是赤子之心,而且赤子之心就是道德判断与其行为还未发的纯一不杂的状态,因此,赤子之心的培养即道德实践之发现。罗近溪说:

> 今日为学,第一要得种子。《礼》谓:人情者,圣王之田也,必本仁以种之。孔门教人求仁,正谓此真种子也。然其正经脚注,则却曰"仁者人也",人即赤子,而其心之最先初生者,即是爱亲,故曰"亲亲为大"。至义礼智信,总是培养种子,使其成熟耳。②

> 其见既真,则本来赤子之心完养,即是大人之圣。③

上述的赤子之心,就是孝悌之仁的,罗近溪认为,赤子之心好像是个种子,继续培养其种子,而种子成熟好了,就结果子,这就是道德实现或仁之果子,是赤子之心的结果,而且其功能就是良知的功能,因为,果子之仁就是天理本然之至善的赤子之心。因此,培养赤子之心,就是仁之实现或道德行为之发现,是圣人之学。并且,罗近溪认为,赤子之心是明德与本性、本心,如果人明明德而率其性,不失去此赤子之心的话,才进入圣学之门,如下:

> 所谓明德也者,应如是而明,所谓率性也者,应如是而率,赤子之心不失,而大人入圣之事备矣。④

> 盖大人者,不失赤子之心。赤子之心,即天命,而训人以此,即圣言也。……惟是孩提爱敬,其知能之良,虽浑全天界,而不虑不学,则体极希微,莫说常人难知,即豪杰才辨之士,亦无从理会,知之不能。……盖其人是不失赤子之心之人,而其言是不失赤子之心之言也。⑤ 罗近溪所强调的,就是人不失去赤子之心而培养其心的,这就是我与天地万物为一体的,因为,天地万物与我

---

① 《明儒学案》卷34,《泰州学案三》,第796页。
② 《罗汝芳集》卷上,《语录汇集类》,第212页。
③ 《罗汝芳集》卷上,《语录汇集类》,第125页。
④ 《罗汝芳集》卷上,《语录汇集类》,第145页。
⑤ 《罗汝芳集》卷上,《语录汇集类》,第41页。

构成心与理、良知，心、理、良知都是万物的本体。由此，罗近溪又说："故圣贤之学，本之赤子之心以为根源，又征诸庶人之心，以为日用。"①"圣人之为圣人，只是把自己不虑不学的现在，对同莫为莫致的源头。"②圣人之学以赤子之心为根源，都是求在庶民之心的，在日用现成的，因为，庶民之心以赤子之心为根本，赤子之心就是在日用之庶民之心发出来的良知之实现，因此，圣人之学就是，在日用中，不失去赤子之心，是其心发现出来的现成的良知，这种说法是继承王龙溪与王心斋之良知说，在这里，不讨论王龙溪与王心斋之良知说。

在此，罗近溪的赤子之心有特色的地方在于：基本上，阳明学的心与良知的意思都是一样的。但是，其强调点不同：心作为道德法则或原则之理，以及本体与作用为合一的道德主体，有纯粹至善的道德实体性，这就是道德的本然状态；良知作为道德主体的功能，有道德活动性与作用性，这是强调良知的实际活动及运用。就此而言，罗近溪的赤子之心是从前者的观点来解释的。此赤子之心便是纯粹至善的本然状态之道德主体，是符合王龙溪所悟道的王阳明四句宗旨之"无善无恶心之体"意义。这就是罗近溪所强调的赤子之心的涵义，而且他的赤子之心包含着作为道德主体之功能的良知，尤其是现成良知。

三、结语：赤子之心的现代意义

综上所述，罗近溪从赤子之心，来建立他自己的良知论与万物一体说。尤其，赤子之心就是真实无妄而纯一无杂的仁之本然状态，是至善，即良知之实现。孩提是不受到外物之影响的天然状态，也不虑不学而爱亲敬长，其心就是天人未分的浑然天理，是没有对待的善恶的无善无恶之本体，即良知。人人都有孩提时节，都有赤子之心，不失去赤子之心的就是大人或圣人之学，而是仁之实现。而且，罗近溪的赤子之心并不违背天理流行，所以，人随着天理流行感应而行为。罗近溪所讲的赤子之心与天理流行并不是死生与欲求本能，而是从良知起来的道德实践的心与天理流行，因为，天理流行生产的就是道德实践之种子而已，而良知是培养本心而实现道德的能力，因此，赤子之心就是天理流行作用之前，本然纯粹的良知之本体，是天理流行之天然作用与良知之至

---

① 《明儒学案》卷34，《泰州学案三》，第771页。
② 《罗汝芳集》卷上，《语录汇集类》，第74页。

善的作用。

总之,从罗近溪的观点来看,认识心与良知之本体是靠道德实现的,是赤子之心的认识,所以,赤子之心就是无善无恶之心之体,良知本体。而且,罗近溪以赤子之心说明良知之本体与其作用[①],进而,提出万物一体观,以建立他自己的心学良知论,因而,罗近溪所讲的赤子之心,在心之本体论的立场看,是在孔孟学与王门心学基础上继承而发展的,在良知本体之发展上值得研究的。

[①]《罗汝芳集》卷上,第86页。

孔子道德理想与礼乐文化统一模式

兰甲云

（湖南大学中国礼乐文化传播研究所）

摘要：行礼道，致中德。行乐道，致和德。人道主体为基于仁爱之心的礼乐之道，行基于仁爱之心的礼乐之道，能致中和之德，能成谦谦君子。基于仁爱之心的礼乐之道，为阳道、君子之道。礼乐相对而言，礼为阴，乐为阳。礼分阴阳，乐也分阴阳。礼乐皆蕴含阴阳之道。乾阳能够各正性命，利贞性情。大同社会与天下为公是孔子的道德理想，孔子的道德理想基于仁爱之心。选贤与能讲信修睦是实现道德之治的主要手段。礼治与礼乐文化是孔子实现德治的中介环节，是实现小康社会的主要手段和通向德治的主要途径。儒家基于仁爱之心的礼乐文化是中华传统文化的核心与主体，礼乐文化贯穿于道统、学统、宗统、政统之中。以礼治为主体、以德治为理想、以法治为底线的综合治国理政思想是我国古代礼乐文化政治化的最大特色。

关键词：礼乐文化；中和之德；礼治；德治

一 孔子道德理想是什么？

孔子的道德理想分为道德理想社会与道德理想个体两个方面。道德理想社会构成的基础与根基是道德理想个体，没有道德理想个体的实践，就不可能实现道德理想社会的目标，尤其是居于统治地位的道德理想个体实践，在整个社会中居于主导地位。如果一个社会占主导地位的社会精英堕落了，整个社会的道德理想就会堕落。在孔子看来，上古的黄帝尧舜时代是道德理想社会，上古的黄帝尧舜是道德理想个体。圣贤人物是道德理想个体，圣贤时代是道德理想时代。圣人与太平盛世是紧密相连的。孔子十分向往圣贤与太平盛世。《礼运》提到：孔子作为蜡宾祭祀完毕后，大为感叹，言偃问君子何叹，孔子答曰："大道之行也，与三代之英，丘未之逮也，而有志焉。"[①]

提到孔子的道德理想社会与道德理想人物，我们不能不提到孔子道德理想的反面，即非道德理想社会、非道德理想个体。"一阴一阳之谓道"，没有正面也就没有反面，正反相辅相成。我们研究孔子的道德理想社会与道德理想个体，当然也就很有必要关注非道德理想社会、非道德理想个体。

大道之行的时代是太平盛世，与太平盛世的理想社会相反的是乱世社会。与太平盛世相比较次之一点的社会是治世社会，与治世相反的是衰世社会。

圣人与太平盛世相称，贤人与治世相称，昏君与衰世相称，暴君与乱世相称，当然这是就一般情况而言，但也会有例外。圣人、贤人、君子为一类，属于正面榜样人物，昏君、暴君、小人为另一类，属于反面唾弃人物。

笔者本文着重探讨孔子的道德理想，因此，与道德理想相反的一面，仅仅在此提及，下文不会展开详细论述。

（一）孔子的道德理想社会是什么？道德理想社会有什么标准呢？道德理想社会有什么特征呢？

孔子心目中的道德理想社会有两个：一个是最高道德理想社会，另一个是一般道德理想社会。

最高理想社会是什么呢？大家都知道：就是大同社会理想，这是孔子心目中的太平盛世，圣贤涌现，社会高度自治。《周易》乾卦《文言》说"乾元用九，乃见天则""乾元用九，天下大治"[②]。

一般理想是什么呢？大家也都知道：就是小康社会理想，小康社会是治世。

我们根据《论语》《周易》《礼记》《周礼》《仪礼》等儒家经典，探讨孔子的道德理想。孔子在《论语》中说："志于道，据于德，依于仁，游于艺。"可见，孔子的儒家思想是追求道德，孔子在《论语》中甚至说："朝闻道，夕死可矣。"在《礼记·礼运》篇中，由孔子与其弟子言偃的对话来看，孔子的最高理想是向往唐尧

---

① 陈戍国点校：《周礼·仪礼·礼记》，岳麓书社1989年版。
② 兰甲云：《周易礼治、德治、法治思想略论》，《周易研究》，2016年第2期。

虞舜之世的"天下为公"的"大同社会"的太平盛世。

1.大同社会的标准与特征是什么呢？

大同社会是道德社会，大同社会的标准与特征都符合道德规范治理的要求。大同社会的治理以道德治理为主。

大同社会的标准有三个，特征有七个。

首先是三个标准："天下为公，选贤与能，讲信修睦。"

第一个标准是天下为公。

第二个标准是民主选举。选举什么样的人呢？即选贤与能，就是选举贤能的君子。"贤"是说品德很高，"能"是说能力很强。就是说要选举德能兼备的君子治理公共事务。

第三个标准是社会所有的人，讲信用，修和睦。说话算数，互相信任，和睦团结，不闹矛盾，不搞斗争。

其次是七个特征。

第一个特征是具备仁爱的道德情感与道德心理。"故人不独亲其亲，不独子其子。"老百姓心理情感共同特征是亲其亲、子其子，亲其亲，仁爱亲近尊敬自己的父母亲人亲戚，所谓亲，就是家里人。子其子，呵护疼爱自己的子女。不独亲其亲，把亲其亲的情感心理扩展到其他与父母亲戚年龄相仿的老人身上，把子其子的情感心理扩展到其他与子女年龄相仿的孩子身上。把别的老人当成自己的父母一样尊敬，把别的孩子当成自己的孩子一样疼爱。

第二个特征是老、壮、幼三种不同年龄阶段的人们都能尽其本分，"使老有所终，壮有所用，幼有所长"。使老年人能够快乐地颐养天年，能够像《尚书》五福所说的"考终命"，有人养老送终，有人慎终追远。使壮年人能够有事情做、有事情干。有工作可以做，用现代的话说，就是不失业，能够赚钱养家。使幼年青少年能够受到良好教育，能够健康成长。

第三个特征是弱势群体得到社会的良好照顾。用现代的话说，就是人权得到很好保障。"矜寡、孤独、废疾者，皆有所养。"死了妻子的男人、死了丈夫的女人、失去父母的孩子、残疾人、丧失劳动能力的人，这些人生活困难，需要社会上其他人的照顾。

第四个特征是男人有事业、有职业、有财产。男女婚配及时，婚姻生活幸福美满。"男有分,女有归。"

第五个特征是具有奉献精神,不自私自利。"货,恶其弃于地也,不必藏于己。力,恶其不出于身也,不必为己。"这个境界也非常高,很难做到。现代的义工、慈善、公益大概近似。

第六个特征是没有盗窃盗贼,没有小偷小摸,社会治安良好,社会风气淳朴。"是故谋闭而不兴,盗窃乱贼而不作。"

第七个特征是生活安全,夜不闭户。

上古传说历史时代与代表人物是黄帝时代、尧舜时代与黄帝、尧帝、舜帝,黄帝与尧舜为中国历史上的道德圣人。

根据传统说法,孔子做过十翼,《易·乾·文言》里面说"乾元用九,乃见天则""乾元用九,天下治也",乾卦纯阳六爻能够善用阳道,就能见到天道规律,就会天下大治。《周易·系辞传》说:"黄帝尧舜垂衣裳而天下治。"[①]

3.小康社会的标准与主要特征是什么呢?

在孔子看来,道德理想社会很难实现,退而求其次,追求小康社会,小康社会是家天下的私有制世袭社会,即礼治的社会。《礼记·礼运》里面提到,大同社会是天下为公的社会,以道德自觉自治为主,小康社会是私有制社会,以礼治为主。礼乐以仁爱为主。

没有仁爱之心,礼乐皆没有任何意义。因此,孔子说:"人而不仁如礼何?人而不仁如乐何?"

小康社会的标准有两个,即"大道既隐,天下为家"。大道不流行了,大道德不讲了,天下各自为家,家天下是其根本组织形式。

特征有五个:第一个是仁爱的道德情感心理局限于亲人亲属,"各亲其亲,各子其子"。第二个是追求自我利益并且局限于自我,"货、力为己"。第三个是各级公权力不用选举制度,而实行世袭制度,即"大人世及以为礼"。第四个特征是以礼治国,各种政治关系、人事关系与利益关系由礼典制度来约束、控制、调节、分配。"礼义以为纪:以正君臣,以笃父子,以睦兄弟,以和夫妇,以设制度,以立田里,以贤勇知,以功为己。"[②]第五个特征是不实行礼治,则会家破

[①] 兰甲云:《周易礼治、德治、法治思想略论》,《周易研究》,2016年第2期。
[②] 陈戍国点校:《周礼·仪礼·礼记》,岳麓书社1989年版。

国亡。"如有不由此者,在势者去,众以为殃。"[1]

代表时代是夏商周时代,代表人物是禹、汤、文、武、周公、成王六君子。以礼治国是其主要治国特色。

孔子在《论语》中讨论得最多的是仁与礼,这是基于私有制的现实社会而言的。因此,孔子寄希望于首先重点实现礼治,从而可以达到实现德治的目标。"道之以德,齐之以礼,有耻且格","道之以政,齐之以刑,民免而无耻"。孔子主张以礼通向道德之治,认为以刑导向政治的目标格局太小。

因此,我们可以说,基于仁爱之心的礼治或者礼乐之治,可以治理好家天下的私有制国家与私有制社会。孔子认为,由礼乐之治可以通向道德之治。因此,可以说基于仁爱之心的礼乐之治是孔子实现道德理想的必由路径。

(二)孔子的道德理想个体是什么样的人?道德理想个体有什么标准?道德理想个体有什么基本特征呢?

1.孔子的道德理想个体是什么样的人?

孔子的道德理想个体是先王等圣贤君子。《周易》《文言传》里面提到君子、圣人、贤人等道德理想个体。《周易》乾卦九五爻,为天子圣人之爻,《文言传》提到圣人时说:"九五曰:'飞龙在天,利见大人。'何谓也?子曰:'同声相应,同气相求。水流湿,火就燥。云从龙,风从虎,圣人作而万物睹。本乎天者亲上,本乎地者亲下,则各从其类也。'"[2]

《易经·乾·文言》提到贤人时说:"上九曰:'亢龙有悔',何谓也?子曰:'贵而无位,高而无民,贤人在下位而无辅,是以动而有悔也。'"

"君子"则在每个卦的象辞中都会提到。可见,《周易》作为群经之首,总的宗旨无非是成就圣贤君子,化小人为君子。君子是通称,贤人是君子之中的杰出人物,圣人则是君子中的领袖人物,君子则是社会中的正面人物、精英人物。

其实,《论语》里面也提到圣人、贤人、君子等道德理想个体。

圣人的代表人物是黄帝与尧舜,根据《系辞传》的叙述,黄帝之前是炎帝,炎帝之前是伏羲。伏羲仰观俯察,发明创作了八卦,并受到"离"卦的启示,发明了捕鱼的渔网和田猎的罗网。炎帝则受到"益"的启示,发明了耒耜等农业工具,促

---

[1] 陈戌国点校:《周礼·仪礼·礼记》,岳麓书社1989年版。
[2] 兰甲云:《周易礼治、德治、法治思想略论》,《周易研究》,2016年第2期。

进了农业发展。炎帝还受到"噬嗑"卦的启示,创造了市场交易制度。

黄帝与尧舜时代,是上古的黄金时代。《系辞传》说"黄帝尧舜垂衣裳而天下治",就是指黄帝尧舜制定衣裳等礼乐制度,以道德礼乐治理天下,天下大治。

行礼得中德,尧舜都是执中的圣人,相传尧帝传给舜帝执中之道,《论语·尧曰》篇说:"'咨!尔舜!天之历数在尔躬,允执其中,四海困穷,天禄永终。'舜亦以命禹。"舜帝也将"允执其中"的秘诀传授给大禹。

小戴《礼记·中庸》篇里面孔子赞美舜帝说:"子曰:舜其大知也与!舜好问而好察迩言,隐恶而扬善。执其两端,用其中于民,其斯以为舜乎。"

中与和,在《中庸》里面,被提到很高地位。"喜怒哀乐之未发,谓之中。发而皆中节,谓之和。中也者,天下之大本也。和也者,天下之达道也。致中和,天地位焉,万物育焉。"

在《中庸》看来,"中"是心里面未发之心理情绪与情感,真实而诚实。发而皆中节,合乎音乐之节拍,具有艺术性,符合礼乐中和之道。因此,这个"中",就是合天之道、合人之情的礼之中。《礼运》里面孔子说:"孔子曰,夫礼,先王以承天之道,以治人之情。"

2.孔子的道德理想个体的标准是什么?

传说孔子作"十翼",从《周易》的传文来看,君子的标准是通天地人之道,即第一个是通天道阴阳,第二个是通地道柔刚,第三个是通人道仁义。

通天道阴阳,是指通天道阴阳的变化规律。通地道柔刚是指通地道柔刚的变化规律。通人道仁义,是指通人道仁义的变化规律。

天道阴阳、地道柔刚、人道仁义,就是三才之道、三极之道。

基本通达三才之道的为君子,通达得比较好的为贤人,完全通达的为圣人。

3.孔子的道德理想个体的特征是什么?

从《周易》乾卦《文言》来看,君子有四德,君子行元亨利贞四德,即"体仁足以长人,嘉会足以合礼,利物足以和义,贞固足以干事",也就是说君子践履仁义礼知四德,可以获得信德,实际上,君子具有仁义礼智信五德,即儒家讲的五常德。《周易》中乾卦看来,乾即健,体现天道,乾即君子,君子主信,因此,可以说,乾即天,即君子,即信。

因此,可以说孔子道德理想个体的特征是具备仁义礼智信五常之德。五常之德仁义礼智信,在五伦中体现出来,即父子有亲、君臣有义、夫妇有别、兄弟有序、朋友有信。

君子仁义礼智信五常德里面的最为重要的两个德是仁德与礼德。具备仁德与礼德,就是谦卦。谦卦是德与礼互相涵摄。

《周易》谦卦与礼密切相关,《系辞传》说:"谦以制礼。"《谦》卦贵德崇礼,因此六爻吉无不利。

二、礼乐文化何以能致中和之德?

(一)礼之中分为刚中与柔中,乐分为阳乐与阴乐,乐之和分为阴阳之和与纯阳太和。

乐分阴阳,鼓舞人心的乐曲为阳乐,如黄钟之音。抚慰人心的乐曲为阴乐,如大吕之音,阳音为律,阴音为吕。

中分为刚中与柔中两种情况。和分为阴阳之和与纯阳太和两种情况。纯阴为顺,不为和。《周礼·地官司徒》说:"以五礼防万民之伪,而教之中。以六乐防万民之情,而教之和。"这是就礼乐教人中和分开来说,综合起来,礼可以教中,也可以教和。乐可以教和,也可以教中。

因此说"礼乐皆得,谓之有德"。

在群经之首《周易》里面,《系辞传》说:"圣人有以见天下之动,而观其会通,以行其典礼,系辞焉以断其吉凶,是故谓之爻。"可见,爻与典礼密切相关。其中二爻居于下卦之中,得地道之正位,五爻居于上卦之中,得天道之正位,因此二五爻得中的缘故,在《周易》爻辞中,最为吉利。得天道之中,"自天佑之,吉无不利"。几乎所有五爻皆为吉利。二爻得地道之中,绝大部分爻辞吉利。

二五爻之所以吉利,就是因为得天道之中、得地道之中的结果。得中就是行典礼得中,礼本来追求的就是中道的目标。

刚中就是阳爻居于五位,柔中就是阴爻居于二位。

"中",春秋时代有人认为就是天地之命,并且认为,礼是安身定命的。《左传·成公十三年》说:"吾闻之,民受天地之中以生,所谓命也。是以有动作礼义威仪之则,以定命也。"

《论语》说:"礼之用,和为贵。先王之道,斯为美。"

因此,礼乐是实现中和之道的最佳路径、最优方法。

所以,孔子最提倡仁和礼,认为"克己复礼为仁"。

礼,《礼记·礼运》说礼是承天之道,治人之情。乾卦《文言》说:"亨者,嘉之会也。""嘉会足以合礼。"可见,礼是纯阳之元,运行过程中要受到礼的约束,即阳的运行要受到天道规律即阴阳变化规律的规范与约束。所谓"礼不下庶人",是说古礼主要是对贵族的规范与约束,贵族君子与民众相对应而言,贵族属于阳,民众属于阴。礼是对于阳对于贵族的规范与约束,乐属于阳,民众属于阴,对于民众则需要乐的引导与鼓舞。礼约束贵族,乐鼓舞民心。

孟子深得礼乐精髓,孟子强调与民同乐。并且孟子认为:"爱人者,人恒爱之。敬人者,人恒敬之。"孟子强调敬人与爱人,就是强调礼与仁。

(二)礼乐文化以仁为核心,仁通过行礼可以致中德,仁通过行乐可以致和德。

行礼乐之道是统治阶级贵族子弟进行统治教育的一种主要教育方式。《文王世子》说:"凡三王教世子,必以礼乐。乐,所以修内也。礼,所以修外也。"据记载,贵族子弟春夏学诗和乐,秋冬学礼和书。"凡学世子及学士,必时。""春夏学干戈""春诵夏弦""瞽宗秋学礼""冬读书"。

为什么说行礼乐之道可以致中和之德呢?

仁是沟通天道与人道的道德情感与心理的核心。孔子在《论语》里面总是将仁与礼联系在一起,《论语》里面说得最多的就是仁与礼,孔子说:"人而不仁如礼何?人而不仁如乐何?""礼云礼云,玉帛云乎哉!乐云乐云,钟鼓云乎哉!"只有仁心,通过礼,才能成就中德。只有仁心,通过乐,才能成就和德。

在《周易》乾卦卦辞里面,元是四德之首,元为仁。亨第二,亨为礼。这与孔子《论语》里面仁与礼的关系完全一致,仁是礼的核心。

元为天道,元变成仁,仁也就承载着天道的内容。我们说礼乐承载天道,是因为礼乐包含着仁道。礼利用天道即仁道,可以治理人情。

基于仁爱的礼乐是用吉凶宾军嘉五礼三十六目来承载天地之道治理人情的。承载天道,实际上是承载天地之道,天道包括地道在内,天地之道即阴阳变化之道。人因应天道阴阳变化之道，顺应自然阴阳变化规律，于是有善恶之变化，因而便产生吉凶之后果。礼乐为人道之方法，是治理人情的，人情由因应天地阴阳变化之道而来。礼乐就是处理人与天神地祇人鬼与人事之间的关系的。利用礼乐沟通天神地祇人鬼的礼典就是吉礼。利用礼典处理丧事的就是凶礼。礼乐礼典礼仪举行冠婚仪式的就是冠礼、婚礼等嘉礼。

（三）行礼典之前，必须斋戒，斋戒能够身心清净，培养中和之德，可以事神致福，礼乐治人的目标通过系列礼仪礼节程序的进行培育五常之德，达到中和境界。

《礼记》说，祭祀之前，需要散斋七日，致斋三日。斋戒的目的是诚心诚意、专心致志地从事礼典礼乐活动，通过长达十天的斋戒，禁止平常的一切外事活动，禁欲禁色，做到身心清净，为祭祀活动做好思想上、心理上、情感上的准备活动。这种斋戒方法在做到身心清净的同时，使人的心理活动进入中和境界，可以培养人的庄严神圣的道德心理与道德情感。

孔子说"祭则受福""战则必克"，礼乐治人的目标是通过礼乐熏陶，具备五常五伦等德育素养，达到中和的精神境界。中和精神境界的前提是致礼以治其躬、致乐以治其心。中和境界可以保证礼乐不偏离正道。

《礼记·乐记》说："是故先王之制礼乐也，非以极口腹耳目之欲也，将以教民平好恶而反人道之正也。"《曲礼》说的"敖不可长，欲不可从（纵），志不可满，乐不可极""爱而知其恶，憎而知其善"也是说人的心志情欲不可走向极端。

《乐记》可能是中国最早提到人的异化问题的经典，中国古代人的智慧与马克思谈的资本主义社会的人的异化问题，有异曲同工之妙。《乐记》说："人生而静，天之性也。感于物而动，性之欲也。物至知知，然后好恶形焉。好恶无节于内，知诱于外，不能反躬，天理灭矣。夫物之感人无穷，而人之好恶无节，则是物至而人化物也。"

人化物，人发生异化后，问题非常严重。"人化物也者，灭天理而穷人欲者也。于是有悖逆诈伪之心，有淫泆作乱之事，是故强者胁弱，众者暴寡，知者诈愚，勇者苦怯，疾病不养，老幼孤独不得其所，此大乱之道也。"

如果礼乐无节，偏离正道，走向极端，则有可能演变成大乱之道。

因此说礼乐之节是实行王道的主要政治方法和措施，"先王之制礼乐，人为之节"。"礼节民心，乐和民声，政以行之，刑以防之。礼乐刑政，四达而不悖,则王道备矣。"

中和的最高境界是太和或者至善。礼乐分阴阳,礼为阴,乐为阳。因此,《周礼》中礼本身又分阴阳,即礼有阴礼与阳礼,祭祀天神之礼典为阳礼,祭祀地祇之礼典为阴礼。从《周礼·地官司徒》大司徒之职可以看出,教分十二类,礼分三类,即祀礼、阳礼、阴礼。"一曰以祀礼教敬,则民不苟。二曰以阳礼教让,则民不争。三曰以阴礼教亲,则民不怨。四曰以乐教和,则民不乖。五曰以仪辨等,则民不越。"祀礼即敬天之礼。

(四)哪些礼典、哪些人在行礼乐的过程中可以致中和之德?

一般来说,某个礼典的举行,参与人数是有规定的,譬如祭天之礼,君王主祭,卿大夫助祭,执事之士参与。主祭者是整个礼典的核心,主祭者所祭祀的昊天上帝则是礼敬的对象,礼典中的所有礼乐活动则是沟通主祭者所领导的祭祀一方与被祭祀对象另一方的关系而发生的。就是说,是祭祀一方通过礼典的一系列礼乐活动,向另一方被祭祀对象行礼。在行礼前,通过十天左右时间斋戒,清净身心,在礼典进行时,通过系列礼乐活动,和神灵沟通,得到神的赐福,达到事神致福的目的。

吉礼的祭祀天神地祇和祖先神灵的祭祀活动,是通过沟通神灵的准备过程、礼典的践履过程与事神的目的来实现中和之德。

凶礼主要是通过丧事的处理来体现中德,古代丧事不用乐。

诸侯之间的宾礼可以使参与礼典的双方致中和之德。

嘉礼主要通过宾主双方的系列礼仪活动表达宾主双方的情感与礼义,通过系列礼乐活动致中和之德。古代嘉礼中的婚礼不用乐,因此,婚礼没有通过乐舞以致和德的程序。军士通过军礼可以致中和之德。学生主要通过学礼致中和之德。

三、为什么说行礼乐之道致中和之德是实现孔子道德理想的必由路径?

(一)中和之德,可以正性命、正性情。

礼可以养阴、补阴、强阴。乐可以养阳、助阳、壮阳。礼过分,则阴盛阳衰。乐过分,则阳亢阴弱。礼乐适中适宜,人体才能够阴阳平衡、血脉畅通、血气平和。

对于乐来说,合礼的乐,譬如《韶乐》、《诗经》中的礼乐,是治世之音,如德音、雅乐(风乐、雅乐、颂乐)等,有利于社会风化,有利于国家政治。不合礼的乐则是淫声,如郑卫之音,是乱世之音、亡国之音。

中国已知最早的音乐歌舞是《韶乐》,孔子曾经聆听《韶乐》,如痴如醉,三月不知肉味,赞美《韶乐》尽善尽美。从舜帝到孔子时代,《韶乐》经过夏商周1600年左右漫长历史,至今已有大约4000年历史,可惜早已亡佚,不知失传于何时。

"乐者,音之所由生也,其本在人心之感于物也。是故其哀心感者,其声噍以杀。其乐心感者,其声啴以缓。其喜心感者,其声发以散。其怒心感者,其声粗以厉。其敬心感者,其声直以廉。其爱心感者,其声和以柔。六者非性也,感于物而后动,是故先王慎所以感之者。故礼以道其志,乐以和其声,政以一其行,刑以防其奸。礼乐刑政,其极一也,所以同民心而出治道也。"

"凡音者,生人心者也。情动于中,故形于声。声成文,谓之音。是故治世之音安以乐,其政和。乱世之怨以怒,其政乖。亡国之音哀以思,其民困。声音之道,与政通矣。"

"宫为君,商为臣,角为民,徵为事,羽为物。五者不乱,则无怗懘之音矣。宫乱则荒,其君骄。商乱则陂,其官坏。角乱则忧,其民怨。徵乱则哀,其事勤。羽乱则危,其财匮。五者皆乱,迭相陵,谓之慢。如此,则国之灭亡无日矣。"

"郑卫之音,乱世之音也,比于慢矣。桑间濮上之音,亡国之音也,其政散,其民流,诬上行私而不可止也。"

"致乐以治心……致礼以治躬。"

(二)中德与和德是君子自治与治人的必由路径。

礼是阴阳交接会通、趋吉避凶之道。易与礼是互相含摄、互相贯通的。礼是人们面对阴阳变化的现象与规律而采取的应对之道,或者详细说礼是人们为了趋吉避凶、应对阴阳变化之道而经过长期实践慢慢形成的公认有效的程序、方法、措施等仪式化的经典制度,礼分吉凶宾军嘉五礼。一个完整的礼典,包括行礼者、礼敬者、礼物、礼器、程序、仪式,其中包括沟通人神的辞令如诗歌语言,娱乐天神地祇的歌舞乐曲。

当然，合起来说，无论贵族与民众，都需要礼乐修养，礼乐自治，礼乐激励与鼓舞。

礼乐治国的精髓在于官员根据典章公示后的制度进行制度化管理、制度化执行、制度化监控评价奖惩。

礼乐与《周易》关系密切，"易以道阴阳""一阴一阳之谓道"，礼实际上也是阴阳之道，礼同样遵循阴阳之道的规则与规律。易讲阴阳变化，礼讲阴阳往来交通，易与礼，在阴阳相互之间的网络沟通方面，具有高度一致性。"圣人有以见天下之动，而观其会通，以行其典礼，系辞焉，以断其吉凶，是故谓之爻。"可见，所有的卦爻变动，都与典礼有关。

据传，古代只有王者功成治定，才能制礼作乐。非天子，不制度，不议礼。可见，礼乐制度非常重要，一般人不得随便讨论制定。礼乐天然带着某个王朝强烈的政治倾向、文化倾向、价值倾向、社会倾向。一代有一代的礼乐，上古三代时期，礼乐皆有损益，我们研究中国的礼乐文化，就是既要看到礼乐在所有朝代的普遍性、继承性，也要看到不同朝代的礼乐文化的革命性、时代性、特殊性。即使同一个朝代，兴盛时代礼乐兴盛、政治清明、社会稳定，衰落时代礼崩乐坏、政治腐败、社会瓦解。

礼乐传播是在礼乐制度的规定范围内定向传播，礼乐传播以礼典礼仪为核心平台传播，受到一定时间、空间与参与人员的限制。每一个朝代有一个朝代的礼典礼仪，朝代兴盛时期，礼乐传播比较正常；朝代衰落时，一般礼崩乐坏，礼乐传播处于非常态的混乱或者崩溃状态。

中国古代盛世治世社会，礼乐一般兴盛，譬如唐尧虞舜之世、成康之治、文景之治、贞观之治，多为史家所赞赏称道。中国古代的衰世、乱世社会，往往礼乐崩坏，譬如乱世衰世昏君夏桀王、商纣王、周厉王、楚怀王、秦二世等，礼乐弃之敝屣，国家治理混乱不堪。

中国历史上的有为之君主王祚久长，如夏禹、商汤、周文王、周武王、周公、汉高祖、汉武帝、唐太宗、宋太祖、明太祖等，往往重视礼乐对国家的治理作用。

中国古人认为，"天下有道，则礼乐征伐自天子出。天下无道，则礼乐征伐自诸侯出"。孔子认为："有文事者必有武备。""道之以政，齐之以刑，民免而无耻。道之以德，齐之以礼，有耻且格。"《礼记》认为："礼乐刑政，四达而不悖，则王道备矣。"

（三）圣贤君子是实现孔子道德理想的必由路径。

礼乐之治，道德之治，重在培养谦谦君子。在孔子时代君子一般指统治阶级贵族，指有德有才有位之人。在《周易》里面，一般而言，阳为君子，阴为小人。六十四卦，每个卦有象辞，每个卦其中一条大象辞，都会提到君子。如《乾》卦大象辞："天行健，君子以自强不息。"《坤》卦大象辞："地势坤，君子以厚德载物。"根据《说卦辞》与《系辞传》等来看，阳为天、为君、为父、为夫、为首。因此，君子之道，即阳道，阳道通天道、夫道、父道。

《乐记》说："故礼以道其志，乐以和其声。"

实际上，礼乐是用文化统一天下，征伐是用武力统一天下。

儒家讲圣贤君子，讲德治礼治法治，中心与重心是礼治，因为儒家眼中的小康社会时代，是家天下时代，因此，需要礼治。礼治需要德治与法治互相配合。

吉凶军宾嘉五礼，其中军礼涉及军事制度与武力使用等一系列问题。周代是中国历史上时间最长的朝代，总共近800年历史。周代礼乐文化制度奠定了中国文化的根基与底色。从伏羲到炎帝、黄帝，是传说时代历史、口述时代历史，是部落制度与国家制度草创混合的时代。从尧帝、舜帝到夏朝、商朝，一直到周代，是诸侯封建与天子共治时代，是国家制度与诸侯制度比较完善的时代，带有浓厚的部落民主气息，政治的自治性质很强。秦代到清代，是中央集权等皇权专制的历史时代，政治体制没有发生根本性变化。其中汉代与唐代，是中央集权时代的辉煌时代，有文景之治、贞观之治等美誉。

圣贤君子利用儒家礼乐经典治理天下。

天官所掌六典里面有礼典，春官宗伯是专掌邦礼的六卿之一。"乃立春官宗伯，使帅其属而掌邦礼，以佐王和邦国。"大宗伯的具体之职就是"掌建邦之天神、人鬼、地示之礼，以佐王建保邦国"。

乐教在《周礼》里面居于重要地位，教育国子即贵族子弟，音乐十分重要。春官宗伯属于礼官，礼官里面有大司乐，掌成均之法，掌管学政学校，掌管音乐机构，用音乐来教育贵族子弟，以乐德、乐语、乐舞教国子。乐德有六，即中、和、示、庸、孝、友。乐语有六，即兴、道、讽、诵、言、语。乐舞内容主要是七个舞蹈,即《云门》《大卷》《大咸》《大磬》《大夏》《大濩》《大武》。

同时,音乐也是祭祀天地人鬼时候的重要程序与主要内容。"乃奏黄钟,歌大吕,舞《云门》,以祀天神。乃奏大簇,歌应钟,舞《咸池》。以祭地祇。乃奏姑洗,歌南吕,舞《大磬》,以祀四望。乃奏蕤宾,歌函钟,舞《大夏》,以祭山川。乃奏夷则,歌小吕,舞《大濩》,以享先妣。乃奏无射,歌夹钟,舞《大武》,以享先祖。"

柳诒徵先生说:"盖乐之为用,全在声容兼备。有声而无容,不得谓之乐。周之乐舞,上备先代,旁及夷野,于历史相传之功德,各地人民之习尚,罔不修举,此其乐之所以盛也。"

周公制礼作乐,以礼乐歌舞教育国子即贵族子弟,从《周礼》的记载来看礼乐制度十分完备。

《论语》里面,孔子多次提到礼与乐,孔子说:"兴于诗,立于礼,成于乐。"诗通了,人就会情感兴发符合中正之道,如孔子说的"诗三百,一言以蔽之,曰思无邪"。礼通了能够践履好,人才能够很好地立足于社会。乐通了,能够时时事事处处快乐,人才能够算成功。换句话说,人活得很苦很累,活得不快乐,即使官再大钱再多,也不算成功。当然,孔子说的"成于乐"主要是指祭祀要奏相应的音乐和舞蹈,祭祀才算成功完美。

孔子对音乐十分精通,《论语》记载孔子在齐国闻韶乐,三月不知肉味。孔子极力赞美舜帝的《韶乐》尽善尽美,从《韶乐》里面可以看出当时的政治尽善尽美。孔子删诗书,诗三百篇皆弦歌之,说明孔子很懂乐理,并且能够整理乐曲乐谱。

乐德以雅乐为正,雅乐称为德音。从《诗经》来看,孔子整理后说"雅颂各得其所",应该说雅诗得到整理,雅音雅乐得到校正,颂诗得到整理,颂乐颂音得到校正。当然,风诗也会得到整理,风乐风音也会得到校正。颂诗与颂乐属于宗庙祭祀之歌,带有史诗性质。雅诗雅乐属于贵族宫廷音乐,带有国家政府官方性质。风诗与风乐属于民间音乐。

雅乐可以致和德,因此,雅乐成为德音。当然,与雅乐相对应的是郑卫之音,属于所谓的"郑声淫",属于恶俗之音。桑间濮上之音,则属于亡国之音了。

道统建立核心价值观,祭天与天道相沟通,祭地与地道相联系,祭祀祖先与人道相联系,君道与君臣之道就是通过祭祀天地祖先之道建立起来的,是通过一系列典礼建立起立国治国的核心价值观的。礼乐之道将天道、地道、人道联系起来、沟通起来。礼从敬爱谦让等差异方面进行有效的沟通联系,乐从共享和乐方面加强群体的团结力、凝聚力、向心力。

中国文化史教育史上的六经、四书五经、十三经,都是周代的文化经典,或者是为解释周代文化经典服务的,如《左传》《尔雅》等。

中国文化与中国政治是合一的,即主张道德政治,目标是建立天下为公的大同世界,大同社会采取选举禅让制度,即以德治国。道德政治以下是小康社会,小康政治采取的治国措施是礼乐刑政,即以礼治国。

(四)德治何以导致大同社会?礼治何以导致小康社会?

治理分两种情况,一种是自治,一种是他治。就他治来说,不管是德治还是礼治,治理的一方是君子,被治理的一方是小人。就自治来说,是自己主动将小人的一部分的性情品德按照君子的要求修养成为君子的性情与品行品德。

德治是君子都能够将小人转化成君子,或者说小人都能够自觉接受君子的教育,主动将自己修养成为君子,全社会都变成了君子,这个社会就变成道德自觉的社会,变成了大同社会。

小康社会是君子居于统治地位,小人居于被统治地位。君子与小人各安其位,这个社会的特征是总有君子与小人的区分,在家天下私有制社会里面,小人很难转化成为君子,家天下的君子也很难对小人有说服力和感染力,因此,需要礼治来保证各项制度的稳定与实行。

四、礼乐文化统一模式

《乐记》认为"知声而不知音者,禽兽是也。知音而不知乐者,众庶是也。唯君子为能知乐""不知音者,不可以言乐。知乐则几于礼矣。礼乐皆得,谓之有德。德者得也"。

礼乐之道以仁爱为核心、为基础,如果礼乐之道缺乏仁爱之心,或者礼乐之道没有致中和之德,那么就如孔子所说:"礼云礼云,玉帛云乎哉?乐云乐云,钟鼓云乎哉?""人而不仁如礼何?人而不仁如乐何?"

礼乐文化认为,德为礼乐之本,德为上。"道之以德,齐之以礼",礼是底线思维,不能逾越礼制规范。

"是故先王之制礼乐也,非以极口腹耳目之欲也,将以教民平好恶而反人道之正也。"

礼主敬与谦,着重尊卑与差别,主异。乐主和,主亲与爱。《乐记》说:"乐者为同,礼者为异。同则相亲,异则相敬。乐胜则流,礼胜则离。合情饰貌者,礼乐之事也。""乐由中出,礼自外作。""大乐必易,大礼必简。乐至则无怨,礼至则不争。揖让而治天下者,礼乐之谓也。"

明于天地之道,然后才能兴盛礼乐,礼乐之道通天地之道。"乐者,天地之和也。礼者,天地之序也。和,故百物皆化。序,故群物皆别。乐由天作,礼以地制。过制则乱,过作则暴。明于天地,然后能兴礼乐也。"

正自己的性命与性情,正他人的性命与性情,正群体的性命与性情,反人道之正,返回到人道的正路上来,这就是礼乐文化的使命。

王阳明"知行合一"说特质、结构及其当代意义

李承贵

（南京大学哲学系）

摘要："知行合一"是王阳明基于自我生命体验提出的命题。在这个命题中，"知行合一"被定义为"知行关系"的"本体"，试图确立解决"知行关系"的基本范式，并表现为形上性；"行"之为"知行合一"基础的确认，从而提出了把握"知行轻重"的参考答案，并体现了经世致用的实学精神；"知行合一"中的价值诉求，反映了阳明对"知行合一"应用意义的期待，从而体现了超越性和理想性；"知行合一"的多重性表明"知""行"不是静止的合一、抽象的合一，而是动态的合一、具体的合一，从而凸显"知行合一"的最佳模式是"知行相适"；不过，"知行合一"之所以为"知行本体"、之所以"以行为本"，之所以蕴含"价值诉求"，之所以表现为"多重合一"，乃是"心体"使然。因此，王阳明"知行合一"是由"心体"主宰、孕育的"知""行"运行系统，是"心体"这一道德智慧的深切投射。

关键词：王阳明；知行合一；特质

王阳明的"知行合一"是中国哲学史上标志性命题，自提出后，便引发了持续的讨论，批评者有之，肯定者亦有之。那么，究竟如何理解和评价阳明"知行合一"？这里基于对王阳明论及"知行合一"相关文献的解读，旁涉其他足资参考之文献，拟对阳明"知行合一"说特质展开讨论，希望有助于准确把握阳明"知行合一"说内涵，并从中获取某些积极性启示。

一、知行本体

在涉及"知行合一"的文献中，王阳明反复声明"知行合一"是"知行本体"。

比如,"此已被私欲隔断,不是知行的本体了。未有知而不行者。知而不行,只是未知"①。"某今说个知行合一,正是对病的药。又不是某凿空杜撰,知行本体,原是如此。"②"知行功夫本不可离。只为后世学者分作两截用功,失却知行本体,故有合一并进之说。"③"某今说知行合一,虽亦是就今时补偏救弊说,然知行体段亦本来如是。"④等等。王阳明如此不厌其烦地强调"知行合一"是"知行本体",不能不引起我们的重视。那么,其"'知行合一'是'知行本体'"究竟是怎样的意涵呢?

首先,由王阳明说明"知行合一"案例看。在王阳明的著述中,有许多涉及论证"知行合一"的案例,这些案例都非常清晰地显示了"'知行合一'是'知行本体'"的意涵。阳明认为,无"行"则无"知",将"知""行"分做两事是私意隔断,因而"知行合一"是客观的。阳明说:"如知痛,必已自痛了方知痛;知寒,必已自寒了;知饥,必已自饥了:知行如何分得开?此便是知行的本体,不曾有私意隔断的。"⑤阳明认为,"知"中有"行","行"中有"知",各自才有下落,因而"知行合一"是必要的。阳明说:"知是行的主意,行是知的功夫;知是行之始,行是知之成。若会得时,只说一个知,已自有行在;只说一个行,已自有知在。"⑥阳明认为,意念就是"行",而"知"只有由"行"获得,"知""行"并无时间上的先后次序,因而"知行合一"是"知""行"本来的次序。阳明说:"必有欲行之心,然后知路。欲行之心即是意,即是行之始矣。路歧之险夷必待身亲履历而后知,岂有不待身亲履历而已先知路歧之险夷者邪?"⑦阳明认为,"学""问""思""辨"皆具"知""行",皆是"穷理"的功夫,因而"知行合一"贯注于所有为学之行中。阳明说:"夫'学问思辨行'皆所以为学,未有学而不行者也。如言学孝,则必服劳奉养,躬行孝道,然后谓之学,岂徒悬空口耳讲说,而遂可以谓之学孝乎?……盖析其功而言则有五,合其事而言则一而已。此区区心理合一之体,知行并进

---

① 《传习录上》,[明]王守仁撰,吴光、钱明、董平等编校:《王阳明全集》上,上海古籍出版社2017年版,第4页。
② 《传习录上》,《王阳明全集》上,第5页。
③ 《传习录中》,《王阳明全集》上,上海古籍出版社2017年版,第47—48页。
④ 《答友人问》,《王阳明全集》上,上海古籍出版社2017年版,第232页。
⑤ 《传习录上》,《王阳明全集》上,第4页。
⑥ 《传习录上》,《王阳明全集》上,第5页。
⑦ 《传习录中》,《王阳明全集》上,第47页。

之功,所以异于后世之说者,正在于是。……学至于穷理至矣,而尚未措之于行,天下宁有是邪?是故知不行之不可以为学,则知不行之不可以为穷理矣;知不行之不可以为穷理,则知行之合一并进而不可以分为两节事矣。"①既然"学""问""思""辨"无不是"穷理"功夫,而"穷理"必是"行",因而"学""问""思""辨"结构表明,"知""行"是"合一"的。不难看出,王阳明用于说明"知行合一"的案例虽是殊相的、个性化的,而且"知""行"内涵亦不尽相同,但所澄明的道理则是基础性的、普遍性的,即:无论何时何地,无论何事何为,有"知"必有"行",有"行"必有"知"。此即"'知行合一'是'知行本体'"之意旨。

其次,由医治"知行两分"病痛看。阳明认为,"知行合一"可以治疗诸多"知行两分"的病痛。比如,可以医治"外心求理"的"知行两分",阳明说:"心一而已,以其全体恻怛而言谓之仁,以其得宜而言谓之义,以其条理而言谓之理。不可外心以求仁,不可外心以求义,独可外心以求理乎?外心以求理,此知行之所以二也。求理于吾心,此圣门知、行合一之教,吾子又何疑乎?"②"知行合一"可以治疗"沉迷知识"的"知行两分",阳明说:"今人却就将知行分作两件去做,以为必先知了然后能行。我如今且去讲习讨论做知的工夫,待知得真了,方去做行的工夫,故遂终身不行,亦遂终身不知。此不是小病痛,其来已非一日矣。某今说个知行合一,正是对病的药。"③"知行合一"可以治疗"言行不符"的"知行两分",阳明说:"君子之学,何尝离去事为而废论说?但其从事于事为论说者,要皆知行合一之功,正所以致其本心之良知;而非若世之徒事口耳谈说以为知者,分知行为两事,而果有节目先后之可言也。"④"知行合一"还可以治疗"忽视意念"的"知行两分",阳明说:"盖心之本体本无不正,自其意念发动而后有不正。故欲正其心者,必就其意念之所发而正之,凡其发一念而善也,好之真如好好色;发一念而恶也,恶之真如恶恶臭;则意无不诚,而心可正矣。"⑤既然"正心"可归结于"正念头",那怎样"正念头"呢?阳明认为必须将"意念"等同于"行"(现实的危害),从而提醒人们对意念之动向予以密切关注、

---

① 《传习录中》,《王阳明全集》上,第51—52页。
② 《传习录中》,《王阳明全集》上,第48页。
③ 《传习录上》,《王阳明全集》上,第5页。
④ 《传习录中》,《王阳明全集》上,第58页。
⑤ 《大学问》,《王阳明全集》下,第1070页。

引导和抑制。阳明说:"我今说个'知行合一',正要人晓得一念发动处,便即是行了。发动处有不善,就将这不善的念克倒了。"①可见,"知行合一"对所有殊相的"知行两分"之解决具有根本性、基础性意义,即阳明所说的"本体"。就是说,无论哪种形式的"知行两分",都必须以"知行合一"为参考坐标才得到纠正。"知行两分"的病痛千奇百怪,但都能以"知行合一"这副药方来医治,这就是所谓"以不变应万变"。

其三,由阳明弟子的解释看。关于"知行本体",阳明曾以《周易》明其意,阳明说:"乾知大始,心体亦原是如此。"②阳明学生薛侃解释说:"'知''行'二字须要还他,但析不开耳。言知便有行在,言行便有知在。行是应迹处,知是主张处。知行即是乾坤万物之生,得气于天,成形于地,岂有先后?知属乾,行属坤,故曰:'知崇礼卑,崇效天,卑法地',又曰'乾以易知,坤以简能。乾知大始,坤作成物'。此'知'字下得好,便是知行之知。朱子训着'主'字,'主'便兼有行意,不知于'知''行'如何看得隔碍。"③依薛侃的解释,"知""行"是乾坤万物之生,即谓"知""行"与宇宙万物并生,有乾坤万物便有"知""行",所以没有先后;而"知"乾"行"坤,乾坤并立才有万物,所以"知""行"不可分;朱熹训"乾知"之"知"为"主","主"兼有"行"意,故"乾知"亦为"乾主",从而说明"知"中有"行"。由于"乾坤"是《周易》阐述宇宙万化之源、万物之基的命题,属于"形上之道",孔子说:"乾坤其易之门邪?乾阳物也,坤阴物也。阴阳合德,而刚柔有体,以体天地之撰,以通神明之德。"(《易传·系辞下》)《易》弥纶天地之道,乾坤乃《易》之门户,乾坤交而万物化生,所以乾坤是根本之道、形上之道。既然乾坤属于本体范畴,从而"知行合一"亦被赋予本体意涵。因此可以说,薛侃不仅从义理层面解释了"知""行"为什么是"合一"的,而且从形上层面论证了"知行合一"为什么是"知行本体"。黄芳显然也觉悟到了王阳明"知行合一"的秘诀,那就是"探本之论"——"丁亥冬(梧山书院)落成,姚公致政去。新建伯阳明王先生奉命总制四省军务来代,实倡正学,风厉多士,其言曰:'诚意为圣门第一义,今反落第二义。'而其知行合一之说,于博文多识,若有不屑,学者疑

---

① 《传习录下》,《王阳明全集》上,第109—110页。
② 《答友人问》,《王阳明全集》上,第234页。
③ 《云门录》,陈椰编校:《薛侃集》,上海古籍出版社2014年版,第21页。

焉。芳解之曰:'知以利行,行以践知,此学者之常谈,不假言也。先生之说,启肩钥以救流弊,探本之论也。'"①黄芳的意思是,"知以利行,行以践知"是人人懂得的常识,而阳明的"知行合一"是"探本之论"。无疑,黄芳的理解是合乎阳明"'知行合一'乃'知行本体'"之意旨的。综上,既然"知行合一"升华于殊相的"知行合一",既然"知行合一"是治疗诸种"知行两分"的根本药方,既然"知行合一"就是"乾坤万物之生",那么,所谓"知行合一"是"知行本体",就是昭示"知行合一"是"知""行"关系的本体模式或形上模式。这个特点表明"知行合一"是一个纯粹的哲学命题。

二、以行为本

自王船山批评"知行合一""销行以归知"(《尚书引义·说命中二》)之后,呼应此论之声不绝于耳,"知行合一"似乎被贴上了"观念中知行合一"的标签。那么,阳明的"知行合一"究竟是不是"销行归知"了呢? 基于吾人的考察与判断,阳明"知行合一"不仅没有"销行归知",而是"行"据主导地位。

其一,由"求理于心"角度分析,"知行合一"并未取消"行",反而是以"行"为重心。阳明认为,"知""行"的共同目标是"求理""存理",而"理"在心中,因而"知""行"都必须"求理于心",这就是"知行合一"。也就是说,仁、义、理都是"心"的不同面相,"心"之全体恻怛是"仁","心"之得宜是"义","心"之条理是"理",因而仁、义、理皆在"心"中,与"心"是一,因而不可"外心求理"。而"外心求理"属于客观的"行",因而"求理于心"意味着舍去了外在的客观的"行",也就是舍去了知识论意义上的"行"。但"求理于心"仍然有"行",只不过这种"行"是修行工夫,是道德意义上的自修、自养、自省、自定,诸如"反身而诚""养浩然之气""慎独""切己自反""发明本心""事上磨练"等,"知""行"从而合为一种德性修养工夫:"知行原是两个字说一个工夫。"②因而"求理于心"意义上的"知行合一",并不能简单地判定为"销行以归知",反而是以"行"充实、升华了"知"。

其二,王阳明批评"知而不行"现象,就是强调"行"的优先性、基础性。阳

---

① 《语录》,束景南、查明昊辑编:《王阳明全集补编》,上海古籍出版社2018年版,第265—266页。
② 《答友人问》,《王阳明全集》上,第233页。

明说:"'知行合一'之说,专为近世学者分知行为两事,必欲先用知之之功而后行,遂致终身不行,故不得已而为此补偏救弊之言。学者不能著体履,而又牵制缠绕于言语之间,愈失而逾远矣。"①这是要求人们摆脱被经书牵制而致力于"行"。王阳明认为,"知行合一"就是"致本心之良知于事物",不是光有嘴上功夫,仅有嘴上功夫而不去"行"仍然是空疏。阳明说:"吾子谓'语孝于温清定省,孰不知之',然而能致其知者鲜矣。若谓粗知温清定省之仪节,而遂谓之能致其知,则凡知君之当仁者,皆可谓之能致其仁之知,知臣之当忠者皆可谓之能致其忠之知,则天下孰非致知者邪? 以是而言,可以知'致知'之必在于行,而不行之不可以为'致知'也明矣。知行合一之体,不益较然矣乎?"②如果仅凭知晓某种道理就判断践行了某种道理,那么天下人都可以说自己做到了"致知",而这是不可能的,因为"致知"必须"行"。可见,在经书与实行、言论与行动关系上,阳明也是强调"行"的基础意义,只不过,这里的"行"仍然是"求天理""致本心之良知",也就是道德修养意义上的"行"。

其三,"一念发动处便是行"也表明"知行合一"以"行"为重。阳明认为,恶行都是由恶念发展而来,但人们习惯性忽视恶念,任其萌发,从而演变为现实的恶,因而提醒人们必须将意念当作"行"来对待、警惕,一旦恶念萌发,就应在第一时间将其扼杀。可见,"一念发动处便是行",并非将"行"等同于或归于"一念发动处",而是要求人们像对待现实的恶(行为)一样对待可能的恶(意念),从而将"恶"消灭在未萌之时或方萌之际。由此看来,"一念发动处便是行"根本没有"销行归知"的含义。应该说,这个命题表明王阳明深刻认识到由"知"(意念)切断恶行的意义,此已体现阳明对"行"的特别关切;而且,如果这个"知"是善念,则必须积极地推行于事事物物。因此,"一念发动处便是行"充分体现了王阳明对"行"的重视,而不是相反。

其四,以"行"定义"知"说明"知行合一"以"行"为本。王阳明批评"冥行妄作",意味着需要理性的"行"。阳明说:"若行而不能精察明觉,便是冥行,便是'学而不思则罔',所以必须说个知。"③这是希望用"知"引导"行"。王阳明批评

---

① 《与道通书四》,《王阳明全集》下,上海古籍出版社2017年版,第1331页。
② 《传习录中》,《王阳明全集》上,第56页。
③ 《答友人问》,《王阳明全集》上,第232页。

"悬思不行",自然是强调"知而必行"。阳明说:"'思而不学'者,盖有此等人只悬空去思,要想出一个道理,却不在身心上实用其力,以学存此天理。"①这是希望用"行"成就"知"。这不仅没有"销行以归知",反而凸显了"行"之重要。王阳明在回答"有孝知无孝行"疑问时,指出"知而不行,只是未知",这是由"行"来定义"知","行"是决定"知"是否真知的标准。无论解释为"知中必有行",还是解释为"知了必须行",都是强调"行"的优先地位。王阳明认为,欲食之心就是"意",也就是"行",因而"知"中有"行",但欲食之心源自欲食之行,也就是饥饿,没有饥饿怎么会有欲食之心呢?食物的美、恶需要亲口品尝,不亲口品尝,怎么可能知晓食物的美、恶呢?山路的陡峭与平坦需要亲自行走,不亲自行走,怎么可能知晓山路的陡峭与平坦呢?这些案例都清楚地显示了"知行合一"中的"行"是基础性的,而且是衡量"知"之品质的尺度,所以不存在"销行以归知"的问题。

其五,王阳明对"学""问""思""辨"的解释显示出"知行合一"以"行"为主。阳明认为,"穷理"必须是"行",因而如果"学""问""思""辨"都是以"穷理"为目标,那就不能没有"行"。如果没有"行",就不会有"穷理"的"学""问""思""辨",因此,天下没有"不行而学者""不行而问者""不行而思者""不行而辨者",即未有不行而能"求理"者。阳明说:"夫'学问思辨行'皆所以为学,未有学而不行者也。如言学孝,则必服劳奉养,躬行孝道,然后谓之学,岂徒悬空口耳讲说,而遂可以谓之学孝乎?……今吾子特举学、问、思、辨以穷天下之理,而不及笃行,是专以学、问、思、辨为知,而谓穷理为无行也已。天下岂有不行而学者邪?岂有不行而遂可谓之穷理者邪?"②可见,由阳明对"学""问""思""辨"的释义看,"行"是阳明所重。因此,王阳明的"学问思辨行"不仅没有否定"知行合一",反而凸显了"行"的重要性。只不过,这个"行"仍然是道德修为工夫。由此而论,之所以出现以"知行合一"为"销行以归知"的判断,实际上是以知识论的"行"定义"知行合一"的"行"所致。

其六,由王阳明的生命经历看,其所重者是"行"。王阳明一生注重功夫修行,强调事上磨练,所谓"功夫一贯,何须更起念头?人须在事上磨练做功夫乃

---

① 《传习录下》,《王阳明全集》上,第135页。
② 《传习录中》,《王阳明全集》上,第51—52页。

有益,若只好静,遇事便乱,终无长进。"①既然要"在事上磨练",自然需要"行"。王阳明也注重风化民俗、改良社会的教化实践,推行《南赣乡约》。王阳明以平定"山贼"、稳定社会秩序为神圣使命,所谓"即日已抵龙南,明日入巢,四路兵皆已如期并进,贼有必破之势。某向在横水,尝寄书仕德云:'破山中贼易,破心中贼难。'区区翦除鼠窃,何足为异?若诸贤扫荡心腹之寇,以收廓清平定之功,此诚大丈夫不世之伟绩"②。这些事例都客观地、雄辩地证明"行"在王阳明思想中的核心地位。诚如阳明所说:"君子之学,何尝离去事为而废论说?但其从事于事为论说者,要皆知行合一之功,正所以致其本心之良知;而非若世之徒事口耳谈说以为知者,分知行为两事,而果有节目先后之可言也。"③既然"知行合一"不曾离去事为,既然"知行合一"的功效是将"良知"落实于事物,那么,这不充分说明"行"在王阳明"知行合一"中的基础地位吗?

此外,黄绾对"知行合一"曾做过这样的评论:"'知行合一',亦本诸先圣先贤之言也。……颜渊问仁,孔子告之曰'克己为仁';颜渊请问其目,曰'非礼勿视、听、言、动'。夫颜渊之问,学也;孔子之教之,学也,非他也。觉非礼者,知也;勿非礼者,行也。如此而已矣。盖古人为学务实,知之所在即是行也。……守仁发此,欲人言行相顾,勿事空言以为学也。"④所谓"勿以空言以为学",不正是强调"行"的基础地位吗?而从阳明给陆元静的信中更为清晰、更为深切地体悟到,阳明最忧心的,就是人们将"知行合一"当作口头禅却从不付诸行动,所谓"知行合一之学,吾侪但口说耳,何尝知行合一邪!"⑤这就是说,"知行合一"本身也需要"行",而那些整天把"知行合一"挂在嘴边的人们,何曾将"知行合一"付诸行动呢?这再次雄辩地说明,"行"才是王阳明"知行合一"说的内核与基础。因此,王阳明"知行合一"既不是合于"知",亦不是合于"行",而是以"行"为根基的"即知即行""知行一体"。这个特点体现了"知行合一"的经世致用精神。诚如陈确所说:"言知行合一,则天下始有实学。"⑥

---

① 《传习录下》,《王阳明全集》上,第104页。
② 《与杨士德薛尚谦》,《王阳明全集》上,第188页。
③ 《传习录中》,《王阳明全集》上,第58页
④ 《明是非定赏罚疏》,《黄绾集》,上海古籍出版社2014年版,第627页。
⑤ 《与陆元静二》,《王阳明全集》上,第210页。
⑥ 《瞽言·圣学》,《陈确集》下册,中华书局1979年版,第442页。

三、价值诉求

王阳明"知行合一"虽然是事实的,但也蕴含着强烈的价值诉求。阳明"知行合一"在很大程度上就是追求完美的"知行关系",并以此解决其所遭遇的诸种"知行两分"的病症,从而凸显其价值性。

其一,由"将圣人之学付诸实践"看。王阳明希望通过"知行合一"强调圣人之学必须付诸行动,警示人们不要沉迷于经文书册的考据、演绎。由于"知"中有"行"、"行"中有"知",所以必须将学习到的圣人的学问不折不扣地付诸行动。阳明说:"圣贤论学,无不可用之功,只是致良知三字,尤简易明白,有实下手处,更无走失。"①但是,第一,圣人的学问具有理想性,与现实社会存在很大距离,所以要求将圣人之学付诸实践(致良知)并对现实社会进行改造和提升,自然是"知行合一"价值性表现;第二,圣人之学对学习者而言,是间接知识,并无相应的"行",因而"知行合一"之于学习圣人之学必须落实于"行",并不具有直接的逻辑规定,而是一种价值引导和召唤。因而从这个意义上说,"知行合一"不仅是事实的,更是价值的。

其二,由"言行必须保持一致"看。王阳明"知行合一"要求"言""行"相符,一个人的主张或观点必须与他的行为一致,具体言之,就是要求"言而有实""言而有信",否则就不是"知行合一"。阳明说:"自学术之不明,世之君子以名为实。凡今之所谓务乎其实,皆其务乎其名者也,可无察乎!"②但依王阳明所论,做到"言而有实""言而有信"并非易事,对绝大多数人而言是一种追求,是一种理想,即便付出很大努力也不一定能做到,所以由"知行合一"追求"言行一致"蕴含着明确的价值诉求。此外,即便从原始要终上说,之所以要求"言行一致",乃是因为"言"与"行"始终存在差异或空隙,因而以"知行合一"要求"言而有实""言而有信",表现为对具体的"言行不符"进行最恰当的调适,表现为对"言行空隙"的弥合,亦充分体现了其价值性。

其三,由"一念发动处便是行"看。如上所言,王阳明之所以说个"知行合一",是提醒人们意念萌发时便可视为"行",因而意念发动处有不善,就可以立

---

① 《与陈惟濬》,《王阳明全集》上,第247页。
② 《赠王尧卿序》,《王阳明全集》上,第255页。

即将这个不善的意念克倒。不过,如果一个人有了偷盗银行的意念,但还不是现实的偷盗行为,甚至也没有原始意义的"行",即偷盗意念并不需要有偷盗之"行"为前提,因而"一念发动处便是行"从学理上是难以自圆其说的,因为意念就是意念,是没有诉诸实践的观念或心理,我们不能等"偷盗意念"为"偷盗行为",更不能将"偷盗意念"当作"偷盗行为"来处罚被认为有"偷盗意念"的人。所以将意念视为"行",不是事实的描述(认定),而是价值的描述(认定),是通过这种价值的描述(认定),将"偷盗意念"假定为"偷盗行为",将可能性等同现实性,从而唤醒人们对恶念的关切,并彻底"克倒"。因此,阳明之所以说"一念发动处便是行",就是有意识地要求人们将意念当作"行"去重视,若是邪念、恶念,就必须抑制、去剿灭,若是正念、善念,则应当作"善行"去实施。可见,"一念发动处便是行"之"知行合一"蕴含着强烈的价值诉求。

其四,由"知需真切笃实、行需明觉精察"看。王阳明认为,"知"如不真切笃实,就是空疏之知,"行"如不明觉精察,就是冥妄之行。阳明说:"行之明觉精察处,便是知;知之真切笃实处,便是行。若行而不能精察明觉,便是冥行,便是'学而不思则罔',所以必须说个知;知而不能真切笃实,便是妄想,便是'思而不学则殆',所以必须说个行;元来只是一个工夫。"[①]因此,"知"必须真切笃实,也就是必须付诸切实行动,方为"真知","行"必须明觉精察,也就是必须拥有明晰的认识,方为"笃行"。而所谓"真切笃实"是指客观、真实、无伪,所以是"行"的一种品质,因而要求"知"真切笃实当然是对"知"的价值要求;"明觉精察"是指清晰、照彻、无碍,所以是"知"的一种品质,因而要求"行"明觉精察,当然是对"行"的价值要求。不仅如此,由于"知""行"存在时空的差异性,阳明"知行合一"要求"知""行"必须保持动态的对应,以使"知""行"关系保持最理想的状态。

其五,由以"学问思辨行"论证"知行合一"看。"学""问""思""辨""行"出自《中庸》"博学之,审问之,慎思之,明辨之,笃行之"(《中庸》)。一般解释为"广泛地学习,详细地询问,周密地思考,明确地辨别,切实地实行",即"学""问""思""辨""行"分属不同内容的求知活动,而且"行"只是其中求知活动的一项。但依王阳明的解释,"学""问""思""辨"不仅是"知",而且是"行",是"知

---

① 《答友人问》,《王阳明全集》上,第 232 页。

行合一"。首先,由于"学""问""思""辨"本来属"知",而阳明以"知行合一"将"学""问""思""辨"释为"穷理"之"行",无疑蕴含了价值诉求。其次,依"知行合一","学"必求能其事,"问"必求解其惑,"思"必求通其说,"辨"必求精其察,"行"必求履其实。就是说,"学""问""思""辨""行"被定义为"知行合一"而且凸显"行"的诉求及质量,也充分显示了"知行合一"的价值性。而作为"穷理"的"学""问""思""辨",对于"穷理尽性"必然是无止境的,所谓"仁极仁,义极义",以最理想的结果为追求。这样,"知行合一"的价值性再一次显露无遗。

无疑,王阳明"知行合一"的基础是事实的,就是"没有行的知,没有知的行",此即所谓"知行本体"。但是,"知"与"行"并不一定都是"合一"的,"知"与"行"因为各种原因而存在缝隙,"知"之优劣与"行"之优劣都对彼此产生直接影响和规定,因而"知行合一"必然含有价值性诉求。而从"知行合一"所要解决的诸种"知行两分"言,其价值性尤为鲜明。因此,"知行合一"作为知行关系的"本体",是阳明医治诸多"知行两分"病痛的药方,但作为治疗"知行两分"的药方,"知行合一"并非仅是事实的陈述,更主要的是价值的诉求。由此也提示我们,事实的道理蕴含着升华,转换为价值的内在逻辑。这个特点体现了"知行合一"的目的性和理想性。

四、多重合一

王阳明"知行合一"是"知行本体""立言宗旨",此即说,"知行合一"是其对"知""行"关系的根本主张。这也意味着"知行合一"存在诸多具体的、非根本的形式,"知行合一"正是无数具体的、非根本的"知行合一"的"本体"。诚如阳明所说:"圣贤论学,多是随时就事,虽言若人殊,而要其工夫头脑若合符节。"[①]所谓"随时就事","知行合一"必是具体的、多样的,所谓"功夫头脑若合符节","知行合一"必是抽象的、本体的。在这种"具体"与"抽象"的交互运动中必呈现为"多重合一"。

其一,由治疗诸种"知行两分"看"知行合一"的多重性。如上所言,王阳明的"知行合一"是用于治疗"知行两分"病痛提出的,但由于需要治疗的"知行两分"病痛种类繁多,使得"知行合一"也表现为多种类型。比如,治疗"外心求

[①]《传习录中》,《王阳明全集》上,第95页。

理"式"知行两分"的"知行合一",是一种反身向内的修行工夫,阳明说:"理也者,心之条理也。是理也,发之于亲则为孝,发之于君则为忠,发之于朋友则为信。千变万化,至不可穷竭,而莫非发于吾之一心。故谓端庄静一为养心,而以学问思辩为穷理者,析心与理而为二矣。若吾之说,则端庄静一亦所以穷理,而学问思辩亦所以养心,非谓养心之时无有所谓理,而穷理之时无有所谓心也。此古人之学所以知行并进而收合一之功,后世之学所以分知行为先后,而不免于支离之病者也。"[1]"理"在"心"中,无需向"心"外求"理","知"是养心,"行"是穷理,所以"知""行"目标是"一",因而"即心穷理"的"知行合一"是省去了"客观实践"的"知行合一"。但是,治疗"沉迷知识"式"知行两分"的"知行合一"——"后世不知作圣之本是纯乎天理,却专去知识才能上求圣人。以为圣人无所不知,无所不能,我须是将圣人许多知识才能逐一理会始得。故不务去天理上着工夫,徒弊精竭力,从册子上钻研,名物上考索,形迹上比拟。"[2]既然批评人们沉迷知识,既然要求人们从书册堆里走向生活,那么其所要的"行"自然是一种"客观实践";治疗"言行不符"式"知行两分"的"知行合一"——"盖在平时徒以口舌讲解,而未尝体诸其身,名浮于实,行不掩言,已未尝实致其知,而谓昔人致知之说有未尽。"[3]既然强调言必有行,既然强调理论付诸实践,那么其所要求的"行"同样具有"客观实践"性。此外,"一念发动处就是行""真切笃实的行",其"行"似也都指向"客观实践",尽管这个"客观实践"不是科学实践,也不是生产实践,基本上是道德实践、修行工夫,至多是社会实践。如此看来,王阳明的"知行合一"并没有固定、不变的模式,而是动态的、具体的,是原则性与灵活性的统一。

其二,由"内容差异"看"知行合一"的多重性。如上讨论表明,王阳明在说明"知行合一"时,表现为多个视角和内容,从而由这些"视角"或"内容"不同而呈现多重性。阳明认为,"学""问""思""辨"无不表现为"知行合一",因为都是以"存天理"为目标,而"博学笃行""学聚仁行""知及仁守"等,之所以是"知行合一",也是因为以"存天理"为目标。此谓"目标意义上的合一"。阳明认为,一

---

[1]《书诸伯阳卷》,《王阳明全集》上,第308—309页。
[2]《传习录上》,《王阳明全集》上,第32页。
[3]《与陆元静二》,《王阳明全集》上,第210页。

个人说"知孝",但如果没有实际地尽过孝道,这是谎言;一个人说"知寒",但如果身体没有感觉到寒冷,这是欺骗。因此,任何"知"都必然有"行",没有"行"的"知"是不可能的。但"行"中也有"知",如果"行"中无"知",则"行"必懵懵懂懂。此谓"结构意义上的合一"。阳明认为,人必须是有了欲食之心然后知食,而欲食之心是意,此"意"便是行,食物的美、恶只有入口才能知道,没有入口怎么可能知道食物的美、恶呢?一方面,"意"就是"行",另一方面,"行"才能"知",所以"知""行"在时间上是没有先后之别的。此谓"时间意义上的合一"。阳明认为,"知"有自己的功能,其功能是"主意",或者"明觉精察","行"也有自己的功能,其功能是"工夫",或者"真切笃实",正是"知""行"各自所具有的特殊功能,使二者相互需要彼此而合为一体。此谓"功能意义上的合一"。阳明说:"夫'尽心、知性、知天'者,生知安行,圣人之事也;'存心、养性、事天'者,学知利行,贤人之事也;'夭寿不贰、修身以俟'者,困知勉行,学者之事也。"①所谓"生知安行""学知利行""困知勉行",并分别由"尽心知性知天""存心养性事天""夭寿不贰修身以俟"进行内容的规定,正反映了"知行合一"的差异性。此谓"层级意义上的合一"。可见,王阳明"知行合一"亦因"内容"不同而呈现多重性。

其三,由"彼此相适"看"知行合一"的多重性。阳明"知行合一"的精髓,"行为本"之外就是"知行彼此相适"。其所谓"合一",从最根本意义上讲,就是"知行相适"。彼此相适,彼此为对方奉献最好的自己,相得益彰,以臻佳境,是阳明"知行合一"的最高境界。此即意味着,任何具体的"知"或"行",都可以寻找最适合自己的"行"或"知",所寻找的"行"或所展开的"行",是适合"知"的,并能帮助"知"发挥到极致;所寻找的"知"或所获得的"知",是适合"行"的,并能帮助"行"发挥到极致。所以在这种情形下,由于是以"知行彼此适合"为最高境界,"知行合一"不会有固定的模式,这就是所谓"止于至善"。"知亏行满""知足行缺""知寡行多""知宏行微""知劣行优""知优行劣""知粗行精""知精行粗"等,诚如阳明所说:"知行二字即是功夫,但有浅深难易之殊耳。"②但只要这些形式是"知行相适"的,并能够顺利地、圆满地完成"知""行"共同的任务,

---

① 《传习录中》,《王阳明全集》上,第49页。
② 《传习录下》,《王阳明全集》上,第126页。

就是"合一"。因此,阳明"知行合一"最理想的模式是"知行相适",而不是"合一"。无论什么时间,无论什么地点,都要求"知行合一",这是普遍性、原则性,但是"知""行"合一的方式,合一到什么程度,则是根据"知""行"彼此的内情、彼此的感受、彼此的需要而定的。因此,作为"知行本体"的"知行合一",并不是僵化、教条的,而是动态的、具体的。就是说,阳明"知行合一"为"知""行"关系立了个极则,这个极则就是"合一",但这个"合一"极则并不意味着"知""行""门当户对",而是可以随遇调适的,讲得更为具体的一点就是,任何"知行合一"都是使"知""行"彼此感到舒服、相互获得满足,"两看不厌",使"知""行"所为"事业"得以成功。阳明说:"《易》谓'知至,至之',知至者,知也;至之者,致知也。此知行之所以一也。"① 依王阳明的解释,"知至"是知,或掌握了可靠的知识,"至之"是行,或采取了实际的行动,因而"知至"自然是应对"行"而言,"至之"自然是应对"知"而言,所以"知"与"行"向彼此靠近、相契,此即"知行合一",更是"知行相适",如此才是"孔门不易之教,百世以俟圣人而不惑者也"②。所谓"不易之教",所谓"百世以俟圣人而不惑者",当然是指"知行合一"具有超时空、超主体之特性,即普遍性,因而"知行合一"的最高境界便是"知行相适"。这个特点表明"知行合一"是对阳明以前"知""行"关系诸种观点的综合与升华。

五、心体如此

王阳明在论及"知行合一"时,有一个值得关注的表述:"知天地之化育,心体原是如此。乾知大始,心体亦原是如此。"③ 此段表述的核心是"'知行合一'乃'心体原是如此'"。那么,王阳明这个表述有怎样的寓意呢?我们先明确一下"心体"指什么。阳明说:"这心之本体,原只是个天理。"④ 又说:"知是心之本体。"⑤ 又说:"吾心之良知,即所谓天理也。"⑥ 因此,"心体"就是"天理",就是"良

---

① 《与陆元静二》,《王阳明全集》上,第211页。
② 《书诸伯阳卷》,《王阳明全集》上,第309页。
③ 《答友人问》,《王阳明全集》上,第234页。
④ 《传习录上》,《王阳明全集》上,第41页。
⑤ 《传习录上》,《王阳明全集》上,第7页。
⑥ 《传习录中》,《王阳明全集》上,第51页。

知",就是"心即理"。那为什么说"知行合一"是"心体原是如此"呢？或可做如下理解：

其一，"心即理"即"心外无理"，"心外无理"便意味着无需向"心"外求"理"，"知""行"都是以求"理"为目标，从而将"知""行"合为一种反身向内的求"理"工夫，此即"知行合一"。这也意味着"知行合一"逻辑地成为"心体"努力的方向，由于"知行合一"并非人人能做到，亦非时时能做到，所以说"知行合一"是"心体如此"，或者说本体决定方法（工夫）。

其二，既然"心体"即"心之本体"，即天理，即良知，而"天理""良知"皆为善体，所以无私意，"知""行"如无私意隔断，便是"合一"——"知行如何分得开？此便是知行的本体，不曾有私意隔断的。"①因而从"无私意隔断"言，"知行合一"是"心体如此"。

其三，"心体"即"心即理"，"学""问""思""辨"所以皆是"知行合一"，乃"心理合一之体"使然——"盖析其功而言则有五，合其事而言则一而已。此区区心理合一之体，知行并进之功，所以异于后世之说者，正在于是。"②既然对"学""问""思""辨"言，"知行并进"是"功"，"心理合一"是"体"，即谓"学""问""思""辨"之"知行合一"根于"心即理"，所以说"知行合一"是"心体如此"。

其四，"知行合一"才能成就"心体"。"知行合一"是"心体"成就自己的要求和方式。如上所言，"知行合一"的目标就是彰显、落实"本心之良知"，而"知行合一"能将"本心之良知"推行于实际事为，亦即"致良知"。这就是说，"心体"是"知行合一"所要实现的目标，季本说："先师尝曰：'知良能，是良知；能良知，是良能。此知行合一之本旨也。'"③既然良知是"知行合一"的本旨，而良知是"心之本体"，因而"知行合一"自然是"心体如此"。亦如熊十力所说："足见致知处，正是会归本体，直揭心源。"④进而可以说，"知""行"关系的本体是"知行合一"，而"知行合一"的本体是良知，所谓"知、行本体即是良知、良能"⑤。亦如陈确所说："孟子道性善，惟欲人为善。为善，则知性善矣；若不为善，虽知性

---

① 《传习录上》，《王阳明全集》上，第4页。
② 《传习录中》，《王阳明全集》上，第52页。
③ 季本：《说理会编》卷三，转引自《语录》，《王阳明全集补编》，第293页。
④ 熊十力：《熊十力全集》第三卷，湖北教育出版社2001年版，第664页。
⑤ 《传习录中》，《王阳明全集》上，第78页。

善,何益?故阳明子欲合知行,以为知而不行,只是未知,此言正为道性善下鞭策也。若见善不迁,知过不改,虽悟知行合一,何益?"[①]"知行合一"就是促"知善"为"行善",就是以"致良知"为宗旨。

其五,如上所言,阳明讲"心体原是如此"时,提及"知天地之化育"和"乾知大始",这两句话也引起学者见仁见智的解释。阳明学生薛侃说:"知行即是乾坤万物之生,得气于天,成形于地,岂有先后?知属乾,行属坤,故曰:'知崇礼卑,崇效天,卑法地'。"[②]所谓"乾知大始",就是"'乾'主(掌握)宇宙万物化生之始",而"知天地之化育",即谓"知晓天地化育万物的道理",说的也是"宇宙万物化生"之意,所以或可这样理解阳明的意思:其一是本体义,由于"知天地之化育""乾知大始"都具有形上意涵,因而这个表述旨在借助"知天地之化育"和"乾知大始",示意"'知行合一'乃'心体原是如此'"属本体义;其二是修饰义,无论是《中庸》的"知天地之化育",抑或《周易》的"乾知大始",都是关于"宇宙万物化生"的论述,属于铺垫,用于强化、烘托"心体原是如此",也就是强化"'知行合一'是'心体如此'",即谓"知行合一"乃"心体"使然。

其六,事实上,王阳明尚有诸多有助于吾人领悟"'知行合一'乃'心体原是如此'"的论述。阳明说:"心者身之主宰,目虽视而所以视者心也,耳虽听而所以听者心也,口与四肢虽言动而所以言动者心也。"[③]既然视、听、言、动皆由"心"主宰,而"知""行"必然在视、听、言、动范围之内,因而"知""行"合一的方式、程度与效果自然亦由"心"决定,亦即价值层面的"知行合一"必由"心"决定。阳明说:"是故君子之学,惟求得其心。虽至于位天地,育万物,未有出于吾心之外也。"[④]"知行合一"即便至于"位天地、育万物"境界,依然不在"心外",即由"心体"规划、把控。阳明说:"圣贤教人,即本心之明,即知;不欺本心之明,即行也。"[⑤]本心之明,是心体,不欺本心之明,亦是心体,而"本心之明"属"知","不欺本心之明"属"行",所以"知行合一"是"心体如此"。在王阳明看来,若无"心体","知行合一"不仅是无头的苍蝇,而且是无精神的躯壳,阳明

---

① 《瞽言四・侮圣言》,《陈确集》下册,中华书局1979年版,第460页。
② 《云门录》,《薛侃集》,上海古籍出版社2014年版,第21页。
③ 《传习录下》,《王阳明全集》上,第135页。
④ 《紫阳书院集序》,《王阳明全集》上,第267页。
⑤ 《论心学文》,《王阳明全集补编》,上海古籍出版社2018年版,第173页。

说:"若知时,其心不能真切笃实,则其知便不能明觉精察;不是知之时只要明觉精察,更不要真切笃实也。行之时,其心不能明觉精察,则其行便不能真切笃实;不是行之时只要真切笃实,更不要明觉精察也。"[①]这就是说,所谓"知行合一",对"知"而言,不仅要明觉精察,更要真切笃实,对"行"而言,不仅要真切笃实,更要明觉精察,但这都是"心体"使然。而"心体"就是天理,就是良知,就是善体,因而"知行合一"不过是"心体"在"知行关系"上的价值投射,从而展示"知行合一"与"心即理"的内在逻辑关系。质言之,无论是事实层面的"知行合一",还是价值层面的"知行合一",都在"心体"的运筹之内,"知"与"行"的"合一"及其品质,完全由"心体"主宰,因而"知行合一"是"心体如此"。至此可以说,王阳明谓"'知行合一'乃'心体原是如此'"的真谛是:"知行合一"完全由"心体"规划、推行和主宰,"心体"是"知行合一"的命脉所在。

言"知行合一"为"知行本体",即强调"知行合一"是"知行关系"的基本范式,而"知行合一"之为"知行本体",必须是无私意,必须是"此心纯乎天理",因而"知行合一"之为"知行本体",在于"心体"使然。言"知行合一"为"以行为本",即强调"行"是"知行合一"的基础,无"行"不成"知","行"方可致良知于事事物物,而"心体"必须发用流行,因而"知行合一"之"以行为本"实在是"心体"所规定。言"知行合一"为"价值诉求",即谓"知行合一"是"知""行"关系的一种价值模式,由于通常情况下,"知""行"关系无论表现为怎样的形式,"合一"都不是轻而易举的事,"知""行"必须根据所要处理的问题对自身进行调整、提升和完善,以弥合"知""行"之间的缝隙,从而达到"知行合一"所追求之效应,而"心体"所追求的"知""行"关系模式必然是"合一"及其效应,所以"知行合一"的"价值诉求"完全是"心体"逻辑使然。言"知行合一"为"多重合一",既然"知行合一"是"知行本体",因而是"知""行"关系的基本模式,即意味着"知行合一"是一与多的统一,但"知行合一"的本体是天理或良知,即"心体","心体"所追求的理想的"知行关系"模式是随事而殊的,因而只有"知行相适"才能最终体现和满足"心体"(天理、良知)对"知""行"关系的终极关切,因而多重性"知行合一"本质上是"知行相适"。如此看来,"知行合一"五个特质具有内在的逻辑关联性,而其核心是"心体如此",由"心体"统领而贯通之。

[①]《答友人问》,《王阳明全集》上,第 234 页。

人伦、历史与道统：孟子圣人观的文化意涵

李振纲

（河北大学哲学与社会学院）

《史记·孟子荀卿列传》载："孟轲，驺（即邹）人也。受业子思之门人。道既通，游事齐宣王，宣王不能用。适梁，梁惠王不果所言，则见以为迂远而阔于事情。当是之时，秦用商君，富国强兵；楚、魏用吴起，战胜弱敌；齐威王、宣王用孙子、田忌之徒，而诸侯东面朝齐。天下方务于合纵连衡，以攻伐为贤，而孟轲乃述唐、虞、三代之德，是以所如者不合。退而与万章之徒序《诗》《书》，述仲尼之意，作《孟子》七篇。"[①]据此，我们可知孟子的籍贯、学脉、活动、思想背景、学说主旨及著述。《孟子》[②]一书是一部以问答形式写成的儒家经典。它生动而详实地记载了孟子的思想、言论和事迹，保存了丰富的史料，是研究孟子思想和先秦文学、历史、经济和哲学的重要著作，是儒家文化元典之一。全书七篇，篇名是从每篇开头摘出的两三个字命名，并无特别的意义，七篇总计约三万五千字。说理精辟，文字流畅，语言形象且富于论战性，是《孟子》一书突出的语言风格。从总体上看，《孟子》七篇集中论述了四个议题，即性善论、王道论、士精神、圣人论，这四个议题作为一个有机整体，在逻辑上可以集中归结为一点，即以内圣启外王的道德人本主义与理想主义。本文以《孟子》为中心，围绕人伦、历史与道统解析孟子圣人观的文化意涵与理论意义。

一、"圣人，人伦之至也"

中国自古以来就是一个崇拜圣人的国度。"中国古人所理解的圣人，既是拥有宽广胸怀和雄壮力量的人类救世主，又是道德品质极为高尚的人格化身。

[①] 司马迁：《史记》卷七十四，中华书局，1999年版，第1839页。
[②] 本文引用《孟子》依据朱熹《四书章句集注》中华书局1983年版，下引《孟子》随文注出篇名。

圣人,原本指远古时代的伟大英雄人物们的客观实在,但后来也演变成了为文人学士、普通民众所追求的最高精神境界。"[1]孔子理想中的圣人兼具德行与事功两个方面,既要有仁者之德,又须有外王之业。这样的圣人实即古代"修己以安百姓""博施济众"的圣王。《论语》载,孔子祖述尧舜,宪章文武,他所述及的圣人不外乎尧、舜、禹、汤、文王、武王、周公等数人。这些人都是既有仁人之"德"又有天子之"位"的圣王。如果坚持这种高标准的话,那么"圣人"将是在现实中遥不可及的一个理想,几乎很少人能够达到。因为"求仁"是操之在己者,只要自我恪守忠恕之道,孝悌为本,克己复礼,己欲立而立人,己欲达而达人,己所不欲勿施于人,则自然可以成为一个仁者。但是,一个仁者,要有上述王者之位和王者之业,殆非人人都能办到。因为"王位"和"王业"属于"天命",不是个人所能左右的。诚如孟子所言:"匹夫而有天下者,德必若舜禹,而又有天子荐之者,故仲尼不有天下。"(《万章上》)

有鉴于此,孟子继承并适度修订了孔子所述圣人的条件,将事功的要求有所放宽,不再坚持非有王位不可。孟子说:"圣人,人伦之至也。"(《离娄上》)只要其德性在人伦事理上达到极度圆满,且有"大而化之"的影响,就算得上是圣人。在这种情况下,古代圣王尧、舜、禹、汤、文王、武王自然是圣人,没有王位的伯夷、伊尹、柳下惠、孔子也都进入圣人之域。与孔子相比,孟子对圣人标准的修订,使圣人观念更具现实性,不再是可望而不可及的理想。这一点在扩大和普及儒家人生理想教化上发挥了十分积极的作用。关于"人伦",孟子有"五伦"说,即"父子有亲,君臣有义,夫妇有别,长幼有序,朋友有信"(《滕文公上》)。"圣人,人伦之至也",固然是就内在的道德品格立论,但"五伦"之"亲""义""别""序""信"在一定程度上也内含着事功上的要求,"君臣有义"一伦尤为明显。事实上,"君臣有义"离不开君仁臣忠的事功,否则就难以兑现。所以,孟子理想的圣人也是综合德、业于一身的,只是其事功不限于"王位""王业"而已。

《滕文公上》说:"孟子道性善,言必称尧舜。"孟子常把尧舜视作"人伦之至"的尺度或典范。《孟子》中,尧,单用35见;舜,单用80见;尧舜连用者18见。足见尧舜在孟子思想语境中的分量。最典型的义例见于《离娄上》,孟子

---

[1] 王文亮:《中国圣人论》,中国社会科学出版社1993年版,第2—3页。

说:"离娄之明、公输子之巧,不以规矩,不能成方圆;师旷之聪,不以六律,不能正五音;尧舜之道,不以仁政,不能平治天下。今有仁心仁闻而民不被其泽,不可法于后世者,不行先王之道也。故曰:徒善不足以为政,徒法不能以自行。《诗》云:'不愆不忘,率由旧章。'遵先王之法而过者,未之有也。圣人既竭目力焉,继之以规矩准绳,以为方圆平直,不可胜用也。既竭耳力焉,继之以六律,正五音,不可胜用也。既竭心思焉,继之以不忍人之政,而仁覆天下矣。"(《离娄上》)又说:"规矩,方圆之至也;圣人,人伦之至也。欲为君,尽君道;欲为臣,尽臣道。二者皆法尧舜而已矣。不以舜之所以事尧事君,不敬其君者也;不以尧之所以治民治民,贼其民者也。孔子曰:'道二,仁与不仁而已矣。'暴其民甚,则身弑国亡;不甚,则身危国削。名之曰:'幽''厉',虽孝子慈孙,百世不能改也。《诗》云:'殷鉴不远,在夏后之世。'此谓之也。"这里,法尧舜事君治民,不是普通意义的尽君道、尽臣道而已,而是"以不忍人之心,行不忍人之政"(《公孙丑上》),也就是后儒所谓"以内圣启外王",这是儒家道义与事功的极致。

《告子下》有一则叙事述及孟子与曹交讨论如何效法尧舜:"曹交问曰:'人皆可以为尧舜,有诸?'孟子曰:'然。''交闻文王十尺,汤九尺,今交九尺四寸以长,食粟而已,如何则可?'曰:'奚有于是?亦为之而已矣。有人于此,力不能胜一匹雏,则为无力人矣;今曰举百钧,则为有力人矣。然则举乌获之任,是亦为乌获而已矣。夫人岂以不胜为患哉?弗为耳。徐行后长者谓之弟,疾行先长者谓之不弟。夫徐行者,岂人所不能哉?所不为也。尧舜之道,孝弟而已矣。子服尧之服,诵尧之言,行尧之行,是尧而已矣。子服桀之服,诵桀之言,行桀之行,是桀而已矣。'"(《告子下》)朱熹注:"详曹交之问,浅陋粗率,必其进见之时,礼貌衣冠言动之间,多不循理,故孟子告之如此两节云。"朱注复引陈氏曰:"孝弟者,人之良知良能,自然之性也。尧舜人伦之至,亦率性而已。岂能加毫末于是哉?"[①]孟子说人皆可以为尧舜,"尧舜之道,孝弟而已矣",这并不是说人只要能孝悌便是尧舜,而是针对为人浅陋、不知自觉进学的曹交有感而发临病发药,强调学为圣人之道,须从孝悌和日用常行处做起。孟子的另一段话,可以看作是对这个说法的最好解释:"人之所不学而能者,其良能也;所不

[①] 朱熹:《四书章句集注》,中华书局1983年版,第339页。

虑而知者,其良知也。孩提之童,无不知爱其亲者;及其长也,无不知敬其兄。亲亲,仁也;敬长,义也。无他,达之天下也。"(《尽心上》)"爱其亲"即孝;"敬其兄"即悌,孝悌是人的良知良能,由人心所同然的孝悌扩充推广,自然有可能上达仁义,成为圣贤。从孟子的言论不难体会出"人皆可以以为尧"的主要理由基于性善论,"圣人"并不是可望不可及或根本不可能之事,圣人乃人性善端长期培养发展的结果。

二、圣人史观与民本主义

孟子认为,在历史一治一乱之间,圣人扮演着决定性的角色。圣人出现与否与天下国家的治乱密切相关,圣人出则天下治,圣人不出则天下乱。《滕文公下》中详尽地记载了这种圣人史观。孟子说:"天下之生久矣,一治一乱。当尧之时,水逆行,泛滥于中国,蛇龙居之,民无所定。下者为巢,上者为营窟。《书》曰:'洚水警余。'洚水者,洪水也。使禹治之,禹掘地而注之海,驱蛇龙而放之菹。水由地中行,江、淮、河、汉是也。险阻既远,鸟兽之害人者消,然后人得平土而居之。尧舜既没,圣人之道衰。暴君代作,坏公室以为污池,民无所安息;弃田以为园囿,使民不得衣食。邪说暴行又作,园囿、污池、沛泽多而禽兽至。及纣之身,天下又大乱。周公相武王,诛纣伐奄,三年讨其君,驱飞廉于海隅而戮之。灭国者五十,驱虎、豹、犀、象而远之,天下大悦。《书》曰:'丕显哉,文王谟!丕承哉,武王烈!佑启我后人,咸以正无缺。'世衰道微,邪说暴行有作,臣弑其君者有之,子弑其父者有之。孔子惧,作《春秋》。《春秋》,天子之事也。是故孔子曰:'知我者其惟《春秋》乎!罪我者其惟《春秋》乎!'[①]圣王不作,诸侯放恣,处士横议,杨朱、墨翟之言盈天下。天下之言,不归杨,则归墨。杨氏为我,是无君也;墨氏兼爱,是无父也。无父无君,是禽兽也。……杨、墨之道不息,孔子之道不著,是邪说诬民,充塞仁义也。仁义充塞,则率兽食人,人将相食。吾为此惧,闲先圣之道,距杨墨、放淫辞,邪说者不得作。作于其心,害于其事;作于其事,害于其政。圣人复起,不易吾言矣。昔者禹抑洪水而

[①] 朱熹注引胡氏曰:"仲尼作《春秋》以寓王法。惇典、庸礼、命德、讨罪,其大要皆天子事也。知孔子者,谓此书之作,遏人欲于横流,存天理于既灭,为后世虑,至深远也。罪孔子者,以谓无其位而托二百四十二年南面之权,使乱臣贼子禁其欲而不得肆,则戚矣。"朱熹:《四书章句集注》,中华书局1983年版,第272页。

天下平,周公兼夷狄驱猛兽而百姓宁,孔子成《春秋》而乱臣贼子惧。……我亦欲正人心,息邪说,距诐行,放淫辞,以承三圣者;岂好辩哉?予不得已也。"

这段文字中所极力渲染的圣人出没与世道治乱的关系,清晰显示出孟子的一种独特的历史建构意识。洪水泛滥,圣人(禹)以治水英雄的姿态出现;暴君(纣)残贼人民,圣人(周公)以吊民伐罪的仁君姿态出现;邪说暴行混淆是非,圣人(孔子)又以道德家的面目现身,兴礼乐,作《春秋》,以导引扶正社会风气。总之,圣人在世,扶危定倾,使政治清明,社会安定;世道衰微,社会动乱,是非混淆,也正是世无圣人的时候。在孟子所追溯的历史长河中,有在天子位的圣人,名为圣王,对社会政治具有拨乱反正的实质效果;有不在天子位的圣人如孔子,他以个人的言行及著作影响社会,扶正人心,垂教后世。由于具体的历史原因,不同时代、不同环境下的圣人所呈现的面貌、所留下足迹虽有所不同,但这些圣人对当时社会历史和世道人心都产生过重大影响。此种圣人决定历史治乱的历史观对汉唐之后儒家审视历史的观念、视域及方法均有深远的影响。

孟子圣人史观在一定程度上看到了圣人与历史时势之间的相互作用,突出了杰出历史人物对历史发展的作用。表面地看,从孟子所书写的历史表象看,似乎片面夸大了圣人的作用,掩埋或忽略了"民"在历史长河中的作用,仿佛是不折不扣的历史唯心主义。其实这是一种误解。在孟子的历史建构意识中还预设了另一种"民本主义"的理论向度,审视孟子的历史观应与其王道论中的民本主义视域融合来看,才能对孟子历史哲学的本来面目做出合理的诠释。孟子有王霸之辨说:"以力假仁者霸,霸必有大国;以德行仁者王,王不待大。汤以七十里,文王以百里。以力服人者,非心服也,力不赡也;以德服人者,中心悦而诚服也,如七十子之服孔子也。《诗》云:'自西自东,自南自北,无思不服。'此之谓也。"(《公孙丑上》)限于篇幅,这里不对孟子王道观做详细考察。只就其纲要来看,包括这样四个要义:其一,王道之基在"制民之产""正经界"、富民教民;其二,王道之义在"得道多助",王师无敌,得道者多助,失道者寡助;得民心者得天下,天时地利不如人和;其三,王道之心在"与民偕乐"孟子说"推恩"可以保四海,齐宣王"好色""好货""好乐"与民同好就是推行王道;其四,王道之归在"一天下"。梁襄王问如何才能一天下?孟子说"不嗜杀人者能一之"①这些叙事语境散见于《孟子》不同篇章,集中体现出圣王治理天下的核心要义——民本主义。就此说来,圣人所以能够决定历史发展方向、推进历史发展,就在于"得道多助""得民心"上。总之,圣人造时势与时势造圣人、群与己、圣人与民的历史主体性关系应是辩证的统一。

三、圣人之"清""任""和""时"

孟子对孔子的圣人论有所修正之后,扩大了圣人的范围。在他眼中,不仅尧、舜、禹、汤、文、武等古代明王是圣人,伯夷、叔齐、伊尹、柳下惠、孔子等有仁德而无王位的贤达哲人也可称为圣人。他们以自己的言行、品德或辅弼君王,或醇化风俗,对社会文明发展起到了重大作用。《孟子·万章下》详细记载了孟子对伯夷、伊尹、柳下惠、孔子圣人风度的论述。

圣之清者——伯夷。史传伯夷是古孤竹君之子,由于与其弟叔齐互相让位,终于逃去。武王伐纣,伯夷、叔齐叩马而谏。周建立后,二人不食周粟,饿死于首阳山,其清高孤傲如此。《史记》采其事迹列为《列传》第一篇。关于伯夷之作风,孟子说:"伯夷,目不视恶色,耳不听恶声。非其君不事,非其民不使。治则进,乱则退。横政之所出,横民之所止,不忍居也。思与乡人处,如以朝衣朝冠坐于涂炭也。"(《万章》)是说伯夷清高到如此地步:目不视不好的事物,耳不听不好的音乐。非其理想的人君,不去奉陪;非其理想的人民,不去役使。国有道则出仕,国无道则退隐。暴政出现之处,暴民居住之地,则不忍心居留。与乡野鄙俗之人站在一起,犹如穿戴着朝衣朝冠坐在泥土地上一样不自在。纣王在位时,他隐居于北海之滨,以待天下太平。孟子称伯夷是"圣之清者",即清高的圣人,称赞说:"闻伯夷之风者,顽夫廉,懦夫有立志。"(《万章下》)孟子认为伯夷之清高孤傲之风操,有着巨大的精神感召力,可以使贪鄙无耻的人变得清廉正直,使胆小怕事的人振起独立不挠的意志。

---

①《孟子梁惠王上》载:孟子见梁襄王,出,语人曰:"望之不似人君,就之而不见所畏焉。卒然问曰:'天下恶乎定?'吾对曰:'定于一。''孰能一之?'对曰:'不嗜杀人者能一之。''孰能与之?'对曰:'天下莫不与也。王知夫苗乎?七八月之间旱,则苗槁矣。天油然作云,沛然下雨,则苗浡然兴之矣。其如是,孰能御之?今夫天下之人牧,未有不嗜杀人者也。如有不嗜杀人者,则天下之民皆引领而望之矣。诚如是也,民归之,由水之就下,沛然谁能御之?'"

圣之任者——伊尹。再看孟子所谈及的以任劳负重而见长的圣人——伊尹。相传伊尹是商汤之贤相。关于其事迹见于《史记·殷本纪》,《孟子》中亦有所记述。他是有名的以负责任而著称的古代圣人之典范。关于伊尹的作风,孟子描述说:"伊尹曰:'何使非君?何事非民?'治亦进,乱亦进。(《万章下》)曰:'天之生斯民也,使先知觉后知,使先觉觉后觉。予天民之先觉者也,予将以此道觉此民也。'思天下之民匹夫匹妇有不与被尧舜之泽者,若己推而内之沟中,其自任以天下之重也。"(《万章上》)伊尹的"任"表现在,把任何行为都看作是在为君王尽职责,把任何事情都看作是在为人民尽义务。无论治世,还是乱世,他都能积极有为。他认为,上天降生人民,就要求先知先觉的人来开导后知后觉的人。他自认为是一个先知先觉者,他说自己的使命就是用尧舜之道教化天下百姓。在伊尹看来,在天下之民中哪怕有一个男子或一个妇女没有沾润上尧舜之道的好处,就好像他亲手把他们推入沟中一样。他愿将天下之重任完全担在自己肩上。其任劳负重如此!对于伊尹以天下为己任的奉献精神,孟子十分赞赏,称其为"圣之任者"。

圣之和者——柳下惠。柳下惠是孟子所赞赏的以随和而著称的圣人。孟子说:"柳下惠,不羞污君,不辞小官。进不隐贤,必以其道。遗佚而不怨,厄穷而不悯。与乡人处,由由然不忍去也。'尔为尔,我为我,虽袒裼裸裎于我侧,尔焉能浼我哉?'"(《公孙丑》)柳下惠的作风是随和而又有原则。他不以事奉坏君主为辱,也不推辞卑微的官职。出仕为政,从不隐藏自己的才能,但在事实上一定按照自己的理念(道)去做。即使自己被别人遗忘,也不积怨;虽处困穷之境,也不忧伤。他与乡野鄙夫在一起,总能高高兴兴地与之相处,不忍离去。柳下惠常说的为人处世的基本信条是:你是你,我是我,即使你赤身露体在我身边,又何能玷污于我呢!孟子称柳下惠是"圣之和者",对他这种和而不流的作风十分赞赏,说:"闻柳下惠之风者,鄙夫宽,薄夫敦。"(《万章下》)这种像春风化雨一样和乐的精神能使刻薄的人变得厚道,使心胸狭小的人变得宽宏大量。

圣之时者——孔子。孟子认为,孔子是古代圣人中最识时务、进退有度的圣人。孟子说:"孔子之去齐,接淅而行;去鲁,曰:'迟迟吾行也。'去父母国之道也。可以速而速,可以久而久,可以处而处,可以仕而仕,孔子也。"(《万章下》)是说,当孔子知道齐王不能采纳他的治国之道时,不待把米淘完漉干,就离开了齐国。但当他知道鲁国君主不能采纳其治国之道时,却迟迟不想离去,这是因为鲁国是自己的祖国,孔子期望鲁君能改变初衷,故不忍离去。孟子认为,孔子对于应当赶快离开的国家,就赶快离去;对于应当久留的国家,则迟迟不忍离开;对于可以相处的国家,就与之相处;对于可以出仕的国家,就出仕为官。这种一切看情形而定,从不固执于一点的态度,就是识时务、知变通。对于伯夷之"清"、伊尹之"任"、柳下惠之"和",孟子深致景慕之情,自叹未能做到像他们一样,却更加向往孔子,独愿以孔子之精神风范为师法典范。他说:"(四者)皆古圣人也,吾未能行焉;乃所愿,则学孔子也。"(《公孙丑上》)慨然以孔子之道自任。孟子认为,孔子是古代圣人的集大成者,赞叹:"自有生民以来,未有孔子也!"(《公孙丑上》)如果说伯夷、柳下惠是"奋乎百世之上,百世之下,闻者莫不兴起"(《尽心下》)的百世之师,那么,孔子则堪称进退有度,通经知权、与时俱进的"人伦之至",是集大成的圣人——"至圣"。孟子说:"伯夷,圣之清者也;伊尹,圣之任者也;柳下惠,圣之和者也;孔子,圣之时者也。孔子之谓集大成。集大成也者,金声而玉振之也。金声也者,始条理也;玉振之也者,终条理也。始条理者,智之事也;终条理者,圣之事也。智,譬则巧也;圣,譬则力也。由射于百步之外也,其至,尔力也;其中,非尔力也。"(《万章下》)孔子圣智兼备,善始善终,本末一贯,道德事功远在其他圣人之上"贤于尧舜远矣""自生民来,未有盛于孔子也"(《公孙丑上》)。遂成为孟子所最为景仰的圣人,也是中国历史上影响最大的圣人。

四、成圣的依据及工夫次第

孟子提出了圣人可学而至的思想,这是孟子圣人论的核心,也是孟子圣人观中最有创见,对后世儒者、尤其是宋明理家学说最有影响的一个方面。下面进一步讨论学以至圣的理论依据和工夫次第。

1.圣人与我同类。孔子曾说:"鸟兽不可与同群,吾非斯人之徒与而谁与?"(《论语·微子》)孔子提出了人有社会性、有伦理道德,与鸟兽不同"群"的观念。孔子的学生有若,进而明确提出了"类"的概念。他说:"凤凰之于飞鸟,太山之于丘垤,河海之于行潦,类也。圣人之于民,亦类也。出乎其类,拔乎其萃,自生民以来,未有盛于孔子也。"(《孟子·公孙丑上》)"类"概念的出现,很清楚地划分了人与鸟兽的区别,也划清了人与非人的不同。"圣人之于民,亦类也",这一句话不仅将圣人是人不是神这一点明确点出,同时也预设了性善的普遍性及人人成为圣人的可能性。孟子接受了上述"类"的观念,一方面用以排斥非儒学派,如云:"杨子为我,是无君也;墨子兼爱,是无父也。无父无君,是禽兽也。"(《滕文公下》)人类与禽兽虽同为生物,但人有伦理,禽兽则无,这是两"类"的最大区别。"无父无君"即是无人伦,故孟子将杨、墨之徒摒弃于人类之外。另一方面,孟子应用"类"的观念,在有若"圣民同类"的基础上,建立起"圣人可学而至"的理论。他说:"故凡同类者,举相似也,何独至于人而疑之?圣人与我同类者。……口之于味也,有同耆焉;耳之于声也,有同听焉;目之于色也,有同美焉。至于心,独无所同然乎?心之所同然者何也?谓理也,义也。圣人先得我心之所同然耳。故理义之悦我心,犹刍豢之悦我口。"(《告子上》)孟子先肯定"圣人与我同类",意即圣人也是人,是人的同类,这样就拉近了圣人与常人的距离,确立起学以至圣的形上依据。

2.圣人先得我心之所同然。圣人与常人唯一的不同是,"圣人先得我心之所同然",即圣人较之常人先有良心本心(道德理性)之自觉而已。伊尹曾说:"天之生此民也,使先知觉后知,使先觉觉后觉。予,天民之先觉者也;予将以斯道觉斯民也。非予觉之,而谁也?"(《万章上》)朱熹注引程子曰:"予天民之先觉,谓我乃天生此民中,尽得民道而先觉者也。既为先觉之民,岂可不觉其未觉者。及彼之觉,亦非分我所有以予之也。皆彼自有此理,我但能觉之而已。"①可见,圣人高于众人处就在于先于众人有人道之自觉。人既与圣人同有义理之性,同有悦理之心,所以在先知先觉的圣人导引下,自有成为圣人的可能,这正是孟子言人皆可以为尧舜、圣人可学而至的根据所在。

3."性之为圣"与"反之为圣"。孔子曾讲:"性相近也,习相远也。"(《论语·阳货》)"唯上知与下愚不移。"(《论语·阳货》)他认为贤愚之分主要在于后天之"习"。又讲:"生而知之者,上也;学而知之者,次也;困而学之,又其次也;困而不学,民斯为下矣。"(《论语·季氏》)这里上知与下愚等次分明,下愚所以为下愚而不移,乃在于下愚"困而不学"。"习相远"指的是"上知"与"下愚"之间

---

① 朱熹:《四书章句集注》,中华书局1983年版,第310页。

的一般的人。不过,从孔子有关圣人的言论来看,他更倾向于后天习得而成圣。孔子自认说"我非生而知之者,好古,敏以求之者也"(《论语·述而》),虽然不以"圣与仁"自居,却明确表示对圣、仁之道的"为之不厌"、孜孜以求。可见,孔子虽不否认有"生而知之"的圣人,但真正关心的还在于"学而知之",即通过后天习得而接近圣、仁之境。这是孔子毕生心力贯注的人生理想和价值关怀。孟子继承了孔子学以至圣的人生理想,在孔子理论基础上做了更大的展开。他认为:"尧舜,性之也;汤武,身之也;五霸,假之也。久假而不归,恶知其非有也。"(《孟子·尽心上》)又说:"尧舜,性者也;汤武,反之也。"(《孟子·尽心下》)朱熹注:"性者,得全于天,无所污坏,不假修为,圣之至也。反之者,修为以复其性,而至于圣人也。"朱注复引程子曰:"性之反之,古未有此语,盖自孟子发之。"[1]这里将圣人分为"性之为圣"与"反之为圣"两个层级,前者属于天然圆成的圣人,后者属于修为而成的圣人,工夫次第不同,最终成为圣人的目标是一样的,明确肯定了圣人可学而成。孟子以汤、武为学而至圣的典范,确立了圣人可学而至,这是儒家圣人论的一大创获。

4.惟圣人然后可以践形。孟子强调"践形"是扩充善端的基本工夫,也是成圣的关键。《尽心上》云:"形色,天性也;惟圣人,然后可以践形。"朱熹注:"人之有形有色,无不各有自然之理,所谓天性也。践,如践言之践。盖众人有是形,而不能尽其理,故无以践其形;惟圣人有是形,而又能尽其理,然后可以践其形而无歉也。程子曰:'此言圣人尽得人道而能充其形也。盖人得天地之正气而生,与万物不同。既为人,须尽得人理,然后称其名。众人有之而不知,贤人践之而未尽,能充其形,惟圣人也。'"[2]"形"或"践形"与孟子"大体"与"小体"之辨有关,孟子曰:"从其大体为大人,从其小体为小人。……耳目之官不思,而蔽于物,物交物,则引之而已矣。心之官则思,思则得之,不思则不得也。此天之所与我者,先立乎其大者,则其小者弗能夺也。此为大人而已矣。"(《告子上》)这里,"大体"指能够思虑辨析的"心",特指向生命的理性存在;"小体"指人的耳目口鼻等官能,亦即孟子所说的体现人之自然生理的"形色",它指向生命的感性存在。孟子把"心"与"形色"加以区分,强调"大体"重于"小体",说

---

[1] 朱熹:《四书章句集注》,中华书局1983年版,第373页。
[2] 朱熹:《四书章句集注》,中华书局1983年版,第360—361页。

"先立乎其大者",意在凸显人的先验理性(善)的本质优先性。同理,孟子"践形"说强调"大体"由内向外、由先验理性向经验世界的呈现或落实,变成活生生、肉身化、当下具足的生命实践。离开了"践形",道德实践就会沦为空谈。徐复观说:"从充实道德的主体性来说,这是孟子以集义养气的工夫,使生理之气,变为理性的浩然之气。从道德的实践上说,践形,即是道德之心,通过官能的天性,官能的能力,以向客观世界中实现。"[①]易言之,孟子的"尽心",必须落实到践形上面,践形才能算是尽心。圣人"践形"把心与一切官能置于价值平等地位,顿然使人自觉到应对自己的每一官能负责,并通过官能的活动把心的道德主体与客观世界整合为一,使"心德"落实为客观世界。圣人人格境界的证成,至此才算完成。

5.大而化之之谓圣。这里涉及善端扩充与境界提升的阶梯。孟子性善论,只是承认人有向善的可能性,而只有经过后天"存心""养心""求放心"等修养工夫,性善之潜能才能变为现实,潜在的善才能成为圆成的善。简言之,性善是一种潜能,圆善是一个过程。孟子将存心养性的过程区分为善、信、美、大、圣、神六个层级:"可欲之谓善,有诸己之谓信,充实之谓美,充实而有光辉之谓大,大而化之之谓圣,圣而不可知之谓神。"(《尽心下》)经过道德实践和人格提升,人便可以进入至圣入神的境界。关于善、信、美、大、圣、神,朱熹注:"天下之理,其善者必可欲,其恶者必可恶。其为人也,可欲而不可恶,则可谓善人矣。凡所谓善,皆实有之,如恶恶臭,如好好色,是则可谓信人矣。力行其善,至于充满而积实,则美在其中而无待于外矣。和顺积中,而英华发外;美在其中,而畅于四肢,发于事业,则德业至盛而不可加矣。大而能化,使其大者泯然无复可见之迹,则不思不勉、从容中道,而非人力之所能为矣。程子曰'圣不可知,谓圣之至妙,人所不能测。非圣人至上,又有一等神人也。'"朱注复引尹氏曰:"自可欲之善,至于圣而不可知之神,上下一理。扩充之至于神,则不可得而名矣。"[②]通过由内及外、下学上达的层层提升,人格境界终将上达于圣神之境。

[①] 徐复观:《中国人性论史》,华东师范大学出版社2005年版,第113页。
[②] 朱熹:《四书章句集注》,中华书局1983年版,第370—371页。

五、结语：孔子之后一人

自古以来，儒、道、墨、法等诸家都有自家理想的圣人。道家自然无为的圣人过于清冷，墨家兼爱非乐非攻的圣人过于严毅清苦，法家赋予绝对无上权力的圣人不免刻激寡恩，都不及孟子所模塑的儒家圣人温润敦厚平易近人：他们清而不隘，和而不流，劳而不怨，与时俱进，用智慧推进历史，用铁肩担当道义，成为我们中华民族的精神偶像。孟子说："君子有终身之忧，无一朝之患也。乃若所忧则有之：舜，人也；我，亦人也。舜为法于天下，可传于后世，我由未免为乡人也，是则可忧也。忧之如何？如舜而已矣。若夫君子所患则亡矣。非仁无为也，非礼无行也。如有一朝之患，则君子不患矣。"（《离娄下》）又说："自生民以来，未有盛于孔子也。""乃所愿，则学孔子也。"（《公孙丑上》）尧舜是孟子追求的终极理想，孔子是孟子走向终极理想的榜样。孔子去世，儒分为八；杨墨并作，邪说横议，先王之道不明。孟子以"知言养气""舍我其谁"的精神气派，排斥异说，扶植正义，发挥微言，使先圣道统发扬光大。孟子虽非孔子及门弟子，但在思想学术上继承、捍卫并发展了孔子仁学，被称为继往开来的"亚圣"。山东邹县孟庙的养气门前有一幢大字石碑，上书唐代大儒韩愈高度赞誉孟子的那句名言："孔子之后一人，功不在禹下。"此碑由邹县知县李淳于乾隆十九年十月所立，碑文跋语中李淳具体肯定了孟子在儒家道统中的崇高地位："振天下之聋聩，觉万世之屯蒙。正人心息邪说，崇王道黜霸功。回狂澜于既倒，障百川而东来，业比神禹。洵哉！亚圣孟子。"时至今日，中华民族面对百年未有之大变局，置身伟大复兴的新时代，回省孟子的王道主义和圣人观，仍有深刻的现实意义。

马一浮《论语》诠释特色及其理论意蕴探微

刘伟

(曲阜师范大学政治与公共管理学院)

摘要:"六艺统摄《论语》"是马一浮《论语》诠释的鲜明特色,在主旨、结构与义理等层面做到了有机融合,并明确指出"六艺"是"总义",《论语》是"别义",前者统领后者,两者互参,方能悟到儒家真意;同时,注重儒释会通,以佛学解《论语》,运用"四悉檀"比附诠释"仁""孝""为政",比以儒解儒更具有哲理韵味和理论色彩。无论是"六艺"与《论语》互参,还是援佛入儒,其理论基础是以"性德"为核心建构起来的、本体与工夫统一的心性论,其根源是孟子的性善论,依然遵循了"尽心—知性—知天"的逻辑理路。

关键词:《论语大义》;"六艺";心性论;马一浮

汤一介称马一浮为"经学家",其依据是马一浮建构了以"六艺之学"为基础的理论体系[①],即主张以"六艺"统摄会通其他一切学术。马一浮对《论语》的诠释集中于《论语大义》和《论语首末二章义》,从中可以窥知"六艺"统领《论语》的特色非常明显。不仅如此,马一浮还援佛入儒,运用佛学来诠释儒家思想,致力于儒释融通。追根溯源,无论是"六艺论",还是会通儒释,其理论根基依然是儒家的心性之学,根植于孟子的性善论。

一、独具创见:以"六艺"统摄《论语》

"六艺论"是马一浮最为重要的思想,也是其学术观的集中体现。他在《楷

[①] 参见马一浮:《马一浮全集》(第一册上),浙江古籍出版社2013年版,"序",第1—2页。

定国学名义》中说:"今先楷定国学名义。举此一名,该摄诸学,唯六艺足以当之。六艺者,即是《诗》《书》《礼》《乐》《易》《春秋》也。此是孔子之教,吾国二千余年来普遍承认一切学术之原皆出于此,其余都是六艺之支流。故六艺可以该摄诸学,诸学不能该摄六艺。"①换言之,"六艺"统摄"诸子"和"四部"。② 所谓"统摄""该摄",是指在价值、范围、纲领上的全面统领和概括。③ 由此,《论语》亦"该摄"于"六艺","六艺之旨,散在《论语》而总在《孝经》"④。具体来看,"六艺统摄《论语》"主要体现在主旨、结构和义理等三个层面。

(一)主旨上:为人之道是"六艺"与《论语》共同的指向

对"六艺"的主旨,马一浮引《礼记·经解》和《庄子·天下篇》作了详细论述:

《经解》引孔子曰:"入其国,其教可知也。其为人也,温柔敦厚,《诗》教也;疏通知远,《书》教也;广博易良,《乐》教也;絜静精微,《易》教也;恭俭庄敬,《礼》教也;属辞比事,《春秋》教也。"《庄子·天下篇》曰:"《诗》以道志,《书》以道事,《礼》以道行,《乐》以道和,《易》以道阴阳,《春秋》以道名分。"自来说六艺,大旨莫简于此。有六艺之教,斯有六艺之人。故孔子之言是以人说,庄子之言是以道说。《论语》曰:"人能弘道,非道弘人。"道即六艺之道,人即六艺之人。⑤

马一浮把"六艺"归结为人道,即成人之道,说明"六艺"的根本主旨在于教化人。这与《论语》的宗旨完全契合。《论语》所论乃为人处世之道,如程子所云:"学者须将《论语》中诸弟子问处便作自己问,圣人答处便作今日耳闻,自然有得。虽孔、孟复生,不过以此教人。"⑥"今人不会读书。如读《论语》,未读时是此等人,读了后又只是此等人,便是不曾读。"⑦在程颐看来,孔子与弟子所论并非高深莫测的玄学,而是人伦日用的常理。《论语》乃教人之学,读《论语》便是学做人,读懂《论语》才会觉"今是而昨非",通过不断修正提升自己,不再是

---

① 马一浮:《马一浮全集》(第一册上),浙江古籍出版社2013年版,第8页。
② 马一浮:《马一浮全集》(第一册上),浙江古籍出版社2013年版,第13页。
③ 于文博:《马一浮六艺论的内涵与意义》,《中国哲学史》2017年第3期。
④ 马一浮:《马一浮全集》(第一册上),浙江古籍出版社2013年版,第13页。
⑤ 马一浮:《马一浮全集》(第一册上),浙江古籍出版社2013年版,第9页。
⑥ 朱熹:《四书章句集注》,中华书局2011年版,第47页。
⑦ 朱熹:《四书章句集注》,中华书局2011年版,第46页。

未读时的"此等人"。由此,《诗》《书》《礼》《乐》《易》《春秋》与《论语》都是围绕如何教人、如何化人而展开,根本宗旨相同。"今当略举《论语》大义,无往而非六艺之要,若夫举一反三,是在善学。如闻《诗》而知《礼》,闻《礼》而知《乐》,是谓告往知来,闻一知二。"①

(二)结构上:"六艺"统领《论语大义》整篇布局

《论语大义》共由十部分组成:《诗教》《书教》《礼乐教上》《礼乐教中》《礼乐教下》《易教上》《易教下》《春秋教上》《春秋教中》《春秋教下》。这显然是按照《诗》《书》《礼》《乐》《易》《春秋》之逻辑顺序来编排的,每一篇都是以"六艺"中的每一部著作加上"教"字命名。根据内容,篇幅有所不同。《礼乐教》与《春秋教》都分为上、中、下三部分,《诗教》《书教》各一部分。从具体内容来看,都是以《诗》《书》《礼》《乐》《易》《春秋》所彰显的理念统领《论语》相关篇章。按照《论语》现行本②,《论语大义》涵盖《论语》20篇,具体论及98章,约占492章的20%。除了《春秋教上》没有直接论及《论语》相关篇章外,其他9篇都有提及。其中,《诗教》提到10章、《书教》和《春秋教下》各提到25章、《礼乐教上》提到3章、《礼乐教中》和《礼乐教下》各提到8章、《易教上》提到5章、《易教下》论及3章、《春秋教中》提到11章。具体如下:

(1)《诗教》:论及《里仁》《述而》《颜渊》,共10章。其中,《里仁》篇"夫子之道,忠恕而已矣"等4章,《述而》篇"仁远乎哉?我欲仁,斯仁至矣"等2章,《颜渊》篇"樊迟问仁"等4章。

(2)《书教》:论及《为政》《公冶长》《泰伯》《颜渊》《子路》《宪问》《卫灵公》《季氏》《尧曰》,共25章。其中,《为政》篇"为政以德,譬如北辰,居其所而众星共之"等4章,《颜渊》篇"政者,正也。子帅以正,孰敢不正"等6章,《子路》篇"苟正其身矣,于从政乎何有?不能正其身,如正人何"等7章,《宪问》篇"君子哉若人!尚德哉若人"等2章,《尧曰》篇"朕躬有罪,无以万方;万方有罪,罪在朕躬"等2章,以及《公冶长》篇"吾未见刚者"、《泰伯》篇"唯天为大,唯尧则之"、《卫灵公》篇"无为而治者其舜也与"和《季氏》篇"有国有家者,不患寡而患不均,不患贫而患不安"等4章。

---

① 马一浮:《马一浮全集》(第一册上),浙江古籍出版社2013年版,第134页。
② 本文所引《论语》,以杨伯峻译注的《论语译注》,中华书局2006年版为据。

（3）《礼乐教上》：论及《学而》《八佾》《里仁》，共3章，即《学而》篇"君子务本，本立而道生。孝弟也者，其为仁之本与"、《八佾》篇"人而不仁，如礼何？人而不仁，如乐何"以及《里仁》篇"夫子之道，忠恕而已矣"。

（4）《礼乐教中》：论及《学而》《为政》《八佾》《公冶长》，共8章。其中，《为政》篇"无违""色难"等4章，《学而》篇"慎终追远，民德归厚矣"等2章，以及《八佾》篇"或问禘之说"、《公冶长》篇"老者安之，朋友信之，少者怀之"等2章。

（5）《礼乐教下》：论及《八佾》《述而》《乡党》《颜渊》《宪问》《阳货》《子张》，共8章。其中，《八佾》篇"祭如在，祭神如神在"等2章，以及《述而》篇"求仁而得仁，又何怨"、《乡党》篇"孔子于乡党，恂恂如也，似不能言者"、《颜渊》篇"在邦无怨，在家无怨"、《宪问》篇"不怨天，不尤人"、《阳货》篇"三年之丧"和《子张》篇"夫子之得邦家者，所谓立之斯立，道之斯行，绥之斯来，动之斯和"等6章。

（6）《易教上》：论及《为政》《里仁》《述而》，共5章。其中，《里仁》篇的"朝闻道，夕死可矣"等2章，《述而》篇的"加我数年，五十以学《易》，可以无大过矣"等2章，以及《为政》篇"五十而知天命"。

（7）《易教下》：论及《公冶长》《子罕》《阳货》，共3章。即《公冶长》篇"夫子之文章，可得而闻也；夫子之言性与天道，不可得而闻也"、《子罕》篇"逝者如斯夫！不舍昼夜"和《阳货》篇"天何言哉？四时行焉，百物生焉，天何言哉"。

（8）《春秋教中》：论及《八佾》《雍也》《述而》《子罕》《颜渊》《子路》《宪问》《卫灵公》，共11章。其中，《雍也》篇"人之生也直，罔之生也幸而免"等2章，《子罕》篇"君子居之，何陋之有"等2章，《子路》篇"必也正名乎"等2章，以及《八佾》篇"夷狄之有君，不如诸夏之亡也"、《述而》篇"仁远乎哉？我欲仁，斯仁至矣"、《颜渊》篇"君君，臣臣，父父，子子"、《宪问》篇"晋文公谲而不正，齐桓公正而不谲"和《卫灵公》篇"吾之于人也，谁毁谁誉？如有所誉者，其有所试矣"等5章。

（9）《春秋教下》：论及《为政》《八佾》《里仁》《雍也》《述而》《子罕》《先进》《颜渊》《子路》《宪问》《卫灵公》《季氏》《微子》，共25章。其中，《八佾》篇"礼，与其奢也，宁俭；丧，与其易也，宁戚"等7章，《颜渊》篇"听讼，吾犹人也。必也使无讼乎"等4章，《为政》篇"为政以德，譬如北辰，居其所而众星共之"等2章，

《子罕》篇"可与共学,未可与适道;可与适道,未可与立;可与立,未可与权"等2章,《子路》篇的"斗筲之人,何足算也"等2章,以及《里仁》篇的"君子之于天下也,无适也,无莫也,义之与比"、《雍也》篇"质胜文则野,文胜质则史。文质彬彬,然后君子"、《述而》篇"用之则行,舍之则藏,惟我与尔有是夫"、《先进》篇"先进于礼乐,野人也;后进于礼乐,君子也。如用之,则吾从先进"、《宪问》篇"微管仲,吾其被发左衽矣。岂若匹夫匹妇之为谅也,自经于沟渎而莫之知也"、《卫灵公》篇"俎豆之事,则尝闻之矣;军旅之事,未之学也"、《季氏》篇"天下有道,则礼乐征伐自天子出;天下无道,则礼乐征伐自诸侯出"和《微子》篇"虞仲、夷逸隐居放言,身中清,废中权"等8章。

(三)义理上:以"六艺"释《论语》

马一浮在《论语首末二章义》中说:"《论语》记孔子及诸弟子之言,随举一章,皆可以见六艺之旨。然有总义,有别义,别义易见,总义难知。果能身通六艺,则于别中见总,总中见别,交参互入,无不贯通。"[①]在他看来,"六艺"是"总义",《论语》是"别义",前者统领后者,两者互参,方能悟到儒家真意。

首先,从宏观上明确"六艺"与《论语》的核心主旨密切相关。在《论语大义》开篇,马一浮便开宗明义,明确阐述了《论语》与"六艺"的关联性。他说:

《论语》有三大问目:一问仁,一问政,一问孝。凡答问仁者,皆《诗》教义也;答问政者,皆《书》教义也;答问孝者,皆《礼》《乐》义也。故曰:"子所雅言,《诗》《书》、执礼,皆雅言也。""兴于《诗》,立于《礼》,成于乐。"言执礼不及乐者,礼主于行,重在执守,行而乐之即乐,以礼统乐也。言与《诗》不及《书》者,《书》以道事,即指政事,《诗》通于政,以《诗》统《书》也。《易》为礼乐之原,言礼乐,则《易》在其中,故曰"明则有礼乐,幽则有鬼神也"。《春秋》为《诗》《书》之用,言《诗》《书》,则《春秋》在其中,故曰"《诗》亡然后《春秋》作"也。[②]

"仁"是孔子思想的核心,"孝"是儒家伦理之根基,"政"乃是实现"治国平天下"的主要途径。这三者既是孔子与弟子谈论的焦点,也是《论语》所彰显的主要思想。马一浮认为,"仁"乃《诗》教义、"政"乃《书》教义、"孝"乃《礼乐》教义,而《春秋》乃是《诗》《书》的具体应用,"今谓《春秋》大义当求之《论语》。《论

---

① 马一浮:《马一浮全集》(第一册上),浙江古籍出版社2013年版,第23页。
② 马一浮:《马一浮全集》(第一册上),浙江古籍出版社2013年版,第134—135页。

语》无一章显说《春秋》,而圣人作《春秋》之旨全在其中"①,这就从宏观上把《论语》的核心思想与"六艺"的主旨在义理层面直接勾连,从而为后文的具体论证奠定了理论基础。

其次,在具体内容上,以"六艺"释《论》,两者互参互证,相得益彰。按照"六艺"统摄《论语》的基本理路,针对《论语》里的经典章句,马一浮非常娴熟地运用《诗》《书》《礼》《乐》《易》《春秋》中的相关章节进行比附解读,并穿插《论语》其他篇的具体章句来佐证,使"六艺"与《论语》互参互证,有机融合。比如,在对《论语》首篇第一章"学而时习之"诠释时,他先是对"悦""乐""时习"的含义进行了解释,认为"悦""乐"是"自心的受用","悦"是自受用,"乐"是他受用,自他一体;"时习"是功夫。由此引申出此意是《礼》《乐》教义之彰显:"故悦意深微而乐意宽广,此即兼有《礼》《乐》二教义也。"②由"人不知而不愠",引出《宪问》篇"不怨天,不尤人""知我者其天乎"来佐证此句"地位尽高",然后引用"遁世无闷,不见是而无闷"(《乾·文言》)、"遁世不见知而不悔"(《中庸》),来说明"皆与此同意",由此推出"此是《易》教义也"。随之,引用《乾》《坤》《易乾凿度》《系传》《礼运》关于对"君子"的论述以及郑玄的注解来论证"《易》教之君子"。最后,对此章作了总结,认为学者读此章,要做到"三须"(学是学个什么、如何方是时习工夫、自心有无悦怿之意),最终要"认明君子是何等人格,自己立志要做君子,不要做小人"③。再如,在对《为政》篇首章"为政以德"阐释时,他说:"今观《论语》记孔子论政之言,以德为主,则于本迹之说可以无疑也。尧、舜、禹、汤、文、武、周公、孔子之心,一也。有以得其用心,则施于有政,迹虽不同,不害其本一也。后世言政事者,每规规于制度文为之末,舍本而言迹,非孔子《书》教之旨矣。"④据此,他认为"为政以德"一章"是《书》教要义。德是政之本,政是德之迹"⑤。又如,在阐释"必也正名"(《子路》)时,他认为"约而言之,《春秋》之大用在于夷夏、进退、文质、损益、刑德、贵贱、经权、予夺,而其要则正名

---

① 马一浮:《马一浮全集》(第一册上),浙江古籍出版社2013年版,第160页。
② 参见马一浮:《马一浮全集》(第一册上),浙江古籍出版社2013年版,第24页。
③ 参见马一浮:《马一浮全集》(第一册上),浙江古籍出版社2013年版,第24—25页。
④ 马一浮:《马一浮全集》(第一册上),浙江古籍出版社2013年版,第138—139页。
⑤ 马一浮:《马一浮全集》(第一册上),浙江古籍出版社2013年版,第139页。

而已矣。'必也正名'一语,实《春秋》之要义"①。从上可以看出,在对《论语》具体章句解释时,马一浮都贯彻了以"六艺"释《论语》的基本理念,并结合《论语》中的相关章句相互印证,以此证明《论语》是"六艺"教义之彰显。

二、儒释会通:以佛学解《论语》

马一浮学贯中西,尤其在儒释道会通方面造诣深厚。贺麟评价道:"马先生兼有中国正统儒者所应具备之诗教、礼教、理学三种学养,可谓为代表传统中国文化的仅存的硕果。"②在谈到治学经历时,马一浮说:"余初治考据,继专攻西学,用力既久,然后知其弊,又转治佛典,最后归于六经。"③"转治佛典""归于六经",即"以佛解儒,运用佛学思想资源来深入阐发儒家六艺要旨"④在《论语大义》中得到集中体现。

(一)宏观理论层面:儒释殊途同归

在《易教下》篇论"易"教时,马一浮说:

《乾凿度》云:"易者,其德也;变易者,其气也;不易者,其位也。""位"字若改作"理"字,其义尤显。自佛氏言之,则曰:变易者,其相也;不易者,其性也。故《易》教实摄佛氏圆顿教义。三易之义,亦即体、相、用三大:不易是体大,变易是相大,简易是用大也。⑤

马一浮把儒家哲学中的"气""位"与佛学中的"相""性"相类比,认为"《易》教实摄佛氏圆顿教义","不易""变易""简易"与"体大""相大""用大"实质相同。又如:在对"天下同归而殊途,一致而百虑"(《易经·系辞传》)阐释时,他说:"'一致而百虑',非匹不行也;'殊途而同归',非主不止也。又法从缘起为出,一入一切也;法界一性为至,一切入一也。此义当求之《华严》而实具于《论语》。"⑥以"华严宗"的"法界缘起"来解释《易经》,并认为儒佛"殊途同归",只有外在形式差异,没有本质区别。由此,就从理论层面打通了儒释两家经典的界

---

① 马一浮:《马一浮全集》(第一册上),浙江古籍出版社2013年版,第165页。
② 贺麟:《儒家思想的新开展——贺麟新儒学论著辑要》,中国广播电视出版社1995年版,第181页。
③ 马一浮:《马一浮集》,第三册,浙江古籍出版社1996年版,第1191页。
④ 许宁:《马一浮对〈论语〉的现代诠释》,《浙江社会科学》2017年第10期。
⑤ 马一浮:《马一浮全集》(第一册上),浙江古籍出版社2013年版,第158—159页。
⑥ 马一浮:《马一浮全集》(第一册上),浙江古籍出版社2013年版,第176页。

限,为二者相互参照论证奠定了基础。

(二)具体概念层面:儒释比附互证

在《论语大义》里,马一浮借用"空假中"(三谛)、"始终"等佛家概念对《论语》中的思想进行比照阐释。比如,对"加我数年,五十以学《易》,可以无大过矣"(《述而》)一章,他认为"加我数年,五十以学《易》"是功夫,"无大过"是效验,这"亦犹禅家所谓识法者惧也"[①]。又如,对"朝闻道,夕死可矣"(《里仁》),他说:"佛氏言分段生死,只是'精气为物';言轮回,只是'游魂为变';言变易生死,虽较微细,犹在生死边,未至涅槃。须知'夕可'直是涅槃义。见不生灭,见无生死,而后于生死乃能忍可。所言'可'者,犹佛氏言无生法忍也。"[②]这便使"夕死可矣"具有了"涅槃"之义,而且与"无生法忍"相同。同时,他还认为"朝夕"如同佛家的"刹那":"《楞伽》云:'一切法不生,我说刹那义,当生则有灭,不为愚者说。'言'朝夕'者,犹刹那义也。"[③]再如,在对"逝者如斯夫"(《子罕》)解释时,他认为"逝者如斯夫"是法、喻并举。"逝"言一切法不住也,"斯"指川流相。一切有为诸法,生灭行相,逝而无住,故非常;大化无为,流而不息,不舍昼夜,故非断。法尔双离断常,乃显真常不易之实理。[④] 引用"非常""非断"来诠释"逝者如斯夫",儒释互参互证、相得益彰,比常规的以儒解儒更具有哲理韵味和理论色彩。

(三)以"四悉檀"诠释"仁""孝"和"为政"

"仁""孝"和"为政"无疑是《论语》的主题,也是孔子与弟子谈论的核心问题。"四悉檀"是天台宗的重要概念。马一浮认为两者具有融通之处,便以"四悉檀"来诠释"仁""孝"和"为政"。在解释"仁"之内涵时,他说:"学者第一事便要识仁,故孔门问'仁'者最多。孔子一一随机而答,咸具四种悉檀,此是《诗》教妙义。"[⑤]何谓"四悉檀"?他随之进行了解释:"四悉檀者出天台教义,悉言遍,檀言施。华、梵兼举也。一世界悉檀,世界为隔别分限之义,人之根器各有所限,随宜分别,次第为说,名世界悉檀。二为人悉檀,即谓因材施教,专为此

---

① 马一浮:《马一浮全集》(第一册上),浙江古籍出版社2013年版,第154—155页。
② 马一浮:《马一浮全集》(第一册上),浙江古籍出版社2013年版,第156页。
③ 马一浮:《马一浮全集》(第一册上),浙江古籍出版社2013年版,第156页。
④ 马一浮:《马一浮全集》(第一册上),浙江古籍出版社2013年版,第158页。
⑤ 马一浮:《马一浮全集》(第一册上),浙江古籍出版社2013年版,第136—137页。

一类机说,令其得入,名为人悉檀。三对治悉檀,谓应病与药,对治其人病痛而说。四第一义悉檀,即称理而说也。"①以此为基,他便对《论语》中有关"仁"的章句与"四悉檀"作了对比。他认为"樊迟问仁,子曰'爱人';问知,子曰'知人'"(《颜渊》)是"世界悉檀";"己欲立而立人,己欲达而达人,能近取譬,可谓仁之方也"(《雍也》)是"为人悉檀";答司马牛曰"仁者,其言也讱"(《颜渊》)、答樊迟曰"仁者先难而后获"(《雍也》)是"对治悉檀";答颜渊曰"一日克己复礼,天下归仁焉"(《颜渊》)是"第一义悉檀"。② 不仅"四悉檀"与"仁"相通,而且"论政亦具四悉檀"③。他认为"既庶矣,富之;既富矣,教之"(《子路》)、"足食足兵,民信之矣"(《颜渊》)、"谨权量,审法度,修废官""兴灭国,继绝世、举遗民""所重:民、食、丧、祭"(《尧曰》)、"不患寡而患不均,不患贫而患不安"(《季氏》)等是"世界悉檀";"近者悦,远者来""无欲速,无见小利""先有司,赦小过,举贤才"(《子路》)等是"为人悉檀";一言"兴邦""丧邦"(《子路》)、"君君、臣臣、父父、子子"(《颜渊》)是"对治悉檀";"居之无倦,行之以忠"(《颜渊》)、"先之劳之"(《子路》)、"自古皆有死,民无信不立"(《颜渊》)、"修己以敬"(《宪问篇》)等是"第一义悉檀"。④ 另外,在《礼乐教中》篇,针对孔子对孝的不同回答,他依然用"四悉檀"来作注解。他把"无违"(《为政》)比作"世界悉檀""父母唯其疾之忧"(《为政》)比作"为人悉檀""色难"比作"对治悉檀""'知其说者之于天下也,其如示诸斯乎!'指其掌"(《八佾》)比作"第一义悉檀"。⑤ 需要注意的是,在运用"四悉檀"作比儒家思想时,马一浮对"四悉檀"并非等同视之,而是把"世界悉檀""为人悉檀""对治悉檀"最终都归结为"第一义悉檀"。比如,在《书教》篇,他说:"以《论语》准之,莫非《书》教义。又一一悉檀,皆归第一义悉檀,学者当知。"⑥

简言之,马一浮以释解儒,力求实现儒释会通、两者互参,从达到"一致而

---

① 马一浮:《马一浮全集》(第一册上),浙江古籍出版社2013年版,第137页。
② 马一浮:《马一浮全集》(第一册上),浙江古籍出版社2013年版,第137页。
③ 马一浮:《马一浮全集》(第一册上),浙江古籍出版社2013年版,第140页。
④ 马一浮:《马一浮全集》(第一册上),浙江古籍出版社2013年版,第140页。
⑤ 马一浮:《马一浮全集》(第一册上),浙江古籍出版社2013年版,第146页。
⑥ 马一浮:《马一浮全集》(第一册上),浙江古籍出版社2013年版,第140页。

百虑、殊途而同归"之目的,"'以佛证儒'是他的学术思想上的最大特点"①,不仅本儒家经典以立言,而且又融入了佛教之思想,凸显了中国传统学术之一贯性与包容性②。需要指出的是,马一浮并非将儒佛同等视之,而是有所侧重,认为儒家思想要高于佛家。比如,他在解释"子在川上曰"(《子罕》)时,虽然运用了佛家"不生不灭"等思想来注解,但他最后说:"'川上'一语,可抵大乘经论数部。圣人言语简妙亲切如此,善悟者眼下便荐,岂在多邪?"③他认为圣人之言"简妙深远",远高于佛家长篇大论。所以,有学者明确指出:"马氏学有宗主,宗主在儒。"④

三、人性自有:心性论之彰显

牟宗三、张君劢等人在《为中国文化敬告世界人士宣言》中指出:"心性之学,正为中国学术思想之核心,亦是中国思想中之所以有天人合德之说之真正理由所在。"⑤无论是"六艺"统摄《论语》,还是以佛释儒,其理论基础依然是儒家的心性论。"心性论是现代新儒学比较主流的思想立场,马一浮的学问也是典型的心性论立场。"⑥从根本上来看,马一浮的心性论是以"性德"为核心建构起来的、本体与功夫同一的性善论。

(一)"德性"是本体,道、理、行、事是其外显

在马一浮的心性论体系中,性、德、天、命、道、理等概念处于同等地位,具有同等价值。"马一浮以本体言心。在他看来,此心即性、亦即天、亦即命、亦即理、亦即性德或德性。这是一系列等值等价的范畴,是中心范畴和最高范畴。"⑦但如果深加揣摩,这些概念从逻辑上来看仍然有先后主次之分。在《释至德要道》,马一浮说:

德即是性,故曰性德,亦曰德性。道即是性,故曰性道,亦曰天性,亦曰天

---

① 王凤贤、滕复:《现代新儒学的典范——评马一浮的学术地位与学术思想》,载毕养赛主编:《中国当代理学大师马一浮》,上海人民出版社1992年版,第39页。
② 张刚:《六艺之旨,散在〈论语〉——马一浮〈论语大义〉概述》,《乐山师范学院学报》2014年第1期。
③ 马一浮:《马一浮全集》(第一册上),浙江古籍出版社2013年版,第159页。
④ 郭齐勇:《现当代新儒家思潮研究》,人民出版社2017年版,第103页。
⑤ 张君劢:《新儒家思想史》,中国人民大学出版社2006年版,第567页。
⑥ 郭齐勇:《现当代新儒家思潮研究》,人民出版社2017年版,第104页。
⑦ 郭齐勇:《现当代新儒家思潮研究》,人民出版社2017年版,第104页。

道,亦曰天命。德、行对文,则德主内而行主外。道、德对文,则德为隐而道为显。性、道对文,则性为体而道为用。性外无理,道外无事。离性而言理,则理为幻妄;离事而求道,则道为虚无。故六艺之教,总为德教。六艺之道,总为性道。①

这段话除了明确德、性、道、天、命等概念具有同等地位和价值之外,还有以下几层含义:其一,指明德、行、性、道之区别。"德"与"行"是内外之别,"德"与"道"是隐显之别,"性"与"道"是体用之别。"内""隐""体"决定"外""显""用","德""性"显然重于"行""道",即"德""性"是根本,决定"行""道"。其二,指明"性"与"理"具有同一性。性外无理,理在性中;不能离性而言理,否则理便是"幻妄",不是真理。这就为"理"的存在找到了根源,即与"性"一体,同为天赋,只能遵循,不能改变。其三,指明"道"与"事"具有同一性。"事"乃人做,是"行"之具体呈现。"事"本身就含有"道","道"是"事"之所以成的内在依据,即成"事"之"道"。要在具体的"事"中探寻"道",不能离"事"求"道",否则,所求之"道"便会沦为"虚无"。这就指出了求"道"路径,即在社会实践中求"道"。其四,指出了"六艺"的主旨。研习《诗》《书》《礼》《乐》《易》《春秋》的目的在于阐明人之所自有的"德性",按照"道"去做"事"。简言之,"德性"是本体,理、道、事都是"德性"之外显,"理"与"性"、"道"与"事"根本上具有同一性,不能割裂。

(二)"德性"本具足,"六艺"为"德性"之外化

马一浮认为,"德性"为人所自有,非圣人强加,"六艺"则是"德性"之外化、心性之自然流露。"学者须知六艺本是吾人性分内所具的事,不是圣人旋安排出来。吾人性量本来广大,性德本来具足,故六艺之道即是此性德中自然流出的,性外无道也。"②以《论语》为代表的儒家经典所彰显的"五常"(仁、义、礼、知、信)、"六德"(知、仁、圣、义、中、和)以及"至诚""至善"无不都是"心本具有"。这就把儒家核心理念统摄于"六艺",而"六艺"则统摄于"一心"。"教相多门,各有分齐,语其宗极,唯是一心。"③具体来说,可以从三个方面来理解:其

---

① 马一浮:《马一浮全集》(第一册上),浙江古籍出版社2013年版,第186页。
② 马一浮:《马一浮全集》(第一册上),浙江古籍出版社2013年版,第15页。
③ 马一浮:《马一浮全集》(第一册下),浙江古籍出版社2013年版,第424页。

一,"六经"乃心性之流露。"有六经之迹,有六经之本。六经之本是心性,六经之迹是文字,然六经文字亦全是心性的流露,不是臆造出来。"①针对程子所说"性中曷尝有孝弟来",马一浮批驳道:"盖谓孝弟是名相,性分上只是纯然天理,故找不出孝弟之名来,非谓本无孝弟也。人性憧憧往来之时,正是私心习气流转,天理已不存在。若不幸遭父母丧,哀痛已极,则私心顿销。此时心中只知有父母,不知有我,方是天理发露,方见得天理,到此时安有孝弟之名耶?"②性本身具有孝悌,程颐之所以否定,在马一浮看来主要是因为受到情之所蒙蔽。"性是理之存,情是气之发"③,受私心习气蒙蔽,孝悌便不能发现,一旦"私心顿销",孝悌自然显现。由此,可知孝悌是性所固有,也是德性之外显。其二,性不能传授,必须返回本心体究。"性是自具,非可传授,可传授的是教边事。"④"学者为学须向内体究,不可只贵口耳授受。"⑤明确指出个体自身的体悟比外在传授重要。这与孔子的"我欲仁,斯仁至矣"(《述而》)、孟子的"行有不得,皆反求诸己"(《离娄上》)一脉相承,强调主体性意识。其三,指出性习不二。"习可变易,性是不易,从变易中见不易,性、习不二也。"⑥性是先天,习是后天,性乃决定习,而习彰显性,性从习中所见,即习中见性。性与习本质为一,不可割裂。"古人之书固不可不读,须是自己实去修证,然后有入处。否则即读尽圣贤书亦是枉然。"⑦

(三)"德性":根植于"性善论"

"中国传统的心性之学,则以性善论为主流。"⑧从根源来看,马一浮的"德性论"依然根植于孟子的"性善论"。他在论"横渠四句"时说:

> 《易·大传》曰:"《复》,其见天地之心乎。"《剥》《复》是反对卦。……伊川《易传》以为动而后见天地之心。天地之心于何见之?于人心一念之善见之。故《礼运》曰:"人者,天地之心也。"《程氏遗书》云:"一日之运,即一岁之运;一

---

① 马一浮:《马一浮全集》(第一册下),浙江古籍出版社2013年版,第744页。
② 马一浮:《马一浮全集》(第一册下),浙江古籍出版社2013年版,第760—761页。
③ 马一浮:《马一浮全集》(第一册上),浙江古籍出版社2013年版,第16页。
④ 马一浮:《马一浮全集》(第一册下),浙江古籍出版社2013年版,第747页。
⑤ 马一浮:《马一浮全集》(第一册下),浙江古籍出版社2013年版,第747页。
⑥ 马一浮:《马一浮全集》(第一册下),浙江古籍出版社2013年版,第761页。
⑦ 马一浮:《马一浮全集》(第一册下),浙江古籍出版社2013年版,第731页。
⑧ 张君劢:《新儒家思想史》,中国人民大学出版社2006年版,第567页。

人之心,即天地之心。"盖人心之善端,即是天地之正理。善端即复,则刚浸而长,可止于至善,以立人极,便与天地合德。故"仁民爱物",便是"为天地立心"。天地以生物为心,人心以恻隐为本。孟子言四端,首举恻隐,若无恻隐,便是麻木不仁,漫无感觉,以下羞恶、辞让、是非,俱无从发出来。故"天地之大德曰生",人心之全德曰仁。①

天地之心便是人之善心。对天地而言,"善"是天地之正理,"天地之大德曰生"(《系辞传》),"生物"是天地之"善"的彰显。对人来说,"善"是人之本性,即"恻隐"之心,亦即"仁心"。这扩充提升了孟子的"四端说",把"恻隐"等同于"天地之正理",为"仁"找到了最终的根源。即人之性善来自于天地,等同于天理。这是从超验层面而言,至于经验世界为何有不善,马一浮承袭了宋儒"气质之性"的说法。"义理之性无有不善,气质之性有善有恶,善者为义理之显现,不善者为义理之障蔽。然义理之性虽有隐现,并无增减。"②"善"是义理之性,"不善"则是气质之性,受到后天之蒙蔽。"性是纯理,无有不善,气则有善有不善。"③由此,既然人之本性是善,所以"德性"的彰显要向内求,反求诸己,而不是向外用力。"今人所谓探求真理,全是向外寻求,如此求真得不到,即有所得,亦不真实。中土圣贤所谓性,即今世所谓真理。此乃人人本具,最为切近简易,反身而求,当下即是。今之人驰心务外,正是舍本追末、舍近求远,可谓枉费工夫。"④由此,"德性"既是本体,也是工夫,只有主体性得到充分的彰显,才能从根本上实现德性、天道、人事的合一。显然,这并没有跳出孟子"尽心—知性—知天"的逻辑理路。

---

① 马一浮:《马一浮全集》(第一册上),浙江古籍出版社2013年版,第4—5页。
② 马一浮:《马一浮全集》(第一册下),浙江古籍出版社2013年版,第726页。
③ 马一浮:《马一浮全集》(第一册下),浙江古籍出版社2013年版,第732页。
④ 马一浮:《马一浮全集》(第一册下),浙江古籍出版社2013年版,第740页。

方法论视域下孟荀王霸思想的殊与同

马秋丽

（山东大学马克思主义学院）

摘要：孟荀王霸思想的分殊与相似，可以通过方法论视域的分析得以呈现。在"是"与"应当"的问题域，孟子重视王道与霸道的历史事实中蕴含的价值导向，主要是从价值立论，尊王黜霸；荀子更注重王道与霸道的历史事实，也体现了一种价值选择。从运用文献的方式来看，孟子提出"吾于《武成》，取二三策而已矣"，坚信仁者无敌，提倡仁政，推崇王道；荀子批判吸收包含儒家在内的诸子思想，提倡礼治，王霸兼用。从思维方式来看，孟子采用二分法，在以德行仁与以力假仁，德与力、心服与力服的二元参照中，凸显王道与霸道本质上的差别；荀子采用三分法，从对礼义实现程度上的差别区分王道、霸道、危亡之道。荀子所言霸道作为王道的候补，地位有所提升。孟荀王霸之辨的判定及其殊与同，是基于不同的方法对不同时代问题的思想回应。

关键词：王霸之辨；事实与价值；文献运用；二分法与三分法；孟子与荀子

儒家的王霸之辨影响深远，且极具现实关怀。其中孟荀的王霸之辨最为典型。学界有关儒家王霸思想的研究或孟荀比较研究中多有言及孟荀王霸思想的比较，但专门对孟荀王霸思想的比较研究还有进一步探讨的空间和必要。孟荀王霸思想并非针锋相对，同属儒家，二者一脉相承，自有诸多相似之处，但由于所处时代有别，思想气质不同，思维方式差异，二者也存在诸多分殊之处。从方法论视域对孟荀王霸思想的殊与同进行探索，可以促进当今学界对王霸问题的再思考。

一、价值选择与事实考量：孟荀王霸思想对历史事实的不同侧重

"中国政治思想具有较文字记载远为悠久的历史，它在文字产生以前就已经存在……中国政治思想史上也曾经存在过口耳相传的口头政治思想。"①经过漫长的发展过程，才产生以文字记载、有文献史料的中国政治思想史。中国历史上的第一个王朝是夏朝，代夏而起的商朝开始有基本成熟的文字，如甲骨文、青铜器铭文、陶文、石玉器铭文和典册文献。周人所言"唯殷先人有册有典"（《尚书·多士》），所以殷商是有史料记载的朝代。殷商及西周时期，中国古老的政治传统基本定型，其中所孕育的政治概念开始出现。王道与霸道既是古代政治中的一种历史事实，也是古老政治传统孕育的重要政治概念。

王道与霸道各有所指。梁启超将我国政治思想的渊源追溯至唐尧虞舜。"起唐虞以迄春秋中叶。此时代又当大别为三期：第一，部落期：唐虞迄殷末约千余年。第二，封建期：西周约三百年。第三，霸政期：周东迁后至孔子出生前约二百年。"②这一说法基本描述了从五帝三王的王道政治到霸政即霸道的历史过程。从唐尧虞舜到周平王东迁之前，夏商周三代大一统天下时所行之政即为王政，王政也称为王道。周平王东迁以后，王道衰微，中国政治进入诸侯"争霸"的春秋时期，霸道政治日益流行。春秋时期的霸主打着"尊王攘夷"的旗号，把周天子作为可资利用的政治资源。此时，楚庄王"问鼎"被视为"非礼"，也显示王道、德政对诸侯尚有一定的约束力。到战国时代，诸侯国的"公"先后皆称"王"，各诸侯国蔑视周礼，以实力和权谋攻伐兼并，中国政治背离周礼、进入霸道盛行时期。综上，可以说，王道是指三代圣王及其所推行的政治模式，霸指春秋五霸及其所推行的政治模式。

战国中期的孟子与战国晚期的荀子，对王道与霸道的历史事实和历史事实蕴含的价值导向都非常重视，不同在于各有侧重。

孟荀之前，孔子已提出"有道"与"无道"。孔子认为，"天下有道，则礼乐征伐自天子出；天下无道，则礼乐征伐自诸侯出……天下有道，则政不在大夫。天下有道，则庶人不议。"《论语·季氏》尧、舜、禹、汤、西周所行之道，就是天下

---

① 张师伟，《中国传统政治哲学的逻辑演绎》上，天津人民出版社2016年版，第87—88页。
② 梁启超，《先秦政治思想史》中华书局2016年版，第23页。

有道,实际上就是王道。天下无道则自齐桓公称霸,历史进入诸侯的武力称霸时期,这种天下无道,实际上是指霸道。"孔子这一段话可能是从考察历史,尤其是当日时事所得出的结论。'自天子出',孔子认为尧、舜、禹、汤以及西周都如此的;'天下无道'则自齐桓公以后,周天子已无发号施令的力量了。"[1]可以说,孔子的态度既有对历史事实的考察,也有从价值层面对"有道"与"无道"的判定。孔子指出,"自诸侯出,盖十世希不失矣"《论语·季氏》,霸道的治理方式可以成就大国霸主地位,但很难延续久远。齐国自齐桓公称霸之后的第十位齐简公为陈恒所杀,晋自文公称霸至晋顷公时六卿专权,皆是孔子亲见。

孔子对齐桓公及其辅佐者管仲的评价体现了孔子对于霸道复杂且耐人寻味的态度。第一,孔子对管仲有明确的肯定。在学生子路、子贡对管仲有质疑之问时,孔子以"如其仁"评价管仲。其主要理由在于,齐桓公多次以外交手段避免国家之间的战争,有造福百姓之功,孔子认为是"管仲之力",因此以"如其仁!如其仁!"称之,此其一。管仲帮助齐桓公尊周室,攘夷狄,匡正天下,百姓至今仍受其惠,使人们不至于"披发左衽",起到了保存并推进文化进步的作用,此其二。可见,孔子从历史功业层面对齐桓公和管仲进行了肯定。行事合乎仁,就事而言,也是值得肯定的。第二,孔子对管仲也有不少否定性评价。比如"管氏而知礼,孰不知礼?""管仲之器小哉!""管氏有三归,官事不摄,焉得俭?"(《论语·八佾》)"不知礼""器小""焉得俭"等都是着眼于德,孔子的否定色彩非常鲜明。孔子对齐桓、管仲的复杂评价不仅重事实,也注重道德。正因如此,齐桓晋文以及与之相关的王道霸道之辨,成为后世儒家聚讼不已的话题。

孟子明确将王、霸对举,崇王贱霸。孟子所处的战国时期,王道不存,诸侯争战。战争的性质是兼并战争,而兼并战争明确的方向即从诸侯国林立走向天下统一,即"定于一"。但对于如何"定于一",孟子反对当时盛行的依恃强力的征服。"以力假仁者霸,霸必有大国;以德行仁者王,王不待大。汤以七十里,文王以百里。以力服人者,非心服也,力不赡也;以德服人者,中心悦而诚服也。"《孟子·公孙丑上》孟子明确了君王使人服从的两种方式:一是人民悦服于圣王的道德品质和具有道德色彩的施政措施,即悦服于德;一是人民屈服

---

[1] 杨伯峻,《论语译注》,中华书局 2015 年版,第 252 页。

于君主的暴力统治和以武力为后盾的施政方式,屈服于力。前者为王道,后者为霸道。孟子以道德为标准,推崇王道仁政。对于王道,孟子认为,"养生丧死无憾,王道之始也。"《孟子·梁惠王上》"黎民不饥不寒,然而不王者未之有也"。《孟子·梁惠王上》"乐以天下,忧以天下,然而不王者,未之有也",《孟子·梁惠王下》希望能以王道方式将天下定于"一",实现平治天下的政治理想。同孔子一样,孟子也认为,以力假仁者可以成就霸业,威武一时,但不能使被征服者真心服膺,以德行仁者虽然暂时力量弱小,但邻国之人心向往之,四海归心,最终可以平治天下。

孟子以"无道""无传"表明自己对齐桓晋文等霸主的态度。齐宣王向孟子请教齐桓、晋文之事的时候,孟子的回答很直接:"仲尼之徒无道桓、文之事者,是以后世无传焉。臣未之闻也。"(《孟子·梁惠王上》)"无道""无传"彰明了孟子对霸道不值一谈的态度。实际上,孟子也谈到齐桓公,曾说齐桓公是五霸之盛,指出"五霸者,三王之罪人也;今之诸侯,五霸之罪人也;今之大夫,今之诸侯之罪人也。"(《孟子·告子下》)孟子不是在肯定意义上而是在批评意义上谈,"从历史上看,孟子认为霸是对王的破坏与否定……孟子所讲的历史并不是用历史学家的眼光看待历史,而是把历史作为理论的注脚"[①],彰显其贬黜霸道的鲜明立场。孟子的王霸之辨主要不是从社会政治位阶,而是从价值层面标举王道,贬黜霸道。"王,在孟子看来已经不是位的问题,而是德的问题……王有王之标准,王道自然也有王道所以为王道的标准"[②]。孟子所言的王,主要不是指"位",而是指"德",这样,孟子就对当时自称为"王"的诸侯国君提出了"德"的要求,希望以此矫正时弊,回应时代问题。

荀子的王霸界说多从史实、事实层面描述战国晚期的列国状态,推崇"义立而王"的王道,肯定"信立而霸"的霸道,避免"权谋立而亡"的危亡之道。荀子之时,世道混乱,是秦白起坑赵长平卒四十万之世。荀子曾出入于战国七雄中的秦、赵、楚、齐,对当时的强秦有一定的观察和了解。对于日趋强盛的秦国,荀子有"治之至也,秦类之矣"的肯定性评价,但也指出其"无儒"之不足,没有大儒治国,儒在朝则美政、在野则美俗的儒效不能体现。

[①] 刘泽华,《中国政治思想通史·先秦卷》,中国人民大学出版社2014年版,第190页。
[②] 颜炳罡,《仁义的普世价值与王道政治的情理支撑》,《管子学刊》2012年第1期。

荀子对五霸的态度,有不同面相。

第一,与孟子"无道""无传"相同,荀子"羞言"五霸。荀子认为,"仲尼之门人,五尺之竖子言羞称乎五伯。""羞言"的原因主要有:其一,五霸中最负盛名的齐桓公,确实有使人"羞言"之事实。"彼诚可羞称也。齐桓,五伯之盛者也,前事则杀兄而争国;内行则姑姊妹之不嫁者七人,闺门之内,般乐奢汰,以齐之分奉之而不足;外事则诈邾袭莒,并国三十五。其事行也若是其险污淫汰也,彼固曷足称乎大君子之门哉!"(《荀子·仲尼》)齐桓公杀兄争国,以卑劣方式谋取君位;对内淫乐无度,既有违伦理纲常,又奢侈浪费,齐国收入的一半供养他还不够;外事上欺诈并吞,欺骗策谋袭击小国,吞并35个诸侯国。此处,荀子从史实角度列出多条理由,有理有据的表明"羞言"齐桓公的态度。其二,与王者之政相较,言其缺失。荀子认为,齐桓公的霸业并非王者之道,"彼非本政教也,非致隆高也,非綦文理也,非服人之心也"(《荀子·仲尼》),不足以称乎大君子之门。只是做到了"能颠倒其敌者也。诈心以胜矣。彼以让饰争,依乎仁而蹈利者也,小人之杰也,彼固曷足称乎大君子之门哉!"(《荀子·仲尼》)齐桓公可称为小人之杰,并非以义服人之心的王者。"彼王者则不然:致贤而能以救不肖,致强而能以宽弱,战必能殆之而羞与之斗,委然成文以示之天下,而暴国安自化矣"。(《荀子·仲尼》)此处,荀子推崇王道的基本立场是鲜明的。与孟子的不同在于,"荀子选取了春秋五霸的代表人物齐桓公,具体指摘其霸业之弊,从反面确证王道价值"[①]。可以说,荀子论证王霸思想有详细的事实数据支持,《荀子》一书涉及史实数据的章节很多,比如周封地建国的数据,立七十一国姬姓独居五十三人,都非常详实。

第二,有褒美之言。荀子对齐桓公的霸业进行了肯定,认为齐国称霸"非幸也,数也"。荀子认为,齐桓公有天下之大节,成就霸业是必然的。"夫齐桓公有天下之大节焉,夫孰能亡之?倓然见管仲之能足以托国也,是天下之大知也。安忘其怒,出忘其雠,遂立为仲父,是天下之大决也。……诸侯有一节如是,则莫之能亡也;桓公兼此数节者而尽有之,夫又何可亡也!其霸也,宜哉!非幸也,数也。"《荀子·仲尼》此处,荀子将"数"与"幸"对举,认为桓公霸业有其必然理据,并非侥幸偶得。此处的"数",并非逻辑必然,而是一系列恰当政

[①] 宋健:《"王霸之辨"的推进与异化:以〈荀子·仲尼〉为中心》,《原道》第25辑。

治举措的综合结果,尤其是不计前嫌的气度和知人善用的智慧,使得齐桓公成为霸主。

综上,在孔子看来,王道与霸道既是一种事实,又是一种价值,孔子谈管仲,不仅考察历史,也从道德着眼。在孟子看来,王道与霸道主要是一种价值,孟子直接标举王霸之辨的道德价值,区分德与力,"无道""无传"齐桓晋文。在荀子看来,王霸更多是一种事实考量,也体现了一种价值选择,荀子既"羞言"五霸,又对当时强秦有"治之至也,秦类之矣"的肯定,荀子既有道德上的评判,亦有事实上的考量与事功上的肯定,与孔子的态度基本符合。

二、"取二三策"与兼容并包:孟荀王霸思想对文献运用之别

孟荀之前,孔子非常重视对文献的认知和研究。《论语》中的"文献"一词,文指典籍,献指贤人,与今日所用的"文献"概念有所不同。孔子对待文献和当时贤者的态度体现在《论语·八佾》篇:子曰:"夏礼,吾能言之,杞不足征也;殷礼吾能言之,宋不足征也。文献不足故也,足则吾能征之矣。"孔子虽然能断言夏礼和殷礼的存在,但由于夏的后代杞、宋两国现存的典籍和贤人皆不足的缘故,孔子难以使人明其意、信其说,因此有虽能言之而证成不足之遗憾。但面对子张问"十世可知也?"孔子很明确回答:"殷因于夏礼,所损益,可知也;周因于殷礼,所损益,可知也。其或继周者,虽百世可知也。"《论语·为政》此处的"礼,兼指一切政治制度,社会风俗,人心之内在,以及日常生活之现于外表,而又为当时大群体所共尊共守者"[①]。孔子历陈夏、商、周三代之因革,通观历史,鉴往知来,把握人类文化进程之大趋势。"周监于二代,郁郁乎文哉!吾从周"《论语·八佾》,周礼是对夏礼与殷礼的因革损益而成,孔子从周的根据也在于此。周代在对殷商覆亡的反思中实现了从神本向人本的转化,开启了中国的人文主义传统,从虔诚尊神转向重视统治者的德行。孔子在周代礼乐制度基础上主张"为政以德"。孔子虽没有明确提出王霸之辨,但他在历陈夏、商、周三代之礼因革基础上从周礼,并在周礼基础上对"道之以德,齐之以礼""道之以政,齐之以刑"进行了区分。这种区分为孟子德力之辨留下发展空间。

孟子的王霸思想可以从其运用文献的态度中彰显出来。"孟子曰:'尽信

---

① 钱穆,《论语新解》,九州出版社2011年版,第44页。

《书》,则不如无《书》。吾于《武成》,取二三策而已矣。仁人无敌于天下,以至仁伐至不仁,而何其血之流杵也?'"《孟子·尽心下》孟子之所以说"尽信《书》则不如无《书》",是因为他坚信"仁人无敌",极仁道的周武王讨伐极不仁的商纣王,怎么会血流漂杵呢?在孟子看来,这种讨伐是合理的。针对齐宣王所问,"汤放桀,武王伐纣,有诸?"孟子对曰:"于传有之。"曰:"臣弑其君,可乎?"曰:"贼仁者谓之贼,贼义者谓之残,残贼之人谓之一夫。闻诛一夫纣矣,未闻弑君也。"《孟子·梁惠王下》)孟子的立场非常鲜明,他认为桀纣虽有王之位,但公然残仁贼义,已沦为"一夫",不仁不义的桀、纣被"放"被"伐"是合理的。汤武革命,并不是违背礼义的弑君,而是顺天应人,为天下捍卫仁义,此其一。其二,民众箪食壶浆以迎王师。"汤放桀,武王伐纣"诛杀暴君,是合理的、正义的,自然会受到百姓欢迎。"汤伐葛"可以为佐证。"《书》曰:'汤一征,自葛始。'天下信之。东面而征,西夷怨;南面而征,北狄怨。曰:'奚为后我?'民望之,若大旱之望云霓也。归市者不止,耕者不变。诛其君而吊其民,若时雨降,民大悦。《书》曰:'徯我后,后来其苏。'"(《孟子·梁惠王下》)商汤的征战对老百姓而言,如大旱时的及时雨,是对生活于水深火热之中的百姓的拯救和安抚,老百姓非常欢迎。受到欢迎的王师的"放""伐",不可能出现血流漂杵。因此孟子敢于说,"吾于《武成》,取二三策而已矣。"这实则是孟子对基于人性善的仁政王道的自信。

孟子运用儒家经典,以"万物皆备于我"的精神,对儒家学说进行了创造性发挥。孟子借助孔子阐发己说:"孔子曰:'道二:仁与不仁而已矣'"《孟子·离娄上》,孟子将孔子的"仁"发展为"不忍人之心",以此为出发点和根据,将孔子的德治发展为仁政。就诸侯国内而言,谓之"仁政",就当时列国组成的天下而言,谓之王道。一定意义上,孟子对经典的运用,是为了阐发己意,颇有六经注我的意味。孟子在阐释孔子学说,推进儒学发展之时,还需要"距杨、墨,放淫辞,正人心,熄邪说,以承三圣者",回应非儒学派对儒学的挑战维护儒家道统。因此孟子视非儒学派的文献为异端邪说,对于盈天下的杨朱和墨子之言,"孟子曰:'杨氏为我,是无君也;墨氏兼爱,是无父也。无父无君,是禽兽也。'"《孟子·滕文公下》孟子对于农者许行,对于法家等都有辩说。孟子反对法家的暴力原则。孟子之时,法家已经崛起,与儒家讲仁道、讲德教不同,法家主张耕战立国,并将刑法视为维护社会秩序的手段,对内,人与人关系靠刑法来调节,对外,战争便成为解决国与国之间冲突的主要形式。战争与刑法都是一种暴力手段。法家推行的霸道,正是建立在暴力的基础之上。后来法家的集大成者韩非将其概括为"当今争于气力"。孟子当时就注意到法家这一倾向,认为霸道的实质在于"以力服人"。孟子强调仁政王道,是对法家暴力原则的一种否定。

荀子的王霸思想兼容并包,不仅系统传授儒家经典,而且旁及诸子百家,批判吸收各家思想。"清儒汪中在《荀卿子通论》中认为,荀子之学出于孔子,而尤有功于诸经。盖自七十子之徒既没,汉代诸儒未兴,中更战国暴秦之乱,六艺之传赖以不绝者,主要应归功于荀子。"[①]荀子分析了先秦各学派代表人物诸如它嚣魏牟、陈仲史鳅、墨翟宋钘、慎到田骈、惠施邓析、子思孟轲十二子的思想,在此基础上认为,当世"仁人"的当务之急是"上则法舜禹之制,下则法仲尼子弓之义,以务息十二子之说"《荀子·非十二子》,就是把舜、禹一统天下之制度与仲尼、子弓统一天下的学说统一起来,以制止不足以为治的学说。"如是则天下之害除,仁人之事毕,圣王之迹著矣"《荀子·非十二子》,这是荀子王道思想的一种体现。荀子多次强调的"隆礼尊贤而王,重法爱民而霸"有对法家思想的借鉴,但荀子明确批评"慎子蔽于法而不知贤,申子蔽于势而不知知"《荀子·解蔽》。批评慎到为法所蔽而不知贤智之人在国家治理中的作用,申不害只见权势的重要而不知智慧的作用。批评慎到"尚法而无法,下修而好作,上则取听于上,下则取从于俗,终日言成文典,反䌷察之,则倜然无所归宿,不可以经国定分"。荀子非十二子崇尚法治,却不遵循礼法,唯上是听,唯俗是从,整天讲法律条文,反复考察法典条文,却好高骛远脱离实际。一定意义上,荀子王霸思想是在批判吸收儒家、法家、阴阳家、名家、兵家、农家、黄老道家等诸家基础上兼容并包的思想成果。荀子王霸之说的主要贡献在于,"将零散的王霸之说变为系统理论……不论是管仲、孔子、墨子,还是商鞅、孟子,在现有的文献与著作中,他们的王霸之说都只是随文就事,即兴而言,并无专门系统的理论……荀子通过《王制》《王霸》二篇专文,在吸取前人论说的基础上,联系当时的社会现实,首先对先秦的王霸之说进行归纳总结,形成了完整而系统的

[①] 庞朴主编,《中国儒学》第一卷,东方出版中心1997年版,第86页。

王霸思想。"①

荀子对孔子思想资源的发扬有与孟子不同的路向与侧重。荀子发挥孔子"齐之以礼"的治理方式,提倡礼治。礼本是夏商周三代政治的特征,是三代圣王经营天下的大道。《礼记·表记》言"周人尊礼尚施",孔子谈礼,遵从周礼。但孔子所言周礼亦是对夏礼和殷礼因革损益而来。荀子发挥孔子的"齐之以礼"的治理方式,且集先秦礼论之大成,在性恶论基础上提倡礼治。"主性善者必主率性,故孟子重仁。主性恶者必主制性,故荀子重礼"②。礼有广义狭义之分。狭义之礼主要指礼之仪文形式,广义的礼指典章制度,孔子和荀子都是从广义的礼立论。荀子论礼,礼之最后目的为养,所以荀子尤重富国。荀子之时,列国争霸者富国强兵之术各异,但无一通过礼治来实现。在霸主的政治实践中,毁礼、越礼成为强权的象征。如何在现实的基础上避免社会混乱,使社会朝着有序统一的方向发展,是荀子面临的时代课题。荀子重礼,自然重视礼的外用和现实国家以礼治国的治理效果。因此在王霸问题上,荀子在不放弃儒家王道理想的情况下,通过对霸道进行界定,融入"信""德""义""重法""爱民""贵贤"等因素,对于现实层面国家治理比较好的霸道有一定程度的认同。

孟荀都重视王道,但他们对文献的运用方式也有差异。"'王道'既是儒家政治的制度设计,又是儒家因应战国时代的需要所提出的实现'大一统'的方式,更是儒家治理天下国家的手段和终极政治诉求、政治目标。"③大一统的追求、以德服人的德治、设王者之制是王道政治的本质意涵④,孟荀都如此。在孟子那里,已不得详闻周制,所以他"舍周礼而泛言三王,欲以理想中尧舜三代之法制,为梁齐诸王革命新邦之仪型也"⑤,孟子主张"尽信书则不如无书",他所称的"先王之法,殆不过就古制之轮廓加以自创之理想,融铸混合而成,不必全有历史之根据。故孔子论三代之礼以为各有因革损益,孟子立战国定一之制以为尧舜文王如规矩之永为师法。其相异如此者,正由前者较重史实,后者较

---

① 王天海、杨秀岚,《荀子王霸思想解析》,《现代哲学》,2017年第1期。
② 萧公权,《中国政治思想史》(上),商务印书馆2016年版,第109页。
③ 颜炳罡,《仁义的普世价值与王道政治的情理支撑》,《管子学刊》2012年第1期。
④ 颜炳罡,《仁义的普世价值与王道政治的情理支撑》,《管子学刊》2012年第1期。
⑤ 萧公权,《中国政治思想史》(上),商务印书馆2016年版,第104页。

逞主观"。① 荀子则以《王制》篇专门阐述王道思想。荀子因应时代需要,援用古代圣王制度,从王者之人、王者之制、王者之伦、王者之法等多方面描绘了一幅统一王国的理想蓝图。荀子详细论述了王者之政,从用人、治民、外交、经济各个方面进行了阐发,为建立一个统一的强大国家作了理论上的论证。这可以说是二者的同中之异。

孟荀都有为汤武革命的明确辩护。荀子所言"诛独夫",与孟子"诛一夫",为汤武革命辩护的立场相同,甚至有过之而无不及。针对"桀纣有天下,汤武篡而夺之"之说,荀子认为,"诛暴国之君若诛独夫"(《荀子·正论》)暴君奢侈放纵,众叛亲离,诛杀暴君就像杀掉独夫一样,定不会伤害无罪之民。扫除天下共同的祸害,善于治理天下之人,即是行王道之人。因此荀子认为"汤、武非取天下也,修其道,行其义,兴天下之同利,除天下之同害,而天下归之也。桀、纣非去天下也,反禹、汤之德,乱礼义之分,禽兽之行,积其凶,全其恶,而天下去之也。天下归之之谓王,天下去之之谓亡。故桀、纣无天下而汤、武不弑君"。(《荀子·正论》)在荀子看来,桀纣并不是被夺去了天下,而是自己背离了禹、汤的德行,违背了礼义的名分,行为如禽兽,人民抛弃了他们。汤武所行的是天下归心的王道,而桀纣所行的是天下背弃的亡道,所以"桀纣无天下而汤武不弑君",萧公权认为,"此与孟子'诛一夫'之说意义相同"。② 荀子还谈道:"夺然后义,杀然后仁,上下易位然后贞,功参天地,泽被生民,夫是之谓权险之平,汤、武是也。"《荀子·臣道》荀子认为汤武革命属于"非明主莫之能知"的"权险之平",即汤武革命改变了国家危险局面,使之达到安定,其功业能同天地并列,恩惠广及广大人民。"合孟、荀而言,汤、武仁义,桀、纣贼仁义,汤放桀、武王伐纣即是仁义之举。"③ 可以说,为汤武革命的辩护是同为儒家的孟荀之同。

冯友兰曾言:"孔子在中国历史中之地位,如苏格拉底之在西洋历史,孟子在中国历史中之地位,如柏拉图之在西洋历史,其气象高明亢爽亦似之;荀子

---

① 萧公权,《中国政治思想史》(上),商务印书馆 2016 年版,第 104—105 页。
② 萧公权,《中国政治思想史》(上),商务印书馆 2016 年版,第 114 页。
③ 杨海文,《汤武放伐与王霸之辩——从〈荀子·议兵〉看孟荀思想的相似性》,《哲学研究》2014 年第 10 期。

之在中国历史中之地位如亚里士多德之在西洋历史,其气象之笃实沈博亦似之。"[1]孔子之后的孟荀,文献运用方式不同,王霸问题上的气象也各具特色。借用冯友兰的说法可谓,孟子高明亢爽,荀子笃实沈博。

三、二分思维与三分思维:孟荀王霸思想定位的异同

孟子的王、霸二分与荀子王、霸、危亡三分,体现了二者在王霸问题上不同的思维方式。在各自的思维方式中,王、霸的含义与定位不尽相同。

在孟子那里,王道与霸道是本质上的差别。王霸之辨是在以德行仁与以力假仁、德与力、心服与力服的二元参照中,凸显贵王贱霸的立场。"以力假仁者霸,霸必有大国;以德行仁者王,王不待大。汤以七十里,文王以百里。以力服人者,非心服也,力不赡也;以德服人者,中心悦而诚服也,如七十子之服孔子也。"(《孟子·公孙丑上》)孟子还专门指出五霸是"以力假仁"。他说:"尧、舜,性之也;汤、武,身之也;五霸,假之也。久假而不归,恶知其非有也"。《孟子·尽心上》都是以仁为名,但与尧、舜、汤、武不同,五霸是假借仁之名而谋利。以力假仁者并非真正的仁政王道,而是以力服人的霸道。在孟子,需要辨别的就是"以德行仁"还是"以力假仁"。对于孟子"久假而不归"的理解,思想史上众说纷纭。[2] 我们比较同意的观点是,"从'假仁'入手来批判霸道、判别王霸,体现了以孟子和宋代理学家等为代表的儒家在政治伦理问题上的一个基本立场,即政治的正当性与合法性并不决定于其外在的表现形式或客观事功,而在于形式和事功背后的政治立意和政治动机是否具有道德性。……如果容许假仁假义的霸道充当理想的政治模式和完美典范而为整个社会所尊崇和效法,那么真正秉持仁义而行的王道就只能晦暗不彰以至湮没无闻。正是霸道的'假仁',或者说它与王道极具令人迷惑的相似性,才使得儒家感受到了辨别王霸问题的绝对必要性。"[3]打着仁义的旗号,实则是以力服人的霸道,最容易与王道混淆。因此孟子以德与力、心服与力服进行界定区分。这也是孟子态度鲜明标举王道,进行王霸之辨的原因所在。

---

[1] 冯友兰,《中国哲学史》上册,华东师范大学出版社2000年版,第86页。
[2] 杨海文,《孟子"久假而不归"的王霸之辨》,《中华读书报》2017年11月29日。
[3] 宋赛风、宗新华,《"假仁"之霸——儒家王霸之辨中"霸"的意象辨析》,《天府新论》2019年第6期。

在王道与霸道本质区别的基础上,孟子对五霸的基本态度是批判。孟子将五霸斥之为三王的"罪人",进一步道明霸道的实质。孟子指出,"五霸者,三王之罪人也",《孟子·告子下》五霸为何是三王的罪人?孟子认为,"五霸者,搂诸侯以伐诸侯者也,故曰:五霸者,三王之罪人也。"《孟子·告子下》孟子之时,三王之道仅是理想,以齐桓公为代表的五霸所行之道是挟持一部分诸侯攻伐另一部分诸侯,被孟子视为三王的罪人。孟子进一步谈到当时的诸侯,"今之诸侯,五霸之罪人也;今之大夫,今之诸侯之罪人也。"《孟子·告子下》今之诸侯为何是五霸的罪人呢?孟子认为,五霸,桓公为盛。葵丘之会诸侯,束牲、载书而不歃血。初命曰:'诛不孝,无易树子,无以妾为妻。'再命曰:'尊贤育才,以彰有德。'三命曰:'敬老慈幼,无忘宾旅。'四命曰:'士无世官,官事无摄,取士必得,无专杀大夫。'五命曰:'无曲防,无遏籴,无有封而不告。'曰:'凡我同盟之人,既盟之后,言归于好。'今之诸侯,皆犯此五禁,故曰:今之诸侯,五霸之罪人也。"《孟子·告子下》孟子认为,春秋五霸尚且能信守盟约,诛责不孝、尊贤育才、敬老慈幼,订立盟约,言归于好,而当时的诸侯对这五条盟约和禁令都不能遵守,因而被孟子视为五霸之罪人。再等而下之,则是奉迎助长诸侯国君恶行的大夫,他们是诸侯之罪人。孟子指出,"'我能为君约与国,战必克。'今之所谓良臣,古之所谓民贼也。君不乡道,不志于仁,而求为之强战,是辅桀也。"《孟子·告子下》在孟子,为不行仁政的国君聚敛财富之人,名为良臣,实为民贼。为不行仁政的国君以战争开疆拓土,无异于率土地而食人肉,死刑都不足以赎其罪过。孟子学说中,王霸之辨在二分法基础上,也有程度上的区分,在王道以下,已有三王之罪人的五霸之道、五霸之罪人的诸侯所行之道、诸侯之罪人的大夫所行之道等的区分,多个层次每况愈下,不仅隐含多分法的可能,也为荀子一定意义上接受霸道埋下伏笔。

荀子的三分法对王霸的界定与孟子有别,为王霸之辨提供了另一种参照。

荀子王道、霸道、亡国之道区分的主要依据是对礼义的体现程度不同。王道是指"义立而王"。"义"是荀子思想中贯通各个领域的"礼义"的简称,"义立而王"就是遵循礼义治理国家,"以礼义为治理的根本原则,而礼义是符合人性的,所以可以真正的实现万民归服,也就是王道。"[①]这一理想的现实原型就是

[①] 王正,《重思先秦儒家的王霸之辩》,《中国哲学史》2016年第3期。

商汤和周武王。荀子所言的霸道是指"信立而霸",统治者德、义都有所欠缺,不能完全遵循礼义治国,礼法制度也不是特别完备,但能"不欺其民""不欺其与""与国信之",在一个国家内部和友邦中建立相互信任,也能"威动天下",这种类型的现实原型就是五霸。"权谋立而亡"的亡国之道等而下之,是指统治者不发扬礼义,不坚守信用,只提倡功利,对内欺诈百姓以追求小利,对外欺骗结盟的诸侯国以追求大利。如此,国内上下欺诈,离心离德,敌国轻视,友国分崩离析,人民不能受益,国家走向危亡。"齐闵、薛公"就是"权谋立而亡"的现实原型。"义立而王""信立而霸""权谋立而亡",三种治国之道的区分主要依据以礼义治国的程度不同。杨倞所注:"'德虽未至也,义虽未济也',霸者亦有德义,但未能至极尽济也。"[1]可以佐证,荀子不是从本质而是从程度上进行王霸之辨。

荀子从程度上进行王霸之辨体现在多个层面。荀子认为,治理国家,重在"何法之道、谁子之与",因此提出"君人者,隆礼尊贤而王,重法爱民而霸,好利多诈而危。"(《荀子·大略》)"故与积礼义之君子为之则王,与端诚信全之士为之则霸,与权谋倾覆之人为之则亡。"(《荀子·王霸》)"故道王者之法,与王者之人为之,则亦王;道霸者之法,与霸者之人为之,则亦霸;道亡国之法,与亡国之人为之,则亦亡。"(《荀子·王霸》)不同层级的治国之道、不同类型的人君、人君选人用人方式的不同类型、用兵的不同方式等都是从程度上区分。荀子或者从治理效果优劣程度、或者从纯粹性程度将孟子的德力二分转变为对礼法的实现程度的不同,转变为对以德服人体现程度的有无与深浅,粹全与驳杂的不同。荀子自己总结为"粹而王,驳而霸,无一焉而亡。"《荀子·王霸》这是荀子谈人君取相时的总结,杨倞注曰"粹,全也。若舜举皋陶,不仁者远,即巨用之,綦大而王也。驳,杂也。若齐桓外任管仲,内任竖貂,则小巨分流者。无一焉而亡,无一贤人,若厉王专任皇甫、尹氏,即綦小而亡者也。"万里注:"粹,纯全也。驳,一善一恶也。无一,无一善事也。"[2]荀子还提到,"故可以霸而不可以王,是强弱之效也。"(《荀子·议兵》)荀子也用"相县亦远"区分王道与亡国之道,荀子指出,"夫王者之与亡者,制人之与人制之也,是其为相县也亦远

---

[1] 董治安、郑杰文、魏代富整理,《荀子汇校汇注附考说》中,江苏凤凰出版社2018年版,第573页。
[2] 董治安 郑杰文 魏代富整理,《荀子汇校汇注附考说》中,凤凰出版社2018年版,第586页。

矣。"《荀子·王制》"远"也是从程度上来讲。因此,以"粹而王,驳而霸,无一焉而亡"来概括荀子王霸之辩三分法的特色,也很为恰当。正如冯友兰所言,"荀况认为,霸也还不错,仅只是在程度上比王还差一层,没有王那么'纯粹',还有一点'驳杂'……王和霸的不同是程度上的不同,不是种类的不同。这也是荀况的王霸之辩。他的王霸之辩和孟轲是不同的。孟轲认为王霸的不同是种类的不同,是相互对立的。"①这应是孟荀王霸之辩最主要的区别。

孟子的二分思维与荀子的三分思维对王道与霸道的定位不同。

第一,二者都将王道视为最高的治理之道,但在孟子那里,"以德行仁者王",王道是由仁心即不忍人之心推扩外显的。荀子则是"义立而王",注重的是礼义治国,王道的关键因素是隆礼尊贤、实行王者之法、与王者之人为之,与积礼义之君子为之。可见二者对王道的界定并不相同。

第二,二者对霸道的态度与定位差异更大。对于霸道,孟子界定为"以力假仁者",虽然假借仁的旗号,实则是以力服人。荀子则是"信立而霸",融入与突出了"信"的因素。荀子所言霸道的关键因素是重法爱民、行霸者之法、与霸者之人为之、与端诚信全之士为之。孟子对霸道主要是批判,所谓尊王黜霸就是指此。荀子对霸道,有欣赏与接受的成分,虽不能隆礼尊贤,礼义实现的程度也不如王道,但能取信天下,重法爱民也对国家和百姓有益。因此荀子被视为王霸兼用。实际上,荀子三分法的思维方式使得他对霸道的定位有所提升。有"信""德""义""重法""爱民""贵贤"等因素的霸道,是王道求而不得之时退而求其次的选择。"在荀子看来,'霸道'是'王道'的候补者。王、霸可以相通。'上可以王,下可以霸。'"②从现实层面而言,霸道又两害相较取其轻,避免了最差的亡国之道。在最糟糕的危亡之道的反衬下,霸道避免了国家危亡,有其一定的合理性和可接受性。易言之,霸道不是最坏的,也不是最好的,而是最现实可行的治理方式。因为采用三分法,王道地位未降低情况下,荀子对霸道的认同度确实有所提升。

孟荀对王霸的界定与他们学说特色密切相关,正如颜炳罡所言,"儒家创始人孔子建立了以仁为本源,以礼为表征,仁礼合一的思想系统。礼是中国文

---

① 冯友兰,《中国哲学史新编》(上),人民出版社2001年版,681页。
② 刘泽华,《中国政治思想通史·先秦卷》,中国人民大学出版社2014年版,第190页,第212页。

化的共法,是他对中国文化的继承,仁是其学说的本质,是孔子的创辟。孔子的思想系统存有向依仁以成礼和设礼以显仁两个向度发展的可能性。后世儒者如孟子等尊仁,依仁以成礼,荀子等崇礼,设礼以显仁。汉儒大致顺荀学方向而来"。[①] 孟子的王道霸道依仁而定,荀子的王道霸道由礼义而设。值得注意的是,孟子在谈五霸时,尤其是将当时诸侯视为五霸之罪人时,曾指出,五霸尚能信守盟约,而孟子之时的诸侯都违犯这五条盟约和禁令。可见,五霸信守盟约应是事实。只是孟子王霸之辨意在批评霸道,因而并未把"信"作为霸的主要因素。就此而言,孟荀对霸道的理解异中有同。

荀子的三分法是对当时各诸侯国兴衰成败的描述与概括总结,真实地展现了战国晚期诸侯国的纷争与大一统趋势的逐渐形成。但正因为是经验描述与概括,荀子有关王霸概念的清晰性与确定性不如孟子。这也导致荀子在不同篇章对三分法的表述并不完全一致,有时甚至四种或五种情况并举。《荀子·王制》将治国之道分为王道、霸道和强道。王道为优,霸道次之,强道则会危国。"王夺之人,霸夺之与,强夺之地。夺之人者臣诸侯,夺之与者友诸侯,夺之地者敌诸侯。臣诸侯者王,友诸侯者霸,敌诸侯者危。"《荀子·王制》荀子区分了知强道者、知霸道者、知王道者。荀子将强者安排于王者与霸者之下的最底层,被定义为要用力赢得胜利的统治者。荀子主张强道最终会使国家危亡。相比而言,霸道可以友诸侯,诸侯亲之。王道则因其仁、义、辅助仁义的无敌威力,不战而胜,不攻而得,甲兵不劳而天下服。同样,在《议兵》篇,荀子把以仁义为本的汤、武的军队视为王者之兵,其用兵是为了禁暴除害,安定天下,而非争夺利益。荀子把春秋五霸的军队置于中间,把包括秦在内的齐、楚等在战国时代争夺霸权的诸侯国军队置于下位。在三分法基础上,荀子也用四种状况或者五种状况概括不同治国之道的治理效果。荀子多次提到:"人君者,隆礼尊贤而王,重法爱民而霸,好利多诈而危,权谋倾覆幽险而亡。"(《荀子·强国》)"故尊圣者王,贵贤者霸,敬贤者存,慢贤者亡,古今一也。"(《荀子·君子》)"故修礼者王,为政者强,取民者安,聚敛者亡。""故王者富民,霸者富士,仅存之国富大夫,亡国富筐箧,实府库。"《荀子·王制》"具具而王,具具而霸,

---

[①] 颜炳罡,《依仁以成礼,还是设礼以显仁——从儒家的仁礼观看儒学发展的两种方式》,《文史哲》2002年第3期。

具具而存,具具而亡。用万乘之国者,威强之所以立也,名声之所以美也,敌人之所以屈也,国之所以安危臧否也,制与在此,亡乎人。王、霸、安存、危殆、灭亡,制与在我,亡乎人。"《荀子·王制》"此五等者,不可不善择也,王、霸、安存、危殆、灭亡之具也。善择者制人,不善择者人制之。善择之者王,不善择之者亡。夫王者之与亡者,制人之与人制之也,是其为相县也亦远矣。"《荀子·王制》值得指出的是,荀子认为,社会形态的治世与乱世表现为国家的王、霸、危、亡四种形态。王霸属于治世,危亡属于乱世。这显然提升了对霸道的认同程度。但无论是三分法,还是四分法五分法,王道都是荀子最推崇的治道。

荀子对当时显赫的大国抱有希望和期待,期待统一天下结束战乱。荀子指出,"今亦以天下之显诸侯,诚义乎志意,加义乎法则度量,箸之以政事,案申重之以贵贱杀生,使袭然终始犹一也。如是,则夫名声之部发于天地之间也,岂不如日月雷霆然矣哉!"《荀子·王霸》荀子认为,显赫的诸侯若能以礼义来端正思想,衡量法令制度,运用于政事,以义进行赏罚,且始终如一地坚持,就能向汤武那样,美名显赫于天下。正因此,荀子在坚持王道为上的同时,对霸道有一定程度的认同。有观点指出,荀子王霸三分格局,为化"霸"入"王"提供了价值可能、主体担保、行动指南,也埋下异化的隐患。[①]

荀子为什么采用三分法?冯友兰将孟子视为代表儒家的理想主义一翼,将荀子视为儒家的现实主义一翼[②]。的确如此,荀子接触的都是国君、相国、稷下学宫的学者,受齐文化影响,他是脚踏实地的现实主义者,因此分析问题首要坚持现实原则。处于战国晚期的荀子看到了日趋强盛的秦国,也亲历了一些大国的衰亡和小国的灭亡,明白当时的天下已经无法靠行王道而统一。为了结束乱世局面,荀子认为行霸道者立信、重法、爱民,也能将民众从悲惨的现状中拯救出来。荀子采用三分法,对霸道一定程度的接受,既有对超越孟子学说不为所用的考量,增强现实性;也有对先秦诸子学说的系统整理和荀子学说自身系统性的要求。

综上,孟荀王霸之辩的判定方法及其殊与同,与二者对历史事实及其内蕴价值的不同侧重、对文献运用的相异方式、二分法与三分法的不同思维密切相

---

① 宋健:《"王霸之辩"的推进与异化:以〈荀子·仲尼〉为中心》,《原道》第25辑。
② 冯友兰,《中国哲学简史》,北京大学出版社1996年版,第60页。

关。孟子的二分法偏定性思维,重在辨明"以德行仁者"与"以力假仁者"的王霸本质上的不同,他贵王贱霸,以对当时的诸侯国君进行规约,提升当时的政治现实。荀子的三分法偏经验概括与实证思维,通过对"王霸"进行新的界定,从仁义体现的程度不同区分王霸危亡之道,对当时社会由分向合渐趋一统化的趋势进行了文化回应。就后世影响而言,孟子的后世影响主要在学统。学界流传至今的王霸思想主要是孟子的界定,荀子所谓"重法爱民""信立而霸"的霸道观并未被认同流传。也许与儒家重辨明是非,注重本末轻重的定性思维有关,从程度上进行区分的实证思维并非儒家的主要思维方式。荀子的主要影响在政统。荀子以现实主义为原则但不失对理想的追求;注重功用但并没走向功利主义;不排斥霸道但仍保持对王道的追求,对后世大一统社会政治秩序的建构影响深远。

陆象山在湖北的心学实践

欧阳祯人

（武汉大学中国传统文化研究中心）

南宋淳熙十六年（1189年）二月，孝宗皇帝退位，皇太子赵惇登基，五月，诏令陆九渊出知荆湖北路荆门军，并由宣义郎转宣教郎；六月，经审官院考核勘定，又转为奉议郎。这次任命，开始了陆九渊（1139-1193）远离江西故土，任职于边防小城，躬行荆门之政的重要人生阶段。作为一代"精神哲学大师"[①]，陆九渊的哲学思想像一朵绚丽的思维之花，含苞于鹅湖，绽开于象山，最终怒放于湖北荆门，他的精神哲学在这里得到了实践的洗礼和考验，也进一步使他的思想更趋成熟而达到了顶峰。这值得我们认真总结。

一、陆九渊荆门政绩的哲学思考

陆九渊，字子静，号存斋，抚州金溪（今江西临川）人，因讲学于贵溪应天山（象山），世称象山先生。总的来讲，象山先生的哲学在"人皆具是心，心皆具是理，心即理也"[②]的基点上，提出了"盖心，一心也，理，一理也，至当归一，精义无二，此心此理，实不容有二。"[③]的哲学观点。根据当时南宋中国所面对的内外形势，陆九渊的哲学"收拾精神""发明本心""立主宰""养大体"，强调以"纯王之心"进入"纯王之政"，与朱熹的"道问学"相对立，走的是精神化、心灵化的路向，是"尊德性"的思想代表。根据陆九渊的政治实践来看，他的思想确乎切中当时的社会时弊，有"擒龙打凤底手段"[④]。

[①] 徐梵澄：《陆王学述》，上海远东出版社1994年版，第36页。
[②] 陆九渊：《与李宰》，见《陆九渊集》（卷十一），中华书局1980年版，第149页。
[③] 陆九渊：《与曾宅之》，见《陆九渊集》（卷一），中华书局1980年版，第4—5页。
[④] 陆九渊：《语录》，见《陆九渊集》（卷），中华书局1980年版，第420页。

与朱熹相比,陆九渊不仅在哲学思想上表现了与朱熹针锋相对的观点,而且在政治实践上也展现了大不相同的才华。① 陆九渊常常说:"道外无事,事外无道。"②"道理只是眼前道理,虽见到圣人田地,亦只是眼前道理。"③"古人皆是明实理,做实事。"④在有些曲解的人看来,"空谈心性"的陆九渊实际上是一位真正把儒家的政治理想落到实处的社会实践者。从上任荆门到临终咳血仙逝,陆九渊在荆门总共只度过了一年零四个月的时间,但是,就是在这短暂的时间里,陆九渊"造次于是,颠沛于是",忧国忘家,鞠躬尽瘁,做了大量利国利民的好事,以亲身的"躬行之效",说明了陆氏的心性之学具有重大的社会震撼力。陆九渊出任荆门知军,"君将蒙其益,民将被其泽,道将行于时"⑤实在是荆门一方百姓的幸事。

陆九渊走马上任的第一件大事就是整饬边防,严肃军纪,加强抵御金兵犯境的能力。在接到任命之后,陆九渊让他的学生傅季鲁在象山主持教学事务,自己准备千里走单骑,只身上任;但后来从贵溪县宰那里得知金人有进犯之意后,陆九渊就决定:"如此则荆门乃次边之地,某当挈家以行,未免少迟。若以单骑,却似某有所畏避也。"⑥豁出身家性命准备与来犯之敌决一死战。这种心理素质,这种献身的精神,这种大义凛然,为国分忧的气概,实在是儒学思想家的典范,在宋明心性学派的发展过程中是明代王阳明的先驱。

更为重要的是,陆九渊表现了非凡的社会活动能力和管理才能。上任伊始,他就认识到,荆门虽偏远小镇,弹丸之地,但是它"拥江带汉,控蜀抚淮,岂惟古争战之场,实在今攻守之要。"⑦经过实地勘察,陆九渊发现,荆门的城防、

---

① 当代哲学史家冯契先生在其《中国古代哲学的逻辑发展》(下)论述到朱熹"中国所恃者德,夷狄所恃者力。……盖以力言之,则彼常强我常弱,是无时而可胜,不得不和也。以德言之,则振三纲,明五常,正朝廷,励风俗,皆我之所可勉,而彼之所不能者,是乃中国治夷狄之道"(《答汪尚书》,《文集》卷三十)这种面对强敌不提倡富国强兵,而只提倡进行德教的观点时指出:"这真是腐儒之论!"对朱熹"区区东南,事有不可胜虑者,何恢复之可图乎"(《文集》卷十一)表现出来的悲观情绪也进行了批评(参见冯契著《中国古代哲学的逻辑发展》,上海人民出版社1985年版,第825页)。
② 陆九渊:《语录》,见《陆九渊集》(卷),中华书局1980年版,第395页。
③ 陆九渊:《语录》,见《陆九渊集》(卷),中华书局1980年版,第395页。
④ 陆九渊:《语录》,见《陆九渊集》(卷),中华书局1980年版,第396页。
⑤ 王心田:《陆九渊知军著作研究》,武汉大学出版社1999年版,第392页。
⑥ 陆九渊:《语录》(上),见《陆九渊集》(卷三十四),中华书局1980年版,第422页。
⑦ 陆九渊:《荆门到任谢表》,见《陆九渊集》(卷十八),中华书局1980年版,第225页。

政务,尤其是财政方面的情况相当严重:府藏匮乏,簿书零散,庐舍败坏,以至于"仓廪府库之间麋鹿可至"[①]!以前的官员也多次议论修筑城墙抵御金兵,但最终都因为经费困难不敢轻易动工。陆九渊经过多方核算、审计,多方筹措款项,经上级批准,于南宋绍熙二年(1191年)十二月初四动工,调动义勇兵丁劳作,自己亲自临场监督指挥,军民上下,齐心协力,仅仅花了二十天的时间,就把荆门用于防御的土城墙建筑起来,后来又在土城墙外包砖块,城墙上面设置角台、敌楼、护险墙等,总共只花费了三万缗钱。花钱少而工程坚固、实用,成了当时的一项罕见的工程,致使当地群众"携持来观,自腊至今,踵系不绝。"[②]

陆九渊上任后的另一件带有根本性的大事,就是兴建军学、贡院、客馆、官舍,改善军政建设,树立政府形象,使荆门地方官员的精神面貌有了重大的改变。此前,荆门官员"初俗习惰,人以执役为耻,吏惟好衣闲观",为了改变官吏好逸恶劳的坏习惯,陆九渊"躬身劝督",以身作则,把哲学思想贯彻到具体的政务之中,采取思想启迪的办法,自上而下,打造朴实厚道的民风。据史料载,"至是此风一变,督役官吏,布衣杂役夫佐力,相勉以义,不专以威,盛役如此,而人情晏然,郡中恬若无事"[③]。在行政管理上,陆九渊不仅仅是经验丰富,所有军政大事有缓有急,有条不紊,次第展开。其中成功的原因是陆九渊始终将他的军务政事都涵盖在他的哲学思想的理论框架之中:

或劝先生之荆门,为委曲行道之计。答云:"《仲虺》言汤之德曰:'以义制事,以礼制心。'古人通体纯是道义,后世贤者处心处事,亦非尽无礼义,特其心先主乎利害,而以礼义行之耳。后世所以大异于古人者,正在于此。古人理会利害,便是礼义,后世理会礼义,却只是利害。"[④]

学者问:"荆门之政何先?"对曰:"必也正人心乎!"[⑤]

陆九渊的表达非常深刻,字斟句酌,富有哲理。陆九渊是怎么说的就怎么去做,把思想贯彻到具体的行动之中。陆九渊根据当时的社会历史环境和行

[①] 陆九渊:《与庙堂乞筑城札子》,见《陆九渊集》(卷十八),中华书局1980年版,第225页。
[②] 陆九渊:《与章茂献论城书》,见王心田著:《陆九渊知军著作研究》,武汉大学出版社1999年版,第327页。
[③] 杨简:《象山先生行状》,见《陆九渊集》(卷三十三),中华书局1980年版,第392页。
[④] 陆九渊:《语录》(上),见《陆九渊集》(卷三十四),中华书局1980年版,第424页。
[⑤] 陆九渊:《语录》(上),见《陆九渊集》(卷三十四),中华书局1980年版,第425页。

政管理体系,从官员抓起:"任贤,使能,赏功,罚罪"①,只有把官员的精神面貌振作起来,全社会的"人心"才有"正"的可能。"政者,正也",此乃先秦儒家孔子的祖训,陆九渊可谓深得其中精神。笔者的意思是,陆九渊在哲学思想上追求的"通体纯是道义"的精神境界,以"礼义"来带动"利害",又以"利害"来促进"礼义"。

陆九渊认为自己"生于末世"。"末世"的最大特点就在于士大夫的志向"在于学场屋之文以取科第",由此而导致"私意是举世所溺"。这确实是抓住了南宋时期中国士大夫苟且偷安的本质。在陆九渊看来,人之所以是人者,就是要"大疑大惧,深思痛省,决去世俗之习,如弃秽恶,如避寇仇,则此心之灵自有其仁,自有其智,自有其勇,私意俗习,如见睍之雪,虽欲存之而不可得,此乃谓之知至,乃谓之先立乎其大者。"②这实际上显示了陆九渊面对社会现实,在现实之中"大疑大惧,深思痛省,决去世俗之习""此乃谓之知至,乃谓之先立乎其大者"的根本路向。不论是从学以致用的角度来讲,还是从人性的自我解放以及主体性的确立来讲,朱熹确实是不能与陆九渊相比拟的。因为陆九渊云:"千虚不博一实,吾平生学问无他,只是一实。"③只是"在人情、事势、物理上做些工夫"④。由于陆九渊出生、成长于一个钟鸣鼎食的大家族里,各种家务、商务活动使他精通世务,"知人情之无常",因而能够将儒家传世经典的要义从"践履实地上说出",进而来"料理得人"⑤,取得了"正人心"的最好效果。

陆九渊在荆门的政绩之一,是革除税务的弊端,疏通商贸的渠道,免除了商户和民众的许多沉重的负担。荆门军的当阳、长林,处商家来往频繁之地,过往使节官绅很多,迎来送往,耗费巨大,各种支出在很大程度上依赖商税。可是有关的税收政策却相当地过分:"日差使臣及小吏伺商人于门,检货给引,然后至务。务唯据引入税。出门又复视。管收无几,而出入其费已多。初唯以严禁榷,杜奸弊,而门吏取贿,多所藏覆,禁物亦或通行。商苦重费,多由僻途,务入日缩。"引文中的"务",指的是商业衙门;"引"指的是凭单。官府垄断

---

① 陆九渊:《语录》(上),见《陆九渊集》(卷三十四),中华书局1980年版,第407页。
② 陆九渊:《与傅克明》,见《陆九渊集》(卷十五),中华书局1980年版,第196页。
③ 陆九渊:《语录》(上),见《陆九渊集》(卷三十四),中华书局1980年版,第399页。
④ 陆九渊:《语录》(上),见《陆九渊集》(卷三十四),中华书局1980年版,第400页。
⑤ 陆九渊:《语录》(上),见《陆九渊集》(卷三十四),中华书局1980年版,第415页。

的项目和势力范围,官员们把持了特别的职权,就势必变为谋取私利的工具。陆九渊经过调查之后,坚决废除这种搜刮商人的政策,张贴告示,取消搜检,所有商人直接到商业衙门(务)去纳税就可以了,并且完全杜绝了一切滥收费的途径。这样一来就废除了三道门的引钱、又减去援例费,商人们欢天喜地,诚实纳税,张贴告示的当天,纳税人的数量就增加了,大大活跃了荆门地方的商业活动,有效地遏制了官吏的腐败。

另外,荆门因为是边防小镇,为了防止铜钱流入金朝,南宋政府禁止使用铜钱,改用铁钱。但是老百姓在上缴税钱、役钱的时候,政府却又要求交铜钱。老百姓手里没有铜钱,不得不被迫远走鄂州兑换,承受出差差价的损失以及各种官吏的敲诈之苦(加收三分利息)。陆九渊得知此事以后,反复向荆湖北路转运使薛向先申辩。谓荆门"铁钱地分,其铜钱之森严,民不敢有此,义不当责之输",要求"断然因民之请而尽罢之"[①]。

自孔子的"富而可求也,虽执鞭之士,吾亦为之"(《论语·述而》)到孟子的"夫仁政,必自经界始。经界不正,井地不均,谷禄不平,是故暴君污吏必慢其经界"(《孟子·滕文公》)先秦儒家鼻祖没有不探讨经济的。历史发展到南宋《清明上河图》所展示的经济发达的时代,陆九渊在对待经济的问题上采取了与时偕行的开明态度,把正常经济秩序的建立以及扫除贪污腐败视为"必也正人心"的一个重要的先决条件,这是与孟子"夫仁政,必自经界始"具有同样社会政治目的的正确选择。更为重要的是,陆九渊在维护社会正义、帮助老百姓解决铜钱税捐等问题上,依据孔子"博施于民而能济众"(《论语·雍也》)的信条,最大限度地为他实现"必也正人心"的政治理想扫除了障碍。

当然,陆九渊在荆门执政期间,始终以民众的教育者自居。每逢初一、十五以及节假日他都要亲自去郡学讲学。荆门人属于古代楚国地区,好祭神信巫,有正月十五元宵节设醮求神赐福的习惯。陆九渊就抓住这个机会面对五六百官吏民众讲《尚书·洪范》"敛福赐民"一章,用以代替念诵求神祭文。不要说在南宋时期,就是贯穿整个中国历史,能够在大庭广众之中,面对群众讲述儒家经典,进行通俗的教化、说服工作的思想家,到底又有几个人呢?我们现在打开《陆九渊集》中《荆门军上元设厅皇极讲义》一文,无不为陆九渊的良

[①] 陆九渊:《与薛向先·二》,见《陆九渊集》(卷十五),中华书局1980年版,第199页。

苦用心而感动。他讲解时突出了"发明本心之善,所以自求多福"的主题,既不离老百姓关心的话题,也不脱离自己长期以来关注的理论理想。他说,什么是幸福?幸福就在于人的"心":

实论五福,但当论人一心。此心若正,无不是福;此心若邪,无不是祸。世俗不晓,只将目前富贵为福,目前患难为祸。不知富贵之人,若其心邪,其事恶,是逆天地,逆鬼神,悖圣贤之训,畔君师之教,天地鬼神所不宥,圣贤君师所不与,忝辱父祖,自害其身。静时回思,亦有不可自欺自瞒者,若于此时,更复自欺自瞒,是直欲自绝灭其本心也。纵是目前富贵,正人观之,无异在囹圄粪秽之中也。患难之人,其心若正,其事若善,是不逆天地,不逆鬼神,不悖圣贤之训,不畔君师之教,天地鬼神所当佑,圣贤君师所当与,不辱父祖,不负其身,仰无所愧,俯无所怍,虽在贫贱患难中,心自亨通。正人达者观之,即是福德。作善降之百祥,作不善降之百殃,积善之家,必有余庆。但自考其心,则知福祥殃咎之至,如影随形如响应声,必然之理也。愚人不能迁善远罪,但贪求富贵,却祈神佛以求福,不知神佛在何处,何缘得福以与不善之人也。"①

这是一段文采飞扬,结构紧凑,主题集中的漂亮讲义。既是儒家哲学对"幸福"的一种创造性的诠释,也是陆九渊本人对儒学宗教性的一种准确理解,其中包含了他对荆门地方民众的鞭策,也寄予了他,作为一代哲人对整个世界的一种期望。

二、陆九渊任职荆门时期的哲学思想

陆九渊任职荆门时期的哲学思想是与他的政绩分不开的,也是与此前在江西时期的哲学思想分不开的。但是,笔者在上文已经说了,陆九渊的哲学思想像一朵绚丽的思维之花,含苞于鹅湖,绽开于象山,最终怒放于湖北荆门。所以,他思想的顶峰是以理论联系实际的形态掀开了他思想体系中最为光辉的一页。首先,陆九渊在任职荆门时期的哲学思想是他此前哲学思想的延续,故其思想的核心依然是"塞宇宙一理耳"②,故"学者求理,当唯理之是从,岂可

---

① 陆九渊:《荆门军上元设厅皇极讲义》,见《陆九渊集》(卷二十三),中华书局1980年版,第284—285页。
② 陆九渊:《与吴斗南》,见《陆九渊集》(卷十五),中华书局1980年版,第201页。

苟私门户！理乃天下之公理，心乃天下同心，圣贤之所以为圣贤者，不容私而已。"①因此，突破"私意""私欲"而"先立乎其大者"，抵达"专纯"之地②，仍然是陆氏哲学的主体路向。

但是，陆九渊任职荆门时期的主要精力是放在处理荆门的军政事务之上的。金兵南下入侵的可能，使陆九渊多方筹措经费加强城防工程，对各种军政、地方行政、商贸事务进行了紧锣密鼓的改革、整饬。不仅如此，据史料记载，陆九渊任职荆门的第二年（1192年）春夏之交，荆门地区干旱，老百姓苦不堪言。从四月初到四月十四，不到十天的时间，陆九渊就写下了《荆门祷雨文》《望坛谢雨文》（一）、《望坛谢雨文》（二）、《东山谢雨文》《东山刑鹅谢雨文》和《上泉龙潭取水祷雨文》等六篇祷雨文，在文章中极端悲悯旱农，向上苍一再表达了"守臣不德，当身受其咎，斯民何辜"的至诚情怀。除此以外还有铜钱问题、逃兵问题、兴办郡学问题、三道门引钱问题，等等，诸如此类的紧要公务，必然要改变陆九渊撰写文章，表情达意的时候的思维路径。为了更好地体味和分析一代大儒在这一特殊的历史时期的思维方式，笔者于此抄录一封他写作于荆门的书信，来做一系统的梳理：

见所与毛君书及《颜渊善言德行论》，知为学不懈，大旨不畔，尤以为慰。然学不亲师友，则斯文未昭著处，诚难责于常才。独力私意未能泯绝，当责大志。今时士人读书，其志在于学场屋之文以取科第，安能有大志？其间好事者，因书册见前辈议论，起为学之志者，亦岂能专纯？不专心致志，则所谓乡学者未免悠悠一出一入。私意是举世所溺，平生所习岂容以悠悠一出一入之学而知之哉？必有大疑大惧，深思痛省，决去世俗之习，如弃秽恶，如避寇仇，则此心之灵自有其仁，自有其智，自有其勇，私意俗习，如见睍之雪，虽欲存之而不可得，此乃谓之知至，乃谓之先立乎其大者。何时合并，以究此怀。③

这封书信内容十分显明、充实，言简意赅地把陆九渊的思想和盘托出。笔者有下面几个层次的解读：

第一层，"毛君"者，不知何许人也。然其《颜渊善言德行论》虽"大旨不

---

① 陆九渊：《与唐司法》，见《陆九渊集》（卷十五），中华书局1980年版，第196页。
② 陆九渊：《与傅克明》，见《陆九渊集》（卷十五），中华书局1980年版，第196页。
③ 陆九渊：《与傅克明》，见《陆九渊集》（卷十五），中华书局1980年版，第196页。

畔",但据陆九渊的行文,估计有三方面的问题,一是"不亲师友",没有发人深省的内容,所以陆九渊称之为"斯文未昭著处",文章平平,没有创造性;二是有"场屋之文"的某些气息,被陆九渊一眼识破,因而一针见血,痛批了"场屋之文"对读书人立志读书做人的害处;三是没有"大疑大惧,深思痛省"的思想基础因而没有切近社会实际问题的功夫,没有独立思考带来的理论深度。

第二层,陆九渊认为,读书人读书,首先在于立志。但是何以立志?仅仅依据书册中"前辈议论"就"起为学之志"的"志"是靠得住的吗?在书册之中"一出一入"而得来的东西是十分肤浅的,不是深入人心的灵魂的"专纯"之"大志"。"一出一入",用的是《荀子》的典:"君子之学也,入乎耳,著乎心,布乎四体,形乎动静。端而言,蝡而动,一可以为法则。小人之学也,入乎耳,出乎口;口耳之间,则四寸耳,曷足以美七尺之躯哉!古之学者为己,今之学者为人。君子之学也,以美其身;小人之学也,以为禽犊。"(《劝学》)陆九渊一直声称自己是"私淑"孟子的学者,但是现在看来,他丝毫没有忽视孟子的对立面《荀子》中的思想资源,这反映了陆九渊厚实、阔大的胸襟和学术基础。陆九渊在此尖锐地指出了当今之世读书人不能立大志的根本原因是"私意未能泯绝",贪图名利而急功近利,自然就人云亦云,不可能"立大志"。他反对从书册中"前辈议论"之中来立志,言下之意就是要通过现实的人生体悟,通过切身的、深入灵魂的"深思痛省",独立思考,获得有创造性的思想。这既展示了他对"为学"(学术活动)的界定,也透露了陆九渊"先立乎其大"的真正含义。至为重要的是,陆九渊在这里真切地表明了他的理论是建立在"知行合一"的基础之上的。

第三层,陆九渊一直认为自己"生于末世"。在这里也是不例外的。在这篇文章中他对他所面对的时代有一个总的概括,那就是:"私意是举世所溺!"这在当时的历史条件下,是振聋发聩的呼声和呐喊。通过这个判断,我们可以给"朱陆之争"定性,此其一;还可以解读陆九渊"人皆具是心,心皆具是理,心即理也"的真正含义,此其二。其一者,在陆九渊看来,朱熹的"道问学"用一些古人的条条框框装点门面,为统治者服务,是陷溺了中国文化的创造性特质,扭曲了先秦孔孟的精神;其二者,陆九渊说"天理人欲之分论极有病"[1]。他的意思是说,天与理不可分,心与理也不可分,人与天更不可分。陆九渊的诗作

---

[1] 王心田:《陆九渊知军著作研究》,武汉大学出版社1999年版,第412页。

"仰首攀南斗,翻身倚北辰。举头天外望,无我这般人。"(《仰首》)描述的就是这种超人的状态。

第四层,何以立志?陆九渊有十分生动而深刻的表述:"大疑大惧,深思痛省,决去世俗之习,如弃秽恶,如避寇仇,则此心之灵自有其仁,自有其智,自有其勇。"笔者以为,没有长期深入的思考,尤其是在那个时代,是写不出这段话来的。武汉大学的萧萐父先生在解读陆九渊"还我堂堂地做个人"时说道,陆九渊是在强调人们"必须警惕依附、盲从和奴化。他痛斥一切依附别人,依附权势,随波逐流或甘当'声、色、利、达'的奴隶的人,统称之为'附物'。他说'今人略有些气焰者,多只是附物,元非自立'。而强调人要有独立自主精神,不盲从,不迷信,不随风倒,'不随人脚跟,学人语言',而要'自立'、'自重'。在治学学风上更力主'自得、自成、自道、不倚师友载籍'。针对当时的堕落风气,一些人'奔名逐利',一些人'卑陋凡下',一些人自陷于伦理异化的困境中而不能自拔,陆九渊大声疾呼:'要当轩昂奋发,莫恁地沉埋在卑陋凡下处。''此理在宇宙间,何尝有所碍?是你自沉埋,自蒙蔽,阴阴地在个陷阱中,更不知所谓高远底。要决裂破陷阱,窥测破罗网!''激厉奋迅,冲破罗网,焚烧荆棘,荡夷污泽!'这类激烈言词,散见于他的语录中,近乎冲决网罗的愤怒呐喊。"[①]萧萐父先生把陆九渊定性为"十二世纪中国南宋时富有平民意识、独立不苟的思想家"[②]正是依据了陆九渊敢于"大疑大惧,深思痛省,决去世俗之习,如弃秽恶,如避寇仇"的精神。

第五层,只要在"大疑大惧,深思痛省,决去世俗之习,如弃秽恶,如避寇仇"的基础上树立了大志,"则此心之灵自有其仁,自有其智,自有其勇,私意俗习,如见睨之雪,虽欲存之而不可得,此乃谓之知至,乃谓之先立乎其大者",这是陆九渊的理论目的。"先立乎其大者"之谓,在《陆九渊集·与邵叔谊》一文中是指的"纯一之地"。[③] 这个"纯一之地"就是"此心之灵自有其仁,自有其智,自有其勇,私意俗习,如见睨之雪"的诗化境界,是哲学性、美学性与宗教性三个层面的融合。陆九渊的意思是,一个人一定不能盲目地依附权威,一定要有

---

① 萧萐父:《吹沙二集》,巴蜀书社1999年版,第133—134页。
② 萧萐父:《吹沙二集》,巴蜀书社1999年版,第131页。
③ 此论请参见拙著《象山哲学的诗化境界》,见《朱子学刊》第十四期,黄山出版社2005年版,第242—257页。

"大疑大惧"的精神,才能独立思考,养成自由的学术精神,成就一个"堂堂正正底人"。这个"人"是一个超人,是天与理、心与理、人与天的统一,是德性之"知至"与践履"功夫"的统一。

通过上述五个层面的分析,我们已经真切地领略到,置身抗金的前线,陆九渊在资金匮乏,民心涣散,灾荒不断的情况下,以哲学的思想贯注他的军政工作,进一步强化了他知行合一、理论联系实际的思维方式。从整个陆王心学的体系上来看,我们确乎从陆九渊的身上看到了王阳明"知是行的主意,行是知的功夫;知是行之始,行是知之成"(《阳明全书·卷一·传习录》上)的发展脉络。

现实的事功只是陆九渊哲学思想的一个阶段。上面笔者已经说过了,陆九渊哲学思想的理论目的是"先立乎其大者",那么,怎样才能将陆九渊这形似天渊的两方面联系起来呢?我们还是在陆九渊的文本中寻找答案:"二程见周茂叔后,吟风弄月而归,有'吾与点也'之意。后来明道此意却存,伊川已失此意。"[①]在中国哲学史上,明道、伊川,并称"二程",同为"洛学"大家,世人仰慕,但陆九渊善于"大疑大惧",一叶知秋,准确地抓住了二程之间的区别,并且在文章中多次推崇明道。陆氏认为"此学之不明,千有五百余年矣。异端充塞,圣经榛芜",原因在于孔子之学由"曾子传之子思;子思传之孟子"[②]孟子之后不得其传。那么,"吾与点也"之意,到底是什么意思呢?陆九渊是怎么来解读《论语·先进》中的这段著名的对话呢?

子路、曾晳、冉有、公西华侍坐。子曰:"以吾一日长乎尔,毋吾以也!居则曰:'不吾知也!'如或知尔,则何以哉?"

子路率尔而对曰:"千乘之国,摄乎大国之间,加之以师旅,因之以饥馑,由也为之,比及三年,可使有勇,且知方也。"夫子哂之。

"求,尔何如?"对曰:"方六七十,如五六十,求也为之,比及三年,可使足民;如其礼乐,以俟君子。"

"赤,尔何如?"对曰:"非曰能之,愿学焉!宗庙之事,如会同,端章甫,愿为小相焉。"

---

① 陆九渊:《语录》(上),见《陆九渊集》(卷三十四),中华书局1980年版,第401页。
② 陆九渊:《与李省幹》,见《陆九渊集》(卷一),中华书局1980年版,第14、15页。

"点,尔何如?"鼓瑟希,铿尔,舍瑟而作。对曰:"异乎三子者之撰!"子曰:"何伤乎?亦各言其志也。"曰:"莫春者,春服既成;冠者五六人,童子六七人,浴乎沂,风乎舞雩,咏而归。"夫子喟然叹曰:"吾与点也。"

长期以来,人们大多只是对《论语》的这段文字进行了美学或人学方面的诠释,人们往往把它与"志于道,据于德,依于仁,游于艺。"(《论语·述而》)"兴于诗,立于礼,成于乐。"(《论语·泰伯》)结合起来,揭示它的美学意蕴。这本来也是不错的。但是,文本的解读不能脱离文本本身。现在,笔者在陆九渊的启发下发现,这段文字实际上说的是一种政治哲学的理想,它表达的是一种政治的理想境界。换言之,从治理国家的方式、手段来讲,这里实际上只有两个层次,一个层次是由子路、冉有、公西华构成的,另一个层次是由曾点构成的。子路、冉有、公西华表达的是具体事物的层面,或者说是"礼"的层面,而曾点表达的却是天人合一的层面。

陆九渊说:"四方上下曰宇,往古来今曰宙。宇宙便是吾心,吾心便是宇宙。千万世之前,有圣人出焉,同此心同此理也。千万世之后,有圣人出焉,同此心同此理也。东南西北海有圣人出焉,同此心同此理也。……宇宙内事,是己分内事。己分内事,是宇宙内事。人心至灵,此理至明,人皆有是心,心皆有是理。"[1]又云:"塞宇宙一理耳,学者之所以学,欲明此理耳。此理之大,岂有限量?程明道所谓有憾于天地者矣,则大于天地者矣,谓此理也。"[2]有诗为证:"此理于人无间然,昏明何事与天渊。自从断却闲牵引,俯仰周旋只事天。"[3]说的就是天人合一的内涵。那么陆九渊在他的生命过程中是怎样来体悟这种"四方上下曰宇,往古来今曰宙"的天人境界的呢?

对此,我们只需稍微考察一下他的人生历程就不难发现,陆九渊在知荆门军之前,他已经在象山精舍讲学五个年头了。对于象山的自然环境,对象山精舍,陆九渊魂牵梦绕,在其文集中有精致的描写:

乡人彭世昌得一山,在信之西境,距敝庐两舍而近,实龙虎山之宗。巨陵特起,陡然如象,名曰象山。山间自为原坞,良田清池,无异平野。山涧合为瀑

---

[1] 陆九渊:《杂说》,见《陆九渊集》(卷二十二),中华书局1980年版,第273页。
[2] 陆九渊:《与赵咏道·四》,见《陆九渊集》(卷十二),中华书局1980年版,第161页。
[3] 陆九渊:《与朱济道·二》,见《陆九渊集》(卷十一),中华书局1980年版,第143页。

流,垂注数里。两崖有蟠松怪石,却略偃蹇,中为茂林。琼瑶冰雪,倾倒激射,飞洒映带于其间,春夏流壮,势如奔雷。木石自为阶梯,可沿以观。佳处与玉渊卧龙未易优劣。往岁彭子结一庐以相延,某亦自为精舍于其侧。春间携一侄二息,读书其上。又得胜处为方丈以居,前挹闽山,奇峰万叠,后带二溪,下赴彭蠡。学子亦稍稍结茅其傍,相从讲习,此理为之日明。舞雩咏归,千载同乐。[1]

二十五日观半山瀑,由新蹊抵方丈,已亭午。山木益稠,蝉声益清,白云高屯叠嶂毕露,疏雨递洒,清风漻然,不知其为夏也。……[2]

这是自然的景观,但是,它们却是从陆九渊的心中漂流而出,是其性情心志的投射,是"纯一之地"中理想境界的诗意化、直观化的表述。在行文的过程中,陆九渊已经透露了之所以醉心于大自然"蟠松怪石,却略偃蹇,中为茂林,琼瑶冰雪,倾倒激射,飞洒映带"的原因在于"舞雩咏归,千载同乐",已经把《论语·先进》"子路、曾晳、冉有、公西华侍坐"章与他的描写结合在一起了。

当然,这些文字都是在江西写下的,不属于陆九渊在湖北的思想表现。但是,他在湖北是否也有类似的追求呢?回答当然是肯定的。在荆门时期给上司张伯言的信件就准确地反映了陆九渊在这方面与众不同的品格:

属者伏承使华临贲,侍坐陪吟,日饱德义,慰喜可知。至如风露凄清,星河错落,月在林杪,泉鸣石间,薰炉前引,茶鼎后殿,方池为鉴,回溪为佩,冰玉明莹,雪霜腾耀,则喷玉新亭,真蓬壶瀛洲已。方士徒尔幻怪,安知真仙在此而不在彼也。奇石悉已如教置之,作者屹立瀑间,濒池四辈,耸然相望,如五老后有三峰,跬步之间便使人应接不暇。如闻玉泉,亦蒙点化,光价十倍起初,此邦何幸。自此天下名胜皆有望于门下矣。[3]

文中提到的"五老"即是庐山的五老峰,在庐山万松坪1公里处,五峰耸立,恰似五位老人并坐。玉泉,是当时荆门军当阳县境内的山名,坐落于荆门城西15公里处,其山佳木林卉,四季葱茏,奇洞怪石,幽谷深藏;曲溪名泉,蜿蜒倾泻,山麓有玉泉寺、玉泉塔、珍珠泉等名胜,素有"三楚名山"之称。张伯

---

[1] 陆九渊:《与朱元晦》,见《陆九渊集》(卷二),中华书局1980年版,第22页。
[2] 陆九渊:《与朱济道·二》,见《陆九渊集》(卷十一),第147页。
[3] 陆九渊:《与张伯言》,见《陆九渊集》(卷十七),中华书局1980年版,第219页。

言,字伯信,江西鄱阳人,时任荆南观察副使,应陆九渊之邀,于1192年秋视察了荆门军。当时陆九渊正在荆门进行园林建设,请张伯言提出了指导性意见("奇石悉已如教置之"),而且请张伯言挥毫题写了"蒙泉"两个遒劲的大字,陆九渊于十月吉旦将其镌刻在大石碑上,至今还竖立在荆门市的龙泉公园中,一直是荆门的一大名胜,供游人凭吊。

如果说,打造象山精舍是为了修身养性,营造一个清静的切磋道学的讲坛氛围,为"纯一之地"的抵达创造一个理想的基地,那么,加强荆门市区的园林建设,则是面对整个社会,针对整个民众的身心修养与道德境界提升的重大举措。对别人来讲,这也许是一个平淡无奇的事情,但是这对于刚刚从象山下来的陆九渊来讲,却具有十分重要而深远的意义。对于陆氏本人来讲,这代表了一种从精英文化到大众文化的转变,从象牙塔向平民大众文化的转变,[①]从荆门的政绩来讲,陆氏则是要在"必也正人心"的基础之上,在逐步实现人民的性情端正诚悫、社会的风气厚道朴实的基础上,进一步实现"舞雩咏归,千载同乐"的政治理想。

我们应该把这一工作视为陆九渊修筑城墙、兴建军学、贡院、客馆、官舍,改善军政建设,树立政府形象,短平快解决三道门引钱问题、铜钱问题、逃兵问题、兴办郡学问题等等的继续。陆九渊"造次于是,颠沛于是",确实是继承了孔子"吾与点也"的精神。也就是说,陆九渊在荆门的事功可以视为子路、冉有、公西华政治理想的总和,荆门园林建设的努力,则是"舞雩咏归,千载同乐"的初步尝试,二者之间是有内在联系的,其中有深远的哲学意蕴。

[①] 陆九渊的思想体系中始终贯注着一种深厚的平民意识和精神,他对当时没有权力限制的君权提出过质疑,谓"后世人主不知学,人欲横流,安知天位非人君所可得而私"? 对当时的官吏管理体系也是否定的,谓"今日为民之蠹者,吏也。民之困穷甚矣,而吏日以横"。陆氏在荆门工作期间,长期深入民间访贫问苦的史料记载也充分地证明了这一点。

徐复观的人文精神思想探析

秦树景

（山东社会科学院国际儒学研究院）

摘要：现代新儒家基于相同的思想内核、不同的时代背景而开出了不同的人文精神思想类型和存在形态，基于对现代新儒家人文精神思想的整体把握，文章主要阐发徐复观基于对礼与乐的系统论述，将儒家人文精神归结为"道德性人文精神"的思想观念，并与唐君毅的人文精神思想进行对比探讨。在当前时代对不同特点、不同类型的人文精神理念进行探索和研究无疑有着重要的现实意义和历史意义。

关键词：新儒家；徐复观；人文精神；忧患意识

2017年初，中共中央办公厅、国务院办公厅印发了《关于实施中华优秀传统文化传承发展工程的意见》，这是第一次以中央文件形式专题阐述中华优秀传统文化传承发展工作。该文件提出的中华优秀传统文化主要包括"核心思想理念""中华传统美德""中华人文精神"三项内容，其中关于"中华人文精神"的具体表述为："中华优秀传统文化积淀着多样、珍贵的精神财富，如求同存异、和而不同的处世方法，文以载道、以文化人的教化思想，形神兼备、情景交融的美学追求，俭约自守、中和泰和的生活理念等，是中国人民思想观念、风俗习惯、生活方式、情感样式的集中表达，滋养了独特丰富的文学艺术、科学技术、人文学术，至今仍然具有深刻影响。传承发展中华优秀传统文化，就要大力弘扬有利于促进社会和谐、鼓励人们向上向善的思想文化内容。"[1]

---

[1]《中共中央办公厅、国务院办公厅印发〈关于实施中华优秀传统文化传承发展工程的意见〉》，《人民日报》2017年1月26日第1版。

人文精神是一种普遍的人类自我关怀,表现为对人的尊严、价值、命运的维护、追求和关切,对人类遗留下来的各种精神文化现象的高度珍视,对一种全面发展的理想人格的肯定和塑造。人文精神的核心就是"以人为本",即把人放在最重要的位置上,尊重人的价值。人文精神是中国文化的主要内核,是中国文化得以持续发展的精神主线,理解了中华人文精神,也就把握了中华优秀传统文化的精髓,更能为当前解决全球性的挑战与冲突提供重要的时代价值。

一、问题的提出

中国文化中对"人"的关注向来都是全方位、一以贯之的,既关注人的身心本体,也关注人的社会生活形态,由此形成不同的思想学说,共同架构起包括政治、伦理、精神在内的稳定的文化框架,以支撑中华人文精神的实现与延续。楼宇烈认为,与西方文化相比,以人为本的人文精神是中国文化最根本的精神,也是一个最重要的特征。[①] 中国传统文化如果从整体上来把握的话,那么人文精神可说是它的最主要和最鲜明的特征。[②]

从先秦经典儒学的角度来把握,中国人文精神的基本内涵至少包括三个方面:以人为本的世界观;以德为本的人生观;以和为本的价值观。以人为本的世界观体现在处理人与神、人与物的关系上,坚持人的优先地位。《尚书》提出"惟人万物之灵"的观点,《荀子》亦认为"人有气有生有知,亦且有义,故最为天下贵也",即承认人在天地万物之间的主动与核心地位。但这种人本思想又不同于人类中心主义,而是要顺应自然、追求天人合一、万物和谐的境界。以德为本的人生观体现在以一种伦理性与内敛型的精神即向内求的方式来处理个体与外界的矛盾。当遇到人与人、人与物之间的矛盾时,中华文化首先强调的就是反求诸己、轻外物而重内省,不怨天尤人并追求个体修养的不断提升。以和为本的价值观就是以"和而不同"的包容性与平等性精神来处理多样性的存在,无论是街坊邻里日常生活还是军国大事国际邦交,中国文化都强调"礼之用,和为贵",倡导包容多样性、促进和谐和平与共同发展。

---

① 楼宇烈:《中国文化的根本精神》,中华书局 2016 年版,第 46 页。
② 楼宇烈:《中国文化的根本精神》,中华书局 2016 年版,第 221 页。

作为学术形态的"儒学"总是"新"的,因为"儒学是一种积极入世的学问,每个时代的儒学都是在回应那个时代的问题,从而在观念上具有那个时代的特征,成为那个时代的学术形态,例如孔孟荀儒学之于中国社会第一次大转型时代、汉代儒学之于皇权时代政权缔造时期、宋代儒学之于皇权时代政权由盛转衰时期、明清儒学之于皇权时代后期的中国'内生现代性'问题、现代新儒学之于中国社会第二次大转型时代等。"[1]对应于雅斯贝斯的"轴心期"概念,黄玉顺原创性地将第一次大转型期规定为儒学观念的"原创时代"(春秋、战国时期的孔孟荀儒学),而第二次大转型期则为儒学观念的"再创时代"(现当代新儒学)。[2] 因此我们可以说,现代新儒学的人文精神思想是对先秦孔孟荀儒学中人文精神思想的突破与重建。

以孔孟荀为代表的先秦儒家开创了中国悠久的人文主义传统。到了近代,现代新儒家形成了三代的总体架构,其代表性人物是第一代的梁漱溟、熊十力、马一浮、张君劢、冯友兰、贺麟、钱穆、方东美,第二代的唐君毅、牟宗三、徐复观,第三代的余英时、刘述先、蔡仁厚、成中英、杜维明等,而历代新儒家皆高度重视中华人文精神的挖掘与阐扬,他们基于儒学所蕴含的人文主义因素和特质,在不同的时代背景下开出了各异的人文精神思想类型和存在形态,其中以钱穆、徐复观、唐君毅、杜维明的相关论述最为典型。此处主要阐发徐复观基于对礼与乐的系统论述,将儒家人文精神归结为"道德性人文精神"的思想观念,并与唐君毅的人文精神思想进行比较研究。进入新时代,深入探索现

---

[1] 黄玉顺:《论"重写儒学史"与"儒学现代化版本"问题》,《现代哲学》2015年第2期。黄玉顺认为儒学是历史地发展着的,具有鲜明的时代特性,他以儒学为视角,将中国社会的基本历史形态分为三种,分别为王权时代(列国时代)、皇权时代和民权时代。而这期间中国社会又有两次重大的转型:"第一次是春秋战国时代(其中的观念转型可追溯到西周时期的'绝地天通'(黄玉顺:《绝地天通——天地人神的原始本真关系的蜕变》,《哲学动态》2005年第5期。)儒学正是在这个历史时代里建立起来的;第二次是我们身处其中的近代、现代、当代(儒学转型尚未完成),出现了20世纪的现代新儒学(黄玉顺:《现代新儒学的现代性哲学——现代新儒学的产生、发展与影响研究》,中央文献出版社2008年版)、21世纪的大陆新儒学。(崔罡等:《新世纪大陆新儒家研究》,安徽人民出版社2012年版。)

[2] "'原创'是指思想理论(包括哲学形而上学、作为形而下学的伦理学等)的创造,标志着人类所谓理性的觉醒,走出了诗与神的时代,如中国春秋战国时期的诸子百家之学和西方古希腊的哲学、伦理学及科学等。而'再创'说的是对原创时代那些基本观念的突破。原创时代的最根本特征是形而上学的建构,而再创时代则是对这套形而上学观念的解构,在解构的基础上重建形而上学、形而下学。"黄玉顺:《论"重写儒学史"与"儒学现代化版本"问题》,《现代哲学》2015年第2期。

代新儒家的人文精神思想无疑具有重要的现实意义和历史意义。

二、徐复观的"道德性人文精神"

徐复观是思想家和思想史家,有着很深的庶民情结,是集学者与社会批判家于一身的勇者。他与唐君毅、牟宗三同属现代新儒家第二代代表性人物,但他对中华传统文化精神的弘扬不是从哲学的路子出发,而是从对传统与现实的诸多负面的批判出发的。

1. 对知识分子问题深切关注

"忧患意识"这一命题即来自徐复观,主要是指"表现在'敬''敬德''明德'观念中的人的精神集中,对事的谨慎、认真的心理状态,由信神而转为人的自觉,乃殷周之际从原始宗教挣脱出来的中国人文精神之跃动。由此凸显的是主体的积极性与理性,自觉反省,对自己行为负责。这种人文精神自始即带有道德的性格"。① 徐复观特别重视"发掘中国历代知识分子对于治道和民生的关切、介入,以天下为己任和以德抗位、道尊于势的传统。他对先秦人性论史、两汉思想史、中国艺术精神与艺术史有深入的研究与独到的见解,其中指导性的乃是一道德史观或心性史观,认为中国文化是由上向下落,由外向内收的'心的文化',人心是价值之源与生命的导向。他认为孟子性善论是一伟大的发现,每一个人即在他的性、心的自觉中,得到无待于外、圆满自足的安顿。性善证实了人格的尊严,同时即是建立了人与人的相互信赖的基础,也提供了人类向前向上的发展以无穷希望的根据。孟子的王政,即是以人民为主的政治"。② 徐复观非常重视知识分子问题,他"不仅考察了'史'的原始职务,与祝、卜、巫的关系,尤其论述了史职由宗教向人文的演进,宗教精神与人文精神的交融。他对汉代优秀知识分子以理想指导、批判现实政治的研究,多所弘扬。徐复观肯定中国知识分子的使命感、入世关怀、政治参与和不绝如缕的牺牲精神。他身上即体现了知识分子,特别是人文知识分子以价值理念指导、提升社会政治的品格"。③ 徐复观无疑是将历代知识分子作为中华人文精神的传承者

---

① 郭齐勇:《现当代新儒学思潮研究》,人民出版社 2017 年版,第 29 页。
② 郭齐勇:《现当代新儒学思潮研究》,人民出版社 2017 年版,第 29 页。
③ 郭齐勇:《论徐复观的思想史观》,《江汉论坛》1993 年第 6 期;郭齐勇:《徐复观〈两汉思想史〉导读》,《好书》2002 年第 2 期;郭齐勇:《徐复观论礼乐》,《江西社会科学》2004 年第 8 期。

与践行者看待的,正是一代代关注治道与民生、坚持以道德性人文精神律己、参政的知识分子生动阐释了中国文化中不绝如缕的牺牲精神。

2. 以礼乐文明诠释中华人文精神

徐复观比较重视经学与经学史,对礼乐文明的诠释极具创造性。他认为"经学是儒学之根。当代新儒学在今天发展的一个面相,即是经典的现代诠释"。[1] 徐复观对"礼"做了系统论述,认为"'礼'虽有夏礼、殷礼,但只是到了周公,才特别赋予礼之仪节以'礼的观念',即在周初的宗教活动中,特别注意其中所含的人文因素。当然,这些人文因素是与祭祀不可分的。他指出,春秋时代是以'礼'为中心的人文世纪"。[2] 即"通过《左传》《国语》来看春秋二百四十二年的历史,不难发现在此一时代中,有个共同的理念,不仅范围了人生,而且范围了宇宙,这即是礼。如前所述,礼在《诗经》时代已转化为人文的征表。则春秋是礼的世纪,也即是人文的世纪,这是继承《诗经》时代宗教堕落以后的必然发展。此一发展倾向,代表了中国文化发展的主要方向"。[3]

徐复观进一步指出,春秋时代以"礼"为中心的人文精神的发展,将古代宗教人文化了,使其成为人文化的宗教,他从六个方面对此进行了论证。第一,"春秋承厉幽时代天、帝权威坠落之余,原有宗教性的天,在人文精神激荡之下,演变而成为道德法则性的天,无复有人格神的性质"。"此时天的性格,也是礼的性格"。第二"此时的所谓天、天命等,皆已无严格的宗教的意味,因为它没有人格神的意味"。[4] 徐复观认为,"春秋时代诸神百神的出现,大大减低了宗教原有的权威性,使诸神进一步接受人文的规定,并由道德的人文精神加以统一"。[5] 第三,"因为中国宗教与政治的直接关联,所以宗教中的道德性常显为宗教中的人民性,神的道德性与人民性,是一个性格的两面。他引用了随季梁的话'夫民,神之主也。是以圣王先成民而后致力于神'[6]和史嚚的话'国将兴,听于民;将亡,听于神。神,聪明正直而壹者也,依人而行。'[7]……也就是

---

[1] 郭齐勇:《现当代新儒学思潮研究》,人民出版社 2017 年版,第 328 页。
[2] 郭齐勇:《现当代新儒学思潮研究》,人民出版社 2017 年版,第 328 页。
[3] 徐复观:《中国人性论史》(先秦篇),《徐复观全集》,九州出版社 2014 年版,第 42 页。
[4] 徐复观:《中国人性论史》(先秦篇),《徐复观全集》,九州出版社 2014 年版,第 47、48 页。
[5] 郭齐勇:《现当代新儒学思潮研究》,人民出版社 2017 年版,第 328 页。
[6] (清)阮元校刻:《春秋左传正义》卷六,《十三经注疏》,中华书局 1980 年版,第 1750 页。
[7] (清)阮元校刻:《春秋左传正义》卷六,《十三经注疏》,中华书局 1980 年版,第 1783 页。

说,春秋时期的知识人借助神灵,赋予神灵以道德的性格,以道德为评价、赏罚的标准,用以遏制君主,调节贫富差距,维护社会公正。我认为,这涉及'礼'的重要的内涵与功能。这里的'礼',不管是祭祀之礼或是其他之礼,都隐含有'理''义'在其中"。① 第四,"神既接受当时人文精神的规定,所以祭神也从宗教的神秘气氛中解脱出来,而成为人文的仪节,即是祭祀乃成为人文成就的一种表现"。② 第五,徐复观从比较宗教学的视域出发,指出世界上各种宗教都反映了人类共同的"永生"要求,与西方宗教指向超现实的"彼岸"不同,中国古代文化则将"永生"转化为"不朽"。他说"鲁叔孙豹则以立德立功立言为三不朽,是直以人文成就于人类历史中的价值,代替宗教中永生之要求,因此而加强了人的历史的意识;以历史的世界,代替了彼岸的世界。宗教系在彼岸中扩展人之生命;而中国的传统,则系在历史中扩展人之生命。宗教决定是非赏罚于天上,而中国的传统,是决定是非赏罚于历史"。③ 中国历史上诸如晋太史书写"赵盾弑其君",齐太史书写"崔杼弑其君",而当权者却无可奈何的情况在其他民族几乎是不可能出现的。而"这就是中国的历史精神。人之永生不在彼岸,而在于历史的延续。中国人的人生观、世界观、价值观其实是很'理性'的!梁漱溟在《中国文化要义》中说中华人文的早熟,理性的早启,于此得到印证"。④ 第六,徐复观认为"天既为道德性之天,神也是道德性的神,则传统的命,除了一部分已转化而为运命之命以外,还有一部分亦渐从盲目的运命中透出,而成为道德性格的命……这一方面说明宗教已经是被道德的人文精神化掉了,同时也说明由道德的人文精神的上升,而渐渐地开出后来人性论中性与命结合的道路"。⑤

3. 以礼乐之治为政治理想

徐复观认为,礼乐教化凸显了中华人文精神的深度。"如果说,'礼'是人文化的宗教,是道德性人文精神的自觉,那么'乐'则是'仁'的表现,是美与仁

---

① 郭齐勇:《现当代新儒学思潮研究》,人民出版社2017年版,第330—331页。
② 徐复观:《中国人性论史》(先秦篇),《徐复观全集》,九州出版社2014年版,第50页。
③ 徐复观:《中国人性论史》(先秦篇),《徐复观全集》,九州出版社2014年版,第51页。
④ 郭齐勇:《现当代新儒学思潮研究》,人民出版社2017年版,第331页。
⑤ 徐复观:《中国人性论史》(先秦篇),《徐复观全集》,九州出版社2014年版,第51—52页。

的统一"。① 他在《中国艺术精神》中论述了'乐'的本质:"孔子所要求于乐的,是美与仁的统一,而孔子的所以特别重视乐,也正因为在仁中有乐,在乐中有仁的缘故"。② 他认为中国所谓的人文精神,指的就是礼乐之教、礼乐之治。所谓"观乎人文以化成天下"实际上就是实施礼乐来治理天下。"儒家的政治,首重教化;礼乐正是教化的具体内容。由礼乐所发生的教化作用,是要人民以自己的力量完成自己的人格,达到社会(原注:风俗)的谐和,由此可以了解礼乐之治,合一成为儒家在政治上永恒的乡愁"。③

三、唐君毅的"道德的、宗教的人文主义"

唐君毅是哲学家,也是哲学史家,它具有强烈的悲悯意识和宗教情怀,是仁者型的学者。他在东西文化碰撞、传统现代交流互动的大背景下,用整个生命和心血护持着整个人类的文化理想与道德理性。他对人类各大文明充满了同情,充分肯定各大文明的原创性、并尊重各民族文化与宗教精神的合理内核,希冀以"和而不同"的精神包容各民族不同的价值理念。他在哲学方面的创获主要体现在文化哲学的创建方面,重点在诠释、高扬人文精神,以深厚的学养对人文世界的诸多方面进行了深刻的发挥。正如郭齐勇所说:"他的文化哲学的出发点是'道德自我',并由此推扩为生命存在与心灵境界,精神主旨是道德的理想主义。"④

1. 创建文化哲学体系

唐君毅在充分尊重、理解东西方不同文化精神的基础上,"会通中西,融贯三教,创造性地建构了'性''道''一元''体''用''相'多面撑开的文化哲学系统。这一系统,以'道德自我'为中心。但道德的主体性与文化活动,精神理想与人文世界是有密切关系的。'心之本体'客观化、外在化为人类文化活动的各侧面、各层次、各系统,包括家庭、社会、经济、政治、哲学、科学、文学、艺术、宗教、体育、军事、法律、教育等等,包括东西方文化史和思想史上各方面的成就"。唐君毅晚年"在肯定'道德自我'主导性的同时,将它扩大为'生命存在',

---

① 郭齐勇:《现当代新儒学思潮研究》,人民出版社2017年版,第333页。
② 徐复观:《中国艺术精神》,《徐复观全集》,九州出版社2004年版,第29页。
③ 徐复观:《中国艺术精神》,《徐复观全集》,九州出版社2004年版,第38页。
④ 郭齐勇:《现当代新儒学思潮研究》,人民出版社2017年版,第338页。

涵盖精神生命不同的内容和不同的活动方面,肯定因此而相应地具有的不同的心灵境界。他从不同类型的人的生命存在与心灵活动的广阔内涵出发,架构了宏大的'三向九境'系统"。① 在对中西印哲学文化的对比研究中,唐君毅尤其重视对中国哲学史的解读与重构,认为当今时代最圆满的人文主义,必定是中西文化会通、充分融合后的人文主义,唯有如此才有可能解除现代世界文化中存在的偏蔽。

唐君毅的文化哲学系统尤其重视对中华人文精神的阐释与弘扬,并指出其不同于西方人文主义的独特之处。他认为"人类史上这一特殊的人文精神涵盖了超人文的宗教,不与宗教相对立,也不与自然相对立,不与科学技术相对立。中国传统的人文主义的理想是:以人文化成天下;人文要普遍于自然,人之心可以贯通于自然。人心上有所承于天,下有所贯于地,天地人三者合一。通过人的关系,'形上之道'同时亦表现于'形下之器'中。人上通于天,下立于地,而成为'顶天立地'之人。他又阐扬了西方人文精神发展的不同阶段与不同走向,昭示了中西人文精神在现代交相融合的可能性"。唐君毅对东方宗教的兼容性、对儒学的宗教性与超越性、对中国哲学的"内在超越"特色进行了极有价值的诠释与发挥。有学者认为"内在"与"超越"是绝对不可相容的,但"如果不是从认识论,而是从价值论,从本体——境界论的维度去看,'超越性'指的是神性、宗教性,在'天人合一''天人合德'的论域中,神与人、神圣与凡俗、超越境界与内在的道德生活本来就是统一的"。②

2. 中国文化"道"论系统

唐君毅特别研究了中国传统文化中"道"这一范畴,他"以'道'为中心,对上古、春秋、战国诸子百家的'道'作了系统的梳理。他深刻地发掘了上古人文之道,孔子仁道,墨子义道,老子自然之道及其六义,孟子立人之道,庄子至人神人真人之道,荀子成人文统类之道,韩非子之治道,周秦诸子对名言之道,《中庸》之诚道,《礼记》之礼乐之道与天地之道,《易传》之即易道以观天之神道,等等,由此而整理出中国人之'道'论系统"。③

---

① 参见郭齐勇:《论唐君毅的文化哲学》,《求是学刊》1993年第4期;单波:《心通九境——唐君毅哲学的精神空间》,人民出版社2001年版。
② 郭齐勇:《现当代新儒学思潮研究》,人民出版社2017年版,第266页。
③ 郭齐勇:《现当代新儒学思潮研究》,人民出版社2017年版,第257页。

吴汝钧在讨论唐君毅关于老子诠释的文章中认为,依据唐君毅的看法,老子的宇宙观与人生观是冷静而无情味的,他的道也是中性的存在,并无善恶之分,也就说不上以"仁"来对待万物了。吴汝钧提出,"唐先生的说法,自是本着一贯的人文精神而立言;即是说,儒家是人文精神的哲学,老子或道家则否。但若太着眼于'人文',而成一种人文主义,一切以人为中心,以人的价值为价值的话,则亦可以引出流弊,过分重视人间而忽视万物,以致不理会我们生存环境,认人的生存福利为目的,而周围的环境以至万物只是成就、成全我们生存福利的工具而已。这便背离了现代所谓的环境伦理或环保伦理,欠缺一种视天地万物为一体的齐物精神了"。① 吴汝钧是从现代生态伦理的立场角度来批评唐君毅的,但唐君毅在他的四层次理论中实际上是包含了现代环保意识的,并不至于沦为寡头式的人文主义。②

唐君毅无疑是一位伟大的儒者,他提出"道德的、宗教的人文主义",对人类本身充满悲悯与同情,又一生践行儒家精神,关心并参与社会活动,批评当下而又面向未来,是真正有情怀又有担当的公共知识分子。

四、结语

现代新儒家人文精神思想是对西方现代文明滋生的工具理性过分膨胀、人与自然关系失衡、极端的个人主义等现代化弊端的创造性回应,旨在把科学理性与人文理性加以协调、解决人的信念等问题。现代新儒家人文精神思想彰显了传统儒家与中华文化中的人文主义合理性的一面,但不能否认它忽视了其中包裹的非人文主义的特质。要知道,经典儒家在神人关系上表现为弱宗教、弱神学;在价值世界与现实世界的关系上更多呈现为内在超越型文化;在天人关系上,把人道置于天道之上、充分肯定人的地位和价值;在官与民、国与民的关系上大力倡导民本主义思想;在科学与人文关系上更为重视人的人文性问题。但是它也存在带有宿命论倾向、看重世俗功利诉求以及把人文自然化等不足。

---

① 吴汝钧:《唐君毅先生对老子的道的诠释:六义贯释与四层升进》,《老庄哲学的现代析论》,台北文津出版社1998年版,第300页。
② 郭齐勇:《现当代新儒学思潮研究》,人民出版社2017年版,第266页。

此外，现代新儒家的人文精神思想没有严格厘清"人文"的双重含义。我们知道，"人文"一词可以是形容词，不仅指古典人文主义所彰显的注重以人为中心，肯定个性解放、反对神学专制、高扬理性平等、提倡个人创造和科学知识等，还指推崇人性完美崇高、凸显伦理至上等道德性的、精神性的人文精神；也可以是名词，与"文化"同义，指非自然的人工领域，如文章、文制、教育、科技、文艺等。正因如此，对现代新儒家人文精神思想的研究，既可以纳入儒家人学的视阈，也可以纳入儒家文化学的学科框架。

此"法家"非彼"法家":古籍所称"法家"词义考析

俞荣根

(西南政法大学)

内容提要:从四库古籍和古代法律文献序跋中搜得123处"法家"用例,考其词义,可分三类:学术史上之学派名称;律学、刑幕学、司法检验学等刑名法术之学;典狱之官。这三类"法家"词义均非先秦诸子百家中"法家"原型含义,即"此'法家'非彼'法家'"。尤其是,将"典狱之官"称谓为"法家",泛指古代刑事司法官吏,成为一种职业名称。这一"法家"新义,系《四库全书总目》之"法家类"提要所未揭示。窥此一斑,可以印证中国古代之主流思想和居统治地位的意识形态为儒家思想,先秦法家学说被秦汉以后的儒学所吸融;中国古代法和中华法系远不限于"律令法"与"律令体制",而是由礼典、律典、礼俗习惯法构成的"礼法体制";从刑事法,即律典的角度而言,瞿同祖先生所谓的"中国法律之儒家化",乃是不刊之论,而今日中国之现代法治决不是法家之治。

关键词:法家学派;刑名法术;典狱之官;礼法体制

子曰:"名不正,则言不顺。"循名而质实,历来是探微求真的一大治学方法。20世纪70年代之"评法批儒"运动中[1],"法家法治与儒家人治斗争贯穿两千多年"的"主线说"猖獗一时。它把中国历史人物人为地划分为"儒家"与"法家"两大对立阵营。自《史记·太史公自序》和《汉书·艺文志》纵论诸子百家学说而创"法家"概念后,历代古籍中确实时有"法家"一词出现,明清时期诸多存世之官私涉法著述亦用过"法家"词语。问题在于,两汉以后这些古籍中的"法家"一词是否同义于先秦之法家学派,或者属于这一学派的直接传承?是

---

[1] "评法批儒"运动发生在1973—1974年间,"评法"即评价与弘扬法家,"批儒"为批判孔子和儒家。

否与太史公的"六家要旨"论和班固的"九流十家"说中的"法家"概念内涵保持一致？本文遵从"循名责实"古训，从古籍中所用"法家"一词的词义考析入手，采用这种传统又传统的笨办法，或可窥见一斑，或可有助于判断自秦王朝之后中国近两千年古代思想史上是否存在一条"儒法斗争"主线，进而冀望有助于我们分析中国古代法律究竟是儒家化还是法家化。为此，笔者特请善治古文献者将古籍中的"法家"一词搜索汇集。① 这些古籍文献分为两部分：四库全书之所收经、史、子、集和四库存目或未收入四库的法律文献之序跋。我们共搜得含"法家"一词的词条103处，然后一一检视，逐条分类，以求其奥义。所要说明者：其一，搜集下限至近现代学者而止，如康有为、梁启超、严复、章太炎等多少受西洋东洋近现代思想影响者不在其内。其二，对搜得资料的分类虽做足了避免错判的努力，但误断恐难完全避免，见仁见智亦在所理当。尽管如此，窃以为，从大数据、统计方法上言之，穷尽四库经、史、子、集和四库存目或未收入四库的法律文献之序跋中的"法家"用例，已足以能支撑本文所欲论述的主题，相信这样的搜集整理存在正面参考价值。

一、《史记》与《汉书》所论之"法家"

"六家要旨"论和"九流十家"说，分别由司马谈、司马迁父子与班固原创。

"法家"一词始自司马谈所论"六家要旨"："法家严而少恩；然其正君臣上下之分，不可改矣。"②"法家不别亲疏，不殊贵贱，一断于法，则亲亲尊尊之恩绝矣。可以行一时之计，而不可长用也，故曰'严而少恩'。若尊主卑臣，明分职不得相逾越，虽百家弗能改也。"③司马谈所论之"法家"，其特点有二：在治国方法上主张"严而少恩"，"不别亲疏，不殊贵贱，一断于法"；在政治体制上主张"尊主卑臣""正君臣上下之分""明分职不得相逾越"。在司马谈看来，后者是合理的，故"不可改矣""百家弗能改也"。但"严而少恩"的治国方法弊端太多，

---

① 本文所涉古籍有两大类，一为四库全书所收全部古籍，二为古代法律文献序跋。承蒙西南政法大学梁健博士、《中华大典·法律典》编委会刘艳强女士鼎力相助，搜索汇集了四库古籍中的"法家"词汇。古代法律文献序跋则承蒙张松、张群二位博士慷慨提供，并由福州大学法学院教授段晓彦博士及其学生协助搜索其中的"法家"词语。谨向上述各位深致谢忱！
② （汉）司马迁：《史记》，中华书局1959年版，第3289页。
③ 前引3，司马迁书，第3291页。

"可以行一时之计,而不可长用也"。这些论评,显然带有秦王朝短命而亡历史教训的深深烙印。在中国思想史上,司马谈、司马迁父子第一次纵论阴阳、儒、墨、名、法、道德"六家要旨",为后世展现出诸子蜂起、百家争鸣那样一种精彩纷呈的学术景象。"六家要旨"所论之各家学术,后人珍视为六大学派各自学术特色的经典论断。所以,司马谈、司马迁父子所论之"法家",尽管融入了亡秦之鉴,但仍然讲的是学术之法家,是法家学派。

班固的"九流十家"说,同样是在论说作为学派的各家在学术思想上的异同。他延用司马谈、司马迁父子的"法家"一词,并接续"六家要旨"中对"法家"的评论:"法家者流,盖出于理官,信赏必罚,以辅礼制。《易》曰'先王以明罚饬法',此其所长也。及刻者为之,则无教化,去仁爱,专任刑法而欲以致治,至于残害至亲,伤恩薄厚。"[1]班固肯定"法家"之"所长"在于"信赏必罚,以辅礼制",是符合"先王""明罚饬法"之法意的。对于"法家"那套"专任刑法而欲以致治"的治国方法之弊端,班氏的分析和抨击与司马谈、司马迁父子完全一致。但不同之处在于,班固认为,那是"法家"中的"刻者为之"的结果。可见,班固虽然"接续"了司马谈、司马迁父子的"法家"概念,但不是毫无新意的复制。他特别指出:"法家"出自"理官"。这一发现耐人寻味。与司马谈、司马迁父子所论相较,班固揭示了"法家"含义中的刑事司法实务性特征。这应当归功于他对秦汉刑事司法制度及其职官群体的观察与考析。秦汉"理官"中确有"刻者"与"非刻者"之别。班氏"刻者为之"这一评断,不仅指向治国方法上的学术主张,而且指向一种欲加之罪而刻意深求的刑事司法行为方式。这里的"刻者",正是秦之李斯、赵高,西汉之宁成、张汤、王温舒、杜周、赵禹等"酷吏"的生动写照。班固的《艺文志》是一篇纵论"九流十家"的学术史力作。他所论之"法家",尽管比司马谈、司马迁父子加重了刑事司法实务方面的分量,但仍然是学术法家、法家学派。他列举了当时中央图书馆收藏的"十家,二百一十七篇"法

---

[1] (汉)班固:《汉书》,中华书局1962年版,第1736页。

家著作①,便是一个有力的证明。

综上所述,《史记·太史公自序》和《汉书·艺文志》所称"法家",系学术法家、法家学派,是先秦诸子百家中的一大家。为讨论方便,权且称为"彼法家"。

二、四库古籍中"法家"用例与分类

在包括《史记》与《汉书》的四库古籍中,共搜到含"法家"一词的文献片段71处,"法家"一词(含个别"法律家""名法家""刑法家"等)共出现83次。现将有关内容从原书中尽量完整摘出,大致依文献所述时代先后为序,对这些用例进行分类如表1。类别栏中数字为该段文献所见"法家"次数。

表1:四库古籍中"法家"用例与分类②

序号	时代	出处	内容	类别
1	西汉	《史记·太史公自序》	法家严而少恩;然其正君臣上下之分,不可改矣。……法家不别亲疏,不殊贵贱,一断于法,则亲亲尊尊之恩绝矣。可以行一时之计,而不可长用也,故曰"严而少恩"	学派名称(2)
2	西汉	《汉书·礼乐志》	今叔孙通所撰礼仪,与律令同录,藏于理官,法家又复不传	学派名称
3	西汉	《汉书·艺文志》	法家者流,盖出于理官。信赏必罚,以辅礼制。《易》曰"先王以明罚饬法",此其所长也。及刻者为之,则无教化,去仁爱,专任刑法而欲以致治,至于残害至亲,伤恩薄厚	学派名称

---

① 《汉书·艺文志》罗列的"九流十家"之法家著作,共"二百一十七篇",具体包括:"《李子》三十二篇。名悝,相魏文侯,富国强兵。《商君》二十九篇。名鞅,姬姓,卫后也,相秦孝公,有《列传》。《申子》六篇。名不害,京人,相韩昭侯,终其身诸侯不敢侵韩。《处子》九篇。《慎子》四十二篇。名到,先申、韩,申、韩称之。《韩子》五十五篇。名非,韩诸公子,使秦,李斯害而杀之。《游棣子》一篇。《晁错》三十一篇。《燕十事》十篇。不知作者。《法家言》二篇。不知作者。"
② 本表和下文表2所列古籍原文,最初制作时都尽力保持完整,避免截头去尾,断章取义。移入本文时,为使文字不至于过于冗长,作了删节处理,特此说明。

续表

序号	时代	出处	内容	类别
4	东汉	《后汉书·郭躬传》	郭躬起自佐史,小大之狱必察焉。原其平刑审断,庶于勿喜者乎?若乃推己以议物,舍状以贪情,法家之能庆延于世,盖由此也!	理官
5	东汉	《后汉书·杨赐传》	后帝徙南宫……拜赐尚书令。数日出为廷尉,赐自以代非法家……遂固辞,以特进就第	理官
6	东汉	《后汉书·张皓传》	永宁元年,征拜廷尉。皓虽非法家,而留心刑断,数与尚书辩正疑狱,多以详当见从	理官
7	东汉	《后汉纪·孝章皇帝纪》	夫大道行,则仁爱直达而无伤;及其不足,则抑参差而并陈……畏众寡之相犯,故立法制以止杀,此法家之所兴也	学派名称
8	东汉	《论衡·程材》	论者以儒生不晓簿书,置之于下第。法令比例,吏断决也。文吏治事,必问法家……然则《春秋》,汉之经,孔子制作,垂遗于汉。论者徒尊法家,不高《春秋》,是暗蔽也	典狱之官(2)
9	东汉	蔡邕《独断》	汉制……群臣异姓有功封者,谓之彻侯,后避武帝讳,改曰通侯,法律家皆曰列侯,功德优盛朝廷所异者赐位特进,位在三公下	理官
10	三国	刘劭《人物志·流业》	盖人流之业,十有二焉:有清节家,有法家,有术家,有国体,有器能,有臧否,有伎俩,有智意,有文章,有儒学,有口辨,有雄杰……建法立制,强国富人,是谓法家,管仲、商鞅是也	理官(2)
11	三国	《人物志·利害》	法家之业,本于制度,待乎成功而效	理官
12	南朝	萧绎《金楼子·立言》	夫儒者列君臣父子之礼,序夫妇长幼之别……法家不殊贵贱,不别亲疏,严而少恩,所谓法也	理官
13	南朝	《文心雕龙·封禅》	秦皇铭岱,文自李斯,法家辞气,体乏弘润;然疏而能壮,亦彼时之绝采也	理官

续表

序号	时代	出处	内容	类别
14	南朝	《文心雕龙·奏启》	秦始立奏,而法家少文……必使理有典刑,辞有风轨,总法家之式,秉儒家之文,不畏强御,气流墨中,无纵诡随,声动简外,乃称绝席之雄,直方之举耳	理官(2)
15	南朝	《宋书·五行志》	晋愍帝建兴四年十二月丙寅,丞相府斩督运令史淳于伯,血逆流上柱二丈三尺。此赤祥也……郭景纯曰:"血者水类,同属于《坎》,《坎》为法家"	典狱之官
16	南朝	《南齐书·高逸传》	儒家之教,宪章祖述,引古证今,于学易悟……法家之教,出自刑理,禁奸止邪,明用赏罚	理官
17	唐	《旧唐书·经籍志》	丙部为子,其类一十有四:一曰儒家,以纪仁义教化。二曰道家,以纪清净无为。三曰法家,以纪刑法典制。四曰名家,以纪循名责实	学派名称
18	唐	《唐会要》卷四十一	天授二年正月。御史中丞知大夫事李嗣真,以来俊臣等用法严酷,上疏曰……法家随断,不令重推	典狱之官
19	唐	《新唐书·三宗诸子传》	孝敬皇帝弘……显庆元年,立为皇太子……会有司以征辽士亡命及亡命不即首者,身殊死,家属没官。弘谏以为"士遇病不及期,或被略若溺、压死,而军法不因战亡,则同队悉坐,法家曰亡命,而家属与真亡者同没。《传》曰:'与杀不辜,宁失不经。'臣请条别其科,无使沦胥"。诏可	典狱之官
20	唐	《新唐书·刘瑑传》	(刘瑑)……迁刑部侍郎,乃哀汇敕令可用者,由武德讫大中,凡二千八百六十五事,类而析之,参订重轻,号《大中刑律统类》以闻,法家推其详	典狱之官

续表

序号	时代	出处	内容	类别
21	唐	《新唐书·儒学传》	元澹……四迁大理卿,不乐法家,固谢所居官,改左散骑常侍,封常山县公	典狱之官
22	唐	赵蕤《长短经·量才》	法家之,司冠之任也。术家之,三孤之任也。臧否之,师氏之任也	典狱之官
23	唐	《长短经·正论》	法家者,盖出于理官,信赏必罚,以辅礼制,此其所长也。及刻者为之,则亡教化,去仁爱,专任刑法,而欲以致治,至于残贼至亲,伤恩薄厚,此法家之弊也	学派名称(2)
24	唐	张鹫《朝野佥载》卷四	隋辛亶为吏部侍郎,选人为之榜,略曰:"柱州抑县屈滞乡不申里衔恨先生,问隋吏部侍郎辛亶曰……细寻状迹,足识法家,细寻判验,足识文华。"	典狱之官
25	唐	王谠《唐语林·文学》	文宗时,工部尚书陈商立《汉文帝废丧议》。又立《左氏》学议,以"孔子修经,褒贬善恶,类例分明,法家流也……"	理官
26	北宋	《宋史·钱象先传》	象先旁通法家说,故屡为刑官,条令多所裁定……其持心平恕类此	刑名之学
27	北宋	《宋史·循吏传》	晋卿曰:"听断求所以生之,仁恩之至也……"议者又欲引唐日覆奏,令天下庶戮悉奏决。晋卿言:"可疑可矜者许上请,祖宗之制也。四海万里,必须系以听朝命,恐自今庚死者多于伏辜者矣。"朝廷皆行其说,故士大夫间推其忠厚,不以法家名之	典狱之官
28	北宋	欧阳修《欧阳文忠公文集》	刑者,圣人所以爱民之具也……故法家之说,务原人情,极其真伪,必使有司不得铢寸轻重出入,则其为书不得不备	刑名之学

续表

序号	时代	出处	内容	类别
29	北宋	欧阳修《欧阳文忠公文集》	臣风闻大理寺近奏断德州公案一道,为一班行王守度谋杀妻事,止断杖六十私罪……若以法家断罪举重以论,则守度诬奸不实之罪轻,迫人以死之情重,原其用意,合从谋杀……	典狱之官
30	北宋	谢良佐《上蔡语录》卷三	答胡康侯小简云……《春秋》大约如法家断例也,折以中道耳	理官
31	北宋	胡寅《崇正辩》卷一	自先王之迹息,秦以法律治天下,用刑严酷……然则法家之弊小,地狱之说为害无穷。呜呼!悲夫!其言法家残贼至亲,伤恩薄厚,以吾观之,佛之教则然矣!	典狱之官(2)
32	北宋	《苏轼集》	示谕治《春秋》学,此学者本务,又何疑焉。然此书自有妙用,学者罕能领会,多求之绳约中。乃近法家者流,苛细缴绕,竟益何用	典狱之官
33	南宋	周去非《岭外代答·法制门》	广西于静江开场,试断案五如大法家,按《宋史》淳熙中秘书郎李巘请令习大法者,兼习经义	典狱之官
34	南宋	《宋史·选举志》	嘉定二年,臣僚上言:"……且考试类多文士,轻视法家,惟以经义定去留,其弊一也……"	典狱之官
35	南宋	佚名《永嘉先生八面锋》卷三	自春秋战国以及秦项之际,纵横捭阖之说行,而天下之俗浮;刑名法家之说胜,而天下之俗薄	学派名称
36	南宋	《宋元学案》卷二十	刘芮……其为永州狱掾,与太守争议狱,谓今世法家疏驳之设意,殊与古人不同,古人于死中求生,不闻生中求死,遂以疾求去	典狱之官
37	南宋	赵彦卫《云麓漫钞》卷四	《刑统》,皆汉唐旧文,法家之五经也	理官

续表

序号	时代	出处	内容	类别
38	南宋	《朱子语类·尚书一》	法家者流,往往常患其过于惨刻。今之士大夫耻为法官,更相循袭,以宽大为事,于法之当死者,反求以生之	典狱之官
39	南宋	《朱子语类·朱子一》	某尝说,看文字须法家深刻,方穷究得尽。某直是下得工夫!	典狱之官
40	南宋	《朱子语类·朱子七》	今之法家,惑于罪福报应之说,多喜出人罪以来福报。夫使无罪者不得直,而有罪者得幸免,是乃所以为恶尔,何福报之有!	典狱之官
41	南宋	朱熹《朱文公政训》	今之法家,惑于罪福报应之说,多喜出人罪以求福报。夫使无罪者不得直而有罪者得幸免,是乃所以为恶尔,何福报之有!	典狱之官
42	金	《金史·酷吏列传》	太史公有言:"法家严而少恩。"信哉斯言也……作《酷吏传》	典狱之官
43	金	《金史·阎公贞传》	阎公贞,字正之,大兴宛平人……被命校定律令,多所是正,金人以为法家之祖云	理官
44	元	《文献通考·经籍考》	《汉·艺文志》:法家者流,出於理官,信赏必罚,以辅礼制……陈氏曰:按《汉志》,《管子》八十六篇,列于道家。《隋》《唐志》著之法家之首……《管子》似非法家,而世皆称管、商,岂以其标术用心之同故邪?然以为道家则不类。今从《隋》《唐志》	学派名称(3)
45	元	《元史·巙巙传》	巙巙字子山,康里氏……其遇事英发,掀髯论辨,法家拂士不能过之	典狱之官
46	元	柳赟《唐律疏义序》	呜呼!法家之律,犹儒者之经。五经载道以行万世,十二律垂法以正人心	典狱之官

续表

序号	时代	出处	内容	类别
47	元	《经世大典·名例篇》	昔者先王因亲立教,以道民厚,由是服制兴焉。法家者用之以定轻重,其来尚矣……嗟夫!先王所以正伦理、明等威、辨疏戚、别嫌疑,莫大于是也。岂特为法家者设哉!	典狱之官(2)
48	元	熊梦祥《析津志辑佚》	吾闻法家者流,以刑罚辅礼制……为法家者,其名莫善于矜恕而平允,莫不善于惨刻颇僻	典狱之官(2)
49	明	《明史·李善长传》	李善长,字百室,定远人。少读书有智计,习法家言,策事多中	刑名之学
50	明	《明史·杨廷和传》	廷和为人美风姿,性沉静详审,为文简畅有法。好考究掌故、民瘼、边事及一切法家言,郁然负公辅望	刑名之学
51	明	何良俊《四友斋丛说》卷三	东坡云《春秋》之学,自有妙用,学者罕能理会。若求之绳约中,乃近法家者流,苛细绞绕,竟亦何用?	典狱之官
52	明	何良俊《四友斋丛说》卷二十	法家者流,韩非、申不害、商鞅诸人是也	学派名称
53	明	丘濬《大学衍义补》卷一一一	吕祖谦……又曰:"典狱之官,民之死生系焉,须是无一毫私意,所言无非公理,方可分付以民之死生。天德所谓至公无私之德,到自作元命地位,命是命令,所制刑之命皆是元善不可复加之命方可。后世多以典狱为法家贱士……"	典狱之官
54	明	觉非山人《珥笔肯綮序》	肯綮者何谓?总会之处,即要诀是也……熟此而能精之,则法家之要诀已在于我。遇事而裁应之也,有如烛照而龟卜之矣,故名曰肯綮	刑幕之学
55	明	宋濂《诸子辩》	《邓析子》二卷,郑人邓析撰……夫析之学,兼名法家者也	学派名称

续表

序号	时代	出处	内容	类别
56	清	《清史稿·童华传》	童华,字心朴,浙江山阴人。年未冠为诸生,长习名法家言,出佐郡邑治	刑名之学
57	清	《清史稿·汪辉祖传》	汪辉祖,字龙庄,浙江萧山人……习法家言,佐州县幕,持正不阿,为时所称	刑幕之学
58	清	《清史稿·章庆传》	章庆,字勤生,浙江会稽人。以通法家言游蜀,就幕职	刑幕之学
59	清	《清史稿·徐昭益传》	徐昭益,字谦侯,浙江乌程人……随父游蜀,以通法家言,佐治有声,官知县	刑幕之学
60	清	戴彦升《陆子新语序》	陆生书本列儒家,惟崇文总目移入杂家,宋史志因之……盖于法家深疾之。独陈儒术,无所兼合,入之杂家,谬矣	学派名称
61	清	沈家本《重刻唐律疏议序》	……沿波讨源,知其所从来者旧矣,则是书非即功令之椎轮,法家之津筏欤?	典狱之官
62	清	《四库总目提要·春秋通训》	……轼答书云"《春秋》,儒者本务。然此书有妙用,学者罕能领会。多求之绳约中,乃近法家者流,苛细缴绕,竟亦何用?	典狱之官
63	清	《四库总目提要·春秋谳义》	元杰字子英,吴江人……又其书袭叶梦得之谬,以"谳"为名,亦经御题严辟,尤足以戒刻深锻炼以法家说《春秋》者	典狱之官
64	清	《四库总目提要·法令之属》	法令与法家,其事相近而实不同。法家者私议其理,法令者官著为令者也。刑为盛世所不能废,而亦盛世所不尚	刑名之学(2)
65	清	《四库总目提要·法家类》	刑名之学,起于周季,其术为圣世所不取……至于凝、蒙所编,阐明疑狱,桂、吴所录,矜慎祥刑。并义取持平,道资弼教,虽类从而录,均隶法家	刑名之学

续表

序号	时代	出处	内容	类别
66	清	陈宏谋《从政遗规》卷之上	天地只是个生物心,圣人只是个爱物心……礼乐刑政,皆是也。刑法家说,便不如此,便失了圣人本心,便与事物为敌,一切以法治之,无复仁恩	刑名之学
67	清	崔述《考信录》卷下	孟子之辟杨、墨,因以得好辩之名者,果何在乎……其后宽柔之弊流为惨刻,于是乎有名家之学而申不害主之,有法家之学而韩非主之……	学派名称
68	清	黄遵宪《日本国志》卷二十七	余尝考中国之律,魏晋密于汉,唐又密于魏晋,明又密于唐,至于我大清律例又密于明……嗟夫,此固古先哲王之所不及料,抑亦后世法家之所不能知者矣!作《刑法志》	典狱之官
69	清	姚际恒《春秋通论》	近圣人之世莫过孟子……其曰:"《春秋》,天子之事也"……自宋人茫昧不解孟子之言……于是使孔子为法家之人,其书为法家之书,而《春秋》亦亡矣。予尝谓今日欲解《春秋》,必先解孟子,良不诬也	典狱之官(2)
70	清	孙星衍《汉官》	太仆、廷尉、大鸿胪。右三官,司徒所部。宗正员吏四十一人……二人法家,十八人学事,一人官医	典狱之官
71	清	《文史通义》卷四	古者文字无多,转注通用,义每相兼……法律家之以、准、皆、各、及、其、即、若,皆是也	理官

表1中,71处摘录共有83个"法家"词汇,大致可归分为三类。第一类,指法家学派,即司马谈、司马迁父子与班固所言"法家"之义,计16处。其中,《史记》和《汉书》中"法家"一词凡4见,指原始法家。前文已述,为讨论之便,称为"彼法家",应该减去。故除此之外,四库古籍中有法家学派词义的"法家"一词为12处。察其所论,有辨某书是否为"法家"著作者,亦有举某人当为"法家"者。前者如《文献通考》论《管子》一书属性云:"《艺文志》:'法家者流,出于理官,信赏必罚,以辅礼制。'……陈氏曰:按《汉志》,《管子》八十六篇,列于道家。

《隋》《唐志》著之法家之首……《管子》似非法家,而世皆称管、商,岂以其标术用心之同故邪?然以为道家则不类。今从《隋》《唐志》。"①据此,马端临认为,《管子》应归入"法家"学派。后者如明人何良俊所著《四友斋丛说》论先秦诸子云:"法家者流,韩非、申不害、商鞅诸人是也。"②

第二类,指刑名之学或刑幕之学。这不同于司马谈、司马迁父子与班固所论之先秦原始法家,而是以儒学为筋骨的刑事法律学说,即古代之律学或刑幕学。诚然,这里的儒学,是经过汉以后历代大儒改造创新而为帝制统治阶层奉为主体意识形态的新儒学,但不失仁恕之本。其中,刑名之学凡 9 见,刑幕之学凡 4 见,共 13 处。如:"钱象先,……象先旁通法家说,故屡为刑官,条令多所裁定。尝以为犯敕者重,犯令者轻,请移敕文入令者甚众。又议告捕法,以为罪有可去,有可捕,苟皆许捕,则奸人将倚法以害善良,因削去许捕百余事。其持心平恕类此。"③其他如《清史稿》人物传中所记童华、汪辉祖、章庆等所治之"法家"学说,皆为此"持心平恕"的刑名之学或刑幕之学。

第三类,指典狱之官(含理官)。他们都是执掌国家刑事立法、释法、司法大权的法务大臣、法曹官吏。其中,"理官"一词源自班固的"法家者流,盖出于理官"。"典狱之官"取自宋吕祖谦"后世多以典狱为法家"之说。需要说明的是,表1在进行词义分类时,把汉代廷尉及御史大夫,隋唐"三法司",明清刑部、大理寺、都察院的部院大臣等归为"理官",计 17 处,其他中央和地方审讯断狱的刑狱官吏等划入"典狱之官",计 37 处。两者相加共 54 处。

典狱之官类的"法家"用例内涵丰富。如《朱子语类·朱子七》:"今之法家,惑于罪福报应之说,多喜出人罪以来福报。"④朱熹此处斥责的"法家",显指刑狱司法官员。又如,欧阳修《奏议集》载"论大理寺断冤狱不当"奏议云:"若以法家断罪举重而论,则守度诬奸不实之罪轻,迫人以死之情重,原其用意,合从谋杀。"⑤此处之"法家",指以"举重以明轻"原则断罪的大理寺刑狱官员。再如,元人熊梦祥写过一篇《刑部主事厅题名记》,内称:"吾闻法家者流,以刑罚

---

① (元)马端临:《文献通考》,中华书局 1986 年版,第 1737—1738 页。
② (明)何良俊:《四友斋丛说》,中华书局年版 1959 年版,第 180 页。
③ (元)脱脱等:《宋史》,中华书局 1977 年版,第 10630 页。
④ (宋)黎靖德编:《朱子语类》,中华书局 1986 年版,第 2711 页。
⑤ (宋)欧阳修:《欧阳修全集》,中国书店 1986 年版,第 841—842 页。

辅礼制。名家者流，以名分别等威……为法家者，其名莫善于矜恕而平允，莫不善于惨刻颇僻。"① 乍一看，此处前一个"法家"，似同司马父子、班固所论之义。后一个"法家"，则明显指刑事典狱官员。仔细分析的话，前一个"法家"的功能是"以刑罚辅礼制"，而不是笼统地说"信赏必罚，以辅礼制"。"信赏必罚"，是一种主张。"以刑罚"，是通过刑事司法施以刑罚惩处，这显然是刑事法曹官员的职能。可见，前一个"法家"，同样应为"典狱"之义。

典狱之官类的"法家"用例有褒义的，有中性的，也有贬义的。如《金史·阎公贞传》载："公贞居法寺几十年，详慎周密，未尝有过举。被命校定律令，多所是正，金人以为法家之祖云。"② 拟律注律的阎公贞被称为金代"法家之祖"，显然是褒义的。被贬称的"法家"指酷吏和刻剥严刑之人。如《宋元学案·元城学案》记载宋代永州提刑官刘芮生平事迹："刘芮，字子驹，东平人也……其为永州狱掾，与太守争议狱，谓今世法家疏驳之设意，殊与古人不同，古人于死中求生，不闻生中求死，遂以疾求去。"③ 刘芮口中之"今世法家"，即为"生中求死"之酷吏。又如，唐代元澹"四迁大理卿，不乐法家，固谢所居官"④。再如，北宋韩晋卿，历任地方司法参军、大理详断、审刑详议官、通判等法务职官，后"擢刑部郎中""入为大理少卿，迁卿"，因其议断刑案公正中直，"故士大夫间推其忠厚，不以法家名之"。⑤ 从元澹"不乐法家"到韩晋卿"不以法家名之"可见，从唐至宋，在仕宦与士大夫们的心目中，"法家"是一种贬义和辱称。

综上，四库古籍所言"法家"一词有三种含义，一为学派名称，二为刑名之学或刑幕之学，三为典狱之官（含理官），即法曹官吏、法务人士。

三、古代法律文献序跋中的"法家"

《中国古代法律文献序跋选辑》共收录 213 种古代法律文献序跋，每一部文献往往有不同时代、不同作者的多篇序跋，选辑者搜罗相当用心，很是全

---

① （元）熊梦祥：《析津志辑佚》，北京古籍出版社 1983 年版，第 30—31 页。
② （元）脱脱等：《金史》，中华书局 1975 年版，第 2153 页。
③ （明）黄宗羲：《宋元学案》，中华书局 1986 年版，第 839—840 页。
④ （宋）欧阳修等：《新唐书》，中华书局 1975 年版，第 5691 页。
⑤ 前引 10，脱脱等书，第 12706 页。

面。① 选辑者将有关文献分为五类：律例、律学类 67 种，判例判牍类 57 种，司法检验类 19 种，官箴政书类 60 种，其他 10 种。我们从中搜检出有"法家"词汇的 34 篇，"法家"一词计凡 42 见（含"名法家"等）。这 34 篇文献中，与表 1 重复的有两篇。一是元代柳贇的《唐律疏义序》，二是清末沈家本的《重刻唐律疏议序》。其余都是前述的四库古籍中所未见的。现将这 34 篇文献中的"法家"词汇的用例分类列表如表 2。类别栏中数字为该段文献所见"法家"次数。

表 2：古代法律文献序跋中的"法家"用例与分类

序号	时代	出处	内容	类别
1	元	《唐律疏义序》	呜呼！法家之律，犹儒者之经。五经载道以行万世，十二律垂法以正人心。道不可废，法岂能以独废哉！	典狱之官
2	明	《倪谦重刊律条疏议叙》	法家拂士执此而熟复之，固能使刑当其罪而无所失，凡民观之亦晓然知迁善远罪之方，其为治化之助岂浅浅哉	典狱之官
3	明	《法家衷集·黄洪毗跋》	予遍览唐虞旧壤，反于都会见司寇苏公《法家衷集》题辞，手之不释，同异表微，轻重求端，约而尽，近而远，敬忌者曷致	刑名之学
4	明	《大明龙头便读傍训律法全书·任甲第〈镌大明龙头律法全书序〉》	……但从事于法家者以律例各成一书，苦于诵读者多谓浩瀚，旨意难明者不便追求，因考管见附解琐言等注言，无不尽无不详，但书籍多而讲读厌，始见其难也	典狱之官
5	明	《敬由编·黄汝亨序》	《敬由编》者，观察窦公为司寇郎时所辑……而迂儒煦煦为仁，以为是申韩名法家惨礉少恩，而瞿不忍置口	学派名称

---

① 本文修改过程中，获悉张松、张群二位法学博士已编定《中国古代法律文献序跋选辑》，尚未出版。经与商请，二位博士慷慨赐赠全稿，特此致谢。

续表

序号	时代	出处	内容	类别
6	清	《大清律辑注·沈之奇自序》	解律之书,如《管见》《琐言》《折狱指南》《刑书据会》《读法须知》《辩疑疏义》《法家衷集》《律解》《笺释》诸家各有发明,尚未详尽,且多穿凿傅会……其有诸家谬误之处,为世所遵信者,间为指出,请正法家	刑名之学(2)
7	清	《佐治药言·汪辉祖自序》	昔我先君子业儒未竟,治法家言,依人幕下,不二年罢归,曰:"惧损吾德也!"	刑名之学
8	清	《江苏成案·熊枚江苏成案序》	顾成案之刻多矣,往往于二死特详。夫罪至二死,虽非法家,亦能识而断之	典狱之官
9	清	《宋元检验三录·吴鼒刻宋元检验三录序》	法家之言检验,书出较近,大抵递相蓝本,各为增损,其初尚疏,后来较密,亦必然之势也	刑名之学
10	清	《大清律例增修统纂集成·常德增修律例统纂集成序》	故天道五岁而一旋,星家于是有置闰之法,律例亦五岁而一辑,法家于是有增修之义。余观察浙西,两权臬纂,获与姚君交。盖以儒家而习法家言者,宜其于读律也……	前为典狱之官;后为刑名之学(2)
11	清	《名法指掌·梁士俊读法图存序》	问其行踪,则由粤而滇而豫而楚而蜀,问其所业,则究心于法家者流,推析律意,不差毫厘。名曰《读书图存》,前之所增订犹主于因,兹之所编辑实同于创,余披而览之,洵足为法家善本	刑名之学(2)
12	清	《续增洗冤录辨正参考·李璋煜原叙》	余通籍后服官刑部,充律例馆提调官且十年,深知此事之难,遇有名法家古书善本必多方假抄	刑名之学
13	清	《粤东省例新纂·耆英序》	独石琴中丞不惮钩稽,逐一考证,俾异日引用无讹。非通达治体,精于法家言,曷克办此?	刑名之学
14	清	《棠阴比事·朱续曾序》	闲尝论之和氏之《疑狱》掎摭故实,乃法家之成案……	典狱之官

续表

序号	时代	出处	内容	类别
15	清	《律例便览·蔡逢年原序》	余兄弟以懵学寡识,僭事录辑,讹夺逸漏之讥知所难免,老于法家者倘能指误摘谬,俾为改正,则余之厚幸也	刑名之学
16	清	《刑律浅说·志和序》	……抑特为法家秘本,欲陷人于不知耶?古人象魏之悬,月吉之告又何为,而不虑及此也	刑幕之学
17	清	《名法指掌·郭柏荫序》	国家以经义贴括取人,士率一意于记诵声律之为,而无暇旁涉,留意法家言者,盖什不一二	刑名之学
18	清	《大清律例增修统纂集成·序》	《律例统纂集成》一书……得五邑任彭年先生为之重辑,遂复灿然大备。习法家言者争先睹为快,几于纸贵洛阳	刑名之学
19	清	《大清律七言集成·方濬颐序》	诚知读律难于读书……在老于幕者观之,方以为太略太简,而实则法家之门径,要不外乎是焉	典狱之官;刑名幕友
20	清	《法诀启明·金师文序》	此《律例歌诀》一书,不详编者姓氏,大抵名法家先辈之所为也	典狱之官;刑名幕友
21	清	《补注洗冤录集证·梅启照序》	夫法家之言,浙人请求为多,而余又适抚是邦,且念国朝之首为《洗冤汇编》者,固吾南昌之人也	刑名之学
22	清	《秋谳志·娄杰重订序》	杰昔客燕,以法家学受知吴君郁堂。一日,吴君出《秋谳志》见示……夫岂逆料穷老以终,而生平之著述又复飘零散失,独以区区法家之言,存姓名于天壤者乎	刑名之学(2)
23	清	《入幕须知·张廷骧办案要略序》	王荫庭先生为乾隆中叶法家老手,著有《刑钱必览》《钱谷备考》《政治集要》等书行世	刑名之学

续表

序号	时代	出处	内容	类别
24	清	《刺字集·沈家本序》	编既成,颜之曰《刺字集》,虽不足为律例之支流,其亦可以备法家之采择乎	典狱之官;刑名幕友
25	清	《入幕须知·裴荫森入幕须知序》	三代以下,人心不古,机械丛生,为之上者乃欲绳以严刑峻罚,于是文网愈密,案牍愈繁,长民之官势不能自理,乃延幕宾,分任其劳,而习名法家言者遂隐隐焉操官之柄矣。考《汉书》言法家者流,出于理官,信赏必罚,以辅礼制。名家亦然。其时列于《艺文志》者,言法家则有《李子》《申子》《慎子》《游棣子》,凡二百十七篇……	前为刑名之学(1)后为学派名称(2)
26	清	《沈家本重刻唐律疏议序》	今之律文与《唐律》合者亦什居三、四……则是书非即功令之椎轮,法家之津筏欤?	典狱之官
27	清	《四西斋决事·孙鼎烈自序》	吾意,子居治古文,得力韩非、李斯,法家言所素习,其才明决果断,片言折狱亦鲜失。折狱本下吏才,无当政治之大,然董江都学贯天人,昔传《公羊决狱》十六篇,近世仁和龚定庵《春秋决事比》,颇以经义傅会名法家言	学派名称(2)
28	清	《刑统赋疏·沈家本宋序》	法家之学,讲求者少,故其书亦少流传。武进董绶金郎中康、如皋冒鹤亭郎中广生,并好法家之学……	刑名之学(2)
29	清	《读例存疑·袁世凯序》	长安薛大司寇云阶先生,供职刑部三十余年,研究律例,于历代名法家言无所不窥,著作等身,而《读例存疑》一书,尤为平生心力所萃	刑名之学
30	清	《刑案汇览·沈家本序》	《汇览》一书……晰疑辨似,回惑祛而游移定,故法家多取决焉	典狱之官
31	清	《无冤录·沈家本序》	此又"洗冤录"之名所自始也。其后又有《平冤录》及《无冤录》,法家谓之检验三录	典狱之官

续表

序号	时代	出处	内容	类别
32	清	《明律集解附例·沈家本跋》	窃尝怪自来好古之士……而有关掌故者多不关心,法家之书尤所屏弃	刑名之学
33	清	《明律集解附例·沈家本跋》	前有河南巡抚李刻文云:"《律疏附例》,不知出自何所……尤发前人所未发,诚老吏之断案,法家之著龟也。"	典狱之官
34	清	《名法指掌·陈克复序》	窃以刑名为斯民生死攸关,留意探索,凡法家之书翻阅靡倦	刑名之学

表 2 42 处"法家"用例中的属于学派名称类的有 5 处,可归入刑名之学或刑幕之学(含司法检验学)的有 22 处,其余 15 处意为典狱之官或刑名幕友等法务人员。值得注意的是,其中有多处用来指称司法检验人,即古代的"仵作",今世之"法医"。与表 1 重复的两篇,各出现"法家"一次,凡 2 见,词义均为典狱之官。因而典狱之官的 15 处用例应减去 2 处,实为 13 处。

表 2 所见 5 处学派名称之用例,细究其义,或是对韩非、李斯等《汉书》列为"法家"人物和"法家"著作的指称,或是对以儒学融汇韩非等"法家"学说的表述。如《四西斋决事·孙鼎烈自序》云:"吾意,子居治古文,得力韩非、李斯,法家言所素习,其才明决果断,片言折狱亦鲜失。折狱本下吏才,无当政治之大,然董江都学贯天人,昔传《公羊决狱》十六篇,近世仁和龚定庵《春秋决事比》,颇以经义傅会名法家言。"[①]这段文字中第一个"法家"指韩非、李斯学说,第二个"法家"称誉董仲舒、龚自珍"以经义傅会名法家言"。后者虽出现"名法家"三字,其实已是汉代以后儒家化的刑名之学。

从表 2 可知,这些古代法律文献序跋中的"法家"一词,多应释义为刑名之学,或刑幕之学、司法检验学等,亦即"以经义傅会名法家言"的刑名法术之学。与表 1 所列四库古籍中刑名之学类有所不同的是,古代法律文献序跋中的刑名之学项下,刑幕学之学或司法检验学(法医学)的分量较重。同理,古代法律文献序跋中典狱之官项下,刑名幕友、司法检验人(仵作)占比居多。

---

① 杨一凡、徐立志主编:《历代判例判牍》(第十册),中国社会科学出版社 2005 年版,第 501—502 页。

四、两类古籍所称"法家"词义辨析

现将上述表1和表2的数据统合，形成表3，以便进一步辨析词义。

表3：两类古籍所见"法家"用例统计

词义文献	学派名称	刑名之学	典狱之官	小计
四库古籍	12	13	54	79
法律文献序跋	5	22	13	40
	17	35	67	119

总的来说，在四库古籍电子版和古代法律文献序跋电子版中，共搜索得"法家"用例123处。除去《史记》与《汉书》中的4处"彼法家"，剩下119处。它们的词义可以析分为三类：学派名称类、刑名之学类、典狱之官类。前文已述，典狱之官和理官都是法曹职官，加上刑名幕友、司法检验人（仵作）等，统为刑事法律参与人，可归为一大类。现将这三大类"法家"词义作一分述。

首先，作为先秦诸子百家之一的法家学派名称词义，有17处。考其原文，一为重述司马谈、司马迁父子与班固的"六家要旨"论和"九流十家"说，多出现在四库古籍的"史部"，尤其是《艺文志》和《经籍志》等篇目，及一些学术史著作中，主要是介绍或复述司马氏、班氏之说，如马端临的《文献通考》等。二为指名道姓地说明是韩非、李斯等法家人物的学说、主张。四库古籍和法律文献序跋中都有这种用法。总之，可归入学派名称类的"法家"一词，相当于英语、俄语等语言中的"过去时"，不是"现在时"，是历史范畴，非当世学派。这也就是说，它们所指称的均为学术史上的法家学说或法家人物。

其次，作为刑名之学的"法家"学说词义。这是先秦法家学说的2.0版。我们现今所称的律学、刑幕学、司法检验学和法医学等，统统涵盖于内。《四库全书总目提要》"法家类"按语这样写道："刑名之学，起于周季，其术为圣世所不取。然流览遗篇，兼资法戒。观于管仲诸家，可以知近功小利之隘；观于商鞅、韩非诸家，可以知刻薄寡恩之非。鉴彼前车，即所以克端治本……至于凝、蒙所编,阐明疑狱①,桂、吴所录,矜慎祥刑②,并义取持平,道资弼教,虽类从而录,均隶法家。然立议不同,用心各异,于虞廷钦恤,亦属有裨。是以仍准旧史,录此一家焉。"③以纪昀为首的儒家四库馆臣们,对管、商、韩这些原始法家及其著作的评价是否定性的,不是说他们"近功小利之隘",就是冠之以"刻薄寡恩之非",并一言以蔽之曰:"其术为圣世所不取"。其实,这也是秦汉以降一千多年的主流思想和价值取向,四库馆臣集其大成而已。除管、商、韩等原始法家著作外,表1和表2中的所有著作都是在那个语境产生的势能,也是其价值引力场的产物。

不得不佩服四库馆臣们的智慧。他们把这些研究刑名法术的作品归入"法家类",又作了明确的区别。《四库全书总目提要》指出:和凝、和㠓、桂万荣、吴讷等所编撰的书,虽"均隶法家",那只是"仍准旧史""类从而录"而已。它们"义取持平,道资弼教",与管、商、韩的学说"立议不同,用心各异"。可见,这些"类从而录"的所谓"法家"著作,显然异于原始法家,是法家的新版本,是改进版。所谓"义取持平""立议不同",其实就是清儒孙鼎烈在《四西斋决事·自序》中所说的"以经义傅会名法家言",亦即儒家化的刑名法术之学。《四库全书总目提要》"法家类"中,共收录此类著作四部二十卷。分别为:《疑狱集》四卷,五代和凝与其子同撰;《补疑狱集》六卷,明张景增补;《折狱龟鉴》八卷,宋郑克撰;《棠阴比事》一卷,《附录》一卷,宋桂万荣撰,明吴讷删补。另有存目16种。它们是:《刑统赋》二卷(宋傅霖撰)、《刑法叙略》一卷(宋刘筠撰)、《洗冤录》二卷(宋宋慈撰)、《无冤录》二卷(不著撰人名氏)、《政刑类要》一卷(元彭天锡撰)、《名公书判清明集》十七卷(不著撰人名氏)、《唐律文明法会要录》一卷(不著撰人名氏)、《祥刑要览》二卷(明吴讷撰)、《王恭毅驳稿》二卷(明王概撰,高铨编)、《法家裒集》无卷数(不著撰人名氏)、《折狱卮言》一卷(明陈士镛撰)、《巡城条约》一卷(清魏裔介撰)、《风宪禁约》一卷(清魏裔介撰)、《读律佩觿》八卷(清王明德撰)、《续刑法叙略》一卷(清谭瑄撰)、《疑狱笺》四卷(清陈芳生撰)。《四库全书总目提要》收录和存目的这些刑名法术学著述,凡有序跋的,

---

① 指和凝、和㠓父子相继编撰《疑狱集》。
② 指桂万荣、吴讷相续撰《棠阴比事》。
③ (清)永瑢等:《四库全书总目》,中华书局1965年版,第847页。

多已载入张松、张群所编《中国古代法律文献序跋选辑》。这些法律文献基本上可归为"法家"2.0版，即儒家化了的刑名法术之学。

第三，理官、典狱之官等法曹职官，以及刑幕师爷、司法检验人员（仵作）等刑事法律参与人，称他们为"法家"，是《四库全书总目提要》之"法家类"提要中不曾说到的，恰是出现最多、最常用的"法家"词义，有67处，占比54%。此乃"法家"一词的新义，是本文所要特别揭橥与彰明的。

五、典狱之官："法家"一词之新义

"典狱"之说为宋儒吕祖谦首创，明代丘濬深表赞同，并在《大学衍义补》中大段摘引："吕祖谦曰：'典狱不得行其公者，非为威胁则为利诱，欲威不能屈、富不得淫，惟在敬忌，无择言在身而已。'又曰：'典狱之官，民之死生系焉，须是无一毫私意，所言无非公理，方可分付以民之死生。……后世多以典狱为法家贱士，民之死生寄于不学无知之人，和气不召，乖气常有，所以不能措天下之治。盖掌刑之官代天行罚，天讨有罪，天所以整齐天下之民，元不是自家事。惟敬五刑以成三德，敬五刑是专敬天理，三德是或当用正直、或当用刚克、或当用柔克，各得其当。若不敬天命，为害所逼，为利所诱，用刑必差，须是置祸福于度外，专敬天命，刑无不得其当，则民有所措手足，此所以培养根本，故三代得天下以仁。'"[①]吕祖谦指出，"典狱之官"的责任无比重大，是"代天行罚"，应当"无一毫私意，所言无非公理"，这才是"至公无私"的"法家"。"若不敬天命，为害所逼，为利所诱，用刑必差"，这样的"法家"直是史家所斥之"酷吏"。

吕祖谦这一"正名"比较确当。古籍所称"法家"之新义，即"典狱之官"，包含上自帝制中央政府下至府、道、县衙的法曹官吏，兼及刑名幕友、司法检验人员即仵作等狱讼参与人。此番"法家"新义，多为中性词汇，亦可褒可贬。用现行的话语表达，此"法家"，即法律人，主要指刑事法律人。或反过来说，凡刑事法律人均可称之谓"法家"。在这里，"法家"只是一个刑事部门官员和从事刑事工作者的职业名称。此"法家"之"家"，既非诸子百家之"家"，也不是刑名法术学家之"家"，而与"史家""词家""作家""医家""商家""船家""东家"之类词语的"家"相同义，是个职业称谓。

[①] （明）丘濬：《大学衍义补》，京华出版社1999年版，第954页。

六、点题：此"法家"非彼"法家"

考析四库古籍和古代法律文献序跋中所出现的"法家"一词含义后，可以回到本文的标题上，作一综述性说明。

其一，两汉以降，"法家"作为一个独立的学派已不复存在。古籍中那些可视为学派名称词义的"法家"词汇，盖为学术史意义上的法家学说和法家人物，是学术史，不是当下学派和人物。故尔，此"法家"非彼"法家"。

其二，《疑狱集》和《棠阴比事》等法律文献所称的"法家"，实为《四库全书总目提要》"类从而录"的"法家"2.0版，是吸纳了儒家思想并以儒家伦理法思想为指导的刑名法术之学，是接纳了儒家仁义中平思想，主张"祥刑""慎刑""恤刑"的"法家"之学，即儒家化的"刑名学""刑幕学""司法检验学"。此种"类从而录"的"法家"，亦非彼"法家"。

其三，典狱之官是散见于这些古籍中的"法家"一词的新义。它是《四库全书总目提要》"法家类"提要中未曾揭示的"法家"词义，其启迪之思发于班固，创设之功归诸吕祖谦，提倡之力应推丘濬。凡古代"三法司"部院大臣、法曹官吏、刑事法务人员，以及刑名幕友、从事司法检验的仵作等狱讼参与人，均可冠以"法家"之名。它是一个古代刑事法律人的职业称谓。此"法家"多为中性词，也出现过褒义和贬义的用法。还是那句话：此"法家"更非彼"法家"。

七、礼法体制、法律儒家化及其他

对两类古籍中所出现"法家"一词的词义考析，不过是窥探中国古代学术史，尤其是中国法律学学术史的一个小小的斑点。有个成语叫做"窥一斑而知全豹"。那么，"此'法家'非彼'法家'"的一斑之窥，能否就中国古代的法律学学术史之"全豹"问题作出进一步思考呢？答案是值得尝试。

先秦儒学历经西汉董仲舒改造的2.0版、宋明时期程朱陆王创新的3.0版，一直占据中国古代思想的主流地位，被奉为正统意识形态。先秦法家则为这一主流或正统所吸收融合，成为其组成部分。"评法批儒"运动中所赏封的"法家人物"，如王充、王安石、黄宗羲等，没有一个自诩或被同时代人赞誉为"法家"。这从一个侧面证明，"儒法斗争史"，以及"法家法治与儒家人治斗争贯穿两千多年"的"主线说",只是一部伪史,一种无根之妄论。

瞿同祖先生的"中国法律之儒家化"研究,具有开创性的恒常价值,需要限定的只有一点,先生所谓之"中国法律",主要是秦以后中国的刑事法律,先生所论之对象是秦律、汉《九章律》等法家化刑事法律的儒家化改造过程。这里牵涉到对中国古代法以及以其为主体的中华法系之体制特性的认识问题。

长期以来,我们将中国古代法归结为"律令体制",也以此为基点论说中华法系。中国古代法有律令是事实,将律令视为中国古代法体系的主要组成部分也没有错。但若说中国古代法、中华法系就是"律令法"、是"律令体制",那就有点以偏概全了。还是打开那部《四库全书总目提要》,前文已征引的史部《政书类》"法令之属"对《唐律疏议》等"法令"案语中有句名言:"刑为盛世所不能废,而亦盛世所不尚。"这就是说,唐律等律典只是"刑"而已,即今之"刑法典"。"盛世"不废"刑",但不尚"刑治"。那么,所"尚"者何?

这就需要追寻中国古代法的演进史。"三代"之时,夏有"夏礼""禹刑";商有"殷礼""汤刑";周有"周礼""九刑"。那是一个"礼－刑"结构体制,其特点是礼外无法,法在礼中,出礼入刑。春秋战国,礼坏乐崩,"刑"挣脱"礼"而 端独大,造极于嬴秦,形成"独任刑罚"的秦制。这也是"律令法"的发轫时期。秦代奉行"重刑轻罪""以刑去刑"的"法家之治",结果二世而亡。刑"为盛世所不尚",正是"秦鉴"之真谛。汉承秦制,又要免蹈秦之复辙。于是在法制领域向"礼"回归。历经五六百年的曲折反复,终于在魏晋有了"引礼入法(律)"的刑律典——魏《新律》和晋《泰始律》,至隋唐而大备。史称《唐律疏议》"一准乎礼"。这便是我们中国法律史教科书中讲的"礼法结合""礼法合治"。这里的"法",主要是"律",即刑事法典。"律"便是"律令法"的主体。但准确地说,"礼法结合""礼法合治",应为"礼律结合""礼刑合治"。[①]

汉代向"礼"的回归,除"引礼入法(律)"外,还有"律外之礼"这一更重要的

[①] 近年来笔者有关此论题的部分文章,参见俞荣根:《礼法之治:传统良法善治方略钩沉》,载《法治现代化研究》2017年第5期;俞荣根:《礼法传统与良法善治》,载《暨南学报(哲学社会科学版)》2016年第4期;俞荣根、秦涛:《律令体制抑或礼法体制?——重新认识中国古代法》,载《法律科学》2018年第2期;俞荣根:《超越儒法之争——礼法传统中的现代法治价值》,载《法治研究》2018年第5期;俞荣根:《走出"律令体制"——重新认识中华法系》,载《兰州大学学报(社会科学版)》2020年第4期。

面向。它又分成两条路径,一是制定庙堂"礼典",一是倡导民间礼俗习惯法。两者都是"律令法"无法包容的。帝制时代的第一部"礼典"制定于西晋,取名《新礼》,与刑法典《泰始律》一起颁行于泰始年间,标志着"礼—律"结构的新型法律体制开始形成。进至唐代,《永徽律疏》和《大唐开元礼》双璧同辉,"礼—律"体制的主架由是定鼎,成为宋、明、清"礼典""律典"之圭臬,其特点是以礼率律,律外有礼,礼律互辅。

但古代社会秩序的维系,仅靠"礼典"和"律典"自上至下的"礼—律"之治是远远不够的,在相当程度上得助于民间"自治"。这也就是第二条路径。古代社会的"自治"受"礼—律"体制保障,主要依据于礼俗习惯法。正是这些礼俗习惯法,使礼义扎根于社会土壤,渗入百姓心田,成为一种信仰,成为一种生活的常理、常情、常识,并一代代口耳相传,在生活中反复训练,人们都能清楚地知道,依据自己的身份、年龄、性别,应该怎样视、听、言、动,也都能预计得到自己行为后果。人的社会化就是礼俗化。这是一种在空间上全覆盖、在时间上全充盈的规范群,一种无处不在、无时不有的"无法之法"。

这种由礼典、律典、礼俗习惯法组成的古代法律体系,名曰"礼法"[①]。这里所说的"礼法",并非将"礼"与"法"视为两个实体的"礼+法""礼与法""礼率法",也非"引礼入法""礼法合一""礼法结合"之"礼"之"法"。它是一个双音节汉语词汇,一个法律概念,一个法哲学范畴。中国古代法,实为"礼法"法,"律令法"只是它的一个组成部分。中国古代法及以之为主体的中华法系,是一个"礼法体制",或曰"礼法法系"。"律令体制"是其中一个子体制、子系统,还有"礼典""礼俗习惯法"两个子体制、子系统。"三代"之"礼—刑"结构为中华"礼法体制"的原始形态,汉以后重建的"礼—律—礼俗"结构为新型的"礼法体制"。古代中国,欲有所作为者,所"尚"非"刑",非"刑治",而是"尚""礼"、"尚""礼法",崇尚据"礼法"的"礼法之治"。唯"礼法之治",而成就"礼义之邦"。从这个角度讲,帝制时代的所谓"法律儒家化",主要是"律典",即刑律典的"儒家化"。这个"儒家化",也可称之为刑律的"礼法化"。而"礼典""礼俗习惯法"本来就是儒家之法、礼法之法。

[①] "礼法"一词在《荀子》书中出现四次。荀子是将优良的"治法"称之为"礼法"的第一人。参见《荀子》的修身、王霸两篇。

中国古代法究竟是"儒家化",还是"法家化",近些年里似乎起了点公婆之争。若从"礼法体制"的视野回望过去,中国古代法之儒家法特性,可谓一目了然。儒家思想乃中华法系之精义所在。若从刑事法、从律典变迁的角度论,瞿同祖先生之"中国法律之儒家化"乃为不刊之论。

从前文表1和表2的罗列中,我们没有看到哪朝哪代有哪一个主持修律、主政王朝法司部门的"理官"自诩为商韩那样的"法家",也没有看到他们有一字宣称自己在总体的治国方略上是依照商韩的法家理论来修律、主政的。我们看到的是那些有作为的法司主官、典狱职官以"不乐法家"为荣,那些刑名法术之著述竟相标榜仁恕中平、"罪刑相当""慎刑""恤刑"之狱讼观念,而不是商韩的"重刑轻罪""以刑去刑""以杀止杀"这些狠话、酷法。

清末民初,痛切于帝制王朝的专制腐败、外损国权、内残人权,有识之士张扬宪制、倡行民主、呼唤法治。其中有所谓"新法家"者,致力于从我们自己的思想史和政治史上寻找"法治"资源。这一愿望堪称良善,但以为管(管仲)、商(商鞅)、申(申不害)、韩(韩非)之书是"法治"著作,法家之治就是"法治",着实误解了古书、古制和古人,也误解了现代法治。

论荀学复兴及其当代价值

张明

(山东社会科学院国际儒学研究院)

摘要：当下种种现象表明，荀学升温，渐趋复兴之势。反观历史，荀学曾经在中晚唐和清中叶有过两次"复兴"，但因"扬孟抑荀"的思想趋向或未解决"大本不立"的实质问题，荀学始终被贬抑。但是，从荀学的精神特质看，它具有开放性、创新性和务实性；从荀学的历史影响看，它以一种缺席而在场的方式影响了汉唐治世。当下的荀学复兴绝非偶然，是由优秀传统文化复兴特别是儒学复兴以及党的工作重心第四次大转移，为其提供了土壤。荀学复兴因此具备了当代价值：合乎时代之需，提供创新资源，提升文化自信。目前，从人性论与政治哲学，到当代新荀学的理论建设，以及走向世界影响等方面，显示出荀学复兴在"两创"中的潜力和可能性。

关键词：荀学；复兴；当代价值；"两创"

荀学复兴这个概念，本身未必是一种有意为之的运动，而是一种当下可见的、在学术领域中正在发生的现象。以笔者的观感，大约21世纪初以来，荀学逐渐成为中国哲学及思想史研究领域的一个热点，并于近年有着急速升温的趋势。这从以下几个方面得以呈现：一是参与荀学研究的队伍扩大。不仅早先致力于该领域的专家进行持续深耕，并且一批相关领域的学者也对此加以关注和涉猎；更令人瞩目的是，以荀学为题的博士、硕士论文也有逐年增长的趋势，展现出荀学后继研究队伍的壮大。二是荀学研究成果的数量逐年增多，且水平显著提高。依据通行的文献检索工具，我们可以有明显的感知：近二十年来发表的荀学论文、出版的相关专著，可能超过之前一个世纪的总量，而近十年又要超越前十年；且由于学术薪传、后出转精的缘故，其研讨的范围之广、探究的论域之深，也可谓前所未有，蔚为大观。三是荀学相关话题的讨论热度不减，新见迭出，使得该领域呈现出方兴未艾、持续升温的态势。其中诸如荀子人性论的问题，打破了两千年来单一的"性恶"说，产生了"性朴"说及其延伸性的观点，超越了以往"以孟解荀"的思维定式；而荀子关于礼法社会构建等政治思想也在"两创"背景下闪耀出传统儒家思想中的智慧之光，因而引发了学界广泛关注。

总括以上这些现象，单纯从横向的古典学术领域来看，或许只可称之为"荀学热"，即在当下人文学术领域特别是中国传统文化领域，荀学的确称得起是一个热点。但称其为"复兴"，则要从荀学的历史着眼找寻依据。

一、历史上的两场荀学复兴运动及其结局

众所周知，荀学和孟学是继孔子创立儒家学说之后的两大分支，而自先秦以来两者"道同而术不同"[①]，彼此既有共通之处，也甚多扞格所在，乃至在后世产生了诸多未料的结果。大致而言，秦之后，直至唐代早期，以经学为主，孟、荀等子学尚未显扬，只是作为"六经"的辅翼。至中唐，以韩愈为滥觞，他称孟子"醇乎醇"而称荀子"大醇而小疵"[②]，孟学与荀学才逐渐成为受人瞩目的领域，而荀孟之别、孰高孰下，在其后也成为争论不休的议题。自战国末期以来历经千年之久，荀子和荀学被凸显出来并成为思想界、学术界热议的对象，这还是头一遭，姑且可称之为一次"复兴"。这次复兴的成果，除了上述对荀学的评价以及对荀、孟的比较之外，还产生了第一部《荀子》的注本，即杨倞《荀子注》。[③]

按今存最早的宋台州刻本统计，杨倞的注本共计出校释之文三千四百八十八条，校注文字八万一千一百余字，超出荀书本文六千余字[④]，可见其用力甚勤。就其注释的水平而言，也颇为后世所褒誉，如《四库全书总目》就评价称"杨倞所注亦颇详洽"[⑤]。杨倞在序言中，给予荀子极高的评价，认为"观其立言

[①] 路德斌：《荀子与儒家哲学》，齐鲁书社2010年版，第10页。
[②] 韩愈：《读荀子》，刘真伦、岳珍：《韩愈文集汇校笺注》，中华书局2010年版，第112页。
[③] 张明：《杨倞〈荀子注〉之得失及其思想史影响》，《东岳论丛》2018年第7期。
[④] 王天海：《荀子校释·前言》，上海古籍出版社2005年版，第2页。
[⑤] 永瑢等：《四库全书总目》（第91卷，子部，儒家类一），中华书局1965年版，第770页。

指事，根极理要，敷陈往古，掎挈当世，拨乱兴理，易于反掌，真名世之士，王者之师。又其书亦所以羽翼六经，增光孔氏，非徒诸子之言也。盖周公制作之，仲尼祖述之，荀、孟赞成之，所以胶固王道，至深至备，虽春秋之四夷交侵，战国之三纲弛绝，斯道竟不坠矣"[1]。这种评价代表了当时及其后唐、宋诸多儒者的看法。尽管杨倞本人深受韩愈的影响，在他所作的注中也多处保留了韩愈的见解，但在荀孟之别的问题上，却并未照搬韩愈所谓"大醇而小疵"的评荀之说。一方面，杨倞将荀、孟并举，一并视为孔子之后杰出的儒家大师，继承了司马迁《史记》的评价标准，即"孔、墨同称，始于战国，孟、荀齐号，起自汉儒，虽韩退之亦不免"[2]。另一方面，杨倞又承续了汉以来"先荀后孟"的表述方式。这种表述方式在很大程度上表明在这一千年中荀子的影响超过了孟子[3]，而甘心倾注全力为《荀子》作注的杨倞，其倾向性也因此表露无疑。不过，尽管杨倞的注无论在校勘训诂还是在文意疏通上都堪称范本，对荀学的发扬光大作出了不可磨灭的贡献，但是犹如今日学者指出的那般，他对《荀子》某些关键概念（如"伪"）的解释仍不得要领，甚或误解、错解，为宋儒攻击荀学留下了把柄，致使荀学再度隐没。[4]

如果说发生在唐中晚期荀学复兴的态势能够顺利延续下去的话，那么很可能跟孟学一起，恢复先秦儒学的气象，两条进路并行，而在此后的历史中发挥其各自的优长，彼此互补，光大孔门。但颇为遗憾的是，程朱理学自兴起直至发展为官方学说，尊奉孟学而贬斥荀学，树立"道统"而将荀子摒弃于外，致使荀学再次陷入低谷。作为孔子之后儒学的两翼舍去其一，只闻"孔孟之道"，不见"孔荀之道"，正统与异端门户森然，《孟子》升经而为科举拔士的典册，《荀子》则湮没于无人问津，直至清代中叶方有回响，距中唐又过去一千年。

---

[1] 杨倞：《荀子序》，王先谦撰，沈啸寰、王星贤点校：《荀子集解》，中华书局1988年版，第51页。
[2] 梁玉绳：《史记志疑》，中华书局1981年版，第1481页。梁书在此句后特意注明"见《进学解》"。韩愈《进学解》云："昔者孟轲好辩，孔道以明，辙环天下，卒老于行。荀卿守正，大论是弘，逃谗于楚，废死兰陵。是二儒者，吐辞为经，举足为法，绝类离伦，优入圣域，其遇于世何如也？"（刘真伦、岳珍：《韩愈文集汇校笺注》，中华书局2010年版，第148页）说明韩愈对荀、孟的评价还有另一面。可参考拙文《论韩愈的荀学观》，《学习与探索》2016年第11期。
[3] 周炽成：《从先荀后孟之说看汉唐荀孟关系以及荀子在儒学中的地位》，《社会科学》2017年第5期。
[4] 路德斌：《一言之误读与荀学千年之命运——论宋儒对荀子"性恶"说的误读》，《河北学刊》2012年第5期。

我们把这次集中爆发于清乾嘉时期,且断续迁延至晚清的运动称为第二次荀学复兴,这已成为当前学界的共识。但是此次荀学复兴运动与千年前的复兴运动情状有所不同。中唐以前,经学盛行,作为子学的荀学只是没有得到彰显,韩愈、杨倞等人对荀学的推动,是由隐变显,使荀学摆在了世人面前;而到了清代中叶,荀学已备受打压,甚至成为异端,重提荀学、重尊荀学,就是矫枉和正名,是历史的翻案,故而更具"复兴"意味。就其规模而言也非前代可比,不仅如汪中、卢文弨、戴震、钱大昕、俞樾、王先谦、章太炎等著名学者参与其间,且著书立说五十余种,远超前代著述之总和,可谓盛况空前。有推重"孔荀"而不称"孔孟"者(汪中),有提议荀子重入孔庙从祀者①(凌廷堪、严可均等),有一反韩说认定荀子"醇乎醇"者(郝懿行),有提倡《荀子》同《孟子》一样升"经"者(俞樾)。而在章太炎那里,更是抑孟尊荀,称"同乎荀卿者与孔子同,异乎荀卿者与孔子异"②,尊荀子为"后圣"。有清一代,朴学大盛,如卢文弨、谢墉、王先谦等朴学大师,专事《荀子》的注释、刊刻工作,在杨倞注的基础上,考镜源流,辨章学术,在《荀子》文本的整理事业上作出巨大贡献。至今,王先谦吸纳诸家之言的《荀子集解》仍是读荀、研荀的重要参考文献。

从时代背景来看,这次荀学复兴最初发源于明季儒家有识之士自觉的反思运动,即总结历史教训,对宋明以来的心性之学的偏颇加以纠正,而将儒学引向经世致用,于是跟孟学相比,显然更关注现实政治施为、强调"外王"之学的荀学更加合乎此种旨趣,故而原先为程朱排斥的儒学"异端",开始以正面的形象进入遗民知识者的视野。继而随着朴学的勃兴乃至鼎盛,考据家与研究者不再局限于《四书》《五经》等狭窄的天地,而务求广博,举凡经史子集,乃至诸多杂学,无不列入朴学的范畴。既然有所见、有所识,就不能不有所思、有所想,加之荀学本就是博大精深,交互作用之下,也就有了为数众多的荀学拥趸,遂引发了这场复兴运动。迨至晚清,西学东渐,形成千年未有之变局,于是再

---

① 荀子被罢祀孔庙发生在明嘉靖九年(1530年)。《明史·志第二十六》记载:"嘉靖九年……于是礼部会诸臣议:'……至从祀之贤,不可不考其得失……公伯寮、秦冉、颜何、荀况、戴圣、刘向、贾逵、马融、何休、王肃、王弼、杜预、吴澄罢祀……'命悉如议行。"见[清]张廷玉等:《明史》,北京:中华书局校点本1974年版,第1298—1300页。
② 章太炎:《后圣》,《章太炎全集·太炎文录补编(上)》,上海人民出版社2017年版,第36页;原刊《实学报》第二册,1897年9月7日出版。

次掀起反思历史、自我批判的强大思潮,本就赓续不断的荀学复兴之光,又在此时成为焦点,历史仿佛回到了中晚唐以及两宋,尊荀抑孟者有之,尊孟抑荀者有之,荀孟并举者亦有之。

但是,热闹归热闹,议论归议论,史上第二次的荀学复兴却在一片喧嚣声中重归沉寂。这不仅是因为清末民初惊天动地的历史变革,更大的噪音淹没了一曲孤调,而且在学理上,清代的荀学复兴运动也未解决自宋儒以来的困境与难题。"清代荀学复兴运动之失败,根本的原因是未能从根本上动摇并解构宋儒关于荀学'大本已失'之基本论定。'性'和'伪'是荀子哲学的两大法眼,对二者的误读和误解,在导致宋儒得出错误论定的同时,也将荀学推向了一个千年衰微不振的困顿境地。"[1]由于此种局限,冯友兰所谓"接着讲"是接续宋明理学而讲[2],因此并不触及荀学。作为现代新儒家的代表牟宗三则言:"仁与义非外在者,而备吾人之守之行之也,乃真诚恻怛之至诚中即仁义之全德具焉,孟子即由此而言仁义内在,因而言性善。荀子于此不能深切把握也,故大本不立矣。"[3]"大本不立"正是程朱当年批判荀学的要害!众所周知,荀子言"性恶",同时批评孟子的"性善"论,这在宋儒的心目中就是荀学的大错特错之处。故而程颐说:"荀子极偏驳,只一句'性恶',大本已失。"[4]朱熹接着说:"不须理会荀卿,且理会孟子性善……荀、扬不惟说'性'不是,从头到尾皆不识。"[5]直至明代理学家胡居仁也说:"荀子只性恶一句,诸事坏了。是源头已错,末流无一是处。"[6]可以说,到了20世纪的上半期,有关荀学的评价又回到了宋代理学的原点。在根本问题即荀子"性恶"论未得到充分研究和探讨,未能达成圆满的解释,则是这场复兴运动失败的原因。但同时,也为当下荀学的再次复兴埋下了伏笔。

---

[1] 路德斌:《荀子:"心伪"与"大本"——从清儒荀学研究的不足看当下荀学复兴所要解决的一个根本问题》,《邯郸学院学报》2017年第3期。
[2] 冯氏云:"我们现在所讲之系统,大体上是承接宋明道学中之理学一派。……我们说'承接',因为我们是'接着'宋明以来底理学讲底,而不是'照着'宋明以来底理学讲底。"见氏著《贞元六书(上)·新理学》,北京:中华书局2014年版,第11页。
[3] 牟宗三:《名家与荀子》,吉林出版集团有限公司2010年版,第132页。
[4] 程颐:《二程集·河南程氏遗书》卷第十九,中华书局2004年版,第262页。
[5] 黎靖德编:《朱子语类》卷一三七,中华书局1986年版,第3254页。
[6] 胡居仁:《居业录·心性第一》,《胡居仁文集》,江西人民出版社2013年版,第19页。

综观两次荀学复兴的历史,我们不得不说,这是一个跨越了两千年历史长河的谜一般的存在。一方面,荀学虽然经历不同时代由不同原因造成的隐匿与沉默,但是总是能在某种机缘之下显示出它的价值而为人们重新发掘,因此可以说它的生命力是顽强的。另一方面,尽管两次复兴运动都没有能够真正将附着于其上的灰尘擦拭干净,以呈现出它的思想光辉与深刻内涵,但是这正如某种宝藏一般,吸引着一代又一代的思想探宝者和历史解谜者不断前往探寻,以期找到正确的答案。而正如笔者在本文开端所述,这个时机已经到来,新一轮的儒学复兴运动正在展开,路正在我们的脚下。那么,为什么会出现这样的一个时机,我们则要从荀学的内在特质及其历史影响与形成当下荀学复兴的外在环境说起。

二、荀学的内在特质及其历史影响

自《史记》为荀、孟并传始,就奠定了"荀孟并举"的格局,直至今日治先秦儒学者,凡谈荀必谈孟,而论孟也少不了论荀。因此从荀、孟之别来谈论,最能凸显出各自的特质。一般而言,孟子言"性善",荀子言"性恶";孟子重"内圣",荀子重"外王";孟子讲"王道"黜"霸道",而荀子不仅王霸兼用,且吸收法家学说,隆礼而重法,种种差别因文献可征,已经成为学界之共识,乃至常识。但是,二者的这些观点和主张,真正对后世产生了何种影响,借以显示其特质,即以思想史的视角来观照此中奥妙,这是我们的重点。

孟学自不必说,程朱奉其为道统正宗,阐发其心性之学而为宋明新儒学,及至成为官方学说,遂为明清数百年的主流思想。但是荀学呢?问题就较为复杂。一方面,荀子曾在稷下学宫三次担任祭酒,"最为老师"[①],据说先秦典籍"五经"都由他的学生传授下来,虽经秦火而不至湮灭,他的贡献最大,所以被奉为后世经学的鼻祖。但是另一方面就颇为吊诡,荀子不仅传授古代经典,还有保存他自己独特思想的著作传世,为何长期以来很少有人谈论荀学自身的创见并加以研究呢?笔者以为,这需要从外在与内在两个角度来探讨。

从外在来看,汉唐时代是经学的时代,研习"五经"是治学乃至干政的基础方式,无论是汉末郑玄遍注六经,还是唐初孔颖达等人奉敕编纂《五经正义》,

---

① 司马迁:《史记·孟轲荀卿列传》,中华书局(校点修订本)2013年版,第2852页。

其他诸子之书都作为"经"的辅翼,类似于"传"的地位[1],故学者以"经"为主,宁可自己撰述,也不会舍本逐末,专攻先秦子书。

从内在看来,荀学实质上影响了汉唐时代的政治趋向。荀子在战国末期吸收了法家思想,采取礼法并重、王霸兼施的策略,以实现"大一统"的目标。后世诟病荀学者,除"性恶"论之外,就是荀子援法入儒的思想,如朱熹就斥之为"全是申韩"[2]！按先秦儒家与法家虽有不同,但未尝没有相融之处,二者同样致力于建构某种国家社会治理制度,用当下话语来说,大致可各自归为德治与法治,彼此颇可借鉴融通。所以先秦时代大部分时间里,儒、法两家实际上少有违和。如孔子对法家的先驱管仲、子产大加赞誉[3];孟子批评墨家和道家,目的是维护社会秩序[4];而荀子在批判的基础上对诸家特别是法家思想的优长加以吸纳,遂成为战国思想的集大成者。儒法之争,源自周秦之际[5],而实际发生于汉武时代。由于武帝采纳了董仲舒等"罢黜百家,独尊儒术"的方略,以儒家思想取代西汉前期法家及黄老之术,儒家借以上位,为巩固自身地位以及为汉帝国的合法性进行辩护,因此将矛头指向了法家与秦政,而对秦统一战争及其治国方略的设计与实施有着巨大影响的韩非和李斯,皆受业于荀子,这也为后世贬抑荀学埋下了祸根。[6]

然而即便在儒家战胜法家成功上位之后,作为最高统治者的汉朝皇帝,并未在治国之道的实质上完全倒向汉儒一端。有一个著名的事例可以为证,当倾心儒学,抵制刑名法治的汉元帝(时为太子)向父亲汉宣帝劝谏"陛下持刑太深,宜用儒生"之时,"宣帝作色曰:'汉家自有制度,本以霸王道杂之,奈何纯任德教,用周政乎！且俗儒不达时宜,好是古非今,使人眩于名实,不知所守,何

---

[1] [汉]赵岐《孟子题辞》:"汉兴,除秦虐禁,开延道德,孝文皇帝欲广游学之路,《论语》《孝经》《孟子》《尔雅》皆置博士。后罢传记博士,独立《五经》而已。"意即除《五经》外,《论语》诸书被视为"传",所立学官为"传记博士",至武帝时皆罢黜。焦循:《孟子正义》,中华书局1987年版,第17页。
[2] 黎靖德编:《朱子语类》卷一三七,中华书局1986年版,第3255页。
[3] 孔子称管仲为"仁人",《论语·宪问》:"子路曰:'桓公杀公子纠,召忽死之,管仲不死。'曰:'未仁乎?'子曰:'管仲九合诸侯,不以兵车,管仲之力也。如其仁,如其仁。'"称子产为"惠人",《论语·公冶长》:"子谓子产:'有君子之道四焉:其行己也恭,其事上也敬,其养民也惠,其使民也义。'"
[4] 《孟子·滕文公下》:"杨氏为我,是无君也;墨氏兼爱,是无父也。无父无君是禽兽也。"
[5] 《韩非子·五蠹》:"儒以文乱法,侠以武犯禁。"较为明确反儒。
[6] 张明:《荀子与韩非及法家关系诸问题:一种观念史的视角》,《山东社会科学》2020年第9期。

足委任!'乃叹曰:'乱我家者,太子也!'"[①]作为汉帝国的根本制度,实则兼用王霸,求为实用,这正是合乎荀子的主张。我们以宣帝所揭示的"汉制"来反观荀子,荀子为何要积极吸纳法家思想?其出发点是对具体历史时代的清醒认识,其政治思想是依据这种认识而担负时代的使命,而其要务则是为时所用、取得实绩。荀子使秦,观其山川、民风、吏治、朝廷,不禁感叹其霸业有成,然而又指出其短板在"无儒",即缺乏王道教化。但是,王道固然是作为儒家追求的理想状态,霸道仍然有其合理性,因其乃时代之需,"霸者之善著焉,可以时托也,王者之功名不可胜日志也"(《荀子·强国》)。从历史发展进程看,荀子可谓独具慧眼,甚至可称为政治预言家。他敏锐看出,秦国虽然具有种种有利之势,但是单纯以法家学说为指引的霸道,或可逞一时之威,然终须兼以王道来弥补,儒胜法,或以儒为主以法为辅的政治时代也必将到来。这就是从汉宣帝口中无遮拦地道出的"汉家自有制度"。相反的是,汉元帝之后,专任儒生,及至"民选皇帝"王莽上位,一味恢复周朝旧制,反而酿成祸乱。我们说汉代传经,荀子是鼻祖,众多儒生信奉古经由而复古,也算托荫于荀子。然而,作为传经老师的荀子,与《荀子》书的作者,尚须做一番区分。荀子传经,但不唯经,他重"礼",重其实践以及在政治上的实际价值。仅学习书本知识而不懂得实践,在荀子看来就是"陋儒",而食古不化,"不道礼宪,以《诗》《书》为之,譬之犹以指测河也,以戈舂黍也,以锥餐壶也,不可以得之矣"(《荀子·劝学》)。比诸汉儒胶柱鼓瑟,荀子更倾向于量体裁衣。他是从时代的实际状况出发,而非刻板地以书本知识做参照,开创性地援法入儒,杂用王霸之策,实质性地奠定了秦汉大一统,特别是汉武帝之后的治国策略。后世或称其为"阴法阳儒",帝王之术,有贬损之意;但我们如果抛开这种带有成见的评价,依据实际的政治现实及其所展现出的成效来看,儒法之间的结合,确乎为汉唐治世的创立提供了有效的思想基础,甚至如德治与法治的结合才是最为正确的治道。

钱穆说:"汉唐儒志在求'善治',即初期宋儒亦如此。而理学家兴,则志在为'真儒'。志善治,必自孔子上溯之周公;为真儒,乃自孔子下究之孟轲。"[②]实际上,汉唐儒家求为善治的态度无需上溯孔子周公,究之于荀卿即可。荀、孟

[①] 班固:《汉书·元帝纪》,王先谦:《汉书补注》,上海古籍出版社2012年版,第387页。
[②] 钱穆:《中国学术思想史论丛五·周程朱子学脉论》,九州出版社2011年版,第319页。

之别在"善治"与"真儒"上就可做一番裁判,而汉唐儒学与宋后期勃兴的理学,就分别承续了荀学与孟学的特色。如果我们按照现代新儒家惯常的说法,把受孟学影响的宋明理学称为"道德理想主义",那么也可以对应地把受荀学影响的汉唐儒学称为"政治现实主义"。对于汉唐儒家来说,是否严格地恪守原始儒家的观念,并排斥其他学说以求"醇乎醇",绝非其真正的追求。而如何依据时代之需,参与政治实践并获得"善治"的成效,才是其向往的目标。其间,至于援引何种别家的思想资源,以充实自身的不足,因时通便,则并未在他们头脑中设置障碍。

这一点,甚至在"扬孟抑荀"始作俑者韩愈身上也有着相应的体现。韩愈的"扬孟"与其说是对孟学的接受,不如说是对孟子部分思想的嫁接移植为自己所用,而其目的则是政治上的务实态度。韩愈面对的中唐政治现实是佛教、道教大行其道,蛊惑皇帝乃至权贵官吏,致使朝纲紊乱,经济凋敝,儒家及其维系的正常国家社会秩序遭到严重破坏。作为力挽社稷倾颓、维护吏治民生的儒者,韩愈辟佛老、树道统,并从孟子那里找到了有效的思想资源。其一是以孟子"距杨墨"为自己"辟佛老"来辩护:"释老之害过于杨墨,韩愈之贤不及孟子。孟子不能救之于未亡之前,而韩愈乃欲全之于已坏之后。呜呼!其亦不量其力,且见其身之危,莫之救以死也!虽然,使其道由愈而粗传,虽灭死万万无恨!"①可以想见,在佛道二教大行于世,苦于无法抵抗的时刻,韩愈是怎样以欣喜之情看到了儒学先辈孟子的那番慷慨陈词,"能言距杨墨者,圣人之徒也"②!而其二,他又从《孟子》卒章③中见到了儒家"道统"的影子,承续其言曰:"斯吾所谓道也,非向所谓老与佛之道也。尧以是传之舜,舜以是传之禹,禹以是传之汤,汤以是传之文、武、周公,文、武、周公传之孔子,孔子传之孟轲。轲之死,不得其传焉。"④作为"粗传"者的韩愈自己,自然要奉孟子为祖师,肩负起延续儒学命脉的职责。但是,我们同样也要看到,对于孟子,韩愈几乎采取了

---

① 韩愈:《与孟简尚书书》,刘真伦、岳珍:《韩愈文集汇校笺注》,中华书局2010年版,第888页。
② 《孟子·滕文公下》。
③ 《孟子·尽心下》曰:"由尧舜至于汤,五百有余岁;若禹、皋陶,则见而知之;若汤,则闻而知之。由汤至于文王,五百有余岁,若伊尹、莱朱,则见而知之;若文王,则闻而知之。由文王至于孔子,五百有余岁,若太公望、散宜生,则见而知之;若孔子,则闻而知之。由孔子而来至于今,百有余岁,去圣人之世若此其未远也,近圣人之居若此其甚也,然而无有乎尔,则亦有乎尔。"
④ 韩愈:《原道》,刘真伦、岳珍:《韩愈文集汇校笺注》,中华书局2010年版,第4页。

完全的实用主义态度,为了达到现实政治目的而片面截取了孟学可为所用的几条观点;至于被程朱视为"大本"的"性善论"等等,在韩愈那里则如同视而不见,甚至还专门作《原性》篇,大谈"性三品说",无怪乎朱子之后学再论"道统"的时候,连韩愈都给赶出门墙。由此而见,从表面来看韩愈虽然扬孟抑荀,将孟子赞许得无以复加,但从精神实质来看,他还是那个追求"善治",秉奉政治现实主义的荀学精神的继承者。李泽厚有言,"举孟旗,行荀学",他安在朱熹身上似乎未必恰当,而安在韩愈身上大致是没错的。①

以笔者观之,尽管荀学因为种种原因在汉唐时代长期没有被摆在历史的桌面上,但是荀学的内在精神实质却影响乃至指引着汉唐儒家的政治追求和政治实践,因此可称之为"缺席的在场"②。虽然经历了历史上两次不同情形的"复兴"运动,而又均以失败告终,但是花果凋零,种子不死,一旦遇到适合的土壤与雨露,荀学再次焕发生机的时刻也必将到来。

三、荀学复兴的外在环境及其当代价值

当下荀学复兴,有赖于从官方到民间对于传统文化复兴特别是儒家文化复兴的热忱,同时也是历史走到今天的一个必然结果。自晚清西学东渐以来,华夏文明的发展遭遇了千年未有之大变局,而其中传统文化特别是儒家文化存续问题构成了焦点。直至20世纪八九十年代,人们才逐渐以一种较为平和的心态,来重新审视我们的文化遗产,并试图通过取精去粕的批判眼光来恢复古代文化传统的优秀一脉,一时间"国学热""传统文化热"逐渐升温。

党的十八大以来,习近平总书记多次就优秀传统文化特别是儒家文化的复兴作出指示。其中,称中国传统文化的特征"一是儒家思想和中国历史上存在的其他学说既对立又统一,既相互竞争又相互借鉴,虽然儒家思想长期居于主导地位,但始终和其他学说处于和而不同的局面之中。二是儒家思想和中国历史上存在的其他学说都是与时迁移、应物变化的,都是顺应中国社会发展和时代前进的要求而不断发展更新的,因而具有长久的生命力。三是儒家思

---

① 台湾学者刘又铭称韩愈等为"孟皮荀骨",角度不同,大意相仿。见刘又铭:《一个当代的、大众的儒学——当代新荀学论纲》,中国人民大学出版社2019年版,第33页。
② 参见拙文《荀学历史与荀学复兴》,《中国社会科学报》2018年12月11日第2版。

想和中国历史上存在的其他学说都坚持经世致用原则,注重发挥文以化人的教化功能,把对个人、社会的教化同对国家的治理结合起来,达到相辅相成、相互促进的目的"。[①] 这种高屋建瓴式的对儒家思想优长之处进行的概括,提供了带有实质意义上的儒学复兴的推动力,同时也为荀学复兴带来了重要转机。

从历史发展的必然性角度,王学典认为,在党的百年历程中,工作的重心经历了四次大转移,而第四次大转移就是从十八大以来的"以民族复兴为纲,以信仰、精神、伦理、秩序、规则重建为中心","当下的中国社会正处于从'文化自卑'走向'文化自信',从反传统走向礼敬传统,从崇奉西方价值到确认重建自我历史主体性的节点上"。[②] 近十余年来荀学成为热点,甚至焦点,与这第四次大转移同步同调,并且很明显地在重建自我历史主体性方面发挥了积极作用。

东风已经具备,时机已经到来,那么如何解释荀学为何较之其他儒学诸门于当下显得更为耀眼,更具热度,因此可称为"复兴"? 应当有以下几个层面:

其一,就荀学精神实质而言,荀学是先秦儒家与法家相互竞争又相互借鉴的产物,在保持儒家主体的基础上,善于汲取法家等学派的优长,因而具有海纳百川的开放性;荀学是中国历史由战国分裂走向秦汉统一的时代产物,其精神内核在于顺应时代前进之需,谋求社会发展更新,因而具有乘时通变的创新性;荀学不但追求个人道德提升和社会教化功能,还汲汲于治国理政的方针与实践,因而具有经世致用的务实性。三者之中,儒门其他各派或有一二可取之处,但是可以肯定地说,荀学三者兼备,集其大成,是故儒学复兴之大业,从荀学入手乃是一条康庄大道。众多学者专家将目光转向荀学,不能不说是被荀学这种博大而完备的思想体系所吸引。

其二,配合党的第四次工作中心的转移,特别是创造性转化和创新性发展的当代使命,荀学复兴成为理所当然的突破口。荀学具有深厚的思想文化蕴含,并在历史上发挥了重要影响,还经历了两次"复兴",然而由于某些成见和偏见,导致其在中唐之时复而不兴,有清一代兴而不复,始终处于暗昧不彰的状态中,巨大的思想宝库有待发掘开采。这一时机已经到来! 我们今日所言

---

① 《习近平在纪念孔子诞辰2565年国际学术研讨会暨国际儒学联合会第五届会员大会上的讲话》,新华网,2014年9月24日。
② 王学典:《全党工作重心的第四次转移与文化自信的提出》,《济南大学学报(社会科学版)》2022年第1期。

的优秀传统文化复兴以及儒学复兴,既不同于百余年前的中西文化之争,也不同于千余年前的荀孟学派之争,而是站在现代的立场对民族文化遗产的省察与重估,这是我们的前提和出发点,因此毫无必要困守古人的成见,甚至必须打破这种牢笼,才能将被淹没于历史流沙中的思想菁华与精神活力释放出来。荀学堪称其中最大的样本。或许我们可以这样说,荀学像一片新垦地,丰厚肥沃,有待来者开掘播种。学术研究追求的价值在于创新,而创新的基础在于研究领域的可开发度,荀学无疑提供了这样一种资源,着实大有可为。

其三,文化复兴与文化自信是互为表里、两相对应的概念,优秀传统文化在当下重现其价值,发挥影响,必然带动国人对自身文化的认同感和自信心,而作为在历史上发挥重要作用的荀学之复兴,也必然促进整个民族的文化自信。中国的历史源远流长,儒学的影响也不绝如缕,然而历史发展有曲折,儒学影响的方式也各有不同。康有为认为:"唐以前尊荀,唐以后尊孟。"[①]正如前述,荀学发挥其影响,在历史上是秦汉隋唐;以孟学为奠基的理学,发挥其影响则在宋元明清。两相比较,后者与汉唐气象难以相比,汉唐是中国历史上文明发达、文化输出,以及文化自信最为恢宏的时代。尊荀,也必然是对汉唐盛世文化的推崇,是对宋明以来文化的重审。在当前倡导文化复兴与文化自信的风气下,如何选择,如何判别,何去何从,孰优孰劣,也须经过一番分析和讨论,但是,笔者以为,荀学是自然要列入席中、且要在场的。

综上而言,荀学的复兴在当下传统文化复兴热潮中显示出极为重要的价值。它不仅因为具备儒学开放性、创新性和务实性而更合乎现代意义上的文化精神追求,而且因为长期埋没于历史偏见、亟待重新发掘,而具有矫枉纠偏、正本清源的学术创新价值,还因为其所代表的盛世文化象征,而更具思想魅力,引发文化自信心和自豪感。新一轮展开的荀学复兴,自不必犹抱琵琶半遮面,而是真正向着现代世界敞开其价值内涵,在优秀传统文化整体复兴的思想场域中占有一席之地,并且在"两创"方针的指引下,拂去两千年之蒙尘,焕发古代智慧之光。

---

① 康有为:《万木草堂口说》,康有为著,楼宇烈整理:《康有为学术著作选·长兴学记 桂学答问 万木草堂口说》,中华书局1988年版,第195页。

四、荀学复兴的现状与"两创"的可能性

正如开篇所言,当下的荀学复兴不是一种有意为之的行为,而是在具备了上述内在与外在、历史与现实的种种条件和因素的前提下,自然而然形成的一种现象,并且作为当下传统学术的研究热点和生长点,荀学复兴正处在方兴未艾、大有可为的进行时态中。处于其间,我们虽然尚不能概括其全貌与全程,但是就其行进至此而表露出的某些特点,倒可以做一番描述。

其一,从人性论到政治哲学。宋儒扬孟抑荀,最关键之处就是指斥荀子的"性恶论",因之不合乎他们尊崇的孟学"性善论",就被贬为"大本不立",陷荀学为异端。清儒虽有相当一批儒者褒扬荀学,意欲翻案,但就因为这"大本"的问题始终解释不清,最终也只落得草草收场,孟学-宋明理学-现代新儒家一脉相承,仍占据着传统儒学主阵地。因此,要想重振荀学,要想为清代荀学复兴运动续脉,必须在人性论这个问题上有所突破。而这个突破性事件恰恰发生在21世纪的初期。代表性的成绩有:周炽成等人借鉴日本学者儿玉六郎所提"性朴论"的思路,否定了长久以来单一"性恶论"的观点;路德斌则从分析"伪"这个概念出发,澄清了杨倞注的误解,纠正了历来"以孟解荀"的偏见。荀子人性论问题就此引发诸多学者的关注与参与,或各抒己见,或各执一词,虽然至今争论未见平息,但是今人对荀学的看法已然超越了古人,"大本"初立,风气一新。随之而来,或者说并行不悖地,荀子的政治哲学思想也受到重视,并加以重新阐释,林宏星的相关研究即具有代表性。[1] 一时之间,荀学升温,炙手可热,遂成为不可逆转之势,一场荀学复兴运动遽尔产生。

其二,以"新荀学"比"新孟学"。"新孟学"可以代指宋明理学以及"接着讲"的现代新儒家,孟子的心性之学是其理论的基石,其思想进路是一脉相承的,其中也包括对荀学的态度。一般而言,承续"新孟学"的港台新儒家大都秉持家法,仍沿袭所谓"大本不立"的陈词(牟宗三),因而对荀学置之一旁,少有关注。但是或因时代变迁,思想开放,更或由于荀学自身的魅力,在相同的土壤中也萌生出"新荀学"的新芽。作为当代"新荀学"首倡者的台湾学者刘又铭,在详细周虑地分析了荀学之优长后,"呼吁所有觉醒了、自知自信了的荀学

---

[1] 限于本文主旨与篇幅,仅只选取在这场荀学复兴运动中着手早、代表性强的学者举例。

自我人格,一起来为一个真实有力、开阔厚实、复苏与再生了的荀学而努力!当代新荀学是真正属于当代的,是属于整个社会与全体大众的,而不是只属于精英阶层的少数儒者的,它就是当代新儒家荀学派的当代新荀学"[1]!这是一千多年前、甚至两千年前荀孟之争的当代重现。当代新荀学的提出,是对当代新儒家现代性困境的一种积极并可能富有成效的解决方案,而在大陆荀学渐趋升温的情形下,这一观念很快受到大陆儒家学者的关注与欢迎。传统的继承是批判性的继承,既从内部找寻更具现代价值的资源,又要同某种思维上的惯性做互鉴与争斗,以荀学驳孟学,对于两者而言都是必要的反思方式。而当下,无疑把蒙尘千载的荀学重新拉回思想的竞技场,以当代新荀学的旗帜来呼吁更多学者乃至大众的关注,继续推动荀学复兴,乃是儒学传统文化实现"两创"的极佳之路。

其三,兼"民族化"与"国际化"。随着我国改革开放的日益深化,儒家文明与世界文明的对话也日趋热烈,荀学的复兴一方面固然是对本民族优秀传统文化的继承,另一方面也是在文明对话中注入活力焕发新生。从国际化的角度看,荀学早在20个世纪就被西方世界所认知,受到极大关注并引发研究热情。从早期的德效骞到后来波士顿儒家,都将荀学作为研究的重点,时至今日而不衰,其热度则远远超过了孟学。这种现象倒是颇为耐人寻味:如果就民国以来中西文化交流渐趋平和的状况而言,中学西渐,大致应以"孟学—宋明理学"这条路径为主,西方学者不免也要受到这种思维惯性或者传统偏见的影响,正如我们在更早期晚清时代的相关文献中所感受到的那样,而这似乎更为符合文化传播的惯常方式。换言之,在这场对话中本应处于被动的西方世界,却主动地选择了当时仍处在被冷落状况中的荀学作为研究的重点,这不能不令人感到诧异。[2] 从荀学复兴的角度看,这种事情的发生或许是一种良好的刺激,建立在文明互鉴和文化对话的基础上,荀学显然具有更大的潜力和更多的可能性。

总之,曙光已经在前,荀学复兴之路仍在脚下,中华优秀传统文化的创造性转化与创新性发展有所待焉。

---

[1] 刘又铭:《一个当代的、大众的儒学——当代新荀学论纲》,中国人民大学出版社2019年版,第65页。
[2] 德效骞(Homer H. Dubs)的荀子研究著作初版于1927年,次年他翻译的《荀子》出版。

追寻实践智慧——王阳明"良知"论的精神旨趣

习细平　张新国

（南昌大学江右哲学研究中心）

摘要：以道德德性解释王阳明的"良知"概念是学界以往的主流看法，即将之诠释为与从孟子到象山的"本心"相一致的范畴。这实质上主要是从"仁"的脉络来看的结果，如果从更广的视域看，"智"的意义同样不可忽视。对于王阳明哲学"智"德的探求，内在地导向对人的实践智慧的深层次考察。与理学以往诸形态的境界形而上学不同，王阳明良知论的精神旨趣在于为人的伦常行动灌注以权事制宜实践的智慧，即事砥砺和锻炼日用常行中的好恶之心，主张人不只是以良知为尺度来规范自己的道德行动，同时提倡人超越美德而追寻自然之诚德。

关键词：实践智慧；良知；美德；好恶；诚

中国传统哲学，尤其是儒学的精神旨趣主要在于追寻广义人生论意义上的实践智慧。这一点在宋明理学中的表现颇具典范性。宋明理学讲的"实践"所指向的是自我教化层面的明善与诚身工夫。王阳明的良知学说不只是单向度地在伦理学意义上讲明人的伦理德性，而是将人的伦理德性与实践智慧诠释为固有的内在性体用结构，认为良知的本质在于这样一种实践智慧，即能够在具体的伦常生活中稳定地做出实践判断，并主张将这种实践判断实行出来以在总体上不断对象化人的本质力量。

一、儒家伦理与良知学

当代中国哲学的建构，还是在中西哲学比勘中进行的。其中，对于儒家伦理的性质,学界呈现出多元建构性的阐释方案。

余纪元认为儒学属于"德性伦理学",他说:"儒学不仅是一种德性伦理学,而且其博大与精深勘与亚里士多德伦理学相媲美。"[①]这里的"德性伦理学",有的学者翻译为"美德伦理学",应当说两种翻译各有所长。安乐哲"基于儒家角色伦理当中的'关系'这个事实"[②]创作"儒家角色伦理学",认为儒家角色伦理"给出了对行为的指导性规则,但是它不是求诸'抽象'的'原理'价值或者'德性',而是从根本上根据我们实际熟悉的、社会的'角色'而找到'指南'。"[③]安乐哲教授这一论断是立于伦理学史之上的,也是基于美德伦理学所面对的理论诘难而做出的回应。黄勇通过审视儒家伦理的特征,"断定儒家伦理是一种美德伦理"[④],且通过比较分析,他认为"儒家是比亚里士多德主义更严格意义上的美德伦理学"。[⑤]陈真指出:"学界对于中国儒家伦理学究竟是否是一种美德伦理学是有争议的。按照本文对美德伦理学的定义,中国儒家有自己的美德伦理学,尤其表现在孟子的'四端'之心的理论及其论述中。"[⑥]应当说,孟子关于本心良知的理论,贯穿了包括因读孟子而自得的陆九渊心学以及王阳明良知学等儒学思潮之中。王庆节通过探究"儒家伦理学的本色",认为儒家伦理是一种"示范伦理学",他说:"儒家伦理的'本色'不在'规范'而在'示范',示范伦理学才是儒家伦理在现代意义上对于未来的世界伦理可能贡献的东西。"[⑦]涂可国通过类聚而分析,主张建构"儒家责任伦理学"。[⑧]陈来细致辨析了儒学美德理论的实质,指出"美德是人类文明最基本的道德实践形态",主张"检视儒家伦理与美德伦理的关系,辨明儒家伦理与美德伦理的异同,并把美德伦理

---

① [美]余纪元:《德性之镜——孔子与亚里士多德的伦理学》,林航译,中国人民大学出版社2009年版,第1页。
② [美]安乐哲:《儒家角色伦理学》,[美]孟巍隆译,田辰山等校译,山东人民出版社2017年版,第1页。
③ [美]安乐哲:《儒家角色伦理学》,[美]孟巍隆译,田辰山等校译,山东人民出版社2017年版,第177页。
④ 黄勇:《当代美德伦理——古代儒家的贡献》,东方出版中心2019年版,第6页。
⑤ 黄勇:《当代美德伦理——古代儒家的贡献》,东方出版中心2019年版,第21页。
⑥ 陈真:何谓美德伦理学,《哲学研究》2016年第7期。
⑦ 王庆节:《道德感动与儒家示范伦理学》,北京大学出版社2016年版,第89页。
⑧ 涂可国:试论当代儒家责任伦理学建构,《周易研究》2021年第5期。

作为一个视角,扩大对儒家思想的研究,加深对儒家美德理论和道德的理解"①。以美德是人类文明最基本的"道德实践"形态视域来看,"实践"及关于实践的"智慧"是儒学美德伦理与美德伦理学的关注的核心。陈来在阐释儒家实践智慧时指出:"亚里士多德的实践智慧是指向行动的慎思明辨,而王阳明所说的'思辩是思辩做这件事',意思与之相近;其所说的'行之明觉精察处便是知''知之真切笃实处,便是行',既是强调实践智慧是对行动的明觉精察,也同时强调实践智慧作为知必须和行结合一起。"②可以说,王阳明融良知与行动为一体的致良知之学,注重阐扬人的内在美德,这种美德是仁德与智德合一的实践智慧,是一种让拥有者变善的东西,能够给予人在具体情境中行动的全面指导。奥尼尔认为:

  对于所有人来说,抽象化和可普遍化的标准是可获得的,它们可以为建设生活或社会提供指导方针,但不能提供全面的指导。在每一时间和地点,为了满足他们相信适合于其伦理考量范围中的所有人的标准,那些希望迈向正义和美德的人将不得不建构和重新建构,塑造其身边的制度、政体和实践以及他们自己的态度和活动。③

  在奥尼尔看来,脱离具体实质性事务的抽象的伦理价值法则是可以为所有人把握的,这些法则是可普遍化的指导方针、方案。但是这种在逻辑上可普遍化的法则并不意味着能够为人的伦理行动提供全面而灵活的指导和答案。在广泛的社会交往中,因其关系与角色的多样化,在建构真正适合我们生活的家庭规范、社会准则、国家法律乃至国际交往规则时,人们需要按照人之为人的美德随其事务进行建构和调整具体的规范、准则与规则等。这种建构是伦理行动的主体见之于现实情境与普遍法则的实践推理的结果,而自始至终贯穿于这一实践推理的精神元素就是实践智慧。

  与其他理学家一致,阳明在人之为人的本质这一思想层次阐释"良知"。他认为:"夫良知即是道,良知之在人心,不但圣贤,虽常人亦无不如此。若无有物欲牵蔽,但循着良知发用流行将去,即无不是道。但在常人多为物欲牵

---

① 陈来:《儒学美德论》,北京:生活·读书·新知三联书店 2019 年版,第 2 页。
② 陈来:论儒家的实践智慧,《哲学研究》2014 年第 8 期。
③ [英]奥诺拉·奥尼尔:《迈向正义与美德——实践推理的建构性解释》,东方出版社 2009 年版,第 220 页。

蔽，不能循着良知。"①在阳明看来，良知是道的具象化和主体化，他认为不只是圣人有良知，普通常人一样具有人之为人的良知。他主张人应当遵循良知的指引做事，则所为之事都将是道的显现。而在现实中，常人的良知往往被外物与私欲所牵引、遮蔽，导致良知不能显现于事。按照美德伦理学的思路，有美德的人能够在相应的伦理处境中恰当地处理相关事务。来自美德伦理学之外的声音通常会质疑美德伦理学不能为人的道德行动提供指南。这在美德伦理学者看来这并不构成理论难题，他们认为美德本身就是人们行动的指南。由此可见，美德伦理学及其质疑者对"美德"的理解并不一样。美德伦理学者认为，美德与人的实践智慧相通，或者说美德就是人们实践智慧的显像化。美德之为美德，本质上就在于是一套实践推理系统，虽然不预设一般性的规范法则，也不把后果作为行动的根由，但自能为了表现人的道德目的而自然地做出符合人的精神追求的行动。黄勇认为："按照美德伦理学，一个道德的人是一个有美德的人，而一种道德行为正是出自一个有美德的人。一个有美德的人，他或她的所作所为既不是迫于命令，也不是因为行为能够带来好的后果，而是由于内在的倾向。"②以儒学尤其是理学视之，这与王阳明讲的人的"良知"思想比较契合。在阳明看来，只要认"循着良知发用流行将去"，其行动就"无不是道"。"循着良知发用流行将去"的是具体事务，而"道"则是普遍的。以儒家体用思想来看，实际上阳明认为具体的良知指引与普遍抽象的道是一个整体。换言之，在阳明思维中，良知相当于一套时间推理系统，其本质是仁与智相统一的实践智慧，能够像美德伦理学所讲的美德一样为人的伦理行动提供具体的行动指引。所以阳明强调人应当体认自己的良知，他指出："自己良知原与圣人一般，若体认得自己良知明白，即圣人气象不在圣人而在我矣。"③他认为良知是人人具足的，如果真能在行动事务中体认到自己的良知，以良知作为自己的准则，那么圣人气象就不只是外在的效仿对象而真正成为自己的人格境界了。

质言之，儒学含有深厚的美德、德性与德行思想，注重在有机社会结构中

---

① 王守仁：《王阳明全集》，吴光等编校，浙江古籍出版社2010年版，第75页。
② 黄勇：《理学的本体论美德伦理学：二程的德性合一论》，见杨国荣主编：《思想与文化》第4辑，2004年12月。
③ 王守仁：《王阳明全集》，吴光等编校，浙江古籍出版社2010年版，第64页。

阐扬角色应有的示范性人格境界。儒家伦理虽然没有将"美德"这个词当作道德伦理思想的中心,但孟子讲的四端、象山讲的本心与王阳明讲的良知学说,都与"美德"同质。不惟美德伦理学是规范伦理学的最新形态,亦且关于美德、德行的理论及其实践是儒学的基础与主体要素。这是我们参照美德伦理来把握儒家伦理的基本用意。在儒学美德思想中,实践及其智慧是其关注的主要问题。这一点在阳明良知学说中表现得非常具有代表性。王阳明在其致良知的学说中对良知、知行关系、是非与好恶的阐释,蕴含特殊的美德思想。

二、好恶与实践推理

宋明理学家都将"好恶"理解为人生而具有的道德情感,亦即属于人性中先验的道德判断能力。比如,胡宏曾论道:"好恶,性也。小人好恶以己,君子好恶以道。察乎此,则天理人欲可知。"[1]胡宏认为好恶是人性固有的,他主张人的好恶应当按照道的法则。朱熹批评道:"此章即性无善恶之意。若果如此,则性但有善恶,而无善恶之则矣。'君子好恶以道',是性外有道也。"[2]在朱熹看来,把握到好恶是人性内在固有的,是无误的,但人性中的好恶情感本身就包含了道德理性之道,因此不能说好恶之外还有一个道。如果这个所谓的好恶以外的道才是不与恶对的善,那么就不能说内涵好恶的性本身是善的了。其实在胡宏思想中,性与道是合一的,或者说性就是纯善无恶的道的体现。这样看来,朱熹的批评并不恰当。但二者对于"好恶"的重视符合先秦儒学一贯的精神。在这一点上,陆九渊与胡宏、朱熹旨意相通。陆九渊指出:

古人未尝不言宽,宽也者,君子之德也。古之贤圣未有无是心,无是德者也。然好善而恶不善,好仁而恶不仁,乃人心之用也。遏恶扬善,举直错枉,乃宽德之行也。君子固欲人之善,而天下不能无不善者以害吾之善;固欲人之仁,而天下不能无不仁以害吾之仁。有不仁、不善为吾之害,而不有以禁之、治之、去之,则善者不可以伸,仁者不可以遂。是其去不仁乃所以为仁,去不善乃所以为善也。[3]

---

[1] 胡宏:《胡宏集》,中华书局1987年版,第329页。
[2] 胡宏:《胡宏集》,中华书局1987年版,第329页。
[3] 陆九渊:《与辛幼安》,《陆九渊集》,中华书局1980年版,第71页。

象山先生在阐释"宽"德时,将"德"与"心"关联起来,并指出,喜好"善"与厌恶"恶",喜好"仁"而厌恶"不仁",是人心运用、展现的具体方式。陆九渊认为,君子之为君子,势必想望人人皆得善德,而在现实中我们人之为人的善德往往被不善之意念所戕害,人之为人的仁德往往被不仁之意念所戕害。既然有不善、不仁之意念危害人之善德、仁德,如果不去禁止、治理并最终去除不善、不仁之意念,那么善德、仁德势必不能生长,故而陆九渊主张人心当在去除不仁、不善上用功。象山讲善与恶,善德与恶德,是从道德理性上说,而以"好"即喜好与"恶"即厌恶来阐释,涉及道德情感、道德动力问题。以实践智慧视之,与西方哲学对实践智慧的阐释有差异,包括象山思想对实践智慧的理解往往以伦理价值为统摄。相应的,"知"被"仁"所统摄。换言之,"知"不止是认识论意义上的实践推理,而是一种美德良知。后来王阳明讲:"良知只是个是非之心,是非只是个好恶;只好恶就尽了是非,只是非就尽了万事万变"。又曰:"是非两字,是个大规矩,巧处则存乎其人。"[①]

王阳明认为,良知不只具有形而上的法则性,在其实质上,还主要指向人的实践推理、分判与处置的现实能力。他指出,在其现实性上,良知可以归根结底于一种事上判断是与非的能力。他认为如果说判断是与非还主要从道德理性上看,那这个理性能力或者说人性能力无不以作为道德情感的喜欢与厌恶的形式来展现其作用。在阳明看来,在其本然即良知无蔽的状态下,人的道德性的喜爱与厌恶,可以完全、充分地展现人的道德理性。从道德的视域看,万事万物的意义都可以从理性的是与非来定夺。阳明紧接着补充道,作为实践推理的道德判断,是实践智慧展现的总机制,"巧处则存乎其人"是说,具有良知美德的人在具体的伦理处境中自然地知道应当怎样行动。赫斯特豪斯认为:"一个行为是正确的,当且仅当,它是一个有美德的行为者在这种环境中将会采取的典型行为。"[②]一个行为的正确与否,直接涉及的是理性的是非问题,行为者"会"还是"不会"采取相应行为,关联好恶即道德情感问题,而有美德的行为者自身具有实践智慧,在具体的情景中,不需要外在的法则或者考虑事情的后果,就能恰当地采取相应行动。可见,在王阳明思想中,良知作为人内在

[①] 王守仁:《王阳明全集》第1册,浙江古籍出版社2011年版,第121页。
[②] [新西兰] 罗莎琳德·赫斯特豪斯:《美德伦理学》,李义天译,译林出版社2016年版,第54页。

的美德,不仅具有道德之义,还是一种智识,可以说是包含道德含义的知识,或者说是统摄了智识的美德。

阳明关于"好恶"的思考比较深入,他曾慨叹道:"自人之失其所好,仁之难成也久矣。"①

阳明认为人遮隔、丧失人本然的道德喜好的人性能力很久了,他认为这正是儒家仁德不得流行的重要原因。实际上在他看来,如果用"仁"来概括儒家实践智慧的话,"好"即喜好美德及其派生出的,"恶"即厌恶恶行,就相当于实践推理运行机制的儒家版本。实践推理是"用",实践智慧是"体",王阳明主张体立而用行,主张用人的具体情境性的好恶来树立人的良知仁德。在阳明看来:"好德,民之秉彝,可谓尽无其人乎?然不能胜其私欲,竟沦陷于习俗,则亦无志而已。"②阳明认为喜好美德是人的自然禀赋,人人具有,或者说构成人之为人的本质,但现实中人的良知往往被后天的习惯与外物的杂染所遮蔽,美德不得充分展现。换言之,实践推理被私欲所干扰,实践智慧难以体现于事。阳明说:"人与寻常好恶,或亦有不真切处,惟是好好色,恶恶臭,则皆是发于真心,自求快足,曾无纤假者。《大学》是就人人好恶真切易见处,指示人以好善恶恶之诚当如是耳,亦只是形容一诚字。"③阳明指出,在日用伦常事为之中,人的喜好与厌恶之情往往发不中节,但像喜欢好的气味与厌恶不好的气味,都会是真心中发出来而无丝毫爽失。他认为《大学》中借"好恶"之情的自然性来彰显人之诚德。诚德之境需以诚意工夫为前提,他指出:"吾心良知既不得扩充到底,则善虽知好,不能着实好了;恶虽知恶,不能着实恶了,如何得意诚?故良知者,意诚之本也。然亦不是悬空的致知,致知在实事上致。"④阳明认为,人的良知被习惯与物欲熏染、遮蔽之后,即便作为实践智慧的美德知道在具体的事为情境中如何采取行动,但却没有因为失去实践推理的能力,难以真正顺应美德的法则而采取应有的行动。阳明说这就难以真正诚意,而正如他一贯所主张的,良知是诚意的准则。他补充道,致良知不是悬空的体验,而是事为上实践推理的具体展开。《传习录》载:

---

① 王守仁:《王阳明全集》,吴光等编校,浙江古籍出版社2010年版,第133页。
② 王守仁:《王阳明全集》,吴光等编校,浙江古籍出版社2010年版,第173页。
③ 王守仁:《王阳明全集》,吴光等编校,浙江古籍出版社2010年版,第209页。
④ 王守仁:《王阳明全集》,吴光等编校,浙江古籍出版社2010年版,第131页。

曰："'如好好色，如恶恶臭'，则如何？"曰："此正是一循于理。是天理合如此，本无私意作好作恶。"曰："'如好好色，如恶恶臭'，安得非意？"曰："却是诚意，不是私意。诚意只是循天理。虽是循天理，亦着不得一分意，故有所忿懥好乐则不得其正，须是廓然大公，方是心之本体。知此即是未发之中。"①

阳明认为人之"如好好色，如恶恶臭"，只是遵守自然天理之法则，天理法则本然如此、自然如此，本不需人自私用智以逞私己的好恶。这样看来，阳明讲的无私意并非教人枯静无意无事。学生疑惑说，好好色、恶恶臭，不能说是"无意"。阳明并不否认好善恶恶也是"意"，但他强调这样的"意"是诚意、实意，是良知充满的美德之意，而并非干扰实践推理的私意与物欲。"知此即是未发之中"，"知"是意之体，属于实践智慧，"知此"便是实践推理，"未发之中"便是仁爱美德。作为仁爱美德的未发之中，实际上构成人的行动准则。阳明说："尔那一点良知，是尔自家的准则。尔意念着处，他是便知是，非便知非，更瞒他一些不得。尔只不要欺他，实实落落依着他做去，善便存，恶便去。"②阳明认为人的良知就是自己行动的准则。由良知流出的诚实之意落实在具体的情境事务上，即实践智慧无碍地灌注于人的伦常行动之中，人对事物的是非判断不会爽失。依照此情势来做，良善美德便得以彰显，相应地，恶行就不会形成。赫斯特豪斯说："每一种美德都关系到要把事情做对，因为每一种美德都关系到对实践事物进行正确推理的能力，亦即实践智慧。"③阳明讲的"思"可以"实践推理"来理解。阳明细致区分了"良知发用之思"与"私意安排之思"，他说：良知是天理之昭明灵觉处，故良知即是天理。思是良知之发用。若是良知发用之思，则所思莫非天理矣。良知发用之思，自然明白简易，良知亦自能知得。若是私意安排之思，自是纷纭劳扰，良知亦自会分别得。盖思之是非邪正，良知无有不自知者。④

良知是天理在人心的昭昭明明、知觉灵验的通窍处，阳明认为从这一理路看，良知就是天理，而"思"是良知的发用机制。如果"思"是从良知上发出来的，那么所思就一定是自然地符合天理法则。在阳明看来，良知发用之思静虚

---

① 王守仁：《王阳明全集》，吴光等编校，浙江古籍出版社2010年版，第32页。
② 王守仁：《王阳明全集》，吴光等编校，浙江古籍出版社2010年版，第102页。
③ [新西兰]罗莎琳德·赫斯特豪斯：《美德伦理学》，李义天译，译林出版社，2016年版，第14页。
④ 王守仁：《王阳明全集》，吴光等编校，浙江古籍出版社2010年版，第78页。

动直,简洁明白,良知对于好恶是非的判断有自我认识。若人之思即实践推理出自人的自私用智即人伪,那么这种思考就往往是纷纭难解的,即便如此,良知即实践智慧对此也一样有自我认识。质言之,阳明认为人的良知即实践智慧是即事又超越具体事为的。所以他指出,人的实践推理的是与非、邪与正,良知都是自知的。差别只是人能否选择按照自己的美德的要求来行动。在他看来,学者若能培植与发挥好人的好恶能力,实际上就养成了美德人格。他说:"人但得好善如好好色,恶恶如恶恶臭,便是圣人。"①意思是人若能喜好美德像喜好好的景色、厌恶恶行像厌恶臭一样,实际上便达到了儒家以美德为自然的圣人境界。赫斯特豪斯将"美德"与"智慧"做了深度的诠释,她指出:"就我自己的语言直觉而言,我们手头唯一能够确定属于美德术语的(即,一种总能使其拥有者变善的东西)就是智慧。"②她认为美德天然地、自然地与智慧相通,或者说美德与智慧是一种东西,美德是从行动主体的内在品性说,而智慧是从行动方式说。说到底,美德与智慧,都是从一种总能使得其拥有者变善的东西。在这个意义上,美德与智慧是一种行动的起点、标准和境界。阳明讲:"良知只是一个良知,而善恶自辨,更有何善何恶可思?良知之体本自宁静,今却又添一个求宁静;本自生生,今却又添一个欲无生;非独圣门致知之功不如此,虽佛氏之学亦未如此将迎意必也。只是一念良知,彻头彻尾,无始无终,即是前念不灭,后念不生。"③良知的自知功能,本身也说明人的美德与智慧作为实践的内在之知的性质。在阳明看来,人只要不遮蔽其良知,让美德与智慧自然地流动、表现出来,而不人为地以其私意物欲隔断人的自然性的实践智慧。阳明说:

> 夫人者,天地之心,天地万物,本吾一体者也。生民之困苦荼毒,孰非疾痛之切于吾身者乎?不知吾身之疾痛,无是非之心者也。是非之心,不虑而知,不学而能,所谓良知也。良知之在人心,无间于圣愚,天下古今之所同也。世之君子惟务致其良知,则自能公是非、同好恶,视人犹己,视国犹家,而以天地万物为一体。④

---

① 王守仁:《王阳明全集》,吴光等编校,浙江古籍出版社2010年版,第107页。
② [新西兰]罗莎琳德·赫斯特豪斯:《美德伦理学》,李义天译,译林出版社2016年版,第15页。
③ 王守仁:《王阳明全集》,吴光等编校,浙江古籍出版社2010年版,第73页。
④ 王守仁:《王阳明全集》,吴光等编校,浙江古籍出版社2010年版,第86页。

阳明认为人是天地的心,质言之,人是自身世界的意义开显的通窍。阳明在强调这一意义时,无意于说明人在天地之中的中心地位,而是强调人伦常行动的主体性,即倡导人担当起辅助参赞天地之化的主体责任。在这个意义上,他认为人与天地万物是同体的。相应地,他认为人在其本来意义上能够同情地感受他人的疾痛苦楚。在阳明看来,人若忽视了这种同体的感受性,就是其是非感知之心受障蔽了。他说良知的是非推理是自然天成的,古今智愚都是一样的。他认为,如果人能够致得良知之法则于事事物物,那么人的实践推理的准则则自然地合乎可普遍化的法则,是非判断出于公义,喜爱与厌恶的情感合乎法则,能够同情他人的苦痛,齐家治国平天下,将自然万物当成与自己是一体的。奥尼尔认为:"有美德的生活不会因缺乏决定性的理由或指导而被取消,它可以通过最认真地对待某些情境下的社会美德而得到加强——在这些情境下,社会美德可能得到强有力的指导和体验。没有普遍的理由去担心不存在更充分的指导。"[1]以此来看,那些指责阳明讲的良知作为美德不能为人的伦常行动提供法则的人实际上是无的放矢的,因为在信仰美德的人看来,美德本身就是实践智慧,能够在具体的情境中为自己灵活确立行动的准则,这种准则因其公共性可以充当实践的法则,不仅如此,在奥尼尔看来,美德能在美德的践行中得到加强和确认。

三、知行与实践智慧

在阳明思想中,知与行是伦常行动的两个要素。从知的一面来看,他认为知是主导行的主意。他说:"某尝说知是行的主意,行是知的工夫;知是行之始,行是知之成。若会得时,只说一个知,已自有行在;只说一个行,已自有知在。"[2]可见,阳明注意在"意"上阐释"知"。他说:

身之主宰便是心;心之所发便是意;意之本体便是知;意之所在便是物。如意在于事亲,则事亲便是一物;意在于事君,则事君便是一物;意在于仁民爱物,即仁民爱物便是一物;意在于视听言动,即视听言动便是一物。所以某说

---

[1] [英]奥诺拉·奥尼尔:《迈向正义与美德——实践推理的建构性解释》,东方出版社2009年版,第207页。
[2] 王守仁:《王阳明全集》,吴光等编校,浙江古籍出版社2010年版,第5页。

无心外之理,无心外之物。《中庸》言"不诚无物",《大学》"明明德"之功,只是个诚意。诚意之功,只是个格物。[1]

阳明认为,在"心""意"与"知"之间,有一种融通关系,即在范畴次序上看"知"是思虑与推理的本体与基础,"心"是思虑与推理的机制与系统,"意"是思虑与推理的表达与显现。他说比如"意"在于侍奉父母亲人,即良知本体发于侍奉父母之事,即作为一物亦即一事得其理,其他事物亦然。以此阳明认为,理为心之理,物为心之物,而这一可能性奠基于"知"的贯通与流行。换言之,在阳明看来,实践智慧即"良知"应当也能通过实践推理即"知"体现于人的伦常行动之中。他借《中庸》的理论也是在于说明,如与作为本体之诚德的良知缺场的话,事就不成其为合理合德的事物。由此,阳明说《大学》讲的"明明德"的方式在于用良知诚实自己的意念,诚实自己的意念的方式在于让作为实践智慧的良知,通过人的主体性自由选择展现于具体情境之事中。以此来看,这里讲的"良知"与"知"具有阳明哲学中的"体"与"用"的意味。相应地,这里的"实践智慧"与"实践推理"同样具有"体"与"用"的意义。因而,良知自能知是非、辨善恶与别好恶;实践智慧自能推理。阳明讲:

知是心之本体。心自然会知:见父自然知孝,见兄自然知弟,见孺子入井自然知恻隐,此便是良知,不假外求。若良知之发,更无私意障碍,即所谓"充其恻隐之心,而仁不可胜用矣"。然在常人不能无私意障碍,所以须用致知格物之功。胜私复理,即心之良知更无障碍,得以充塞流行,便是致其知,知致则意诚。[2]

意思是良知是心的本体状态,亦即良知面临具体情境时自能推理与用情,如在父母面前自然能知道应当行孝理,在兄长面前自然能知道行悌理,看见年幼者匍匐将有入井之患自然心生恻隐之情,阳明认为这是良知本有的属性与功能。他说:"只是一个良知,只是一个真诚恻怛。"[3]真诚恻怛便是情感,情是意之流,意为情之体。他认为,在现实中常人往往被"私意"即私欲性的意念障蔽良知本心,因此需要即事诚意以致其良知之天理于事事物物。在阳明看来,

---

[1] 王守仁:《王阳明全集》,吴光等编校,浙江古籍出版社2010年版,第6页。
[2] 王守仁:《王阳明全集》,吴光等编校,浙江古籍出版社2010年版,第7页。
[3] 王守仁:《王阳明全集》,吴光等编校,浙江古籍出版社2010年版,第92页。

克除遮蔽良知的私欲,使得人心回复到本然的明理状态,良知就能够发用体现于事,亦即实践推理得以顺畅作用,心所发之意就会是知的本来状态即良知。换言之,实践智慧得以显现于事。阳明良知学中的知行问题,就是一种人格的目的性自我转化,即从一种自在状态转化为自律、自为、自主的人格状态。麦金太尔说:

在亚里士多德的目的论体系中,偶然所是的人与实现其本质而可能所是的人"之间有一种根本的对比。伦理学就是一门使人们能够理解他们是如何从前一状态转化到后一状态的科学。因此,根据这种观点,伦理学预设了对潜能与行动、对作为理性动物的人的本质,以及更重要的,对人的目的的某种解释。"[①]

麦金太尔认为,在亚里士多德目的论思想体系中,现实的人也能偶尔表现豪迈的人格,但总体上属于偶然所至的和不稳当的状态,而这启示了我们可以追寻的境界,认识这一点属于知识,但确是一种特别的伦理知识,一种目的性行动的智慧。阳明所讲的"良知"实际上属于这种目的性的知识。言其为知识,说的是它可以引导人实现自我转化。陈来先生认为:"实践智慧不仅表现为把精神的提升作为哲学的目的,而且表现为为了实现这一目的所探索的各种工夫手段、方法。儒家所说的心灵转化的方法不是古希腊的对话或沉思,而是以道德修身为根本的精神修炼。哲学的智慧必须为人的自我超越、自我提升、自我实现提供方向的指引和修持的方法。自我的转化即是内在的改造,是气质的根本变化,超越自己现有的状态,使生命的存在达到一个更高层次的存在。"[②]讲到阳明知行思想与亚里士多德实践智慧思想异同时,陈来先生也指出:"其所说的'行之明觉精察处便是知','知之真切笃实处,便是行',既是强调实践智慧是对行动的明觉精察,也同时强调实践智慧作为知必须和行结合在一起。"[③]这样来看,阳明注重将"知"诠释为行动的内在目的,从外面看,这一目的作为人的恒定的美德,能够为人的情境性行动提供普遍化的指导法则。

总之,儒家伦理注重从美德即人格的特有状态来为人的准则树立法则,这

---

① 麦金太尔:《追寻美德》,宋继杰译,译林出版社 2003 年版,第 67 页。
② 陈来:《论儒家的实践智慧》,《哲学研究》2014 年第 8 期。
③ 陈来:《论儒家的实践智慧》,《哲学研究》2014 年第 8 期。

种美德作为人伦常行动的内在目的起到引导人自我转化的作用。陈来先生认为:"中国哲学的传统非常重视实践智慧,可以说,实践智慧一直是中国哲学的主体和核心。儒家自孔子以来,更是强调哲学作为实践智慧的意义。儒家哲学思想的特点是:突出人的实践智慧,而不突出思辨的理论智慧;儒家的实践智慧始终是强调以道德为基础,从不脱离德性;同时,儒家的实践智慧又突出体现在重视修身成己的向度,亦即个人内心的全面自我转化;最后,儒家哲学思想总是强调实践智慧必须化为实践的行动,达到知行合一的境界。"①细致分析阳明良知学的美德论,有两个思想动向值得关注:一是阳明将良知阐释为人的内在目的性美德,引导自身实现教化人格;二是,阳明还注意从自然性的"诚"德来诠释儒家美德伦理,这就超出了现代西方美德伦理学在道德意义上的讲的美德,也与其强调的事物表现自身的卓越性功能的发挥不一样,而是一种更高的人格境界,简言之是一种"超越美德""走出美德"的美德论,这一意义另文奉报。

---

① 陈来:《论儒家的实践智慧》,《哲学研究》2014年第8期。

《论语》"仁"学的体系特征与现代伦理建构

张中宇

(重庆师范大学文学院)

摘要:《论语》"仁"学论争主要集中于"仁"概念是否具有明确的定义,是否具有体系性。《论语》中孔子以特定语境中的"省略式"清晰阐释了"仁"本质(爱人)及其临近属概念"德",朱熹相关注"仁者,爱之理,心之德"可为证。《论语》中还阐释了"仁"本源(孝弟)、价值(利国利民),并进一步具体阐释为以"爱人"为其内核的"恭、宽、信、敏、惠""己欲立而立人,己欲达而达人""己所不欲勿施于人""克己复礼"等实践要求,以"仁在其中""近仁""鲜矣仁""不仁"等形成"边界",与老子、苏格拉底比较,此为轴心时代早期最为清晰的概念定义且沿用至今。除了解释"仁是什么",《论语》中还阐释了如何"为仁",何为"仁者",由概念、实践方式与实践主体构成完整的元儒"仁"学体系。《论语》"仁"学立足于实践智慧与社会效益,确立了具有鲜明是非、爱憎且注重利国、利民实绩,既非求全责备、也非徒有虚名的"仁者"条件,对于现代人类伦理构建与社会进步具有重要价值。

关键词:《论语》;"仁"概念;实践方式;实践主体;"仁"学体系;现代伦理

《论语》近 1.6 万字,依陆德明《经典释文》共分 492 章,每"章"平均约 32 字且篇章之间缺乏"关连"[1],不见苏格拉底式长篇、细密的论辩。《论语》共有 58 章论及"仁",但分散于整部《论语》近 500 章中,因此不少学者对《论语》中是否存在清晰的"仁"定义及其体系持不同看法。例如冯友兰指出,"有很多人说,

---
[1] 杨伯峻:《论语译注·导言》,中华书局,2009 年版,第 26 页。

孔子没有给他所说的'仁'下过定义。"①陈乔见先生认为,"孔子不是试图寻求'杂多'背后的'统一性',从而发现'仁'的确定本质,而是毋宁保持'仁'的多义性与模糊性。"②崔平先生认为,"历史上'仁说'的所有'原仁'努力都没有达到方法澄明和认识的逻辑有效性反思水平……没有自觉进行直接描述'仁'概念内涵的专题活动"。③ 这些看法是有代表性的。由于认为孔子未发现"'仁'的确定本质"或没有"直接描述'仁'概念",进一步也否定《论语》论"仁"具有体系性。如高赞非指出,"一直到现在我们还对于'仁'的思想不能得到比较完整的说明"④。不少学者因而不满足于《论语》,而基于孔孟等活动、著述或儒学史文献,在更为广阔的视野中考察儒家"仁学"体系。例如杜崙先生在《"仁学"体系概述》中把"孔孟的思想"用"'仁学'来概括"⑤;陈来先生《仁学本体论》以历代儒学文献、尤其是汉宋儒学等为据,从构建"现代儒学形而上学的需要"考虑"重建儒学"⑥。在这一类研究中,《论语》中的"仁学"至少是不够清晰和系统的,或许儒家的"仁学"体系是孔子及其后学不断累积形成的。近年《论语》相关研究以某一篇章中"仁"的具体阐释或其某一部分的深入讨论为特色。例如乐爱国先生《"孝弟":"仁之本"还是"为仁之本"——以朱熹对〈论语〉"孝弟也者,其为仁之本与"的诠释为中心》⑦,李友广先生《论孔子"仁"的特性及其对历史人物的评判问题——以〈论语〉"令尹子文三仕"章为例》⑧等,不再直接讨论《论语》的"仁"学体系。

从现有研究成果来看,对《论语》涉及"仁"的章节的局部研究是深入的,但由于《论语》中没有像同为轴心时代的苏格拉底、柏拉图、亚里士多德等以长篇论辩或严格的演绎逻辑进行系统推证,对《论语》中是否存在清晰的"仁"概念

---

① 冯友兰:《论孔子关于"仁"的思想》,《哲学研究》1961年第5期。
② 陈乔见:《苏格拉底与孔子的论说方式及其影响》,《学术月刊》2009年第5期。
③ 崔平:《"仁学"传统的方法论迷失——管窥中国儒学的四种无意识》,《南国学术》2018年第3期。
④ 高赞非:《孔子思想的核心——仁》,《文史哲》1962年第5期。
⑤ 杜崙:《"仁学"体系概述》,《中国哲学史》2011年第2期。
⑥ 陈来:《仁学本体论》,《文史哲》2014年第4期。
⑦ 乐爱国:《"孝弟":"仁之本"还是"为仁之本"——以朱熹对〈论语〉"孝弟也者,其为仁之本与"的诠释为中心》,《安徽大学学报(社科版)》2019年第1期。
⑧ 李友广:《论孔子"仁"的特性及其对历史人物的评判问题——以〈论语〉"令尹子文三仕"章为例》,《中国哲学史》2019年第1期。

及完整体系基本持怀疑或否定态度。问题在于,"仁"为《论语》思想核心及评判善恶是非之标准,为元儒立论的出发点,如果其出发点就是不确定的,元儒的思想体系就无以构建,春秋时期就难以蔚成儒家一派。由此可以合理假设,《论语》中"仁"应当具有清晰的概念内涵以及完整体系,这正是本文要讨论的。《论语》中元儒的"仁"学体系,是历代儒学、包括宋代新儒学的基石,也是构建现代儒学的起点。

一、《论语》"仁"学渊源考略

(一)孔子以前商、周文献中的"仁"

以目前文献资料来看,甲骨文中还没有"仁"字。《殷墟甲骨刻辞类纂》收录《甲骨文合集》等各种相关文献最为详备,其中没有"仁"字。① 徐中舒主编的《甲骨文字典》也没有收录"仁"。② 目前仅见《甲骨文编》中录罗振玉《殷虚书契前编》1例③,但罗振玉的《殷虚书契前编》属于早期私人所购甲骨的文字拓片汇编,其甲骨并非来自殷墟的实地发掘,所拓甲骨文字没有经过严格甄别,孤例尚不足为证。金文中"仁"字也很少出现,其意义尚不明晰。④《古文字类编》所录金文中的"仁"字1例,标明属于战国时期铭文。⑤ 今文《尚书》28篇中,仅《金縢》篇载:"予仁若考,能多材多艺,能事鬼神。"《金縢》载述武王、周公事迹,但程颐、王夫之等都提出质疑,蒋善国据《金縢》采自民间传说,认为张西堂《尚书引论》推测最早当写成、出现在"战国中世"比较可信。⑥ 东晋梅赜所献《古文尚书·商书·仲虺之诰》载有"克宽克仁,彰信兆民",清代证为汉晋间所作,陈来先生认为"古文商书虽未必出于汉晋的杜撰,但却一定不是殷商时代的原始典册,基本上是周人传述并加以修改而形成的"⑦,写成时间不会早于《金縢》。其他西周传世文献未见"仁"字。清阮元指出:"'仁'字不见于虞、夏、商《书》及

---

① 姚孝遂主编:《殷墟甲骨刻辞类纂》,中华书局1989年版,第27、36页。
② 徐中舒主编:《甲骨文字典》,四川辞书出版社2006年第2版,可参阅目录、检字等。
③ 中国社会科学院考古研究所编:《甲骨文编》,中华书局1965年版,第339页。
④ 张亚初编著:《殷周金文集成引得》,中华书局2001年版,第228页。
⑤ 高明、涂白奎:《古文字类编》,上海古籍出版社2008年版,第12页。
⑥ 蒋善国:《尚书综述》,上海古籍出版社,1988年版,第236页。
⑦ 陈来:《古代宗教与伦理:儒家思想的根源》,生活·读书·新知三联书店,2017年版,第159页。

《诗》三《颂》、《易》卦爻辞之内,似周初有此言而尚无此字。"①阮元的看法较为合理:不管《尚书·金縢》是否作于"战国中世",其所载为周初武王与周公事迹,可证周初已形成相关概念并"有此言";而"仁"字除不大可能作于西周的《金縢》,也不见于其他西周文献可提供旁证,故"仁"字出现当在西周以后。

"仁"字在文献中频繁出现,在周平王东迁以后。《诗经》中"仁"两见,其一"洵美且仁"见于《郑风·叔于田》,据毛亨传、郑玄笺、朱熹注,作于春秋早期郑庄公时期;另一例"其人美且仁"见于《齐风·卢令》,据诗序,作于春秋早期齐襄公时期。两例均用于描述人的品格。西周及其以前的诗篇如《颂》《大雅》都不见"仁"字。《国语·晋语》记载了晋献公十六年(公元前661年)的一段对话:"吾闻之外人之言曰:为仁与为国不同,为仁者,爱亲之谓仁;为国者,利国之谓仁。"这段对话比孔子出生早约110年。《国语·周语下》记载:"襄公有疾,召顷公而告之,曰:'仁,文之爱也。……爱人能仁。'"单襄公约前590—前571年在位,早于孔子约半个世纪。可证在孔子之前,"仁"的基本内涵已经较为清晰。从现有文献来看,"仁"从早期指个人的品格,逐渐具有了"爱人""利国"等普遍性意义。

"仁"在《道德经》中出现8次,老子把"仁"放到了道家构建的思想体系中。其中第38章载:"故失道而后德,失德而后仁,失仁而后义,失义而后礼。"在老子的思想体系中,"道"为最高本源,"仁"的地位在"道""德"之后,但在"义""礼"之前。据《史记·孔子世家》,孔子曾向老子问礼。但孔子是否见到《道德经》文本,或者老子是否对孔子述及道家的"仁"相关思想,则缺乏文献记载。"仁"在《论语》中出现109次,作为孔子思想的核心和出发点,当然在"义"(24次)"礼"(74次)之前。《论语》中"道"出现60次,主要指规律、准则等,"德"出现38次,指品质等,《论语》中"道"和"德"都没有高于"仁"的本源性地位。由此来看,在当时学派之间相对闭塞的环境中,《论语》"仁"学受《道德经》的影响是不多的。

(二)《论语》"仁"学的历史来源

商周时期语词及文献中"仁"承载的社会意义,是《论语》"仁"学在当时的现实来源。但孔子"仁"学思想及其体系,却有更早的历史渊源。在《论语》中

---

① (清)阮元:《论语论仁论》,见《揅经室一集》卷八,中华书局1993年版,第179页。

不见传说中的"三皇"以及"五帝"中的黄帝、颛顼、帝喾。孔子"不语怪力乱神"（《论语·述而》），对神话或太遥远的传说并未采信。《论语》中述及最早的帝王，是"五帝"后期的尧、舜。《尚书》中述及最早的帝王也是尧、舜，《五帝本纪赞》说："学者多称五帝……然《尚书》独载尧以来。"①可证尧、舜在春秋时期是作为可信历史帝王载述的，其时为中国氏族社会末期。氏族社会主要以血缘为纽带组成氏族部落，氏族内部形成长幼尊卑等级秩序，其核心是对父母的"孝"和对尊长的"弟（敬重）"，这种基本社会关系称为"孝弟（悌）"。在尧、舜时期，氏族部落之间结成联盟，联盟首领通过推举或禅让产生，没有世袭盟主。形成部落联盟以后，由于联盟的成员构成已不限于血缘关系，爱亲或孝弟也就不足以维持联盟关系，随之推及更具普遍性的"泛爱众"、爱人。

作为氏族社会推举或禅让的首领，尧、舜致力推行的正是氏族内部和部落联盟基于由"爱亲"到"泛爱众"逐步形成的社会伦理及政治、文化理念。《论语·尧曰》篇载："尧曰：'咨！尔舜！天之历数在尔躬。允执其中。四海困穷，天禄永终。'"尧要求舜"允执其中"，不要偏私，要为"四海"谋福利。从这里可以看出，在唐尧时代，氏族的"爱亲""泛爱众"伦理关系，已逐步演变为以公平、民富为基础的执政原则。《论语·泰伯》篇载："大哉！尧之为君也。巍巍乎！唯天为大，唯尧则之。荡荡乎！民无能名焉。巍巍乎！其有成功也。焕乎，其有文章！"儒家认为，唐尧时期已经形成了基于"爱亲"与和谐关系的社会制度，这些伦理、政治、文化制度，孔子称之为"文"或"文章"。商周及其以前，由于文字应用极为有限或缺乏成熟文字，这些制度需要借助"乐"、礼俗等作为传播和保存媒介，所以朱熹注："文章，礼乐法度也。"②在尧、舜之前，虽然同为原始氏族社会，但在孔子看来，尧、舜时期代表了氏族社会的完善阶段，形成了以"爱亲""泛爱众"为核心的伦理、政治文化理念及其制度，以及值得推崇的政治、文化传统。《尚书·尧典》载："克明俊德，以亲九族。九族既睦，平章百姓。百姓昭明，协和万邦。"《尧典》与《论语》中《尧曰》《泰伯》篇记载的尧的社会政治主张是一致的，"亲睦""民本""协和"都是其政治的核心内涵。尧、舜以后，夏初大禹治水传说无疑是"民本"理念的力行实践。延及商代，《商书·汤誓》记载汤

---

① （汉）司马迁：《史记·五帝本纪赞》，中华书局2011年版，第42页。
② （宋）朱熹：《论语集注》，见《四书章句集注》，中华书局1983年版，第107页。

伐夏桀指其"不恤我众……夏德若兹,今朕必往",《盘庚》篇提出"重我民""施实德于民",《高宗肜日》篇更提出"敬民"。由于《论语》以及早期儒家经典述及最早的传说帝王不出尧、舜,尧、舜、禹、汤形成的伦理与政治传统,就成为《论语》中"仁"学思想的最早源头。

孔子所在的春秋后半叶,尧、舜、禹、汤时期的社会伦理、政治文化制度及其事迹等,由于时间相距还不太久远,相关的传说应该是丰富的,且存有不少"实物"资料,如音乐、礼俗、礼器等。但商代以前毕竟还没有成熟的文字,尧、舜以至禹、汤时期的"文章(法度)"还不能以文字保存至孔子时期。因此,《论语》所载孔儒"仁"学更直接的历史来源,是周文王、周武王、周公等制定的周初的政治、经济、文化等礼乐制度。一方面,社会伦理、政治文化制度已经历了尧、舜、禹、汤千年以上的积累,另一方面夏桀、商纣灭亡的教训和稳定、发展的需要,都促使周初制定了更加系统、进步的政治礼乐制度。《尚书·召诰》旧说为召公所作,陈来先生认为"'呜呼'以下应为周公的话",是周公发表的政见①,《召诰》中多次提出"敬德":"我不可不监于有夏,亦不可不监于有殷……肆惟王其疾敬德。王其德之用,祈天永命。"《尚书·梓材》记载周公诰辞:"欲至于万年,惟王子子孙孙永保民。"《尚书·康诰》中周公训诫康叔提出更明确的"用康保民"。陈来先生认为,周公"是中国历史上第一个思想家,不仅经他之手而奠定了西周的制度,而且构造了西周的政治文化……周公所遗留的政治、文化遗产是孔子和儒家思想的主要资源"。②《尚书·文侯之命》记载东周平王对晋文公提出"柔远能迩,惠康小民",显然承袭了周公的政治思想。从氏族部落联盟的"泛爱众",到商王"施实德于民""敬民",再到周公"敬德""用康保民",不但政治思想更为进步,而且具有更明确的方向和具体的实践举措。

《论语·颜渊》篇记载:"哀公问于有若曰:'年饥,用不足,如之何?'有若对曰:'盍彻乎?'曰:'二,吾犹不足,如之何其彻也?'对曰:'百姓足,君孰与不足?百姓不足,君孰与足?'"魏何晏注:"郑曰:'周法,什一而税谓之彻。彻,通也,为天下之通法。'""孔曰:'二谓什二而税。'"③"彻"指十分抽一的税率(10%税

---

① 陈来:《古代宗教与伦理:儒家思想的根源》,第168页。
② 陈来:《古代宗教与伦理:儒家思想的根源》,第182页。
③ (魏)何晏等注、(宋)邢昺疏:《论语注疏》,上海古籍出版社1990年版,第106页。

率)；"二"指十分抽二的税率(20％税率)。何晏引郑玄所说"周法什一而税"，可知周初制定的最重要的经济制度，是低税率制度。① 《周礼·均人》记载，如果发生饥馑疫病等重大灾害，"则无力政，无财赋，不收地守、地职、不均地政"。即政府就免除徭役，免除赋税，不征收山林川泽税和各种从业税，以有利于民众恢复、发展。《周礼·大司徒》："以乡三物教万民而宾兴之。一曰六德：知、仁、圣、义、忠、和。二曰六行：孝、友、睦、姻、任、恤。三曰六艺：礼、乐、射、御、书、数。"也可证周初制定和实行的是宽仁的政治、经济、教育文化等制度。这些制度，在《论语》中，孔子多称为"礼"，也称为"文""文章"。透过"周礼""文""文章"，孔子注意到其深层、内在的支撑是"仁"。因而，欲恢复周代礼治，即恢复秩序、发展经济、"用康保民"，必先唤醒内在的"仁"。这是孔子构建"仁"学的直接动因和思想来源。

二、《论语》"仁"概念阐释方式

(一)从"仁之本"到孔子的"省略式"定义

在《道德经》五千言中，"道"共出现76次，其意义已进行了重新定义，作为道家本源的哲学概念在《道德经》中被反复阐释。"仁"在《道德经》中仅出现8次，没有一处对"仁"进行再阐释或再定义。"仁"成为反复阐释的哲学概念，始于孔子。在《论语》中，"仁"见于其中58章，共出现109次。在社会矛盾日趋尖锐的春秋后期，孔子试图以"仁""礼"来调节日趋紧张的社会关系，以维护秩序和社会稳定。孔子要让当时通行的语词"仁"成为一个学派思想的核心概念，同样需要进一步充实乃至完善其本质内涵，"仁"由此就需要进一步阐释并清晰定义。《论语》中首先论述了"仁"的本源：

有子曰："其为人也孝弟，而好犯上者，鲜矣；不好犯上，而好作乱者，未之有也。君子务本，本立而道生。孝弟也者，其为仁之本与！"(《学而》)

《论语》开篇《学而》之第1章为："学而时习之，不亦说乎？有朋自远方来，不亦乐乎？人不知而不愠，不亦君子乎？"依古注及在本章的语境，"朋"只能指同门、同学，这一章是对弟子学习、相处等提出要求，选择了新弟子到来这样一

---

① 参阅张中宇：《〈论语〉"礼让""去食"考释——兼评儒家政治理想》，《重庆师范大学学报(社科版)》2018年第6期。

个合适的时机,可认为是孔子的"迎新词"①,因此作为整部《论语》的第1章最为合理。由孔子拉开入学序幕、提出学习要求之后紧接着的,也即整部《论语》的第2章,就是有子论"仁之本",提出儒家的核心"仁",并对"仁"的根本要素"孝弟"进行阐释,其地位的特殊性、重要性不言而喻。《礼记·檀弓》记载:"子游曰:'甚哉,有子之言似夫子也!'"可证有子的思想不但源自且高度忠实于孔子,也可成为孔子的代言人。"孝弟也者,其为仁之本",是古代汉语标准的判断句型,即有子在非常清晰地说明"仁"的本源。由于是在口语环境中,所以增加了语气词"与",这里其实也有强调的意义。

在孔子之前的文献中,《国语·晋语》记载早于孔子100余年的骊姬对晋献公说:"为仁者,爱亲之谓仁。"可知儒家论"孝弟也者,其为仁之本"有当时的社会共识为基础,但《国语》中还没有把"爱亲"作为"仁"的本源,而是"仁"的表现或行为。《管子·戒》记载管仲对齐桓公说:"孝弟者,仁之祖也。"管仲早孔子170余年,但历代多认为《管子》不是管仲所作。胡适指出:"《管子》这书,定非管仲所作,乃是后人把战国末年一些法家的议论和一些儒家的议论和一些道家的议论,还有许多夹七夹八的话,并作一书,又伪造了一些桓公与管仲问答诸篇,又杂凑了一些纪管仲功业的几篇,遂附会为管仲所作。"②罗根泽认为《管子·戒》为"战国末调和儒道者作","孝弟者,仁之祖也"实取自儒家言③,是有说服力的。《国语·齐语》记载齐桓公与管仲的事迹不少,如第2篇载齐桓公说:"于子之乡,有居处好学,慈孝于父母,聪慧质仁,发闻于乡里者,有则以告。……有不慈孝于父母,不长悌于乡里,骄躁淫暴,不用上令者,有则以告。"其中"慈孝于父母"对应"质仁";但不见记载管仲说"孝弟者,仁之祖也"——可证当为战国人据有子之说,结合管仲、齐桓公相关文献与传说衍变而成。从《国语》中《晋语》《齐语》的相关记载来看,"爱亲""慈孝于父母"与"仁"的关系是非常确定的;但还没有把"弟"与"仁"直接对应——由此来看,在孔子之前还没有形成把"弟(悌)"也作为"仁之本"的确定观念。从现有文献来看,"孝弟也者,其为仁之本"是最早把"弟(悌)"纳入"仁"体系,且最早以"孝弟"作为"仁"

---

① 参阅张中宇:《〈论语〉"有朋""束脩""忠焉"考释——兼论孔子教育思想》,《重庆师范大学学报(社科版)》2020年第1期。
② 胡适:《中国哲学史大纲》,商务印书馆1919年版,第11页。
③ 罗根泽:《管子探源》,岳麓书社2010年版,第46—47页。

本源的。

但如果仅限于"孝弟","仁"不过只是调节家庭内部关系的理念。要真正成为重要的哲学概念,"仁"内涵就需要进一步扩展。《国语·周语下》记载:"爱人能仁。"其时早于孔子约半个世纪,可知春秋中叶"仁"已不限于"爱亲"。不过,《周语》中"爱人能仁"并非给"仁"的定义,而是描述"爱人"和"仁"之间的关系。《论语·颜渊》记载:"樊迟问仁。子曰:'爱人。'"从樊迟问"仁"这个语境来看,孔子非常明确地在描述"仁"概念的本质特征。固然可以说,孔子还没有按照亚里士多德提出的逻辑方法,把"仁"放到"邻近属概念"中,然后描述"种差"。但孔子比亚里士多德早170余年,甚至比孔子晚半个世纪以上的苏格拉底、柏拉图的论辩也还没有采用其弟子亚里士多德提出的定义公式。其实,在特定语境中,孔子只是省略了"邻近属概念",这个属概念即是"德",证据在于,在孔子所有关于"仁"的阐述中,"仁"都指向"德",这是毫无争议的。朱熹注:"仁者,爱之理,心之德也。"[①]无疑已经符合亚里士多德要求的标准定义,既有种差、也有属概念"德"。这条注见于《学而》有子论"仁之本"章;此外朱注"仁者,心之德"还见于《述而》"子曰仁远乎哉"章。[②] 可证朱熹是在为整部《论语》中的"仁"概念作注,且让这条注首次出现在一部《论语》论"仁"的最前面。显然,朱熹注不过是补充了孔子的省略,若孔子不是以"德"为属概念,朱注就是"谬注"。由此来看,所谓"没有自觉进行直接描述'仁'概念内涵的专题活动"之说,是缺乏历史眼光的。朱熹注提供了孔子"自觉"描述"仁"概念内涵的有力证据。

回到《学而》第2章有子论"孝弟",其首先论述的,是孝弟与社会稳定、和谐的关系,这是《国语·晋语》中"利国之谓仁"的进一步延伸。随后论"君子务本,本立而道生。孝弟也者,其为仁之本与"!《道德经》把"道"作为本源,"仁"在"道""德"之后。儒家却把"孝弟""仁"作为"本","本立而道生",其关系为"孝弟→仁→道"。这个差异表明,老子的道家哲学体系,是以"自然之道"为起点或本源;孔子儒家哲学体系,则是以人和社会关系为起点或本源。有子既论"仁"本源,又论述了"仁"的功能与社会价值。孔子则直接以"爱人"作为定义,

---

[①] (宋)朱熹:《论语集注》,见《四书章句集注》,中华书局1983年版,第48页。
[②] (宋)朱熹:《论语集注》,见《四书章句集注》,中华书局1983年版,第100页。

虽然在特定语境中采用了"省略式"。由"爱亲"、孝弟到孔子的定义"爱人",再延伸到利国、爱民,这是儒家"仁爱"的基本逻辑,构成了《论语》"仁学"清晰的概念内涵。

(二)"仁"的进一步阐释及其"边界"

1. 元儒的实践智慧与"仁"的进一步阐释

陈来指出:"实践智慧一直是中国哲学的主体和核心……儒家哲学思想的特点是:突出人的实践智慧,而不突出思辨的理论智慧。"在儒家看来,"经典世界中的一切叙述若要通向现实世界,就必须由实践来完成。"[①]概念揭示其本质及类属,是高度概括和简练的。立足于实践的哲学,需要进一步延伸阐释,将"仁"发展成更充实、更系统的哲学概念。《论语·阳货》记载:"子张问仁于孔子。孔子曰:'能行五者于天下,为仁矣。'请问之。曰:'恭,宽,信,敏,惠。恭则不侮,宽则得众,信则人任焉,敏则有功,惠则足以使人。'""敏"本指反应敏捷、勤快,辜鸿铭译作"勤奋"[②];杨伯峻译作"勤敏"。[③] 由于孔子培养的学生多为政治、外交人才,"勤政"自然就是利国、爱民,是"爱人"的进一步发展,所以孔子用以回答子张问"仁"。从表层看,"恭,宽,信,敏,惠"都不能直接解释为"爱人",但都与"爱人"密切相关。孔子把"勤敏"等纳入他的"仁学"范畴,显然超越了当时通行的"仁"的语词意义,而进入系统的哲学构建。

《雍也》篇记载:"子贡曰:'如有博施于民而能济众,何如?可谓仁乎?'子曰:'何事于仁,必也圣乎!尧舜其犹病诸!夫仁者,己欲立而立人,己欲达而达人。能近取譬,可谓仁之方也已。'"子贡曾任鲁、卫之相,因经商巨富,孔子同样有针对性地指出,子贡还应该让更多人成功,这是追求"仁"必然要达到的境界。朱熹注:"状仁之体,莫切于此。"[④]朱熹肯定《论语》深刻地阐释了"仁"的本质("状仁之体"),是因为"己欲立而立人,己欲达而达人"的本质是"爱人"。《颜渊》篇记载:"仲弓问仁。子曰:'出门如见大宾,使民如承大祭,己所不欲,勿施于人。在邦无怨,在家无怨。'仲弓曰:'雍虽不敏,请事斯语矣。'"仲弓年轻时就做了鲁国大夫季氏之宰,管理季氏的政务,所以孔子回答他"问仁"也主

---

① 陈来:《论儒家的实践智慧》,《哲学研究》2018年第8期。
② 辜鸿铭:《辜鸿铭讲论语》,北京理工大学出版社2013年版,第315页。
③ 杨伯峻:《论语译注》,第181页。
④ (宋)朱熹:《论语集注》,第92页。

要是针对"为政"的要求,其核心是"己所不欲,勿施于人",即要设身处地为百姓着想。孔子回答子贡和仲弓,虽然角度有所不同,但都是推己及人,从设身处地、感同身受的角度来阐释"仁"的"爱人""爱民"内涵。与孔子之前"为国者,利国之谓仁"相比,孔子更凸现"利民"。"利国""利民"在今天是统一的。但在春秋时期,"国"是诸侯的封国,"家"是大夫的封邑。孔子的仁政以"利民"为先,把民众利益放在诸侯、大夫之上,更具时代的进步性。

《颜渊》篇记载:"颜渊问仁。子曰:'克己复礼为仁。一日克己复礼,天下归仁焉。为仁由己,而由人乎哉?'颜渊曰:'请问其目。'子曰:'非礼勿视,非礼勿听,非礼勿言,非礼勿动。'颜渊曰:'回虽不敏,请事斯语矣。'"其中之"礼",即周初的礼乐制度。陈来先生指出:"西周的礼乐文化的整体功能指向是人间性的秩序,而不是超世间的赐福。"[1]面对春秋时期诸侯争霸、社会矛盾越来越尖锐的现实,孔子认为唯有"礼"——其实质是尊周以及宽厚、仁德的相关制度与礼仪,可以拯救社会于混乱。孔子认为如果全社会都回到并遵从礼制,即"守法",则可维护社会秩序和稳定、发展经济,人与人之间就可以建立起和谐关系,就不会发生弱肉强食、战乱,所以合于礼就是"仁"。冯友兰指出,"孔子的这句话,无论从内容上或者从形式上看,就是仁的定义……在这段对话中,孔子对于他所说的'仁',既有明确的定义,又有详细的例证。"[2]不过"克己复礼为仁"并不能转换成"仁为(是)克己复礼",所以孔子对颜渊的回答,并不是揭示"仁"的普遍本质,而是指出在"礼崩乐坏"时代"仁"的首要目标是恢复法制,有了制度保障,才能稳步推行仁政、"用康保民",强调儒家"仁"学的社会实践特性。

2."仁在其中""近仁"与"鲜矣仁""不仁"

《子张》篇载:"子夏曰:'博学而笃志,切问而近思,仁在其中矣。'"南朝皇侃引汉孔安国注训"志"为"识(记)"[3],历代沿用。但现代以来,钱穆、杨伯峻等均不取古注,认为"'笃志'为'笃守其志'"[4],即志向坚定。不过,博学、笃志、切问、近思,四者都是很具体谈学习过程的,包括学习、记忆、提问、思考现实问题

---

[1] 陈来:《古代宗教与伦理:儒家思想的根源》,第262页。
[2] 冯友兰:《论孔子关于"仁"的思想》,第63—72页。
[3] (梁)皇侃:《论语义疏》,中华书局2013年版,第499页。
[4] 钱穆:《论语新解》,生活·读书·新知三联书店2012年版,第439页。

这样一个完整的学以致用过程。若"笃志"解为"坚守志向",则为修德修身,偏离这里集中论学习的主题。"笃志"依其本义应指深刻记忆或牢固掌握"博学"的知识,随后以这些知识去发现、思考现实问题,找到解决问题的方法。子夏论"仁",其思想同样源自孔子。与"己欲立而立人,己欲达而达人"等其深层的支撑都有"爱人(民)"不同,"博学、笃志、切问、近思"则为很具体的读书学习,若按照语词本身的涵义,无论如何都更难与"爱人"直接联系到一起。这足以表明儒家的"仁"已不等于通行语词"仁",而是被赋予了更充实的内涵进而形成的哲学概念。宋邢昺疏:"此章论好学近于仁也。"[①]儒家认为,博学并牢固掌握知识,发现和思考现实问题,这样的学习有利于学以致用、推进社会发展,符合利国、爱民之义,所以是符合"仁"的要求的实践活动。孔子构建的"仁"体系,不是仅仅停留于揭示"仁"本质的概念,而是通过进一步阐释,指向不同实践领域。

《子路》篇载:"子曰:'刚、毅、木、讷,近仁。'""刚""毅"侧重内在品质,"木""讷"为性格的外在表现。"仁"既然是儒家的核心,孔子除了要从深层讨论其内在属性,还从性格及其外在表现,去判明何为"仁",何为不"仁"。"刚""毅"可维护正义因而近仁,不会有显著争议。"木(质朴)""讷(说话谨慎)"近仁,则多少有些出乎意外。《阳货》篇载:"子曰:'巧言令色,鲜矣仁。'"《公冶长》篇载:"子曰:'巧言,令色,足恭,左丘明耻之,丘亦耻之。'"与"木""讷"相反的,就是"巧言令色"。《诗经·小雅·巧言》:"蛇蛇硕言,出自口矣。巧言如簧,颜之厚矣。"孔子肯定"木""讷"近仁,而且态度鲜明、有理有据地指出与之相反的"巧言令色"为不仁。孔子之所以认为满口说讨人喜欢的话、满脸堆笑这样的人极少有仁德,还有一个值得一提的背景:在春秋末期至战国时期,社会风气已逐渐以"利口"为能事,诡辩术横行,谄媚术泛滥。《道德经》第81章就指出:"信言不美,美言不信;善者不辩,辩者不善。"孔子因此对"巧言令色"的伪善、欺骗性及其危害十分警惕。正是基于此,孔子指出性格刚毅、外显质朴、不善言辞、不善讨好之术的人,反而更为可信、"近仁"。此外,《论语》中"不仁"出现11例,如:"子曰:'人而不仁,如礼何?人而不仁,如乐何?'"(《八佾》)"子曰:'好勇疾贫,乱也。人而不仁,疾之已甚,乱也。'"(《泰伯》)《论语》中还有不少

[①] (魏)何晏注,(宋)邢昺疏:《论语注疏》,上海古籍出版社1990年版,第170页。

篇章描述具体表现或进行比较,如"唯仁者能好人,能恶人"(《里仁》)"仁者必有勇,勇者不必有仁"(《宪问》)等。《论语》中以"仁在其中""近仁""鲜矣仁""不仁"以及各种表现或差异,试图区分"仁"与"不仁",描述"仁"的"边界"。

《论语》中对"仁"的进一步阐释,如"恭、宽、信、敏、惠""薄施于民而能济众""己欲立而立人,己欲达而达人""己所不欲勿施于人""克己复礼"等,以及孔子描述"仁"与"不仁",如"博学而笃志,切问而近思,仁在其中矣"等,从文字表述来看,对"仁"的阐释存在很大差异,因此有学者认为"孔子不是试图寻求'杂多'背后的'统一性'……而是毋宁保持'仁'的多义性与模糊性"[①]。本文以上的讨论指出,"恭、宽、信、敏、惠""己欲立而立人,己欲达而达人"等所指毫不"模糊"也不"多义",且这些"杂多"阐释的背后恰恰具有高度的"统一性",亦即"'仁'的确定本质":"爱人"。这也是孔子判断"仁"与"不仁"的根本标准。黄俊杰先生指出,"《论语》中的'仁'均以'爱人'为内涵"[②]可为一证。

三、"为仁""仁者"与"仁"学体系

《论语》不但从本源、普遍本质、"边界"等解释"仁"概念,而且进一步阐释如何"为仁"、何为"仁者",由概念、实践特性与实践主体构成具有鲜明实践性的完整的元儒"仁"学体系。

(一)如何"为仁"

在《论语》的记载中孔子论述了为仁的可能性、原则、途径或方法、条件等。《述而》篇记载:"子曰:'仁远乎哉?我欲仁,斯仁至矣。'"朱熹注:"仁者,心之德……反而求之,则即此而在矣。"[③]孔子认为每个人内心都存有仁爱天性,只要唤醒它,即可"为仁"。孔子所处的春秋后期天下已乱,从天子到诸侯、大夫乃至庶民,更崇尚武力、掠夺、欺诈,很少有人相信孔子主张的仁爱以及仁政还能推行,这从孔子在鲁国的不得志,以及在齐、卫等国受到的冷遇,以及"晨门"都斥孔子"知其不可而为之"就可知道。与这些怀疑论者相反,孔子高度强调"为仁"的可行性,强调人的善良天性可以唤醒,天下秩序可以恢复。

---

① 陈乔见:《苏格拉底与孔子的论说方式及其影响》,《学术月刊》2009 年第 5 期。
② 黄俊杰:《孔子"克己复礼为仁"说与东亚儒者的诠释》,《孔子研究》2017 年第 2 期。
③ (宋)朱熹:《论语集注》,第 100 页。

《卫灵公》记载:"子曰:'当仁,不让于师。'"南朝皇侃引张凭注:"非不好让,此道非所以让也。"①朱熹也指出:"当仁,以仁为己任也。虽师亦无所逊,言当勇往而必为也。"②虽然谦让是儒家的基本主张和礼仪,但当"为仁"的时候,就需要"勇往而必为"。《里仁》篇记载:"子曰:'富与贵,是人之所欲也;不以其道得之,不处也。贫与贱,是人之所恶也;不以其道得之,不去也。君子去仁,恶乎成名?君子无终食之间违仁,造次必于是,颠沛必于是。'"朱熹指出:"言君子为仁,自富贵、贫贱、取舍之间,以至于终食、造次、颠沛之顷,无时无处而不用其力也。"③即面对富贵、贫贱,行为取舍都应以"仁"为准则;尤须"无时无处"、无论处于何种境遇,都要坚持仁德标准。《卫灵公》记载:"子曰:'志士仁人,无求生以害仁,有杀身以成仁。'"作为儒家的核心主张,孔子要求"志士仁人"不惜生命也要维护和推行仁义。

除了可能性、要求与原则,《论语》中还论述了"为仁"的方法、途径。《卫灵公》记载:"子贡问为仁。子曰:'工欲善其事,必先利其器。居是邦也,事其大夫之贤者,友其士之仁者。'"皇侃注:"若不事贤,不友于仁,则其行不成,如工器之不利也。"④孔子原本是针对子贡不善于向比自己贤能的人学习,提出"为仁"之法,以"工欲善其事,必先利其器"设譬,说明"为仁"需有"贤友"切磋、相助。钱穆也指出:"工无利器,不能善其业……必事贤友仁,然后得所切磋熏陶而后能成也。"⑤《颜渊》篇记载:"曾子曰:'君子以文会友,以友辅仁。'"既然要推行仁义,靠一己之力就远远不够,需要更多"同仁"合力推行才能成效显著。所以"以文会友"的重点其实在"以友辅仁"。这和孔子要求子贡"友其士之仁者",指出"为仁"不能只靠个人是一致的。曾子之说只是在孔子"友其士之仁者"基础上,增加了"以文会友"的具体途径。

"为仁"也可能面临陷阱,因此还需要理性、"知"性。《雍也》篇记载:"宰我问曰:'仁者,虽告之曰:"井有仁焉。"其从之也?'子曰:'何为其然也?君子可逝也,不可陷也;可欺也,不可罔也。'"朱熹注:"盖身在井上,乃可以救井中之

---

① (梁)皇侃:《论语义疏》,第414页。
② (宋)朱熹:《论语集注》,第168页。
③ (宋)朱熹:《论语集注》,第70页。
④ (梁)皇侃:《论语义疏》,第399页。
⑤ 钱穆:《论语新解》,第363—364页。

人;若从之于井,则不复能救之矣……仁者虽切于救人而不私其身,然不应如此之愚也。"[1]孔子认为如果为了救人而糊里糊涂冒险入井,反而使自己也身陷危险之中,就不可能实现救人、"为仁"的根本目的。所以"为仁"不意味着仅凭一腔热血、不计后果、不辨是非的愚昧和冒险,而需要理性、智慧。在《论语》中,"仁"常与"知(智)"并提,"知""知者"是"为仁"的必要条件。这在今天仍然具有现实意义。另《泰伯》篇记载:"曾子曰:'士不可以不弘毅,任重而道远。仁以为己任,不亦重乎? 死而后已,不亦远乎?'"章太炎认为:"此'弘'即今之'强'字也。"[2]《礼记·表记》载:"子曰:'仁之为器重,其为道远。'"可见曾子"任重而道远"之说来自孔子,曾子进一步指出强健而有毅力是"为仁"的必要条件。

(二)作为实践主体的"仁者"

"仁者"或"仁人"指具有仁德且躬行实践的人,是"仁"的行为主体。孔子通过描述其典型特征阐释"仁者",例如《里仁》篇记载:"子曰:'唯仁者能好人,能恶人。'"何晏等注:"惟仁者能审人之好恶也。"[3]杨逢彬先生指出:"据我们全面调查,先秦汉语中'能'做谓语有褒义倾向。当它做状语时,仍带有这一特点。"[4]可证孔子肯定秉持正义、明辨是非、爱憎分明是仁者的固有本性。与之相反,孔子对是非不分、一团和气、八面讨好、缺乏鲜明爱憎的"乡原"极为反感、严厉批判。例如《阳货》篇记载:"子曰:'乡原,德之贼也。'"孟子对"乡原"作了更具体的阐释:"阉然媚于世也者,是乡原也……非之无举也,刺之无刺也,同乎流俗,合乎污世,居之似忠信,行之似廉洁,众皆悦之,自以为是,而不可与入尧、舜之道,故曰'德之贼'也。"[5]"乡原"在中国为数不少,其典型特征是"众皆悦之",极具迷惑性、欺骗性。另《子罕》篇记载:"子曰:'知者不惑,仁者不忧,勇者不惧。'"《雍也》篇载:"子曰:'知者乐水,仁者乐山;知者动,仁者静;知者乐,仁者寿。'"《宪问》篇载:"子曰:'有德者必有言,有言者不必有德;仁者必有勇,勇者不必有仁。'"孔子通过具有密切关系的"仁者""知者""勇者"比

---

[1] (宋)朱熹:《论语集注》,第91页。
[2] 章太炎:《广论语骈枝》,《中法大学月刊》第2卷第2期(1932年)。
[3] (魏)何晏注,(宋)邢昺疏:《论语注疏》,第35页。
[4] 杨逢彬:《论语新注新译》,北京大学出版社2016年版,第66页。
[5] (宋)朱熹:《孟子集注》,见《四书章句集注》,中华书局1983年版,第375—376页。

较,凸现"仁者"沉静而勇为、稳重且多寿的形象。

值得注意的是,整部《论语》都没有明确肯定当时现实中的人物是否为"仁人"或具有仁德。孔子评价自己"若圣与仁,则吾岂敢"(《述而》),评价他赞誉最多的弟子颜渊也只是"其心三月不违仁",其他弟子"则日月至焉而已矣"(《雍也》),对其重要弟子如子路、冉有的评价都是"不知其仁也"(《公冶长》)。子游、曾子评价同门弟子子张"未仁""难与并为仁矣"(《子张》)。可见"仁"是很高的标准,即便奉行仁义的儒家弟子,都很难达到。对于古代历史人物,是否"仁人"或有"仁",孔子也十分谨慎。微子、箕子、比干是殷末敢于反抗纣王暴政的,微子逃离殷都,箕子做了纣王奴隶,比干谏争而死,孔子称他们"殷有三仁焉"(《微子》),这是《论语》中孔子唯一毫无保留称之为"仁人"的三个人。

但孔子对春秋早期管仲的评价却与众不同。《宪问》篇连续两章记载讨论管仲:"子路曰:'桓公杀公子纠,召忽死之,管仲不死。'曰:'未仁乎?'子曰:'桓公九合诸侯,不以兵车,管仲之力也。如其仁!如其仁!'""子贡曰:'管仲非仁者与?桓公杀公子纠,不能死,又相之。'子曰:'管仲相桓公,霸诸侯,一匡天下,民到于今受其赐。微管仲,吾其被发左衽矣。岂若匹夫匹妇之为谅也,自经于沟渎而莫之知也?'"管仲早于孔子170余年,齐桓公时任齐相。据《左传》庄公八年、九年记载,召忽和管仲都是公子纠的侍臣,一起逃往鲁国。齐桓公即位后,逼迫鲁国杀了其兄公子纠,召忽殉公子纠自杀,管仲却做了齐桓公的宰相,以当时的伦理,这是很严重的问题。但孔子对于有争议的管仲,给予很高评价,毫不犹豫地断定他具有仁德。

《卫灵公》篇记载:"子曰:'吾之于人也,谁毁谁誉?如有所誉者,其有所试矣。'"这表明孔子从不轻易赞誉或严厉批评人,如有赞誉,一定是考验过的,十分慎重。由此判断,孔子高度肯定有道德瑕疵的管仲"如其仁",必有深层的原因。在"颜渊问仁"章中,孔子指出"克己复礼为仁",即恢复天下秩序、礼制是和谐相处、实行仁政的根本保障。管仲不但通过有效管理使齐国富庶、强大,而且不以武力就"一匡天下",恢复秩序,率领诸侯尊周室,这在混乱失序的春秋时期十分宝贵。所以孔子不纠结于管仲的小节,而着眼于他的主要贡献,对管仲给予了很高评价。清阮元已注意到《论语》中论"仁"与"民"的关系,他指出,"仁之有益于人民者甚大"①。由此推断,孔子之所以对他所生活时代的人包括他自己,都没有明确肯定是否"仁者"或"仁人",并不是因为求全责备,而是因为孔子所处时代没有出现像管仲或前代圣贤一样匡扶天下、救民于水火、建立了实实在在的仁德功业的人。概以言之,《论语》凸现"仁者"秉持正义、明辨是非、勇于担当的本性,尤其侧重于是否具有"利国""爱民"的实绩,确立了既非求全责备,也非徒有虚名的"仁者"标准。从注重"利国""爱民"实绩的"仁者"标准等来看,儒家的"仁"学的确具有鲜明的"实践理性"特征②。

四、结 语

本文讨论的第一个问题是,《论语》是否按照严格的逻辑标准定义了"仁"概念。《论语》中孔子以特定语境中的"省略式"清晰阐释了"仁"本质(爱人)及其临近属概念"德",朱熹关注"仁者,爱之理,心之德"可为证。《论语》中还清晰阐释了"仁"本源(孝弟)、价值(利国利民),并进一步具体阐释为以"爱人"为其内核的"恭、宽、信、敏、惠""薄施于民而能济众""己欲立而立人,己欲达而达人""己所不欲勿施于人""克己复礼"等实践要求,以"仁在其中""近仁"及"鲜矣仁""不仁"等形成"边界",且有不少相关实例分析。

我们首先可与老子阐释"道"做比较,《道德经》中如:"道可道,非常道。"(第一章)"大音希声,大象无形。道隐无名。"(第四十一章)"道者万物之奥。"(第六十二章)"有物混成,先天地生。寂兮寥兮,独立不改,周行而不殆,可以为天下母。吾不知其名,强字之曰道。"(第二十五章)"道生一,一生二,二生三,三生万物。"(第四十二章)"道常无为,而无不为。"(第三十七章)在《道德经》中,"道"具有神秘性甚至不可言说性,因为它是本源性概念或最大的概念,无处不在、无为而为,老子不追求给予清晰的定义,只是强调其作为终极概念的存在、作用和表现。其次可与轴心时代比孔子晚 80 余年的苏格拉底的"论辩"比较,柏拉图《理想国》第一卷以长篇记载苏格拉底等反复讨论"正义",最终苏格拉底说:"现在到头来,对讨论的结果我还一无所获……不知道什么是

---

① (清)阮元:《论语论仁论》,第 187 页。
② 李泽厚:《孔子再评价》,《中国社会科学》1980 年第 2 期。

正义。"①邓晓芒先生指出:"例如在《大希庇阿斯篇》中讨论'美是什么'的问题,最后的结论竟然是'美是难的'。不过讨论并没有白费,虽然还不知道美是什么,但毕竟知道了美'不是什么',思维层次有了很大的提高,而这正是苏格拉底真正想要达到的。"②陈乔见先生指出:"苏格拉底总是在提出问题,探求事物的定义(本质),但他本人从未给出任何一个肯定的答案和定义。"③苏格拉底试图追寻"本质",因此他在辩论的时候不断否定各种现象或局部特征的列举,但他本人也没有给出"任何一个肯定的答案和定义"。比苏格拉底早 80 余年的孔子在《论语》中,已给"仁"概念非常明确的"答案和定义",其定义沿用至今,可证其科学性。可以说,《论语》中对"仁"概念的清晰阐释,在轴心时代早期是无以伦比的。

　　本文讨论的第二个问题是,《论语》中"仁"学是否具有系统性。这里要指出,首先,由于《论语》的"短章"平均仅约 32 字,罕见苏格拉底式长篇、细密的论辩,且篇章编纂缺乏"关连",重要论题如"仁""知""教育""修身""为政"等互相交织、错综复杂,《论语》篇章并未直接集中或系统呈现其思想主张。《论语》中涉及"仁"的 58 章分散于近 500 章中,不具有显而易见的集中性、系统性。其次,对《论语》中"仁"概念定义的质疑加剧了对是否存在体系的怀疑;因为如果"仁"概念具有不确定性,《论语》中就不可能建构科学的元儒"仁"学体系。20世纪 80 年代初,李泽厚先生指出:"孔子的仁学思想似乎恰恰是……一种整体模式","构成一个颇具特色的思想模式和文化心理结构,在塑造汉民族性格上留下了重要痕迹"。李泽厚的哲学与美学研究涉及很广,并没有更多精力聚焦于"仁"学,所以认为"这里面有许多复杂问题需要详细研究",他只是"试图初步提出这个问题和提供一个假说",还对"提出""问题""假说"几个词语加了着重号。④ 此后至今,李泽厚先生提出的问题和有限"假说"——《论语》中孔子的原初"仁"学系统,未见进一步论证。对"仁学"体系的深度考察,往往放到孔孟或整个儒学史中展开。

　　但拨开《论语》表层"短章"、分散的迷雾,进行集中的系统化分析,可以发

----

① (古希腊)柏拉图:《理想国》,郭斌和、张竹明译,商务印书馆 1986 年版,第 43 页。
② 邓晓芒:《苏格拉底与孔子的言说方式比较》,《开放时代》2000 年第 3 期。
③ 陈乔见:《苏格拉底与孔子的论说方式及其影响》,《学术月刊》2009 年第 5 期。
④ 李泽厚:《孔子再评价》,第 77—95 页。

现《论语》不但从本源、普遍本质、实践性、"边界"等多角度阐释了"仁"概念内涵,而且进一步具体阐释如何"为仁"、何为"仁者",其概念定义与实践准则等沿用至今,可证《论语》中已经全面建构了基于实践智慧的元儒"仁"学体系。由于《论语》中论"仁"缺乏集中性以及与其他论题互相交织,《论语》中的"仁"学体系趋于"内隐"。本文认为《论语》中存在全面的"仁"学体系,根本原因在于孔子思想已高度成熟,儒家由此才能在春秋时期蔚成一大学派。尤须指出,《论语》"仁"学体系不但系统而完备,尤其立足于实践智慧与社会效益,对于现代人类伦理构建与社会进步具有重要价值。其如陈来先生所指出:"非宗教的人道主义(仁道)可以成为社会群体的凝聚力和道德基础……这一点西方要到启蒙和宗教改革之后才能理解。"[①]

[①] 陈来:《仁学本体论》,第 41—63 页。

传统文化

民国时期孔府"司法"权力实践表达的空间与限度
——1920年曲阜"苏景福欺孀霸产"案透视

成积春(曲阜师范大学历史文化学院)　**冯振亮**(济宁学院)

摘要："苏景福欺孀霸产"一案为民国初孔府所辖祀田中一民事纠纷案。孔府力图通过行使传统的"司法"权力加以解决,却接连碰壁,无从调处亦无法传唤到府,最终只能移送县衙由当地官府处理。通过对此案的分析,我们可以对民国时期孔府"司法"权力实践表达的空间与限度做一深入了解。

关键词："苏景福欺孀霸产"案;孔府"司法"权力;实践表达的空间与限度

明清之世,国家赐予了孔府大量的土地、人口,其原意乃是为阙里先师祀典和林庙提供资费、劳役。然而,庙户在服役于林庙,佃户在耕作于祀田,乐舞生、礼生在演舞习礼于庙廷的过程中逐渐地在经济、政治和礼法上形成了对孔府的人身依附关系。因而孔府之内所设各官,即百户官、管勾官、屯官甚至司乐官、典籍官都渐有民政大权。尤其是百户官、管勾官,所辖之百户厅、管勾厅统摄诸多庙户、佃户,"事实上就是庙佃户人的州、县衙门"[1],可以在庙佃户人中行使行政、司法等各项权力。"孔府政权,既有属于他自己名下的对土地的占有权作为权力的基础,又有封建国家赐予的那部分臣民的统治权作为权力的补充",故而孔府宣称"统辖各皇庄赐屯诸佃,无异有司之抚治百姓"[2]。

值得注意的是,这些权力是国家赐田、赐人户使孔府具有"开府诸侯"的特色后所自然产生的,并不是孔府阙里林庙奉祀和主守之权的一部分或者延伸,

---

[1] 何龄修等.《封建贵族大地主的典型——孔府研究》:中国社会科学出版社1981年版,第73页.
[2] 何龄修等.《封建贵族大地主的典型——孔府研究》:中国社会科学出版社1981年版,第73页.

是由下而上的自发权力。因此,无论是明代还是清代国家都没有,也不可能在国家制度上明确承认孔府具有这样的权力;明、清地方政府甚至会因为孔府广纳人户,致使"东省累民"①而与孔府产生纠纷。不过在实践中,孔府此项权力还是得到了国家的默许,与地方甚至有明确的权力划分。例如,就地方司法权力的分割,山东按察使司与孔府即在乾隆年间达成共识。档案史料中,有《咨覆臬司拟议管勾与地方分理屯户讼案职责划分事》②一文,其详细划分了孔府与山东地方官府在"司法"权力方面的界限。此文虽对孔府部分"司法"权力予以限制,但也使孔府枷责惩戒犯案屯户以及对参与、审理土地纠纷的权力合法化,使孔府具有了明确司法权力,类似国家一级司法机关。

民国时期,民国政府虽已确立宪政法统,孔府之"司法"权力在国家制度上也不再具有任何的合理性、合法性,然由于孔府依然辖有大量田土,统治着众多族人、庙佃户人,其在曲阜当地极强的社会影响力和久已成习的惯例,使其权力根基仍在,依然在族内、治下民众执行着自己固有的"司法"权力。然而在社会巨大变革的影响下,这种"司法"权力相较于帝制时代也发生了巨大的变化。这一时期发生的"苏景福欺孀霸产"案就是体现孔府"司法"权力实践表达的一个比较典型的案子,值得我们深入探究。

一、案情起始:苏张氏呈控苏景福欺孀霸产

案件起于尼山夫子洞村苏张氏先夫与其兄苏景福分居一事。苏张氏先夫分得场园一处,但随即又租借给苏景福多年,商定"俟用时即为退还"。苏张氏的丈夫死后,苏景福"即生讹伯(霸)之心"。苏张氏讨要此地,而苏景福不仅霸占不给,同时还将场园当中"所带杨木八棵硬行卖钱"③后将钱财据为己有。苏张氏据理力争却遭恶言群殴。无奈之下于民国九年(1920)④二月具文向孔府呈控。

在传统社会,此类纠纷案件理应由当地官府管辖。但由于此案事涉孔府,

---

① 中国第一历史档案馆编.山东巡抚佛伦奏请厘正赋税以除积弊折,康熙朝满文朱批奏折全译:中国社会科学出版社1996年版,第16页。
② 孔府档案。
③ 孔府档案。
④ 此案发生于民国九年(1920),此后所有日期年份均同,故不再标注。

而如上文所述,孔府仍有"司法"权力自行处置,至少在对其庙佃户管辖上"享有司法的参与权与优先权"①,故从受理范围上来说,苏张氏呈控于孔府亦是合情合理的。这种权力在民国时期山东地方甚至是被各县公署明确承认的,"即使案犯已被有管辖权的府、州、县拘捕,也须将有关审问材料及犯人移送孔府,由衍圣公先据其宗族法与国家法进行审理"。例如,在泗水县佃户乔修慈控诉其兄乔修德勒价不交的案子当中,就"因所推宅基系公府祀田,泗水县公署不便受理"②不得不呈请衍圣公"传案讯究"。因此,即便是苏张氏最初将此案报于曲阜县,也极有可能被曲阜县移送于孔府由衍圣公进行裁决。

然而此呈直到四月三日方才到府。在此期间,这一纠纷已经在刘振福③等人的调处下发生新的变化:苏景福既不愿退地,就让其"作价二百八十吊"④从苏张氏那里购买此场园。苏景福先是应允,定于四月十三日交价。但不知何故,苏张氏的呈文在四月三日到府,衍圣公随之处理并进行批示,标志着孔府介入此案。⑤

二、"型仁讲义,履中蹈和":孔府对苏张氏呈控的处理

衍圣公于四月三日进行批示,但并非如苏张氏所希望的那样进行"传追"⑥,而是以双方"年齿均长"⑦"何可以骨肉之亲,遽尔兴讼",批示"着即邀同族长妥善处理此事"⑧。而此时刘振福等已经进行调处,只待四月十三日苏景福"交价",即可"永无争执"。然而到了四月十三日,苏景福在其子苏文善、苏

---

① 袁兆春.孔府档案的法律史料价值研究:中国人民大学出版社2013年版,第104页。
② 孔府档案。
③ 根据后件档案,可推测此人当为苏家邻佑。
④ 孔府档案。
⑤ 此呈为苏张氏二月所具,却在四月三日方才到府。这期间究竟因何耽搁,已然无从查起。但从整个案件的发展中,可以看到,在四月三日苏张氏第一份呈文到府,衍圣公批示之前,此案已经在刘振福等人的调处下发生了变化,即苏景福已经答应以二百八十吊的价格购买此地以达双方和解。而此时距离最后的日期即四月十三日尚有十日,苏张氏与苏景福的"交价"协议尚未失效,此时呈文到府,某种程度上可能打破了这一协议,并有可能引发苏景福父子反弹并坚决不再履约。但这一疑惑处并不影响孔府对苏张氏呈控的处理。故笔者仅在此提出注明,以备探讨。
⑥ 孔府档案。
⑦ 苏张氏与苏景福俱70岁。
⑧ 孔府档案。

文轩的撺掇下"不但不交价,亦不退地",从而使刘振福等"实难再处"①。苏张氏遂又于四月十五日再上一呈,在呈明最新案情的同时亦表示"苏姓并无族长,实无人再处","非蒙传讯究追,终伯(霸)不吐",请衍圣公"传讯追究"。但衍圣公仍未准,还是要求"仰该社社长、社正、村长会同理处"②。不过苏景福就是村长,而且"夫子洞皆系屯田,并无社长",苏张氏遂又再上一呈,于四月二十三日到府。衍圣公依然坚持认为"一宗骨肉,理宜和睦,不可兴讼""不欲使该氏伤情",遂以刘振福等曾经处说为据"仍着刘振福妥为处了"③。

传统社会遵循儒家"无讼"的司法理念,各级官府对民众之纠纷,常以调解处置。而作为中国古代社会践行儒家文化修齐治平理念之典范,孔府的言行举止具有高度的象征意义,其遵循"远承圣泽,世守家传"之要求,对于族内、治下的纠纷,往往要在存忠恕、敦孝悌的基础上予以解决,以贯彻儒家的齐家治国之道,从而形成"型仁讲义,履中蹈和"④的司法原则。而从民国时期孔府对苏张氏呈控的处理,我们不难看出,孔府连传唤到府都一再推让,一再强调"不欲伤该氏骨肉感情"⑤,希望以宗族亲情为基础进行调处。甚至在无族长调处,村长就是被告,又无社长的情形下,衍圣公还是指定由曾参与调处的乡邻刘振福等人继续调处,以邻里之情加以说和,其意正如衍圣公本人所言的那样"一宗骨肉,理宜和睦,不可兴讼。况该氏年已古稀,何必多此争执"⑥。这一做法在民国时期孔府所处理各类案件当中并不孤立,甚至是大多数涉及宗族亲情之纠纷案件的主要处理办法。例如,在曲阜县佃户屯商人张裕淦诉张光荣侵吞租地一案中,衍圣公批:"仰村长小甲等妥为调处"⑦;又有黄宗珍诉黄锡恩强占宅基,衍圣公批复要求"该庄首事、庄长妥为调处"⑧;甚至在张羊村丰绍立因其伯父丰克铭霸卖宅基并将其诬告而呈控于衍圣公,衍圣公直接批复要求"原

---

① 孔府档案。
② 孔府档案。
③ 孔府档案。
④ 清圣祖实录:中华书局,1985年版,康熙二十三年甲子十一月己卯。
⑤ 孔府档案。
⑥ 孔府档案。
⑦ 孔府档案。
⑧ 孔府档案。

中鲍永海、丰克一、丰克连等从中调处,不得兴讼"①,与苏氏一案中"一家骨肉,不可兴讼"可谓异曲同工。总之,"孔氏家族总是竭力避免诉讼入官"②,总以族邻的调处作为主要手段,希望能够将矛盾纠纷化于族邻情谊之中。

而刘振福等人接到批文后,又遵批"极力再三调处",但仍然未果,故苏张氏又不得不于六月九日"四陈叩乞"③。也就在同一日,作为调停人的刘振福等人也在无奈之下上了一呈,将此僵局照实呈报。如此几番呈控加之调处无果显然触怒了孔府,由是孔府批称苏景福父子"殊属无知、荒谬已极"④,同意将其"传案",并于七月二日以"苏文善、苏文轩违批不遵,藐玩已极"为由"限吕文德三日内将此案原告、被告、处事人共九名传唤至孔府"⑤,就此也遂了苏张氏及刘振福等调处人所请。

传唤到府,即苏张氏等所言"传追""传讯追究"等,是孔府所采取的一种具有强制性的措施,即使用"信票"将案件所涉人员拘传到孔府,由衍圣公本人亲自审理处置。其中"信票",又可称之为印票,是孔府自行印制的相当于现代的逮捕证、拘留证一类的官方文件⑥,可以"拘押任何小宗户及佃户、庙户"⑦。此案中孔府令吕文德传唤涉案九人,即发给吕文德信票一张。既然孔府具有了司法权力,仿若国家一级司法机关。那么传唤到府实际上就是"兴讼",这与孔府坚持的以"型仁讲义,履中蹈和"极力避免"兴讼"之举严重背离,因此只有一些较为严重的情形才需要传唤到府。在其他案件,如泗水魏庄佃户乔修慈诉小甲张文耕与其兄乔修德同谋盗祀田一案中⑧,虽然乔修慈多次呈控,但衍圣公皆不准传讯究追。

而至于衍圣公审理处置,较为轻微的有"夺佃""收地入官""代赔缴地租""连坐治罪"等等,较为严重的则有"革职""枷号示众""笞、杖""立毙杖下"⑨。

---

① 孔府档案。
② 袁兆春.我国传统社会的家族"司法".人民法院报,2011年5月13日第5版。
③ 孔府档案。
④ 孔府档案。
⑤ 孔府档案。
⑥ 袁兆春.孔府档案的法律史料价值研究:中国人民大学出版社2013年版,第104页。
⑦ 孔德懋.孔府内宅轶事:天津人民出版社1982.6.
⑧ 孔府档案。
⑨ 袁兆春.孔府档案的法律史料价值研究:中国人民大学出版社2013年版,第104页。

历史上曾有顺治十五年(1658)六十六代衍圣公孔兴燮杖毙刘国栋、刘国梁兄弟一案,"天下皆知"[①]。因此,传唤到府对于孔府治下的族人、佃、庙户们而言,也是比较严重的处理方式。不过纵观民国时期孔府所处理的各类案件,即便是传唤到府,其处置方式也多属从轻发落,历史上孔兴燮将人立毙杖下之事,是极少出现,甚至并不合法的[②]。而多数是以保释后辅之以某些赔补来解决。如林役田永泉聚赌渎职并伐倒柏树,因林役愿意补栽树木,衍圣公遂批令"从宽免究照旧当差"[③];而姜肇富采剥柏树一案当中,在其愿意"补栽柏树一百株"并由王瑞芹等邻右具保后,衍圣公也同意"从宽"[④]处理。由此推断,即便是苏氏一案由孔府传唤到府处置,实质也就是依靠公府的巨大权威进行当面调处罢了。

综上,我们可以看出,在民国时期对于孔府来说,其"司法"权力实践的一个很重要的原则是"型仁讲义,履中蹈和",即对于宗族内涉及骨肉亲情的纠纷,能够以亲情化解的就化解了之,即便不易也不肯轻言讼案。至于传唤到府,虽已有"兴讼"之意,但也是宽恕为本,训责之外但有保举,即可开释,能够弥补过错并不再犯即可,还是力图将"兴讼"化夫,达到"无讼"。

三、移送县衙:孔府"司法"的无奈之举

但作为被告的苏景福却在孔府的传唤之下称病不到。无奈之下,孔府只得于七月十二日将此案移送到曲阜县公署,希望曲阜县知事蓝晋琦查照审理。移送县衙即"涉讼需开庭审理"[⑤],也就意味着诉诸于国家讼狱。这与孔府此前一直强调的"一家骨肉,不可兴讼"是绝对背离的。

这一时期,孔府也会主动将一些案件移交给地方公署,主要是一些性质较为恶劣,情节极其严重的案件,尤其是关乎伤人害人的刑事案件,衍圣公没有事实上也无权以调处之法来应对。如在白塔村村民张张氏诉胞侄张绪荣殴叔

---

① 骆承烈,朱福平,骆明.孔府档案选:中国文史出版社2002年版,第55页。
② 清世祖福临为此将孔兴燮召入宫中,一番训斥后于顺治十六年十二月己丑以恣意滥刑、擅毙庙户为名,命革去少傅兼太子太傅衔。
③ 孔府档案。
④ 孔府档案。
⑤ 孔府档案。

不法伦常一案当中,由于张张氏所诉的胞侄张绪荣使人将自己的叔叔侮辱殴打致重伤,且"不顾邻人张端玉等人说和,拒不奉粗粮以养其叔"①,以宗族伦理而言其性质极其恶劣,情节非常严重,故而衍圣公批文令其迳向县公署具诉。又有胡二窑佃户颜士兴诉孟靖修、孟继凤强割葛条并殴人一案,被诉者孟靖修在阻拦颜士兴的同时,还令其子孟继凤毒打颜士兴,其性质亦极为恶劣,故衍圣公批示"移县讯断"②。

一些孔府本身作为涉事一方的纠纷,孔府也需要依托地方官府进行处理。如在赵潘氏阻搅一案当中,对于赵潘氏不断阻挠嗟骂,衍圣公在"着候移县存案",又下令"移请曲阜县传案讯究",到最后不得不"移请曲阜县知事公署严提究办赵潘氏及其子赵憨旦"。可见对于这一泼妇无理取闹的纠纷,孔府也就不再顾忌所谓亲情道义,而更希望地方官府办理。③ 又如,衍圣公面请韩复榘令泗水县县长代为催逼佃户交租,以及请曹州府饬菏泽县等严追抗欠不完之户等事,则因孔府本身事涉纠纷之中,自然无法自行裁决,所以亦请当地官府代为处理。④

此外,这一时期,对于一些已经由地方官府接手了的案件,即便是情形轻微,孔府也不会再参与其中。如泗水县黄家庄吴孔氏具诉吴云仲吞霸绝产并贿串羁押其夫一案,吴孔氏因不服县衙判决请求孔府传讯再审,但因此案已经在泗水县成讼并判决,因此孔府批复"民事诉讼应归司法官厅受理,不照准吴孔氏所请传讯之处"⑤。

因此,不难看出,这一时期孔府的"司法"权力较之地方官府具有极大的局限性,其"司法"权力仅仅是对于一些性质轻微的民事案件或治安案件,本着宗族亲情的观念派人居中调处,如苏氏一案,其按照现代法律的范畴而言不过是一起民事经济纠纷,并无太大牵连,调处亦在情理之中。而当案件进入"瓶颈"以后,纵然孔府不情愿将案件移送地方官府,但鉴于其本身的司法权限及司法力量的限度,还必须借助于当地官府来进行处置。这也是孔府"司法"的无奈

---

① 孔府档案。
② 孔府档案。
③ 孔府档案。
④ 孔府档案。
⑤ 孔府档案。

之举。

不过即便是移送到地方官府,孔府依然有着较大的影响力。[①] 当此案移送至曲阜县后,曲阜县知事蓝晋琦即表示要遵衍圣公"秉公讯判"之嘱,"当即提讯"。据七月二十四日曲阜县知事蓝晋琦所咨呈称:"经多方调处,苏文祥母子愿将场园卖与苏景福为业,双方和解,愿罢讼不究"[②]。至此案件终结,某种程度上来说,将此案最终处于调处的范围之内而没有"兴讼",与衍圣公所主张的"一家骨肉,不可兴讼"并无二致。此外,案件最后,曲阜县将此案终情具为咨呈报于孔府,"请衍圣公府查照并将原卷查收备案",俨然是将孔府视为另一司法单位,可见地方官府对孔府"司法"权力依然表示尊重。

四、空间与限度:民国时期孔府"司法"权力之实践表达

从"苏景福欺孀霸产"案中,我们可以对民国时期孔府"司法"权力实践表达的空间与限度有所了解:

一方面,这一时期孔府"司法"权力依然具有极大的影响力,其效用还在潜移默化地影响着众多人。"苏景福欺孀霸产"案中,苏张氏纵然受到了莫大的屈辱,依然没有选择诉诸当地官府,而是以极其谦卑的姿态,一而再再而三地呈控于孔府,不断叩乞衍圣公主持公道,这种对于孔府的莫大信任和依赖,其根源在于虽然民国建立后从上层将国家制度进行了变革,但对于孔府治下的底层民众而言,其在经济、政治等方面原本存着的对于孔府的人身依附关系以及这种关系给孔府所带来的自下而上的权力并不随着国家制度的变革而立刻消失。孔府"司法"权力,依然存在于族人、庙佃户人的心目中,并在心理上形成一种牢不可破的依赖关系。

此外,孔府的"司法"权力实际效用纵然衰微,但在某种程度上还依然为地方官府所承认并尤为地方官府所尊重。如在泗水县佃户乔修慈控诉其兄乔修德勒价不交的案子当中,就"因所推宅基系公府祀田,泗水县公署不便受理"不得不呈请衍圣公"传案讯究"[③]。而在苏氏一案中,如上文所言,衍圣公之嘱直

---

① 袁兆春.孔府档案的法律史料价值研究:中国人民大学出版社 2013 年版,第 104 页。
② 孔府档案。
③ 孔府档案。

接指导了曲阜县知事蓝晋琦对于此案的处理。与此同时,我们更不能忽略的是在案件最后,曲阜县知事蓝晋琦将此案最终情形具为咨呈再呈递给孔府,表达了对孔府"司法"权力之尊重。

另一方面,从实际效用上来说,仅就此案而言,孔府的处境显得颇为尴尬:就案情来说,其本身已然是证据确凿、铁证如山,如最初交与曲阜县处之以讼案,必然会较快解决,又或者以曲阜县为主导出面调处,其过程恐怕也不会如此复杂。事实上,在此案当中,同样是调处者,由孔府所指派的刘振福等人竟无法调处,苏氏父子违批不遵;更有甚者孔府亲自出面传唤到府,而涉案当事者苏景福竟然可以称病不到,可谓是"藐玩已极"。而与之相对的则是此案移送至曲阜县后不过短短十二天(十二日至二十四日)即告解决,且也是"投具和解""罢讼不究"。其效果反差不可谓不明显,如此来论,孔府"司法"权力在这一时期的实际效用之衰微可见一斑。而在其他的案件当中,我们亦可以对孔府当时的"司法"权力效用提出质疑。如在另一案件当中,东平厂佃户刘春成已经就刘彦成恃强霸地将其群殴一案禀呈,并由总甲贾昌文"奉金批从中调处",其结果却是"刘彦成不服调处,私将界石挪移,致刘春成永纳爵府空粮",调处完全是一纸空文。东平厂佃户刘春成无奈只得呈控于孔府,而孔府所批则是"仰该管查明"而已①。由此可见民国时期孔府所掌握的"司法"权力之效用已然是极度衰微了,发挥空间不过是基于旧日之权势,施用于依然敬畏孔府之人,对于"藐视"之徒却是无可奈何。而缺乏强制力量介入,孔府"型仁讲义,履中蹈和"的"司法"原则当然无法贯彻,如此孔府已很难用"息讼"调处的方式来有效的化解矛盾、解决纠纷了。

结语

民国时期,已经绵延千年的孔府,依然残存有部分从帝制时代的权力。只是面对中国"数千年未有之变局",孔府的权势已然如西沉之阳,颓势日显。一定时期内,孔府治下之族众,庙佃户人,他们对孔府依然保有高度的敬畏或信赖,甚至是恐惧。然而失去了国家认可,权力又随着儒家影响力的不断衰退而减弱,加之民国社会此起彼伏的"反孔"浪潮所造成的影响,孔府之颓势也逐渐

---

① 孔府档案。

被民众看清。由此,不少人也开始"胆敢"践踏孔府之权威,苏氏一案中的苏景福就是其中之一。当孔府的神圣形象在所有民众心中轰然崩塌之时,孔府自下而上的权力也就不存在了。

因此,我们看到孔府"司法"权力在苏氏一案中的无可奈何。从这一点上来说,这种主要以权势为依托,以道义为手段构建出的传统的司法方式,在权势衰微的时候,不再能够有效地化解社会矛盾、解决社会问题。

不过,我们也不能忽略孔府"司法"权力及其司法原则的积极性。民国初年,虽仿西方制度立国,但仅有的纸面文章尚且面临着洪宪复辟和新旧约法之争等纷乱,在地方政治权力的运作方面更无从革新,故与古代并无二致。就此而言,孔府的"司法"权力在民国时期,亦是地方司法的一个有效弥补,其"将社会矛盾与冲突消灭在萌芽状态,但同时也影响了国家地方司法权的整体局面"[①]。同时孔府所主导的以宗族、邻佑调处为主要手段的司法行为,也将其一直倡导的存忠恕、敦孝悌的思想进一步拓展,影响到族内、治下的众多民众,甚至其"型仁讲义,履中蹈和"的司法原则也具有长久的意义。在苏氏一案中,当曲阜县出面调处的时候,其问题得到了解决,而且贯彻的也是孔府的"司法"意志。这一切都体现出在民国时期,孔府"司法"权力依然有着一定的实践表达空间,为维护地方发挥着不可忽视的积极作用。

时至今日,我国的现代法制体系已经基本健全,人们的法治意识也有了巨大的提高。然而面对纷繁复杂的社会纠纷,孔府"司法"中所秉持的"型仁讲义,履中蹈和"的司法原则及以道义调处为核心的司法手段依然有着一定的借鉴意义。但其依托不能再是封建豪门的巨大权势,而应该是一个强有力的法律体系,并以此进一步丰富和完善现代法制体系中的调解体制,这也是历史所能够带给我们最为深刻的经验反思。

[①] 袁兆春.孔府档案的法律史料价值研究:中国人民大学出版社 2013 年版,第 104 页。

圣哲垂范：道德智慧的启示
——《周易》"君子""大人""圣人"析

黄黎星

（福建师范大学易学研究所）

冠居群经之首的儒家经典《周易》，由"经""传"两部分组成。"经"部分因为具有奇特玄妙的卦形符号系统、简古而奇奥的卦爻辞文字，以及它们卜筮的原貌、古远的传承等因素，因而笼罩着恍惚窈冥的神秘的象征色彩，被视为最艰深难懂的先秦典籍。孔子及其门弟子后学撰著的作为解"经"的权威性的文献——《易传》（或称《十翼》），对原属卜筮之用的"经"进行了定向的阐发，从而赋予"经"部分以系统的哲学思想内涵，影响至为深远。

《周易·系辞上传》说："《易》与天地准，故能弥纶天地之道。……范围天地之化而不过，曲成万物而不遗。"极言《周易》"广大悉备"的丰富蕴涵。我们今天固不必为崇圣崇古的神秘光圈所迷惑，但《周易》中所积淀、包含着的中国古代"圣哲"深厚广博的思想智慧，却也是不容否定的。

《周易》往往以"君子""大人""圣人"的思想言行来给人以道德智慧的启示，这种"圣哲垂范"的形式具有警示、强调的突显作用，《周易》（尤其是《易传》）作者的用意是非常明显的。本文正是通过这一新的角度——对《周易》中出现"君子""大人""圣人"的辞句进行全面系统的统计分析、归纳总结，来阐发《易》理中道德智慧方面的意蕴。笔者相信：古老的道德智慧具有恒久鲜活的生命力，它对我们今天的思想文化、精神文明的建设仍然具有借鉴价值和启发意义。

一

在《周易》中，"大人"的含义有两种：一是指有道德有作为的人；二是有道德并居于高位的人,因其所出现之处不同而含义略有区别,例如,"见龙在田,利见大人"(《乾·九二爻》),"飞龙在天,利见大人"(《乾·九五爻》)。两爻中前一"大人"为第一种含义,后一则为第二种含义。"君子"一词与"大人"含义相近,但侧重点多在指其人道德智慧的修养水平高。"大人""君子"往往与"小人"并称以形成对比。"圣人"多指道德智慧修养水平极高的人,如伏羲、神农、黄帝、尧、舜等古代"圣王",在《系辞传》中,"圣人"多专指创制《周易》"经"部分符号、文字者。

据笔者统计,《周易》经、传中,出现"君子""大人""圣人"的辞句共有154处(不计重复部分,如《易传》中引卦爻辞者,只计其一)。其分布情况为:

1.卦爻辞中,出现"大人"者12处,出现"君子"者20处。

2.《文言》《象传》《大象传》中,出现"君子"者66处,出现"大人"者2处,出现"圣人"者8处。

3.《系辞传》《说卦传》中,出现"圣人"者28处,出现"君子"者18处。

作为《周易》"经"部分的卦爻辞,所出现的12处"大人",除"大人虎变"(《革·九五爻》)一处为"描述辞"外,其余均为"占断辞",如"利见大人"、"大人吉"、"大人否"等,反映了对"大人"的期盼,直接显示道德智慧意义较少。卦爻辞中出现"君子"者12处,其辞句有"描述辞""占断辞""描述+占断"三种形式,其中"描述辞"所显示的道德智慧的意义较为明显,如"君子终日乾乾,惕夕若"(《乾·九三爻》),"谦谦君子,用涉大川"(《谦·初六爻》),"君子维有解"(《解·六五爻》)等,是对"君子"行为、道德的肯定;"即鹿无虞,惟入于林中;君子几,不如舍"(《屯·六三爻》)等,是对"君子"知几退处的智慧的认同。这些辞句,又是《易传》据以发挥道德智慧意义上的解说的基础。但是,总的来看,卦爻辞中出现"大人""君子"的辞句,在进行道德智慧的阐发上,远不如《易传》来得明确、集中、系统。

《文言》是《易传》"十翼"之一,分为《乾文言》《坤文言》二节,"以《乾》《坤》德大,故特文饰以为《文言》"[①]。《文言》中以"君子""大人""圣人"的思想言行、道德智慧为典范以解说"乾坤大义"的辞句达10处,其内容可视为《易传》发挥道德智慧意义的"纲要"和"总论",很值得重视。

---

① 孔颖达引庄氏语,见《周易正义》

《象传》是阐论六十四卦卦名、卦辞、卦之大旨的文字,即"统论一卦之体,明其所由之旨也"[1]。《象传》中,出现"圣人"者6处,即《豫》《观》《颐》《咸》《恒》《鼎》六卦的《象传》,主要是联系各卦的主旨来说明"圣人"相应的道德智慧上的领悟与发挥、运用,这6处的"圣人"均可以理解为道德智慧修养水平极高的"圣王"。这里以《豫·象》为例略加说明:《豫·象》中有"天地以顺动,故日月不过,而四时不忒;圣人以顺动,则刑罚清而民服"的句子。《豫》卦为下坤上震,坤顺而震动,日月交相照明,四季相继来临,是天地因顺而动的体现,"圣人"由此领悟了顺沿物性人心而动的哲理,发挥运用于社会政治,所以刑罚清明而百姓服从。《象传》中出现"君子"者6处,其中《泰·象》《否·象》是以"君子""小人"并称对比来比喻阳刚之乾与阴柔之坤的,而《同人·象》中"唯君子为能通天下之志"是赞美"君子"和同于人的纯正美德;《谦·象》中"君子之终也"是颂扬"君子"谦虚的可贵品质;《剥·象》中"君子尚消息盈虚"是指出"君子"遵循自然规律的智慧;《困·象》中"险以说,困而不失其所,亨,其唯君子乎"则强调了"君子"身处困境仍然能守持正道的修养功夫。

　　《大象传》也是每卦一则,它的基本体例是:先释上下卦的卦象,然后从卦象推衍出切近人事的象征意义,给人以启示。"《象传》中尽是道德规范或道德范畴"[2]已成为《易》家的共识。《大象传》六十四则中,除《比》《豫》《观》《噬嗑》《复》《无妄》《涣》七卦言"先王"、《剥》卦言"上"、《泰》《姤》卦言"后"、《离》卦言"大人"外,其余53卦的《大象传》全部以"君子"的思想言行、道德智慧为喻,是《易传》中系统发挥道德智慧启示意义的最重要的部分,尤其值得我们重视。《大象传》在内容上形成了系统性,它们的辞句形式也较齐整,如六十四卦中前五卦《乾》《坤》《屯》《蒙》《需》的《大象传》依次分别为:

　　天行健,君子以自强不息。

　　地势坤,君子以厚德载物。

　　云雷,屯;君子以经纶。

　　山下出泉,蒙;君子以果行育德。

　　云上于天,需;君子以饮食宴乐。

---

[1] 王弼《周易略例》(四部丛刊本)。
[2] 方东美《原始儒家道家哲学》第三章第七节。

这种言简意赅的"警句"形式,又包含了与各自卦象相互联系,相互发明的意蕴,涉及了诸多方面的道德智慧的启发意义,具有独特的魅力,至今仍被人们广泛引用。

《系辞传》是对《周易》"经"部分的各方面内容进行的较为全面的辨析、阐发,其中有对"经"的作者、成书年代的推测;有对"观物取象"创作方法的追述;或辨阴阳之理,或释八卦之象,或疏解乾坤要旨,或展示《易》筮略例;并穿插解说了19则爻辞的象征意旨。《说卦传》是阐说八卦象例的专论。《系辞传》与《说卦传》中,言"圣人"者28处,言"君子"者18处,纵观这些辞句,其内容可以大致概括为以下两方面:

1."圣人"创制《周易》"经"部分的时代、过程;创制过程中所运用的方法,所包含的高深智慧;以及"圣人"作《易》研《易》所产生、发挥的神奇效用。

2."君子"在学《易》研《易》时应遵循的方法,应注意的事项;以及"君子"所得到的丰富而深刻的启示。

《系辞传》《说卦传》中出现"圣人""君子"的辞句,同样富有道德智慧的启示意义。

当代《易》学名家、先师黄寿祺先生,曾专就《易传》中所明引的孔子之言30条进行系统分析,而归结出孔子教育思想九个重要方面[①]。这30条孔子之言中,以"圣哲垂范"形式出现的占了一半以上,可见孔子对此的重视,这对整个《易传》的解"经"倾向及表达形式具有很大的影响作用。在《易传》中,道德智慧介入决定吉凶悔吝的因素,并在很大的程度上取代了神秘的"象数"因素,这是人文主义思想、理性道德认识对"卜筮"的神秘主义的融合、改造和超越。

先师黄寿祺先生曾指出,在孔子时代,"教育思想是与哲学、政治、伦理、文学、宗哲等思想混杂在一起的"[②]。同样的,《周易》中所表现的道德与智慧两方面的启示也是互相联系着的,如《周易》中重视"君子"对自然规律的认识、遵循,这是一种智慧思想,而它又与"君子"在品德修养上的"循序渐进""效法天地"密切相关。因此,下文在归结总结《周易》中"君子""大人""圣人"思想言行

[①] 黄寿祺《从〈易传〉看孔子的教育思想》,载《齐鲁学刊》1984年第6期;又见于黄寿祺、张善文编《周易研究论文集(第四辑)》,北京师范大学出版社,1990年版。

[②] 黄寿祺《从〈易传〉看孔子的教育思想》,载《齐鲁学刊》1984年第6期;又见于黄寿祺、张善文编《周易研究论文集(第四辑)》,北京师范大学出版社,1990年版。

的典范在道德智慧上给我们的启示时，只是相对地以"内在的品德修养"与"外在的智慧表现"作大致的区分。

二

《周易》中"圣哲垂范"的辞句，在"内在的品德修养"方面所作出的启示，可以概括为以下五个要点。

（一）作为总的品德修养的目标——"德合天地，止于至善"。

《系辞上传》曾引孔子的一段话：

子曰："《易》其至矣乎！夫《易》，圣人所以崇德而广业也。知崇礼卑，崇效天，卑法地。天地设位，而《易》行乎其中矣。成性存存，道义之门。"孔子论《易》理精蕴，指出"圣人"的用意在于让人效法天、地的美德，也就是拥有"天行健，君子以自强不息"（《乾·大象》）、"地势坤，君子以厚德载物"（《坤·大象》）这种刚健创进、广大包容的气魄与情怀！人，作为天、地、人"三才"之一，应该而且可能通过道德理性的自觉，发挥内在的美与善的禀赋，不断努力完善自我，成就一个天地之间俯仰而无愧怍的"大写的人"。《晋·大象》说："明出地上，晋；君子以自昭明德。"《晋》卦下坤上离，象征太阳升出地面，《大象传》以"君子"的品德修养为喻——让自己的美德如同升起在地面上的太阳光芒四射！这是一种崇高的境界。《乾文言》中就阐说了这种"德合天地，止于至善"的境界，并通过"大人"来垂范：

夫大人者，与天地合其德，与日月合其明，与四时合其序，与鬼神合其吉凶。先天而天弗违，后天而奉天时。天且弗违，而况于人乎？况于鬼神乎？

（二）作为日常修养的要点之一：警戒反省持正改过。

《震·大象》说："洊雷，震；君子以恐惧修省。"《震》卦为两震相叠，象征雷声轰鸣震动不息，"君子"因此警惧地反省自己在品德修养方面有没有疏忽和过失。《乾·九三爻》中"君子终日乾乾，夕惕若"，说的是"君子"整天强健振作不已，到了夜间还时时警惕反省。《既济·大象》说："水在火上，既济；君子以思患而豫防之。"更是意味深长。《既济》卦是下离上坎，水在火上（煮开了），象征"事已成功"，但"君子"仍然思虑可能出现的患祸而警觉预防，这也就是《系辞下传》中引孔子的话所指出的："君子安而不忘危，存而不忘亡，治而不忘乱。"

警戒反省,是为了使自己持正改过。《大壮·大象》的"君子以非礼弗履",《艮·大象》的"君子以思不出其位";《大有·大象》的"君子以遏恶扬善,顺天休命",《益·大象》的"君子以见善则迁,有过则改",前二则言持正,后二则言改过,指出了道德修养中的两个关键处。这一点上《易传》所作的"圣哲垂范"还很多。能使自己守持正道,弃恶扬善,就能臻于美好的境界——"君子黄中通理,正位居体,美在其中而畅于四支,发于事业,美之至也!"(《坤文言》)

(三)作为日常修养的要点之二:勇于实践,渐进有恒。

《乾文言》说:"君子体仁足以长人,嘉会足以合礼,利物足以和义,贞固足以干事。君子行此四德者,故曰'乾:元、亨、利、贞'。"这是说,"君子"践行仁、义、礼、智四种美德,是以行动体现了《乾》卦中所具有的元始、亨通、有利、守持正固的"天之德"。《蒙·大象》中说"君子以果行育德",是说"君子"果敢地行动并以此培育美德。这都显示了"君子"在理性实践中培养、巩固、完善美德的思想观念。

美德的培养、完善又是一个渐进的过程,而且应该持之以恒。《升·大象》说:"地中生木,升;君子以顺德,积小以高大。"《升》卦为下巽上坤,巽为木,坤为地,地中生木,《大象传》以树木从地里萌生而逐渐长高长大的现象为喻,说明"君子"应该逐步地顺着正确的方向完善自己的美德。《恒·大象》说:"雷风,恒;君子以立不易方。"《恒》卦下巽上震,象征"恒久","君子"因此不改正道,持之以恒。此外,像《坎·大象》的"君子以常德行",《家人·大象》的"君子以言有物而行有恒"等,都推重"君子"在日常品德修养上持之以恒的思想、行为。

(四)将"谦虚"视为珍贵的品德加以强调和推崇。

《谦》卦中,《谦卦辞》《谦·初六爻》《谦·九三爻》《谦·彖》《谦·大象》五处出现了"君子"一词,可见《周易》的"经""传"都对"君子"谦虚的美德给予极高的评价和推崇。元代《易》学家胡一桂曾经说过:"《谦》一卦六爻,下三爻皆吉而无凶,上三爻皆利而无害。《易》中吉利,罕有若是纯全者:谦之效故如此也。"[①]《谦·彖》说:"谦,亨。天道下济而光明,地道卑而上行。天道亏盈而益

---

① 胡一桂《周易本义附录纂疏》(通志堂经解本)。

谦,地道变盈而流谦,鬼神害盈而福谦,人道恶盈而好谦。谦尊而光,卑而不可逾:君子之终也。"这是说,天、地、鬼神、人都敬重谦虚的美德,谦虚的人,高居尊位道德更加光明,处于卑位人们也难以超越,而只有"君子"能够始终保持着谦虚的美德啊!此外,《咸·大象》也说:"山上有泽,咸;君子以虚受人。"《咸》卦下艮上兑,象征"交感","君子"因其虚怀若谷而广泛容纳感化众人。这也强调了谦虚的美德及其效用。

(五)以广泛的知识学习作为品德修养的辅助形式。

《大畜·大象》说:"天在山中,大畜;君子以多识前言往行,以畜其德。"《大畜》卦下乾上艮,所以《大象传》说"天在山中",它象征着"大为畜聚","君子"因此广泛地记取前贤的言论、往圣的事迹,用来畜聚美好的品德。北宋《易》学家程颐对此曾有过解说:"人之蕴畜,由学而大。在多闻前古圣贤之言与行,考迹以观其用,察言以求其心,识而得之,以畜成其德。"[①]这是《周易》中关于品德修养问题的一个颇有影响的观点,其要旨与《尚书》"学古""师古"(《说命下》)、《礼记》"博闻强识"(《曲礼上》)、《论语》"博学笃志"(《子张》)诸说并可相通。《乾文言》中"君子学以聚之,问以辨之,宽以居之,仁以行之",也涉及通过广泛学习以增进品德修养的问题。

《周易》尤为强调语言文学知识的学习和能力的培养对于品德修养的重要辅助作用。《乾文言》中引孔子的话说:"君子进德修业,忠信,所以进德也;修辞立其诚,所以居业也。"修辞立其诚,是指修饰言辞出于诚挚的感情,也隐含了在修辞言辞过程中发现、培养、确立诚敬之心的意义,即"正为立己之诚意"(程颐语)。《小畜·大象》中有"君子以茹文德"之语,也指出了"君子"在修养文章与完善道德这两个方面具有互相助益、互相促进的作用。

三

《周易》中"圣哲垂范"的辞句,在"外在的智慧表现"方面所作出的启示,也可以概括为五个要点:

(一)对自然规律的认识与遵循。

《系辞传》中多次提到"圣人"创制《周易》,缘于仰观俯察,取象于天地万

[①] 程颐《周易程氏传》。

物,其中,象日升月落、四季更替等自然规律的体现,更为"圣人"所注重,即"圣人有以见天下之赜,而拟诸其形容,象其物宜,是故谓之象。圣人有以见天下之动,而观其会通,以行其典礼,系辞焉以断其吉凶,是故谓之爻。言天下之至赜,而不可恶也;言天下之至动,而不可乱也。拟之而后言,议之而后动,拟议以成其变化"(《系辞上传》)。对自然规律的认识与遵循,是《周易》"圣哲垂范"在智慧启示方面突出的、根本性的表现。

《随·大象》说"君子以响晦入宴息",指"君子"随着作息规律在向晚时入室休息,这是遵循自然规律的具体的表现。《革·大象》说"君子以治历明时",指"君子"撰制历法以辨明四季的更张,这是对自然规律的认识并以"治历"的形式来实现对行为的指导作用。《周易》中还常常提到"命"这个词,如:

君子以正位凝命。(《鼎·大象》)

君子以申命行事。(《巽·大象》)

昔者圣人之作《易》也,幽赞于神明而生蓍,……和顺于道德而理于义,穷理尽性以至于命。(《说卦传》)

揭去笼罩在"命"的词义上神秘的卜筮、象数的外衣,它的内涵核心就是自然规律性。以上几条引文,正可以说明《周易》对自然规律的认识与遵循方面的重视。

(二)作为处世智慧的要点之一:审时度势,进退合宜。

《周易》"经"部分的《乾·初九爻》"潜龙勿用"、《乾·九四爻》"或跃在渊"、《乾·上九爻》"亢龙有悔",以及《屯·六三爻》"君子几,不如舍",《明夷·初九爻》"君子于行,三日不食"等辞句,都表现出"君子"审时度势、进退合宜的处世智慧,而《易传》的解说,更使这方面的意蕴显豁明白。如《乾文言》解说初九、九四、上九爻辞时依次分别为:

君子以成德为行,日可见之行也。"潜"之为言也,隐而未见,行而未成,是以君子弗用也。

九四重刚而不中,上不在天,下不在田,中不在人,故"或"之。"或"之者,疑之也,故无咎。

"亢"之为言也,知进而不知退,知存而不知亡,知得而不知丧。其唯圣人乎!

知进退存亡,而不失其正者,其唯圣人乎!细玩其辞,其中所包含的审时度势、进退合宜的"圣哲垂范"的处世智慧颇具深味。

再如《明夷·大象》说:"明入地中,明夷;君子以莅众,用晦而明。"《明夷》卦为下离上坤,象征"光明殒灭","君子"处在这种不利的情况下,出现在众人面前时,自我隐晦其内在道德的光明。这不正是垂范了韬光养晦的智慧吗?

(三)作为处世智慧的要点之二:和同于人,慎辨类群。

人际关系的妥善处理,也是处世智慧的要点之一。《同人·彖》说:"文明以健,中正而应,君子正也。唯君子为能通天下之志。"该句指出"君子"察性文明而又强健,行为中正而为互相应和,这是"君子"和同于人的纯正美德,所以只有"君子"才能会通天下人的意志。《同人·大象》说:"君子以类族辨物。"该句则说"君子"通过分析人类群体、辨别事物种类来审异求同。这是道德情怀与智慧认识的结合。

《系辞上传》中引孔子的话说:"君子之道,或出或处,或默或语。二人同心,其利断金。同心之言,其臭如兰。"《兑·大象》说:"丽泽,兑;君子以朋友讲习。"两句都是以美好的语言,赞称"君子之交"的高尚境界和欣悦氛围。

《睽·大象》中"君子以同而异"是说在"乖背睽违"、暂时无法交流沟通时,应该求大同而存小异;《解·大象》中"君子以赦过宥罪"又主张宽恕之道;但《遁·大象》中提出了"君子以远小人,不恶而严"的严正立场。在"君子""大人"与"小人"之别上、《周易》多次表现出原则性,推尊"君子"与贬斥"小人"往往形成强烈的对比,如《泰》《否》两卦的《象传》,就显示出"君子""小人"之道两相对立的评判,并寄寓了"君子"正气凛然压倒"小人"邪气的美好愿望。

(四)谋始有终的行为准则中的智慧。

《屯·大象》说:"云雷,屯;君子以经纶。"《屯》卦下震上坎,乌云雷声交动之象,象征"草创初生","君子"因此在初创之时就努力经略谋划天下大事。《讼·大象》说:"天与水违行,讼;君子以作事谋始。"《讼》卦下坎上乾,天西转与水东流相违背而行,象征不和睦而"争讼","君子"因此在行事之前就考虑初始状况以杜绝争讼之源。这二则《大象传》,前者是强调"谋始"以成就天下大事,后者则强调"谋始"以杜绝弊端患害。

"君子"行事,既要"谋始"以善初,又要"知终"以善终。《乾文言》中引孔子的话说："君子……知至至之，可与言几也。知终终之，可与存义也。"是说"君子"知道进取的目标而努力实现它，可以与他研究"几"——事物发展的征兆；"君子"知道终止的时刻而及时终止它，可以与他共同保全事物发展的适宜状态。当然，在《周易》整体发展观中，"始"与"终"又是互相紧密联系、循环变化着的；但在每一循环中都应努力做到谋始有终，以达到整体的完美，这种智慧认识，又有助于道德理性实践中的"止于至善"。

（五）治民与教化的思想智慧。

《咸·象》说："天地感而万物化生，圣人感人心而天下和平。观其所感，而天地万物之情可见矣！"《恒·象》说："日月得天而能久照，四时变化而能久成，圣人久于其道而天地化成。观其所恒，而天地万物之情可见矣！"这二则《象传》将"圣人"之心之道与"天地""日月""四时"相联系，说明"圣人"体察、顺从在地万物之情，从而得到思想智慧上的启悟。

以体物顺情而得到思想智慧上的启悟，"君子"又将此运用于社会政治上的治民与教化，《蛊·大象》中的"君子以振民育德"，《临·大象》中的"君子以教思无穷，容保民无疆"，《渐·大象》中的"君子以居贤德善俗"，《贲·大象》中的"君子以明庶政，无敢折狱"，《旅·大象》中的"君子以明慎用刑而不留狱"等，都体现了"圣哲垂范"中关于治民与教化方面的思想智慧。当然，它们又都与道德思想有着密切的联系。

家礼的文化生命意义

孔令宏

（浙江大学哲学学院）

摘要：儒家主张通过外在的、他律的礼来型塑、建构人的社会性和文化性。与个体直接相关的是家礼中的冠、昏、丧、祭。冠礼是对个体成为社会学意义上的人的宣告、承认与教育，在少年或青年时期举办。昏礼是对男女结合组建家庭的宣告、承认与教育，在青年时期举办。丧礼是对个体死亡的宣告与珍重，通常主要是为年长的死亡者而举办。祭礼是对亡者的缅怀与追思。冠、昏二礼是为活人举办，丧、祭二礼是为亡者举办。把冠昏与丧祭连接起来的是血缘关系。但是，血缘关系由于个体的死亡而存在着代与代之间在物质性层面上的中断。要实现代际之间的衔接，就只能从意义层面去解决。丧、祭二礼恰恰在生与死之间架设了桥梁，把在世者与去世者联系起来了，个体有限的生命于是在意义的层次上得以延长。也就是说，伴随着在特定时间和空间中举行的不同的礼，个体的文化生命场被调整、重构、拓展，个体获得了更久、更大的文化生命。

关键词：儒学；家礼；生命；文化；意义

儒家认为，人的生命历程可以划分为不同的阶段。划分的标准，首先是内在的自律性成长。《论语·为政》中，孔子说："吾十有五而志于学，三十而立，四十而不惑，五十而知天命，六十而耳顺，七十而从心所欲不逾矩。"[1]这大致以十年为单位，把人生历程划分为六个阶段，关注的重点是人通过学习而逐渐成长，力求把知识增长与品德提高同步起来，在纵向上实现生命层次上的迭代

---

[1] 刘琦译评：《论语》，吉林文史出版社1999年版，第7页。

提升。

知识增长主要是个人的事,品德提高则是在与社会交往中来呈现的。所以,对人的生命历程的阶段性划分,还可以从外在的他律的角度来看。与道家关注人的自然属性不同,儒家更多地关注人的社会性和文化性。为此,儒家主张通过外在的、他律的礼来型塑、建构人的社会性和文化性。《礼记·冠义》指出:"凡人之所以为人者,礼义也。"[①]礼包括国礼和士庶之礼两个层次,这里只讨论后者。士庶之礼的主体是家礼,主要是冠、昏、丧、祭这四种礼。关于家礼的研究,已有几篇论文发表[②]。与他们的角度和焦点不同,本文力图聚焦于个体生命在时空文化场中的发展,揭示家礼对人的生命的文化塑造。

一、冠礼的生命意义

冠礼为嘉礼之一,是男子的成年礼,也称为成丁礼。《礼记》指出:"冠者,礼之始也。"[③]对此,《礼记·冠义》作了详细的阐述:

> 礼义之始,在于正容体、齐颜色、顺辞令。容体正、颜色齐、辞令顺,而后礼义备。以正君臣、亲父子、和长幼,君臣正、父子亲、长幼和,而后礼义立。故冠而后服备。服备而后容体正、颜色齐、辞令顺,故曰:冠者礼之始也。是故古者圣王重冠。古者冠礼,筮日、筮宾,所以敬冠事。敬冠事所以重礼,重礼所以为国本也。故冠于阼,以著代也。醮于客位,三加弥尊,加有成也。正冠而字之,成人之道也。见于母,母拜之,见于兄弟,兄弟拜之,成人而与为礼也。玄冠玄端,挚于君,遂以挚见于乡大夫、乡先生,以成人见也。成人之者,将责成人礼焉也。责成人礼焉者,将责为人子、为人弟、为人臣、为人少者之礼行焉。将责四者之行于人,其礼可不重与!故孝弟忠顺之行立,而后可以为人;可以为人,而后可以治人也。故圣王重礼。故曰:冠者,礼之始也,嘉事之重者也。是故古者重冠。重冠故行之于庙。行之于庙者,所以尊重事。尊重事,而不敢擅重事。不敢擅重事,

---

① 阮元校刻:《十三经注疏·礼记正义》,中华书局1980年版,第1679页。
② 和溪:《朱子〈家礼〉的终极关怀》,《哲学动态》2020年第3期;何继龄:《传统人生礼仪仪式与个体品德培养研究》,西北师范大学博士学位论文,2010年。
③ 阮元校刻:《十三经注疏·礼记正义》,中华书局1980年版,第1679页。

所以自卑而尊先祖也。①

这里指出,冠礼的内涵在于让人有敬畏之心,懂得为人之子当孝、为人之弟当悌、为人之臣当忠,为人之幼当顺的礼,使得自己举止得体、容貌端庄、言谈恭顺,如此一来,父子相亲,长幼和睦,君臣各安其位。《朱子家礼》还从学识方面对行冠礼者提出了要求:"若敦厚好古之君子,俟其子年十五以上,能通《孝经》《论语》,粗知礼义之方,然后冠之,斯其美矣。"②冠礼的年龄,国君、诸侯早,十二三岁即可举行,士庶晚一些,以二十岁居多。举行庄严、隆重的冠礼,目的是郑重地告知行冠礼者,从今以后,你不再是家庭中不承担责任的孺子,而是正式跨入社会的成年人,必须扮演相应的社会角色,思、言、行等方面都必须符合社会对各种角色的期待,学会做人。儒家对冠礼极其重视,在其影响下,后世出现了诸多与它相关的词语,例如,"冠字"指男子二十而冠并赐以字,"冠岁"指男子二十岁,"弱冠"的意思是刚成年,"冠者"指成年人,"冠士"指已行过冠礼的成年之士,"冠子"指已行过冠礼的男子,等等。

至于冠礼的程序,《仪礼·士冠礼》载曰:"始加(冠)祝曰:'令月吉日,始加元服,弃尔幼志,顺尔成德。寿考惟祺,介尔景福。'再加曰:'吉月令辰,乃申尔服,敬尔威仪,淑慎尔德。眉寿万年,永受胡福。'三加曰:'以岁之正,以月之令。咸加尔服。兄弟具在,以成厥德,黄耇无疆,受天之庆。'"③"三加"是冠礼中最重要的三个步骤,通过更换不同的衣服,代表成人之后的三个阶段。每个步骤有一次长者的嘱咐,每次嘱咐的内容均为该阶段的生命状态应该达到的要求。

冠礼通常在"家庙"里举办,并在正堂东边搭建称为"东房"的临时设施。冠礼是男子的成年礼,女子也有类同的成人礼,即笄礼。"笄"的本义是用簪子把头发挽起来。笄礼举行的时间是女子同意出嫁而订婚之后,出嫁之前。程序大体上与冠礼相同,只不过宾、有司、赞者等参礼者多由女性担任。

冠礼之后,意味着男子成为成年人,可以独立地参与社会事务,可以娶妻,组建家庭,生子立业,承担起为人之夫,为人之父的责任,如《左传》所说:"冠而

---

① 阮元校刻:《十三经注疏·礼记正义》,中华书局1980年版,第1679页。
② 朱熹:《御定小学集注》,台湾商务印书馆影印文渊阁《四库全书》本,第699册,第571页。
③ 崔高维校点:《仪礼》,辽宁教育出版社2000年版,第4页。

生子,礼也。"①同样,笄礼之后,女子可以独立参与社会事务,可以嫁人,参与组建家庭,生子,承担起为人之妻、为人之母的责任。冠礼意味着个体生命的时间到了一个新的阶段,生活空间即将发生大的变化,文化生命场需要调整、拓展。

二、昏礼的生命意义

昏礼也是嘉礼之一,即婚娶之礼。根据阴阳学说,昼为阳,夜为阴;男为阳,女为阴。黄昏时"阳往而阴来",在大自然中是阴气与阳气交接之时,在社会中是男、女结合的好时辰。所以,婚礼被称为昏礼,昏礼应该于黄昏举行。

关于昏礼的内涵,《礼记·昏义》阐述说:

> 昏礼者,将合二姓之好,上以事宗庙,而下以继后世也,故君子重之。是以昏礼纳采、问名、纳吉、纳征、请期,皆主人筵几于庙,而拜迎于门外。入,揖让而升,听命于庙,所以敬、慎、重、正,昏礼也……敬、慎、重、正而后亲之,礼之大体,而所以成男女之别,而立夫妇之义也。男女有别,而后夫妇有义;夫妇有义,而后父子有亲;父子有亲,而后君臣有正。故曰:昏礼者,礼之本也。②

昏礼涉及两个不同的家庭。通过它,来自两个不同家庭空间的一男、一女结合起来,组建成为一个新的家庭,形成一个新的文化场。男子从此有了丈夫的社会角色,女子从此有了妻子的社会角色。夫妇生育子女,抚养子女长大成人。儿子娶妻,女儿嫁人,各自成家,从父母的家分析而出,家族、宗族于是形成。个体也因之有了更大的文化空间。家族、宗族并立而有生产、生活往来,社会于是形成。个人的文化空间再次被扩大。由此看来,婚姻是社会关系的基石,是建构文化空间的基本途径,不可不重视。

古代昏礼的程序有六个步骤:纳采、问名、纳吉、纳征、请期、亲迎。每一个步骤均应"敬",即严肃、谦恭、有礼貌,还应该"慎",即认真、踏实、谨慎,不可随意。"重"即高度重视,不可轻视。通过昏礼确立名分,端正自己,并让天地、亲戚、朋友见证,明白各人应该担负的责任,这是"正"。通过昏礼和合男

---

① 阮元校刻:《十三经注疏·春秋左传正义》,中华书局1980年版,第1943页。
② 阮元校刻:《十三经注疏·礼记正义》,中华书局1980年版,第1680页。

女而成夫妇,然后家内有父子之道,家外有君臣之道,人之大伦得以确立,社会秩序的基本架构由此搭建起来。所以,昏礼是礼的根本,也是社会秩序建构的基础。通过昏礼,个体的文化生命场被大大地扩展了。

三、丧礼的生命意义

丧礼是凶礼之一。这是为死亡者举行的礼。《礼记·曲礼下》说:"居丧未葬,读丧礼。既葬,读祭礼。"孔颖达疏:"丧礼,谓朝夕奠下室,朔望奠殡宫,及葬等礼也。"[①]孔子曰:"生,事之以礼。死,葬之以礼,祭之以礼。"[②]礼是人生必须遵循的基本规范,贯穿于人的一生之中,人死了当然也要以礼相待。儒学要求人们"事死如事生,事亡如事存"。《孟子·梁惠王上》说的"使民养生丧死无憾"甚至把丧事提升到与生活同等重要的程度,把丧事作为"王道之始"。这充分说明了儒家对生命的尊重。

古代丧礼,国君诸侯与庶民差异比较大,而且历代屡有变化。宋代,朱子《家礼》制订了士庶的丧礼程序,总的原则是对《仪礼》所载进行简略化处理。《家礼》主张:"疾病,迁居正寝。"[③]当老人重症不治而未死前,即可迁居于正室而寝。此后的仪式有二十个步骤:一,初终;二,沐浴、袭、奠、为位、饭含;三,灵座、魂帛、铭旌;四,小殓、袒、括发、免、髽、奠、代哭;五,大殓;六,成服;七,朝夕哭奠、上食;八,吊、奠、赙;九,闻丧、奔丧、治葬;十,迁柩、朝祖、奠、赙、陈器、祖奠;十一,遣奠;十二,发引;十三,及墓、下棺、祠后土、题木主、成坟;十四,反哭;十五,虞祭;十六,卒哭;十七,祔;十八,小祥;十九,大祥;二十,禫。此外还有居丧杂仪。后世丧礼多根据这些程序略作简化和变通,体现出地区差异、民族差别和时代特点。[④] 例如,入葬的方式,各地各民族多有差别,有火葬、土葬、悬崖葬、水葬、树葬、天葬等,其中比较常见的是火葬和土葬。明代之前火葬比较流行,明代政府推行土葬后,土葬成为主流。当代,在政府的推行下,火化后以极少量的骨灰安葬在公墓中成为主流。

丧礼主要是为死去的长者而举办,主事者是亡者的子女。所以,丧礼往往

[①] 阮元校刻:《十三经注疏·礼记正义》,中华书局1980年版,第1257页。
[②] 刘琦译评:《论语》,吉林文史出版社1999年版,第8页。
[③] 朱熹:《家礼》,台湾商务印书馆影印文渊阁《四库全书》本,第142册,第547页。
[④] 孔令宏:《中国传统文化的守承与开拓》,中国社会科学出版社2021年版,第404—432页。

被灌注了孝的伦理内涵。于是,丧礼往往郑重其事,庄严肃穆。从上述程序来看,丧礼的意义有六个方面:其一,宣告长者的死亡,该人从此退出社会关系网;其二,与亡者告别;其三,尊重亡者,放置陪葬品,郑重地安葬;其四,长者的亲朋故旧慰问亡者亲属,亡者的子女接手亡者的社会交往关系,也就是对社会关系进行调整,藉此互相帮助扶持;其五,给亡者亲属一个宣泄痛苦的机会,以便从不良情绪中恢复到正常状态;其六,教育家庭成员,强化亲人之间的联系,加强家庭、家族、宗族的凝聚力。丧礼意味着死者的个体生命在时间上的中断,即物理生命的结束。他的文化生命则会通过祭礼传递给他的子女和后人。所以,丧礼意味着死者和丧礼举办者的文化生命时空场的调整与转变。

四、祭礼的生命意义

祭礼指古代祭祀或祭奠的仪式。主祭者的身份地位不同,祭祀的对象和程序也不同。《礼记·曲礼》指出:"天子祭天地,祭四方,祭山川,祭五祀,岁遍。诸侯方祀,祭山川,祭五祀,岁遍。大夫祭五祀,岁遍。士祭其先。"其中的"五祀",郑玄的注解是:"五祀,户、灶、中霤、门、行也。"① 简单地说,天子祭天地,诸侯祭社稷,士人祭祖先。地位越高,祭祀的对象越多,所涉及的空间范围越大。这里只讨论士祭。士人之祭也称为家祭。家祭有四时祭和墓祭。四时祭,冬至祭始祖之宗,祭礼称为烝;立春祭先祖(即初祖以下,高祖以上之祖),祭礼称为祸;继祢之宗以上的在夏天祭,称为禘;季秋祢(即父亲)称为尝。四时祭有天人合一的内涵,即遵循天地之道,依照阴阳二气的盛衰在春、夏、秋、冬四季中表现出来的寒、暑交替,把赏赐或刑杀之道告示民众以行教化。墓祭只在下葬和每年清明节扫墓时使用。

《礼记》宣称:"凡治人之道,莫急于礼。礼有五经,莫重于祭。"② 祭礼之所以在诸礼中被重视,是基于如下几个方面的考虑。其一,祭礼有报答恩情的目标指向。父母生养了儿女,所以,父母年龄大了或有疾患的时候要赡养,去世了要安葬、服丧;丧期结束后就要祭祀。祭礼可用来补行对父母的赡养,延续孝敬父母的时间。假若父母活着的时候孝行不够,可以藉此弥补。而且,父母

---

① 阮元校刻:《十三经注疏·礼记正义》,中华书局 1980 年版,第 1268 页。
② 阮元校刻:《十三经注疏·礼记正义》,中华书局 1980 年版,第 1602 页。

在世时孝行如何,家外之人难以知晓。丧祭之礼,他人可以旁观,晚辈往往藉此展示自己的孝行,彰扬自己的品行,获取在社会中立身的名声。一些不孝之子往往藉此掩盖自己不孝的劣迹。

其二,祭礼有祈求消弭灾祸的目标指向。古人把自己过世的祖先称为家先,把别人家的祖先称为鬼。古人把家先即死去的长辈视同为神,具有保佑后世子孙健康、平安的能力。同时认为,鬼有可能会侵犯、危害自己,所以通过祭祀施食,免除其饥、贫、寒等苦,鬼就不会侵害、冒犯自己。所以,通过祭祀祈求家先保佑自己的后人,祈求鬼为自己消灾弭祸,是很多举行祭祀者的功利目标。

其三,祭礼有厚德的目标指向。儒家主张:"君子有终生之丧"。[①] 对此,《礼记·祭义》阐述说:"父母既殁,慎行其身,不遗父母恶名,可谓能终也。"[②]在儒家看来,父母在世时必须恭敬赡养,去世后必须虔诚敬祭享,一生都不能因为自己的言行不妥而辱没父母的名声。怎样理解"慎行其身"呢?《礼记·祭义》阐述说:"身也者,父母之遗体也。行父母之遗体,敢不敬乎?居处不庄,非孝也;事君不忠,非孝也;莅官不敬,非孝也;朋友不信,非孝也;战阵无勇,非孝也。五者不遂,灾及乎身,敢不敬乎?"[③]也就是说,居处当庄重,事君当忠,为官当敬,为友当信,为战当勇。这些都做到了,说明人的品德就符合伦理规范了。所以,祭礼可以警醒人们,自己是在延续父母的生命,为了不辱没父母的名声,必须涵养、提高品德。"不遗父母恶名"的进一步引申就是慎终追远。曾子说:"慎终追远,民德归厚矣。"[④]这是要求去人们发丧、居丧时,严格遵守礼制,安葬、祭祀时,要尽行礼仪,并表现出发自内心的真诚。礼仪活动是表象,在这背后透露的是对先人逝世的悲哀,对先人的感恩与追忆,缅怀历代祖先奋发图强,精勤不懈,艰苦创业、守业的精神,维持家庭、家族和宗族的和谐秩序,涵养、提高品德,敦厚人伦,促进社会教化。

祭礼的基本原则是敬。《礼记·檀弓上》主张:"祭礼与其敬不足而礼有余

[①] 阮元校刻:《十三经注疏·礼记正义》,中华书局1980年版,第1592页。
[②] 阮元校刻:《十三经注疏·礼记正义》,中华书局1980年版,第1598页。
[③] 阮元校刻:《十三经注疏·礼记正义》,中华书局1980年版,第1598页。
[④] 刘琦译评:《论语》,吉林文史出版社1999年版,第3页。

也,不若礼不足而敬有余也。"①这就是说,礼是外在的形式,敬是内在的情感,相比于礼,敬是实质,更加重要。《墨子·公孟》进而指出:"执无鬼而学祭礼,是犹无客而学客礼也。"②祭礼的实质是对祭祀对象的缅怀、尊重与恭敬,如果心中不尊重祭祀对象,那还举办祭礼做什么呢?所以,祭礼一定要把外在的形式和内在的情感紧密结合起来。正如《礼记·祭统》所说:"外则尽物,内则尽志,此祭之心也。"③"尽物"即按照规范和程序用好祭祀当用的各种物品,"尽志"即祭祀时的态度、情感要诚实到位。

祭礼的意义在于把人的生命从短暂的肉体生命升华为永恒的文化生命。这就是所谓的"报本反始"。朱熹指出:"右《古今家祭礼》,熹所纂次,凡十有六篇。盖人之生无不本乎祖者,故报本反始之心,凡有血气者之所不能无也。古之圣王,因其所不能无者制为典礼,所以致其精神,笃其恩爱,有义有数,本末详焉。"④其中"报本"之"本"有三义。《大戴礼记·礼三本》曰:"礼有三本:天地者,性之本也;先祖者,类之本也;君师者,治之本也。无天地焉生,无先祖焉出,无君师焉治。三者偏亡,无安之人。故礼,上事天,下事地,宗事先祖而宠君师,是礼之三本也。"⑤"本"的意思是根据、本原、本根。"性之本",《荀子·礼论》作"生之本",联系着下文"无天地焉生"可以理解得更加明白。三本之中,天地是各种生命的本,先祖是血缘性家族、宗族的本,君师是伦理等社会性教化的本。后世家庭祭台后的墙上张贴有"天地君(国)亲师位"即由此而来。"报本"是祭礼的根本内涵,"报"即报答恩情之意。希望人们酌水知源,缘木思本,懂得感恩,有亲近切爱之心。关于"反始",《礼记·祭义》阐述说:"君子反古复始,不忘其所由生也。是以致其敬,发其情,竭力从事,以报其亲,不敢弗尽也。"⑥据此,"反始"指回溯生命的开端,即"三本"所代表的文化时空场。综合起来看,"报本反始"即指回到生命的终极根源,反思生命化生、养育、成长的艰辛,敬重、感恩起始者,继承他们的功业,光大他们的事业。这是圣人垂范天

---

① 阮元校刻:《十三经注疏·礼记正义》,中华书局1980年版,第1285页。
② 墨翟:《墨子》,台湾商务印书馆影印文渊阁《四库全书》本,第848册,第117页。
③ 阮元校刻:《十三经注疏·礼记正义》,中华书局1980年版,第1603页。
④ 朱熹撰:《晦庵先生朱文公文集》卷第八十一,《四部丛刊》景上海涵芬楼藏明刊本,第2918页。
⑤ 高明注译:《大戴礼记今注今译》,天津古籍出版社1988年版,第40页。
⑥ 阮元校刻:《十三经注疏·礼记正义》,中华书局1980年版,第1598页。

下的教化之本。通过"报本反始",历代祖先直至当下的各个个体生命被在文化意义上联结起来,生命不再因个体寿命的短暂而消失,而是获得了漫长的、悠久的历史内涵,生命的文化意义得以彰显。

报答三本之恩,父母是入手之处,孝是基础。《孝经·开宗明义》讲道:"身体发肤,受之父母,不敢毁伤,孝之始也。立身行道,扬名于后世,以显父母,孝之终也。"自己的身体是父母遗留下来的,"父死子继曰生",儿子是父亲生命的分形,是父亲血脉的继承者。"父子之道,天性也,君臣之义也。父母生之,续莫大焉。"[1]个体并非完全属于自己,而是父母生命的延续。孟子有"不孝有三,无后为大"之说。汉代赵岐注:"于礼有不孝者三事,谓阿意曲从,陷亲不义,一不孝也;家穷亲老,不为禄仕,二不孝也;不娶无子,绝先祖祀,三不孝也。"[2]延续父母的生命,不只是生理意义上的生命,还包括社会、文化意义上的生命。正是如此父子相继,生生不息,人类生命才得以绵延永续。所以,孝是多种道德规范中最基础性的规范。孝的基本意义是敬顺、赡养父母,根本意义是继承前人的志愿,完成前人未完成的事业并光大它。

祭礼就是由父母往前追溯至历代先祖。作为重要的家族、宗族活动,人们高度重视祭礼。举办祭礼的地点,南宋以来就是祠堂。供奉先祖神主的祠堂成为家族、宗族权威的象征,是民间祭祀的主要场所。通过四时祭祀,祖先作为崇高的道德典范和精神领袖而永存。先祖的血脉、事迹、精神,在一次次祭祀中代代相传,家族、宗族的生命不断地被创造而新生,个体的有限生命因之被代代延长。祭礼中所用的祭品,从来就没见过有家先、神、鬼来享用,但自古以来却没有人废止祭祀,说明人们明白,家先、神、鬼的意义并非宗教信仰,而是社会、文化的内涵。祭祀的实质是让活着的人和已逝的长者保持联系,不抛弃,不中断,不违背,二者之间延续着文明、文化的传承。生命的意义也由此而实现了代际的传承,个体生命因此迭代而在纵向的时间中实现了永恒的绵延。

五、结语

冠、昏、丧、祭四礼依次发生于个体生命的四个阶段。冠礼是对个体成为

---

[1] 曾参著;李新路编:《孝经》,河南人民出版社2009年版,第22页。
[2] 赵岐:《孟子注疏》,台湾商务印书馆影印文渊阁《四库全书》本,第195册,第177页。

社会学意义上的人的宣告、承认与教育,在少年和青年时期举办。昏礼是对一男一女结合组建家庭的宣告、承认与教育,在青年时期举办。丧礼是对个体死亡的宣告与尊重,通常主要是为年长的死亡者而举办。祭礼是对亡者的缅怀、追思,表达感恩与崇敬之情。冠、昏二礼是为活人举办,丧、祭二礼是为亡者举办。前二者重在揭示生的意义,后二者重在昭示死的内涵。把冠昏与丧祭连接起来的是血缘关系。但是,血缘关系由于个体的死亡而存在着代与代之间在物质性层面上的中断。要实现代际之间的衔接,就只能从意义层面去解决。丧礼重在慎终,祭礼重在追远。丧、祭二礼恰恰在生与死之间架设了桥梁,把在世者与去世者联系起来了,个体有限的生命于是在意义的层次上得以延长,并被书之于族谱、宗谱,进入家族、宗族等不同层次的历史。这就是礼对于生命的意义,是儒学承续上古三代而加以强化的生命观的重要内容之一。

冠、昏、丧、祭四礼举行于个体生命的四个不同时间,冠礼、昏礼具有赋予社会角色,告示相应社会规范的意义,是文化时空场的调整、拓展和重构。丧礼、祭礼也伴随着文化时空场的调整与重构,为个体生命赋予了永恒的时间内涵。总之,经由郑重其事的礼在时间、空间中的规范性活动,个体生命被赋予了社会和文化的内涵,并在时间上得以绵延、空间上得以扩展,在现实性的基础上被赋予了超越性,具有时间上的永恒性和空间上的广泛性,生命的意义也从个体被拓展到了家庭、群体、社会乃至天地宇宙,获得了文化生命的意义。

《黄帝内经》"至道之要"辩义

刘兴明

（山东财经大学马克思主义学院）

摘要：《黄帝内经》有"至道之要"，但是"至道之要"的内容，历代方家鲜有论述；且往往错会真义，甚是遗憾。本文认为，"至道之要"的内容就是"病伤五脏，筋骨以消"，"筋骨以消"就是"以筋骨消"；只要"骨正筋柔，气血以流"，就可以解除五脏六腑的疾病。

关键词：黄帝内经；至道之要

大道至简，衍化至繁。《易》曰："一阴一阳之谓道"。《黄帝内经》亦有"至道"，且有"至道之要"，其《著至教论》云："黄帝坐明堂，召雷公而问之曰：'子知医之道乎？'……雷公曰：'阳言不别，阴言不理，请起受解，以为至道。'帝曰：'子若受传，不知合至道，以惑师教，语子至道之要：病伤五藏，筋骨以消。子言不明不别，是世主学尽矣。'"按《素问》本身文本的编排，此为第七十五章。其前七十四章都是以"黄帝问、岐伯答"的方式来论述，是黄帝从其天师岐伯处学习医道。自此章始，得"医之道"的黄帝往下传授，应该是黄帝学医的总结，也是全书的总结。故而，此章在《素问》本身的逻辑架构中占有重要的位置。所以，此章开篇黄帝就问雷公"医之道"，这是在全书中第一次提出也是唯一一次提到"医之道"，并且在文末揭示了"至道之要"。但是，对"至道之要"的理解，历代注家及当代学者的注释都难显其本义。

一、历代及当代医家"至道之要"的注解

鉴于《著至教论》篇幅太小，故而将通行本的《著至教论》列于下，我们详解之。

黄帝坐明堂，召雷公而问之曰：子知医之道乎？

雷公对曰：诵而颇能解，解而未能别，别而未能明，明而未能彰，足以治群僚，不足至侯王。愿得受树天之度，四时阴阳合之，别星辰与日月光，以彰经术，后世益明，上通神农，著至教，疑于二皇。

帝曰：善！无失之，此皆阴阳表里上下雌雄相输应也，而道上知天文，下知地理，中知人事，可以长久，以教众庶，亦不疑殆，医道论篇，可传后世，可以为宝。

雷公曰：请受道，讽诵用解。

帝曰：子不闻《阴阳传》乎！

曰：不知。

曰：夫三阳天为业，上下无常，合而病至，偏害阴阳。

雷公曰：三阳莫当，请闻其解。

帝曰：三阳独至者，是三阳并至，并至如风雨，上为巅疾，下为漏病，外无期，内无正，不中经纪，诊无上下，以书别。

雷公曰：臣治疏愈，说意而已。

帝曰：三阳者，至阳也，积并则为惊，病起疾风，至如礔砺，九窍皆塞，阳气滂溢，干嗌喉塞，并于阴，则上下无常，薄为肠澼，此谓三阳直心，坐不得起，卧者便身全。三阳之病，且以知天下，何以别阴阳，应四时，合之五行。

雷公曰：阳言不别，阴言不理，请起受解，以为至道。

帝曰：子若受传，不知合至道以惑师教，语子至道之要。病伤五藏，筋骨以消，子言不明不别，是世主学尽矣。肾且绝，惋惋日暮，从容不出，人事不殷。

对于《著至教论》，历代注家颇为重视。清代高世栻注云："下凡七篇，皆黄帝语于雷公。著至教者，雷公请帝著为至教，开示诸臣，传于后世也。黄帝继神农而立极，故曰上通神农。黄帝上通神农，神农上通伏羲，故曰拟于二皇。盖伏羲知天，神农知地，黄帝知人，三才之道，一脉相传，故曰：'而道上知天文，下知地理，中知人事，且以知天下，何难别阴阳，应四时，合之五行。'帝从雷公之请，著为至教，备言三阳如天，阴阳偏害之理。公未悉知，诚切研求，是以此下复有《示从容》《疏五过》《征四失》《阴阳类》《方盛衰》《解精微》，开示雷公，皆至教也。"①

对第一句的解释,唐代王冰云:"明堂,布政之宫也。八窗四达,上圆下方,在国之南,故称明堂。夫求民之瘼,恤民之隐,大圣之用心。故召引雷公,问拯济生灵之道。"张志聪认为:"岐伯乃帝王之师,故称伯曰天师,是以七十四篇皆咨访于伯。然帝之神灵敦敏,具生知之质,乃上古继天立极、传道教化之至圣。其访咨于伯者,盖以证明斯道也。是以末后七篇,乃帝之所以复教化于臣僚。闵士先曰:'首篇亦帝与伯论毕,而即归于帝论。'"②

《周易》立天地人三才之道,所谓"立天之道曰阴与阳,立地之道曰柔与刚,立人之道曰仁与义"。质言之,也就是"一阴一阳之谓道"。黄帝也是以此来教导雷公,让他读《阴阳传》,以"三阳"为例让他体察人体的阴阳之理,所谓"别阴阳,应四时,合之五行"。可是,雷公好像不是太理解,他说"阳言不别,阴言不理,请起受解,以为至道",就是明说暗语都不明白,黄帝只好进一步将"至道之要"和盘托出。但是黄帝还是担心他,"子若受传,不知合至道以惑师教",甚至担心"子言不明不别,是世主学尽矣"。遗憾的是,当时的雷公就没明白表示理解清楚,导致两千年多来"至道之要"没有彰明于天下。

唐代王冰认为,"至道之要"非常重要,"不知其要,流散无穷,后世相习,去圣久远,而学者各自是其法,则祸乱与师氏之教旨矣"。但是对于至道之要的内容,他并没有深刻理解。其对"病伤五藏,筋骨以消,子言不明不别,是世主学尽矣",注解云:"言病之深重,尚不明白,然轻微者亦何开愈,令得遍知耶?然由是不知,明世主学教之道从斯尽矣。"③没有明说,至道之要就是"病伤五脏,筋骨以消"。对"病伤五脏,筋骨以消"的解读,也只是认为"病之深重"。

明代吴昆认为:"受传于师,心无所得,不知合于至道,适足以疑惑师教而已,故语之以至道之要。""病伤五脏,筋骨以消,病深重矣。子言不明不别,尚何以疗病之浅哉?是世主治疗之言方泯矣。"④

清代张志聪认为,"合至道者,谓人合天地之道也。人之阴阳,合天之四时水火;人之五脏,合天之五方五行。五脏之气,外合于皮肉筋骨。如病伤五脏,

---

① 高世栻.《素问直解》.湖南科学技术出版社2014年12月版,第1249页。
② 张志聪.《黄帝内经素问集注》.学苑出版社2011年版,第749页。
③ 王冰次注.《重广补注黄帝内经素问》.学苑出版社2014年版,第437页。
④ 吴昆注.《黄帝内经素问吴注》.学苑出版社2012年版,第406—407页。

则在外之筋骨以消。是以不明别阴阳之气,五脏所合之皮肉筋骨,则传世之主学尽矣。"[1]其对"病伤五脏,筋骨以消"的解读是"五脏之气,外合于皮肉筋骨。如病伤五脏,则在外之筋骨以消"。就是,五脏得病,筋骨也消弱了。

清代周学海认为:"文义不全,当有断简。论三阳并至,义颇精,可识颠厥诸暴病之机矣。"[2]

清代高世栻认为:"帝之著教,言浅旨深,皆至道也。故曰,子若受传,不知以余言而合至道,心有所疑,以惑师教。此外欲更语子至道之要,必至病伤五脏,而筋骨以消,身且不保,何以教授?公云阳言不别,阴言不理,故曰,子言不明不别,是斯世主教之学尽矣。何以传为?谓至教已著,无庸复言也。"[3]高氏没有讲明白何谓"至道之要"。

今人论述多相同,如《黄帝内经素问语译》译为:"黄帝说:你虽然接受了老师的传授,但是,如果不知道把师说与至道结合起来,就会对老师所教的产生疑惑,告诉你知道的要领。若病邪伤及五脏,筋骨就会日渐消损。像你所说的那样,不能理解,不能辨别,这个世界上主治疾病的医学之道,就要失传了。例如肾脉将绝,就会出现心中烦闷不安,日落时更严重,喜欢静处,不想出门没精神应酬人事。"[4]

可见,由古至今,对"至道之要"的解读,要么语焉不详,要么认为和"病伤五脏,筋骨以消"没有关系,要么认为至道之要是"病伤五脏,筋骨以消",只是解读为,五脏为病,筋骨也消弱、消损了。"至道之要"的真义到底是什么呢?

二、《黄帝内经》"至道之要"的真义

确如上节分析,《著至教论》中,黄帝将"医之道"归结到"至道之要",但是没有将此观点详细展开,致使千年来后人没有很好地理解。

(一)何谓"至道"?

《黄帝内经》本身共四章提到"至道"之说,但都没有做具体界定。

《灵兰秘典论》载曰:"至道在微,变化无穷,孰知其原。"吴昆认为,"一身之

---

[1] 张志聪.《黄帝内经素问集注》.学苑出版社2011年5月版,第752—753页。
[2] 周学海.《内经评文》.学苑出版社2011年10月版,第253页。
[3] 高世栻.《素问直解》.湖南科学技术出版社2014年12月版,第1249页。
[4] 郭霭春主编.《黄帝内经素问语译》:人民卫生出版社2013年6月版,第529页。

要本于心,天下之大系于君,是至治之道,初在于微,其间或寿或殀,或昌或危,变化则无穷也,孰知其原始于一君主哉?"至道即"至治之道",就人身而言就是"医之道",其原为心。

《气交变大论》载曰:"帝曰:余闻得其人不教,是谓失道,传非其人,慢泄天宝。余诚菲德,未足以受至道,……非夫子孰能言至道欤!"至道即大道,三才之道也,"医之道"也。

《示从容论》载曰:"夫圣人之治病,循法守度,援物比类,化之冥冥,循上及下,何必守经。……明引比类从容,是以名曰诊经,是谓至道也。"吴昆注云:"明引形症,比量类例,从事容貌,皆诊家经常之法,至道之所在也。"可见,至道即"医之道"也。

再有就是《著至教论》中,"至道"即天地人三才之道,也即长生之道,也即"医之道","道上知天文,下知地理,中知人事,可以长久,以教众庶,亦不疑殆,医道论篇,可传后世,可以为宝"。

(二)何谓"之要"?

"之要"在《黄帝内经》中有多种组合,有"阴阳之要"、"至数之要"、"死生之要"、"虚实之要"、"至真之要"、"小针之要"、"至道之要"、"刺之要"、"用针之要"等等,但是都是一个意思。就是说,之要即要点、紧要处、核心点。

(三)何谓"至道之要"?

如上所述,历代注疏《黄帝内经》的资料多将"病伤五脏,筋骨以消",解释为五脏六腑受到伤害之后,筋骨也消弱了。如果是这样理解的话,这根本不是什么"至道之要"。《黄帝内经·痿论》云:

> 黄帝问曰:"五藏使人痿,何也?"
>
> 岐伯对曰:肺主身之皮毛,心主身之血脉,肝主身之筋膜,脾主身之肌肉,肾主身之骨髓。故肺热叶焦,则皮毛虚弱急薄,著则生痿躄也;心气热,则下脉厥而上,上则下脉虚,虚则生脉痿,枢折挈,胫纵而不任地也;肝气热,则胆泄口苦筋膜干,筋膜干则筋急而挛,发为筋痿;脾气热,则胃干而渴,肌肉不仁,发为肉痿;肾气热,则腰脊不举,骨枯而髓减,发为骨痿。"

肺气热则生痿躄;心气热则生脉痿;肝气热则生筋痿;脾气热则生肉痿;肾气热则生骨痿。就是说,只要肝肾出问题了,筋骨就出问题了。哪里用得着五脏六腑都生病了,筋骨才消坏!况且,这是常识性的认知,怎么可能成为"至道之要"呢?

如果说"至道之要"不是"病伤五脏,筋骨以消",那又是什么呢?所以,这一段的断句应该是:"帝曰:子若受传,不知合至道以惑师教,语子至道之要:病伤五藏,筋骨以消。子言不明不别,是世主学尽矣!肾且绝,惋惋日暮,从容不出,人事不殷。"

可见,"至道"就是大道、最高原则、最高的道、宇宙人生的真谛。而在本章中,至道就是"医之道"。要,就是要领、要点、纲要、关键。"至道之要"就是医道的关键内容、要点。"病伤五脏"就是五脏六腑受病伤害了,"筋骨以消",就是"以筋骨消",就是用筋骨就能消除症状。"三阳"之论是对病机的把握,而"至道之要"即是治疗办法的凝练。就是说,医道的最高要领:五脏六腑为病所伤,以筋骨就可以消除。

关键是,既然是"至道之要",那就是治病救人的核心原则、第一原则。通过对筋骨的处理,就可以调治五脏六腑的疾病。可惜的是,《黄帝内经》本身没有再做进一步的阐述。这可能是错简或者漏简所致,甚至是作者有意为之。因为是"至道之要",不会轻易传的。《黄帝内经》作者视医道为天宝,"非斋戒不敢发,慎传也"(《气交变大论》。)

(四)筋骨何以能够消五脏六腑之病?

筋骨为何能消除五脏六腑之病?《著至教论》没有具体说明,我们尝试进行解读。

至道讲的是阴阳大道,至道之要也应该是阴阳之道,筋骨和阴阳是什么关系?其实,筋骨就是阴阳,筋为阳,骨为阴。因为筋主气,骨生血;而气为阳,血为阴。武当山道长祝华英认为:"十二经脉与十二经筋的关系,若以有形的沟渠相比喻,分三种类型。一、经脉中往来运行的经气似渠中之流水(流水应想象成无形的,因为经脉的经气是无形的)。二、经脉路线似渠道里水层下面的沟槽。三、十二经筋则是有形质的渠道里的边岸。"[1]经脉为渠道,经筋为边岸,十二经筋不仅能从十二经脉当中的气血得到濡养,而且也是十二经脉的外层物质,更能够通过揉通经筋而拓宽十二经脉的通道。所以说,筋主气。当然按照中医学基础理论的看法,经脉中本身流通的就是气血。《素问·生气通天

---

[1] 祝华英.《黄帝内经十二经脉揭秘与应用》.中医古籍出版社,2017年版,第29页。

论》云："是故谨和五味，骨正筋柔，气血以流，腠理以密。如是，则骨气以精，谨道如法，长有天命。"就是说，做到"骨正筋柔"，则"气血以流"。"谨和五味"是气血充盈之源，因为脾为后天之本；而"骨正筋柔"则能保证气血畅通。

《素问·调经论》认为，"人之所有者，血与气耳。""五藏之道，皆出于经隧，以行血气，血气不和，百病乃变化而生，是故守经隧焉"。《素问·经脉》云："经脉者，所以能决死生，处百病，调虚实，不可不通。"就是说，人体最重要的是气血，"血气不和，百病乃变化而生"，气血丰盈畅通，则百病皆消。传统中医的针、灸、汤药是疏通丰盈气血的常用办法。而"骨正筋柔，气血以流"，可见，柔筋正骨也是丰盈畅通气血的方法，而且是效果更加明显。如此看来，既要保证流水的充沛，又要保证流水的畅通。就是说经气要足，经脉要通。气血要足，至少要做到肾气足、脾气足，因为肾为先天之本、脾为后天之本。要保证经脉畅通，我们可以从经脉角度着手，用针和灸的方式；也可以从拓宽渠道边岸的角度考虑，就是说可以揉通经筋的方式。十二经筋不仅能从十二经脉当中的经气得到濡养，也能够拓宽十二经脉的通道。这是从十二经筋、十二经脉的角度考虑，保证气血的畅通；还有阿是穴的问题。阿是穴绕开固定的经脉穴位的思路，寻找解除病症的更有效的痛点，阿是穴往往在病灶附近的筋上。所以，"病伤五脏，筋骨以消"的筋既包括十二经筋的筋，也包括病灶附近骨旁的筋。骨的问题就是血的问题，骨能生血，肾又主骨，所以要保证肾经畅通。脾胃为营气之源、后天之本，要保证脾经胃经畅通。所以无论处理任何病症，首先都要保证脾经、胃经、肾经的畅通。由此可见，通过柔筋正骨使气血丰足畅通，病症因此得到解除。所谓"病伤五脏，筋骨以消"，就是这个意思。

血气有自己的特质，"血气者，喜温而恶寒"（《调经论》）。所以针灸的"灸"就是为血气提供热能。使用内外热源（温敷、喝姜汤），也就是这个意思。综合起来说，通过揉通筋骨（历史上又叫"按跷"之法）以达"骨正筋柔，气血以流"，就是"针"法；使用内外热源达到温润血气，就是"灸"法。可以说，柔筋正骨、内外热源就是另一种形式的"针灸"之术。

这就形成一整套完整的诊疗方案。通过按推与病症相关的经筋和病灶附近的筋，使气血得以畅通；通过温敷和喝姜汤提供的内外热源，为气血提供热能。

早期儒家的生态思想及当代意义

任蜜林

（中国社会科学院哲学研究所）

十五、十六世纪以来，在工业革命的推动下，人类逐渐进入现代化时代。随着科学技术日益进步，人类社会发生了翻天覆地的变化。在科学技术给人类带来便利的同时，其所引发的生态危机也显得越来越明显了。人类生存的环境遭到了史无前例的破坏，水资源污染、地球生物物种不断减少、南北两极的冰川融化、极端恶劣气候越来越多等都严重地威胁到了人类的生存。如何改变这种情况？这一方面需要各个国家协同合作，共同治理日益恶化的环境问题，另一方面需要从人类文明的思想宝库中不断汲取思想营养，为改变这种情况提供思想上的支持。中华文化是人类文明的一部分，在长期历史发展过程中也形成了很多关于生态保护的思想，这些思想对于我们解决当前的生态环境危机有着重要的意义。下面我们以早期儒家为中心来说明中国古代生态思想的基本观点及其当代意义。

一、顺时

中国自古就是农业大国，古人对于农业生产非常重视。农业生产与气候变化有着密切关系。古人很早就意识到了这一点。在他们看来，一年四季都有着不同的气候特点，人类也应该遵循这种气候特点来安排自己的生活。据《尚书·尧典》记载，在尧的时代，就已经命令当时主管天文历法的官员羲和按照天象来安排人类活动，其说：

> 乃命羲和，钦若昊天，历象日月星辰，敬授民时。分命羲仲，宅嵎夷，曰旸谷。寅宾出日，平秩东作。日中，星鸟，以殷仲春。厥民析，鸟兽孳

尾。申命羲叔，宅南交，曰明都。平秩南讹，敬致。日永，星火，以正仲夏。厥民因，鸟兽希革。分命和仲，宅西，曰昧谷。寅饯纳日，平秩西成。宵中，星虚，以殷仲秋。厥民夷，鸟兽毛毨。申命和叔，宅朔方，曰幽都。平在朔易。日短，星昴，以正仲冬。厥民隩，鸟兽氄毛。帝曰："咨！汝羲暨和。期三百有六旬有六日，以闰月定四时，成岁。允厘百工，庶绩咸熙。"

这是说，尧命令羲、和根据日月星辰等天象的变化安排人间的农业活动。具体来说，命令官员羲仲住在东方旸谷这个地方，恭敬地应接日出，辨别太阳在东方升起的时刻。到了昼夜长短相等的时候，南方朱雀七宿黄昏的时候出现在天的正南方，这一天被定为春分。这时候，人们开始分散在田地里劳作，鸟兽等动物开始生育繁衍。命令羲叔住在南方交趾这个地方，辨别太阳往南运行的情况，恭敬地迎接太阳向南回来。白天时间最长的这天，东方苍龙七宿中的火星黄昏时出现在南方，这一天被定为夏至。这个时候，人们住在高处，鸟兽的羽毛变得稀疏。命令和仲，住在西方昧谷这个地方，恭敬地送别落日，辨别太阳西落的时刻。昼夜长短相等，北方玄武七宿中的虚星黄昏时出现在天的正南方，这一天被定为秋分。这时候人们又回到平地上居住，鸟兽换生新毛。命令和叔，居住在北方幽都这个地方，辨别太阳往北运行的情况。白天时间最短，西方白虎七宿中的昴星黄昏时出现在正南方，这一天被定为冬至。这时候，人们居住在室内，鸟兽长出了柔软的细毛。尧对羲和他们说，一年是三百六十六天，要用加闰月的办法确定春夏秋冬四季来形成一年的岁数。

尧命羲和"敬授人时"的思想反映了古人很早就注意到了农业生产要遵循气候变化的规律，这种"顺时"的观念对后人影响颇大，这一点在《礼记·月令》中最为明显。《月令》认为，天子行政要遵守一年四季的时令。各个时令都有不同的要求，当某个时令到了，天子就应按照相应时令的要求行事。如对孟春之月，《月令》曰：

> 孟春之月，日在营室，昏参中，旦尾中。其日甲、乙。其帝大皞，其神句芒。其虫鳞。其音角，律中大蔟。其数八。其味酸，其臭膻。其祀户，祭先脾。东风解冻，蛰虫始振，鱼上冰，獭祭鱼，鸿雁来。天子居青阳左个。乘鸾路，驾仓龙，载青旂，衣青衣，服仓玉，食麦与羊，其器疏以达。是月也，以立春。先立春三日，大史谒之天子曰：某日立春，盛德在木。天子

乃齐。立春之日，天子亲帅三公、九卿、诸侯、大夫以迎春于东郊。还反，赏公、卿、诸侯、大夫于朝。命相布德和令，行庆施惠，下及兆民。庆赐遂行，毋有不当。乃命大史守典奉法，司天日月星辰之行，宿离不贷，毋失经纪，以初为常。是月也，天子乃以元日祈谷于上帝。乃择元辰，天子亲载耒耜，措于参保介之御间，帅三公、九卿、诸侯、大夫，躬耕帝藉。天子三推，三公五推，卿、诸侯九推。反，执爵于大寝，三公、九卿、诸侯、大夫皆御，命曰"劳酒"。是月也，天气下降，地气上腾，天地和同，草木萌动。王命布农事，命田舍东郊，皆修封疆，审端径术。善相丘陵、阪险、原隰，土地所宜，五谷所殖，以教道民，必躬亲之。田事既饬，先定准直，农乃不惑。是月也，命乐正入学习舞。乃修祭典，命祀山林川泽，牺牲毋用牝。禁止伐木。毋覆巢，毋杀孩虫、胎、夭、飞鸟。毋麑，毋卵。毋聚大众，毋置城郭。掩骼埋胔。是月也，不可以称兵，称兵必天殃。兵戎不起，不可从我始。毋变天之道，毋绝地之理，毋乱人之纪。

孟春就是春季的第一个月，当此月到来时，自然界会有一些标志，如"日在营室，昏参中，且尾中"等，其他各个方面也都有相应的规定，如其帝太皡、其神句芒、其虫鳞等。天子这时要顺从孟春的时令，衣食住行皆有相应的规定，如居青阳左个、穿青衣、驾苍龙、举青旗、食麦与羊，等等。与五行相配，其属木。这时天气下降、地气上升，天地相和，草木开始萌动。因此，天子的政事也要与自然界的要求相符合，如布农事、习乐舞、修祭典等。同时又不要违背自然界的要求，如禁止伐木、毋杀孩虫、不起兵事，等等。其他月份，亦是如此。

其大体是按照"春生、夏长、秋收、冬藏"的要求来安排政事，都有着相应的五行要求，如夏属火、秋属金、冬属水。五行有五，而四季仅四，因此，其把土安排在夏、秋之间。可以看出，这完全是一种天人合一的思想。就明堂来说，天子仲春、季春分别居青阳太庙、右个；孟夏、仲夏、季夏分别居明堂左个、太庙、右个；孟秋、仲秋、季秋分别居总章左个、太庙、右个；孟冬、仲冬、季冬分别居玄堂左个、太庙、右个。天子在四季之中各居七十二日，中央之室每季居十八日，总共七十二日。四隅之室仅仅一室，然所开门户不同，故有区别。《大戴礼记·明堂》对于明堂的要求有着进一步的描述："明堂者，古有之也。凡九室，一室有四户八牖，三十六户，七十二牖。以茅盖屋，上圆下方。明堂者，所以明诸侯尊卑。外水曰辟雍。南蛮,东夷,北狄,西戎。明堂月令。赤缀户也,白缀牖也。二九四、七五三、六一八。堂高三尺,东西九筵,南北七筵,上圆下方。九室十二堂,室四户,户二牖,其宫方三百步。在近郊,近郊三十里。"《逸周书·明堂解》对于明堂的具体构造也有论述:"明堂方百一十二尺,高四尺,阶广六尺三寸。室居中方百尺,室中方六十尺,户高八尺,广四尺。东应门,南库门,西皋门,北雉门。东方曰青阳,南方曰明堂,西方曰总章,北方曰玄堂,中央曰太庙。左为左个,右为右个。"根据上面所说,我们可以绘制一幅明堂九室图:

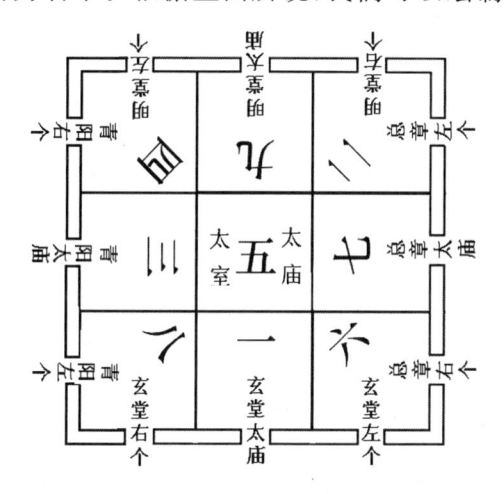

明堂九室示意图

《月令》还把政事与灾异思想结合起来。在其看来,如果天子不按照时令的要求行事,就会出现相应的灾异。如对于春季三月,《月令》曰:

> 孟春行夏令,则雨水不时,草木蚤落,国时有恐;行秋令,则民其大疫,猋风暴雨总至,藜、莠、蓬、蒿并兴;行冬令,则水潦为败,雪霜大挚,首种不入……仲春行秋令,则其国大水,寒气总至,寇戎来征;行冬令,则阳气不胜,麦乃不熟,民多相掠;行夏令,则国乃大旱,煖气早来,虫螟为害……季春行冬令,则寒气时发,草木皆肃,国有大恐;行夏令,则民多疾疫,时雨不降,山林不收;行秋令,则天多沉阴,淫雨蚤降,兵革并起。

如果在孟春之时,按照夏季的时令要求来行事,则会出现雨水不时、草木早落等灾害;按照秋季时令行事,则会出现民众病疫、大风暴雨等灾害;按照冬季时令行事,则会出现水灾、雪灾等。其余季节也是如此。

从《尧典》《月令》可以看出,"顺时"对于古代统治者安排一年的政治活动特别是农业活动有着非常重要的意义。这同时也反映了古人因循自然、顺从自然的观念。

二、爱物

除了"顺时"外,"爱物"也是早期儒家生态思想的重要内容。从前面《尧典》可知,尧命羲和"敬授人时"不仅安排人类的农业活动,同时还重视鸟兽等生物的变化,这说明当时就已经有把自然界的生物同人类活动结合起来的思想了。

儒家的创始人孔子系统地创立了以"仁"为核心的哲学体系。所谓"仁",在孔子那里就是"爱人"的意思。对于"仁",除了"爱人"外,有没有爱惜人类之外的自然界其他生命的思想。对于这点,孔子并未明确指出。但从孔子的其他话语中可以推出这一点。比如对于钓鱼和打猎,《论语》曾记载说:"子钓而不纲,弋不射宿。"(《述而》)意思是说,孔子捕鱼时用鱼竿而不是用渔网来捕鱼,射鸟时不射归巢栖息的鸟。这反映了孔子对于自然界的动物的态度,即要心存仁爱,不要影响到动物的正常繁衍。当然,在对待人和物的前后次序上,孔子主张先要爱人类,然后再推及动植物。有一次孔子家的马厩着火了,孔子从朝廷回来以后首先说:"'伤人乎?'不问马。"(《乡党》)当人和马都受到伤害时,孔子首先关心的还是人。

孟子继承并发展了孔子的"仁学"思想,明确地提出"亲亲、仁民、爱物"的思想。孟子说:"君子之于物也,爱之而弗仁;于民也,仁之而弗亲。亲亲而仁民,仁民而爱物。"(《尽心上》)这对人与人、人与物之间的先后关系做出了深入的论述,认为"仁"的实现过程是一个由近及远、由人及物的过程。"仁"首先面对的对象是自己的亲人,然后才是其他与自己没有血缘关系的熟人、陌生人,最后才是人类以外的其他事物。在孟子看来,亲情关系是"仁"的首要关系,"仁之实,事亲是也"(《离娄上》)。"亲亲"是仁的实现过程的基础,然后才能推广到对人民、其他事物的爱。那么人为什么能够"亲亲、仁民、爱物"呢?孟子认为,"仁"之所以能够实现在于人性是善的,而这种性善又是根于人的"四端之心"。他说:

乃若其情,则可以为善矣,乃所谓善也。若夫为不善,非才之罪也。

恻隐之心，人皆有之；羞恶之心，人皆有之；恭敬之心，人皆有之；是非之心，人皆有之。恻隐之心，仁也；羞恶之心，义也；恭敬之心，礼也；是非之心，智也。仁义礼智，非由外铄我也，我固有之也，弗思耳矣。(《告子上》)

这是说，就人的实际情况来看，人性是可以行善的。如果其所做不善，并不是其本心造成的。这种"性善"是人本身固有的，不是外在强加于人的。其具体表现为"四心"，即恻隐之心、羞恶之心、恭敬之心、是非之心，分别对应于仁、义、礼、智"四德"。如果无此"四心"，则人就不能称作人，"无恻隐之心，非人也；无羞恶之心，非人也；无辞让之心，非人也；无是非之心，非人也"(《公孙丑上》)。可以看出，孟子通过"四心"来论证其性善("四德")思想。因此，孟子又说："君子所性，仁义礼智根于心。"(《尽心上》)

孟子之后，对于儒家"仁学"思想贡献较大的当属荀子。荀子思想虽然以礼学为主，但其对孔子"仁学"思想并不轻视。《荀子·子道》记载了一段孔子与其弟子之间关于"仁"的思想的对话：

> 子路入，子曰："由！知者若何？仁者若何？"子路对曰："知者使人知己，仁者使人爱己。"子曰："可谓士矣。"子贡入，子曰："赐！知者若何？仁者若何？"子贡对曰："知者知人，仁者爱人。"子曰："可谓士君子矣。"颜渊入，子曰："回！知者若何？仁者若何？"颜渊对曰："知者自知，仁者自爱。"子曰："可谓明君子矣。"

在对子路、子贡、颜渊等弟子关于"仁""知"的回答过程中，孔子给出了不同的答案。表面看来，这些回答似乎有些矛盾。但实际看来，它们之间并非矛盾关系，而是一种逐渐递进的过程。仁者首先要"自爱"，然后才能"爱人"。在"自爱""爱人"的基础上，才能"使人自爱"。那么荀子对于人类以外的其他事物是什么样的态度呢？荀子认为，人与其他动物最大的区别在于人能群、能知礼仪。只有人类社会政治开明，那么人类以外的其他事物才能有一个合适的位置，"群道当则万物皆得其宜，六畜皆得其长，群生皆得其命。故养长时，则六畜育；杀生时，则草木殖；政令时，则百姓一，贤良服"(《王制》)。

三、参天

早期儒家的生态思想之所以有"顺时""爱物"的思想，在于儒家的"天人合一"思想。在他们看来,天是宇宙万物的根源,人和万物的存在都是以天为根据的。因此,在儒家看来,人与万物的关系在根源是统一的。

儒家的创始人孔子虽然没有明确提出"天人合一"的思想,但在其思想中也能看到与自然界相亲近的一面。孔子曾与他的弟子谈论各自志向的问题,每个弟子畅所欲言,如子路的志向是治理千乘之国,冉有的志向是让国家的人民富裕,公西华的志向是学习礼仪。曾点的志向是:"莫春者,春服既成。冠者五六人,童子六七人,浴乎沂,风乎舞雩,咏而归。"也就是在暮春时节,穿好春天的衣服,陪同五六位成年人、六七位童子,在沂水旁边洗洗澡,在舞雩台上吹吹风、唱唱歌,然后一块回来。当孔子听了曾点的志向时,长叹地说:"吾与点也!"(《先进》)可以看出,亲近自然,在大自然中享受生活才是孔子的理想。

《中庸》相传为孔子孙子子思所作。在《中庸》中,子思对于人生的理想境界作了详细的论述。《中庸》认为,无论人性、物性都源于天。二者的区别仅在于人能够通过修身的方式自觉地返回天道,与天道合一,而物则没有这种修养。《中庸》说:"天命之谓性,率性之谓道,修道之谓教。"这是说,"性"是从天而来的,顺此性而行,则是"道",用此"道"来教化、治理天下民众,就是"教"。从《中庸》全篇来看,其所说"性"指"诚"。其说:"自诚明,谓之性;自明诚,谓之教。"无论是"自诚明",还是"自明诚",都是以"诚"为内容的。二者的区别仅仅是实现方式的不同。二者的实现方式虽然不同,但最终达到的境界都是一致的。对于这种境界,《中庸》说:

> 故至诚无息。不息则久,久则征,征则悠远,悠远则博厚,博厚则高明。博厚,所以载物也;高明,所以覆物也;悠久,所以成物也。博厚配地,高明配天,悠久无疆。如此者,不见而章,不动而变,无为而成。

这种境界也就是"至诚"。作为天道的"诚"体是生生不息的,其体现在天下的一切事物中。其具有"悠远""博厚""高明"等不同的性征,对于天下万物起着不同的作用。"博厚"用以承载万物,与地相配;"高明"用以覆盖万物,与天相配。"悠久"用以成就万物,表示"诚"体本身。"诚"体对于万物的成就是无为无形的,万物并不知道"诚"体的这种作用。因此《中庸》又说:"天地之道,可一言而尽也:其为物不贰,则其生物不测。"这里的"天地之道"实际讲的只是"天道",亦即"诚",因为"地道"也是从"天道"而来的。

正因为人、物有着共同的"性",因此,人类在成就自己本性的同时,还要成就万物的本性。《中庸》说:

> 诚者,非自成己而已也,所以成物也。成己,仁也。成物,知也。性之德也,合外内之道也,故时措之宜也。

"成己"只是"性"之实现的开始,"成物"才是"性"之实现的目标。只有"成己"和"成物"都做到了,"性"才完全实现。这也就是其说的"性之德也,合外内之道也"。

从上面的分析可以看出,在《中庸》中,人性、物性是相同的,因为二者有着共同的本源,即"天道"之"诚"。正因为这种相同性的存在,人类能够帮助万物充分实现它们的本性,从而达到"与天地参"的境界。

孟子继承并发展了《中庸》"与天地参"的思想,也提出"浩然之气"的思想。人如果养其"浩然之气",则能"塞于天地之间"。其说:

> (孟子)曰:"我知言,我善养吾浩然之气。"(公孙丑)"敢问何谓浩然之气?"(孟子)曰:"难言也。其为气也,至大至刚,以直养而无害,则塞于天地之间。其为气也,配义与道。无是,馁也。是集义所生者,非义袭而取之也。行有不慊于心,则馁矣。我故曰,告子未尝知义,以其外之也。必有事焉而勿正,心勿忘,勿助长也。"(《公孙丑上》)

这种"浩然之气"至大至刚,可以充塞天地。所谓"是集义所生者",是说这种"浩然之气"是根据我们的"善"端慢慢培养出来的,而非偶然做一件好事而得到。如果没有这种内在的"义",则会有所气馁。所以孟子批评告子为"义外",因为其没有内在的根据。孟子是要以此"义"为基点,慢慢扩充,从而达到"塞于天地之间"的神秘状态。

孟子认为,欲达至"浩然之气"的神秘主义境界,须要"养心","养心莫善于寡欲"(《尽心下》)。除此之外,还要"尽心""养性"。他在《尽心上》中说:

> 尽其心者,知其性也。知其性,则知天矣。存其心,养其性,所以事天也。

在孟子看来,"尽心"方能"知性",然后则可以"知天"。"心""性"乃"天之所予我者"所以能"知天""事天"。孟子亦受到《中庸》的影响,所以他也讲"诚"。他说:"诚者,天之道也;思诚者,人之道也。"(《离娄上》)能"诚"之极至,则能达到"圣""神"之状态。他在《尽心下》中说:"可欲之谓善,有诸己之谓信,充实之谓美,充实而有光辉之谓大,大而化之之谓圣,圣而不可知之之谓神。""充实"即"诚"矣,"充实"到一定程度,则达到"圣而不可知之之谓神"的神秘主义状态。这里的"神"非鬼神之神,而是一种充塞天地、"万物皆备于我"的精神境界。

从孔子、子思、孟子对于人生最高理想的追求来看,早期儒家的"天人合一"思想包含了人与自然和谐共处的生态因素。这也就能使得他们在看待万物时能够把它们置于与人类和谐共处的关系中看待,从而善待万物、善待自然。

四、当代启示

从上可知,早期儒家的生态思想非常丰富,这与西方的思想形成鲜明的对比。西方自古以来就是一种人类中心主义的生态伦理观,他们认为人类是宇宙和世界的中心,自然界的一切都是为人服务的。因此,他们要征服自然,驾驭自然。中国则与此不同,无论是道家还是儒家(虽然二者立论的基础不同),都强调天人合一,人物共存,从而使人和自然处于一种和谐的状态。

儒家一开始就有一种"仁"的自然生态观,如《中庸》的"赞天地之化育"、孟子的"亲亲、仁民、爱物"等思想。到了宋明,这种思想更是被凸现出来。周敦颐"绿满窗前草不除",人问之,他说"与自家意思一般"。程颢则有"仁者以天地万物为一体"的思想。朱子也继承和发挥了这些思想,认为万物皆有生意,皆是天地生物之心的体现。但由于气的不同,而使物昏蔽。因此,只有人才能格物穷理以明心之德。人通过格物穷理,逐步可以达到天理流行,人欲净尽的"万物同体"的神秘主义境界。到那时知道自己与万物同体,所以对自然界应以爱心对待,"自家知得万物均气同体,'见生不忍见死,闻声不忍食肉',非其时不伐一木,不杀一兽,'不杀胎,不殀夭,不覆巢',此便是合内外之理"(《语类》卷十五)。这种思想与后来对自然界巧取豪夺截然不同,后者只能带来对自然界的破坏,最终的结果是人类无法在自然界中生存。而前者则把自然界看成人类存在不可缺少的一部分,因此,人类与自然界要和谐共存。只有这样,人类才能在自然界中长期发展下去。

文化遗产视野下的泰山文化研究
——基于《泰山文化研究综述》(2014—2020年)的分析

王晓涛

(嘉兴市非物质文化遗产保护中心)

摘要：如需了解泰山文化研究现状，学术综述必不可少。在2014—2020年间，泰山学院的张琰先生连续7年撰写《泰山文化研究综述》论文，为泰山文化的近期研究提供了一个非常完备的资料，在这些综述文章当中，较新、较多的研究成果多和"文化遗产"息息相关，而以"文化遗产"为主题，归结起来无外乎"非物质文化遗产的泰山"和"文化自然双遗产的泰山"两个方面，其中非遗部分包括了泰山传说、泰山道教音乐、泰山皮影戏、泰山石敢当习俗和泰山东岳庙会5项国家级非遗，与文化遗产视野下的泰山共同构成了泰山"自然与文化"两方面的和谐统一。

关键词：泰山文化；研究综述；文化遗产；非物质文化遗产；自然和文化双遗产

一、民俗性：非物质文化遗产的泰山

五岳独尊的泰山自秦以来，两千年来形成的东封西祀传统，使其在中国名山大川中有着极为重要的、无可替代的地位。同时，泰山又是民俗性的泰山。文化是流变的，泰山是活态的，是生活的。泰山所蕴含的民俗文化，包括民间信仰、民间文学(传说、故事、谚语等等)。数千年来，泰山从小山到圣山，民众直至君王，寄希望于在泰山身上得到庇佑，民众希望自己的生活幸福美满，君王希望国家的生活(政权)积极稳定，民众的生活日趋发展，即国泰民安。而今，即便是更多被作为旅游开发的泰山,依然承担着民众日常生活需求的责任。

在研究综述当中,将泰山宗教、民俗、儒学、历史、文学、祭祀、音乐、美术、非物质文化遗产研究等列入。而宗教、历史、文学、祭祀、美术等是研究者和研究成果比较集中的研究领域。其中音乐和非遗是增量,而非遗则是最大的增量。由于我国非物质文化遗产运动热潮的持续,近年来越来越多对于泰山非遗的研究成果也逐渐呈现,这一点从国家级非物质文化遗产代表性项目名录当中也可见端倪。自2006—2011年已有"泰山传说""泰山道教音乐""泰山皮影戏""泰山石敢当习俗""泰山东岳庙会"5个项目(详见表1)被列入国家级非物质文化遗产代表性项目遗名录之中。除此之外,在泰山所在的泰安市,其下属的6个县(市、区)也公布了许多与泰山相关的国家级、省市级非遗项目,那个时间段正是非遗火热的大潮涌动之时。

表1 国家级非物质文化遗产代表性项目中与泰山直接相关的项目清单

项目序号	编号	名称	类别	公布时间	类型	申报地区或单位	保护单位
1	1048	Ⅰ—104	泰山传说	民间文学	2011(第三批)	新增项目	山东省泰安市	泰安市泰山景区教育中心
2	638	Ⅱ—139	道教音乐(泰山道教音乐)	传统音乐	2008(第二批)	新增项目	山东省泰安市	泰安市道教协会
3	235	Ⅳ—91	皮影戏(泰山皮影戏)	传统戏剧	2008(第二批)	扩展项目	山东省泰安市	泰安市泰山皮影艺术研究院
4	501	Ⅹ—53	泰山石敢当习俗	民俗	2006(第一批)	新增项目	山东省泰安市	泰安市泰山风景名胜区管理委员会(泰山林场)
5	991	Ⅹ—84	庙会(泰山东岳庙会)	民俗	2008(第二批)	新增项目	山东省泰安市	泰安市旅游协会

数据来源:中国非物质文化遗产网·中国非物质文化遗产数字博物馆

泰山东岳庙会是一种融宗教文化、商业贸易为一体的综合性民俗活动,长期流行于山东省泰安市的泰山东岳庙。泰山东岳庙会是中国民俗文化的重要组成部分,它起自民间,特色鲜明、规模盛大、内容丰富、会制规范,集中体现了中华民族特有的生命观、价值观、道德观、哲学观及历代政治、经济、文化生活状况。泰山东岳庙会是我国乃至世界庙会文化的典范,在发展过程中,其影响辐射全国,成为各地东岳庙会的源头。

泰山传说是泰山地区人民千百年来集体创作的口头文学,历史悠久、题材多样、内容丰富、流传广泛。泰山传说讲述者有山民、农民、轿夫、道士、和尚、读书人和手工业者等,听众广泛,已成为旧时泰山人的精神寄托和良师益友,是泰山景区最重要的非物质文化遗产之一。泰山传说故事起源于中国原始宗教的自然崇拜,影响最大、流传最广的是山川形胜传说。它主要靠口耳相传,在新中国成立之前几乎没有文字记载,受帝王封禅祭祀文化、儒释道三教文化、民间俗信文化等因素相互融合渗透的影响,泰山传说门类广、数量多、内容丰富。

"石敢当"习俗分布的地区十分广泛,以山东泰山地区为中心,逐渐扩散到全国各地(包括台湾省和少数民族地区)和东亚的日本、韩国及东南亚和世界各地的华侨居住区。它的主要表现形式是以小石碑(或小石人)立于桥道要冲或砌于房屋墙壁,上刻(或书)"石敢当"或"泰山石敢当"之类字样,以禁压不祥。此俗在民间甚为流行。泰山石敢当所表现的"吉祥平安文化"体现了人们普遍渴求平安祥和的心理,体现了中华民族的人文精神和文化创造力。泰山石敢当习俗历经千年而不绝,主要是因为它与"中国人魂归泰山"的信仰结合在一起,同时也与各地的民间信仰和民俗文化相结合,在此前提下,它获得了扎根于相关社区、群体的文化传统,并世代相传。2017年至2018年[①],关于泰山石敢当的研究成果见诸学术刊物,如《关于泰山石敢当研究的几个问题》《新见元延祐"泰山石敢当"碑铭考》《关于泰山石敢当与泰山的历史渊源分析——田野调查法的介入及意义》《西南地区发现的石敢当遗存及相关问题研究》《鲁西南地区"泰山石敢当"习俗文化内涵分析——以山东省枣庄市Y镇为例》《泰山石敢当民间信仰与一个鲁中地区乡村中的民众生活》《广西的灵石崇拜与泰

[①] 张琰:《2017年至2018年泰山文化研究综述》,《泰山学院学报》,2019年第6期。

山石敢当文化》《泰山石敢当旅游商品开发及品牌塑造研究》《泰山石敢当文化精华与医学人文精神》《试论泰山石敢当精神的基本内涵和当代传承》《民俗文化产业化的三条路径——以泰安市泰山石敢当产业为例》《泰山石敢当文化的传承困境及发展路径探讨》等。2019年[1],石敢当研究主要有《"泰山石敢当文化"的传承及外宣英译研究》《泰山石敢当文化的新媒体传播路径研究》、《新时代背景下泰山石敢当文化传承与创新研究》等文章。

关于泰山皮影戏的研究主要集中在2017—2019年。其中,2017年至2018年[2]的主要研究成果有《旅游产业化视角下泰山皮影戏的传承与发展研究》《论泰山文化背景下泰山皮影戏的传承与发展》《皮影艺术的教育功能及应用研究——以泰山皮影进课堂为例》《泰山皮影数字化应用研究》《泰山皮影戏传承发展的问题与对策研究》《泰山皮影元素在服饰中的应用研究》《知识产权语境下的泰山皮影戏保护研究》《基于旅游产业化视角的泰山皮影戏传承与发展研究》《泰山皮影的竞争力分析及发展对策研究》等。2019年[3]泰山非遗研究主要考察了传承和发展问题,如《泰山皮影戏旅游演艺业人才储备研究》《泰山皮影与动漫产业融合发展路径探讨》《体验经济和产业经济下泰山皮影戏的传承和重构》《网络传播视域下的山东泰山皮影手机应用设计研究》《新媒体视域下山东皮影艺术的创新与发展》等。

二、全球性:文化与自然双遗产的泰山

1982年,泰山被列入第一批国家级风景名胜区。1987年,泰山被联合国教科文组织批准列为中国第一个世界文化与自然双重遗产。2002年,泰山被评为"中华十大文化名山"之首。2006年,泰山因其独特的地质价值,成为世界地质公园。2007年,泰山被评为国家AAAAA级旅游景区。遗产是泰山的关键词之一。在相关综述内容中,同样也包括泰山遗产保护、美术、石刻、旅游研究等板块,其物质遗产包括摩崖石刻、建筑艺术、工艺美术等等,无不代表着历代官方及民众的需求。

---

[1] 张琰:《2019年泰山文化研究综述》,《泰山学院学报》,2020年第6期。
[2] 张琰:《2017年至2018年泰山文化研究综述》,《泰山学院学报》,2019年第6期。
[3] 张琰:《2019年泰山文化研究综述》,《泰山学院学报》,2020年第6期。

正如叶涛[①]所言,泰山文化从最初的崇山(朝山、朝圣)、封禅(祭祀)到进香(朝山),经历了极为漫长的发展时期,也奠定了泰山文化的地位。泰山作为我国第一个世界文化遗产和自然遗产项目,以"天下第一山"的自信和实力得到了全世界很多国家和人民的关注。如今的"天下第一山",以前是中国范围内的天下,现在是全世界的天下。"不应该将泰山独立来看,而是应该将泰山放到中国、世界地理的高度来看。"

而今,随着时代的发展和科技的进步,国内外学者对于泰山文化的海外研究也进入了一个新的发展阶段,这一点我们在历年综述里可以非常清晰地看到。如2016年[②],在泰山文化研究的成果中,有关海外泰山研究成果有杨阳《后藤朝太郎笔下的泰山风情》,寇淑婷《碰撞、变异与融合:论日本文学中的"泰山府君"》,毕银燕、孙静《跨文化视角下中美国家公园建设模式比较——以泰山国家级风景区和大雾山国家公园为例》等。2017年至2018年[③]海外研究内容较多,如《日本人登岱游记中的民初泰山旅游业》《通论田中逸平泰山诸文》《日本文学中泰山书写的思想建构》《他者视阈下的泰山——以20世纪早期英语泰山游记为中心》《一个英国女画家游记里的泰山》《近代德国天主教士的泰山记行——彭安多〈泰山及其宗教信仰〉述评》《山水生态之美与日人游泰山诗》《跨文化传播视角下泰山府君信仰在日本的本土化特征》《中日交流视域下泰山府君信仰在日本传播与接受的先导因素解析》《泰山神在日本——以能乐〈泰山府君〉为中心》《泰山府君信仰在日本的传播与发展》《泰山府君祭:中国道教对古日本信仰之影响》《西方汉学家泰山信仰专题研究述略》《越南石敢当信仰研究》《论冲绳的石敢当与村狮子的关系》等。2019年[④],李杰玲、寇淑婷、蔡超敏、郭玲玲、蒋明超、柳岳武等人对东亚泰山文化进行了一定研究。同年,学界还展开了对英文世界泰山文化的研究:田芬介绍了近代著名的英文报纸——《字林西报》所刊与泰山有关的内容,并进行评述;郭恒介绍了海外汉学家尤其是英国学者鲁惟一和美籍华人余英时对早期中国来世观的探寻,指出

---

① 叶涛在2022年泰山文化与泰山文献研修班的培训讲座《泰山文化与中华文明》内容。
② 张琰:《2016年泰山文化研究综述》,《泰山学院学报》,2017年第5期。
③ 张琰:《2017年至2018年泰山文化研究综述》,《泰山学院学报》,2019年第6期。
④ 张琰:《2019年泰山文化研究综述》,《泰山学院学报》,2020年第6期。

海外汉学对泰山阴司信仰有一定研究。2020年[①]，泰山文化的对外传播研究比重增加，出现了一系列成果，如白雪《地域文化视域下的对外汉语教学研究——以泰山文化为例》《融媒体环境下泰山传统文化的现代传播》《跨文化传播视阈下泰山诗词英译策略研究——以〈望岳〉译本为例》等。

笔者以"泰山"为篇名在知网进行检索得知，共找到9874条结果，学科分布数量按降序排列如下：旅游（741条）、工业经济（635条）、安全科学与灾害防治（369条）、中等教育（363条）、美术书法雕塑与摄影（325条）、林业（325条）、中国文学（323条）、地质学（295条）、建筑科学与工程（294条）、文化（270条）、农业经济（267条）、公安（261条）、人物传记（250条）、园艺（247条）、考古（236条）、宏观经济管理与可持续发展（219条）、轻工业手工业（218条）、生物学（216条）、宗教（216条）、中药学（211条）。我们不难看出，作为"自然"泰山的研究并不少，有林业、地质学、建筑科学与工程、园艺、生物学等共计近1500条。

王雷亭从地学角度对于泰山自然遗产、泰山文化形成的现实基础进行了深入的研究，早在2010年便在《名山文化的地学解读——以泰山为例》[②]一文中以泰山地学背景为基础，得出泰山文化中典型现象出现的背后都有着它极其浓厚的地学背景的结论：泰山地区的史前文明发展与繁荣主要与泰山及周边地区适宜生存的自然地理条件具有密切联系，封禅文化的出现与泰山独特的区位和海拔优势关系密切。这项研究让笔者认识到了区域环境对于文化传承、传播的重要影响。俗话说，"基础不牢，地动山摇"。泰山稳固的结构无疑为封禅提供了一个非常优越的祭祀平台，泰山合理的距离为封禅提供了一个较为便捷的交通渠道，泰山海量的巨石为封禅提供了一个十分良好的刻绘条件。泰山碑刻经久不损，也是由于独特的地理原因导致的。自然崇拜、天人合一是泰山文化的基础。自然崇拜，这里说的便是山川崇拜，而地学也是泰山研究的重要内容之一。在民俗学和民间文学研究领域中，县志、府志等史料是绝对无法忽视的，而在县志当中，历史、地理、风俗、人物、文教、物产等都是必有

[①] 张琰：《2020年泰山文化研究综述》，《泰山学院学报》，2021年第6期。
[②] 王雷亭，彭淑贞，张伟，魏云刚，李海燕：《名山文化的地学解读：以泰山为例》，《中国地质学会旅游地学与地质公园研究分会第25届年会暨张家界世界地质公园建设与旅游发展战略研讨会论文集》，2010：42。

的内容,尤其是田野调查当中,地理环境是必然要交待的,只是在如今的研究中,更多的是将它作为背景介绍,而对于其本身的深入研究相对较少。泰山作为自然和文化双遗产,对地质学、林业、园艺等专业方面的研究来说具有较高的学术意义,同时这些专业对于封禅形成的物质基础,泰山文化最终"落地"的社会基础也有着十分重要的作用,甚至是决定性的作用。

三、结语

蕴涵丰富的泰山文化,将自然遗产和文化遗产有机结合。泰山不仅仅是泰安人民的泰山,更是山东人民的泰山、中国人民的泰山、世界人民的泰山。作为名山大川,泰山的知名度遍及全球;作为文化输出,泰山的文化影响全球,泰山石敢当享誉世界。

张琰曾在论文综述中还提到了"泰山精神"[1],2018年6月12日至14日,习近平总书记亲临山东视察,发表重要讲话、作出重要指示,殷切希望山东广大干部群众以永不懈怠的精神状态和一往无前的奋斗姿态,勇做新时代泰山"挑山工"。学界关于挑山工内涵、实践等的研究也是当年泰山文化研究的热点,产生了《新时代泰山"挑山工"精神之本体发展溯源与现状研究》《"挑山工"精神的时代价值及实践路径》《"挑山工"精神融入大学生理想信念教育的路径探究》《弘扬新时代泰山"挑山工"精神》《勇做新时代泰山挑山工——谈泰山精神》《新时代泰山"挑山工"研究》等论著。

如需了解泰山文化研究现状,学术综述必不可少。在2014—2020年间,泰山学院的张琰撰写了《泰山文化研究综述》论文,为泰山文化的近期研究提供了一个非常完备的资料,综述从10多个角度阐释了当年度泰山文化研究的类别,系统梳理了相关研究内容及主要观点,为泰山文化研究提供了一个非常便利的索引。在这些综述文章当中,较新、较多的研究成果多和"文化遗产"息息相关,而以"文化遗产"为主题,归结起来无外乎"非物质文化遗产的泰山"和"文化自然双遗产的泰山"两个方面,以此形成的泰山文化研究,构成了泰山"自然与文化"两方面的和谐统一。

---

[1] 张琰:《2019年泰山文化研究综述》,《泰山学院学报》,2020年第6期。

关于中医药理性精神的新思考

吴克峰

（南开大学哲学院）

抗击新冠病毒的一段时间以来，中国人民取得疫情防控的阶段性重要成效，外防输入、内防反弹成为工作的重点。在这场疫情防控之战中，中医药发挥了重要作用，总参与度、总有效率达到90%以上，成为疫情防控一大亮点，也引发我们对中医药理性精神的新思考。

一般来说，理性是相对于感性的碎片化与不完整性而言的。理性精神的核心是基于理论自身的核心理念，有一套逻辑推理论证系统来证明要得到的结论，现实的合目的性是验证理论的最重要准则。自古以来，中国人就懂得按照时令节气安排自己的生活和生产，这是一种自然理性的生活方式，"日出而作，日入而息"是对这种生活方式的总结。当今我们应该把它理解为人的活动要符合自然运动规律，不能急功近利、妄加劳作。中医总结了这种生活方式，彰显了自身特有的理性精神。据《左传》记载，公元前541年医和"论医"，明确将自然界的阴阳风雨晦明气候因素与人体疾病对应起来，认为"淫生六疾""过则为灾"是致病原因，由此中医药在先秦文化的高峰时代进入"百家"之学，开启了自身的理性自觉之路。以《黄帝内经》以及之后出现的《神农本草经》《伤寒论》等著作为显著标志，中医药总结提升了早期自然理性成果，进入自觉理性阶段，把以天人合一为特质的中医药推向理论化系统化的高峰。几千年来，中医药理论体系不断丰富发展，合乎自身理论目的性的实践化成果卓著显效，保障了中华民族繁衍不息。近代以来，由于西学东渐的冲击，似乎我们中国远古以来连绵不断的文化与科技都被认为是经验性的和非理性的，甚至取消中医、"废医存药"之声时常不绝于耳。面对这次疫情，党和国家大力推进中医药进入新冠肺炎临床救治工作，取得了十分突出的成绩,在西医尚无特效药物的情况下,也包括以西医为主战场的国外,中医药的使用和显著成效,再一次证明了中医药的价值。2020年3月23日下午,国务院新闻办公室在湖北武汉举行新闻发布会,指出"这次的实践再次充分证明,中医药学这个老祖宗留下来的宝贵财富屡经考验,历久弥新,值得珍惜,它依然好使、管用","成为中国方案的重要特色和优势"。中医药参与新冠肺炎临床救治的良好效果,正是现实的合目的性的最好回答。

回答中医药是否具有理性精神,就要确认中西医之争背后的逻辑是中西文化之争。在中西文化的比较中,是放弃自身的特点依附于西方标准,还是既兼顾相同,更加注重不同,也就是采取"比附"的方法,还是"比较"的方法就至关重要了。中医药形成于古代的中国,从远古走来不可避免带有缺点,但这并不是主流,中医的主体体现了中国人探索自然与人体奥秘的理性精神是毫无疑问的,关键从什么角度去看待和理解,因此中国向度的理性诠释是关键。

十几年前,任继愈、方克立、楼宇烈、董光璧等学者强调对中医哲学的研究,把中医看成与中国哲学同气连枝的一部分,认为不理解中医药就不懂中国哲学,甚至希望对中医哲学的研究可以带动中国哲学的突破。中医药学的阴阳、精气神等概念是中国哲学的实践化概念,不了解这些实践化的概念难于理解中国哲学形上概念的真正精神。中医药将人放在天地统一的结构中去理解考察的方法,是中国哲学"天人合一"这一核心命题的实践化体现,深刻蕴含了中国人的理性精神。以天人合一观念作为理论基础和出发点的中医药理论,系统地展现自身理论的完整过程从而实现其实践活动中的合目的化。一方面,对天人合一观念下中国人睿智日常生活进行理性总结,根据中华民族生活地域的四时阴阳变化,去考察疾病发生流行的大致情况;同时要根据气候确定瘟疫流行是否属于时疫病,时疫病会随着自然界变化,包括气温升高,季节转换等因素的改变而自然消失。另一方面,《黄帝内经》根据中国古代历法阴阳合历的特点建立的运气理论,更是这种理性精神精致化、形式化的体现,是具有中国文化特质的理论证明系统。《六元正纪大论》中说己亥之年"终之气,畏火司令……其病温疠"是基于历法的模拟推算,前提是时令当寒不寒、小雪以后的寒气让位与火气情况的出现,当然这仅仅是一种理论推导,是否发生、在何地发生要具体分析,现代社会要依靠大数据统计、流行病学调查等方法,所以宋代沈括指出该方法使用不能"胶于定法",就是体现了实事求是的理性精神。

就像古希腊科学精神的核心是逻辑学一样,中医学同样具有中国自身特有的逻辑论证系统。方克立说:"'察类''求故''明理'的逻辑思维,本来是中国古代辩证逻辑和科学方法的精髓、特色和优势所在。"(《中医哲学研究任重而道远》)中医药中大量运用"取象比类"的方法,例如大多根茎类药有引气血下行、培补气血的作用,大多花叶类药效作用于上焦等,不胜枚举。《黄帝内经》告诉我们要"司气备药",根据气候的常变与异变之因去"察类",再由类"求故"备药,做好医学预防,显示了由因至果的"明理"思维过程,体现了典型的中国古代逻辑特色。五运六气理论、子午流注理论依据历法反映的自然界阴阳交流变化情况建立了逻辑推演系统,这些逻辑系统是中国古人追求理性自觉的形式化证明系统,是中国古代逻辑的"精髓"所在。

中医药临床治病是在理性自觉地"辨症""察类归类"基础上,整体综合辩证施治,不限于一地一域之得失,迥异于西医方法,既与被动"群体免疫"的无奈之举大相径庭,又与单纯追求杀死病毒细菌、不是你死就是我活的博弈论思维的西医方法殊不相同。生长于自然界中的动植物药,富含了自然生命的气息,可以用来调整人体与自然界的阴阳平衡。因此中医药认为,经过对人体阴阳平衡调节后,那些病毒细菌在身体中不仅不会影响健康,反而会成为生命有机构成部分。现代医学临床上滥用抗生素造成菌群失调的严重情况,不会出现在中医治疗的过程中。中医药的这种理性精神也体现在中国人的处世态度上。审时度势,善于化解,为我所用,海纳百川,四两拨千斤乃至纵横捭阖,既是中医药的方法,也是中国人为人处世智慧、政治智慧和妥善处理与对手关系的理性智慧,是构建人类命运共同体的可资借鉴的独特而重要的文化资源。

习近平总书记说:"中医药学是中国古代科学的瑰宝,也是打开中华文明宝库的钥匙。"党的十九大报告指出:"坚持中西医并重,传承发展中医药事业。"通过这次疫情,我们反思的不仅仅是中医药临床的光辉成就,更要坚持文化自信,深挖中医药中蕴含的哲学精神与思想特色、逻辑论证系统,探索凸显在中医药中的理性精神,甚至由此别开一面发展出基于中医药的中国文化新理性,实现理性认识的中国化转型,带动文化建设的方方面面,实现文化自觉,为建设新时代中国特色社会主义的文化提供可资借鉴的养分,这才是最重要的。

21世纪,中国儒学如何创造化转化

颜炳罡

(山东大学儒学高等研究院)

一、中国儒学是开放的、不断转化的理论系统

儒学是中国文化的主流,是中国文明的样式,是中国社会乃至东亚社会的生活方式。经过两千多年的发展,儒家的影响力以至于如此深厚:儒家价值标准几乎已经等于中国人的是非观、善恶观和待人接物的分寸。不过,儒学从来不是僵化的、封闭的理论系统,而是不断与时俱进、开放的理论系统。儒学的创始人孔子,孟子称其为"圣之时",这就告诉我们,孔子"删诗书、定礼乐、赞周易、著春秋",打破学在官府的局面,以"有教无类"为宗旨私人办学,以孔子为核心,形成了庞大的士人集团。一方面上承三代以来的礼乐传统,可谓"继往圣",另一方面,赋予三代以来的文化传统以新的意义、新内涵,可谓"开来学",孔子最大意义在于他拉开了中国文化诸子并作、百家争鸣的序幕。

孔子之后,曾子、子思子、孟子、荀子等等先秦大儒在不断充实、完善着儒学的理论系统,儒家学者秉持着"日新之谓盛德""生生之谓易"的理念,在丰富儒家理论系统的同时,也改易着儒家表现形式。到汉代,董仲舒融法家、墨家、道家、阴阳家等等诸家为一炉,再造儒家的理论系统,罢黜百家,表彰六经,儒家学说完成了由民间文化向庙堂文化的转变,成为统治中国社会长达两千多年的官方的意识形态。就理论而言,儒学经历了由先秦时期之"子学"回归"经学"的第一转变。

儒学由民间走向庙堂,一方面借助官方的政治、教育、人才选拔等资源,促进了儒家文化的传播和发展;另一方面,由于与威权政治相结合,也从儒学内

容腐蚀了生命有机系统,导致两汉经学的僵化、繁琐化、教条化,以至于"幼年守一艺,皓首不能穷其经",两汉经学创造力大为衰竭!

先是儒道兼综的玄学兴起,继之印度佛学进入中原大地,佛教传入,促进了道家与民间方术、信仰的相结合,由道家向道教的转化,中国文化从此开始了儒、释、道三家相摩相荡的时代。儒家依然是官方哲学,但理论创造逊色于中国化的佛教和代表本土宗教的道教。经过魏晋南北朝隋唐数百年之发展,佛教终于为中国文化吸收,北宋儒学大师们以儒学为主,融儒、释、道为一炉,在不背离儒家本质的前提下,开出了儒学的新形态,即理学崛起。这是儒学的第二次转化。

明末清初,以欧美为代表的西方文化传入中国。1840 年以后,中国长期积弱积贫,欧美风雨横扫华夏,如何回应西方文化的挑战,儒家文化能否像消化印度佛学一样,再度融合西方文化,开出儒学的新形态,是对近代以来的一切儒家学者提出的严峻考验。百余年来,不少儒家学者艰难探索着以儒家文化为主体,通过消化、融合西学,开出儒家新形态的方式和路径,由此开始了中国儒家现代转化,在中国历史上形成了儒家人文主义思潮,这就是现代新儒家。

二、中国儒学现代转化的求索历程

中国儒学的现代转化与中国社会的现代转型同生并长,也可谓相得益彰!回顾百余年的中国儒学现代转化的历程,大致经过了 19 世纪戊戌时期变法以康有为、谭嗣同、梁启超等为代表尝试时期,20 世纪 20 年代到 40 年代以梁漱溟、熊十力、冯友兰等为代表的奠基时期,20 世纪 50 年代到 70 年代牟宗三、唐君毅、徐复观等为代表的中国港台新儒家的发展时期,20 世纪 80 年代以后,中国儒学的现代转化进入新的发展时期。

(一)康、梁为代表的尝试时期

现代儒学萌蘗可远溯于龚自珍、魏源。龚自珍以今文经学为依据,借助今文经学的治世、衰世、乱世三世循环理论,指出清王朝已经进入可怜、可叹、可怕的"衰世"。在这种"衰世"表面繁华的背后隐藏着深刻的政治危机、社会危机。因而,他强烈要求"更法",以挽回清王朝继续滑向乱世的局面。龚自珍只是要求改革,至于向哪改,如何改,并没有提出建设性的意见。

魏源比龚自珍视野开阔，他通过编写《海国图志》，加深了对西方世界的了解。他与龚自珍一样，强烈要求改革，甚至认为，变古愈尽，便民愈甚；断言小更革则小效，大更革则大效。他批判"读周孔之书，用以误天下"的庸儒，要求儒学从"争治诂训音声"的无用的汉学中走出来，从"清谈玄虚""潜修养性"的无实的宋明理学中走出来，贯经术、政事、文章为一，使儒学关心实现、关心实践，成为有用之学。

魏源是放眼看世界的第一代中国人，明确提出了"师夷之长技以制夷"等向西方学习的口号。长期以来，人们认为魏源所说的"长技"只是坚船利炮，其实这是一种误读。魏源向西方学习是大规模的。如量天尺、千里眼、自转磨、火轮舟等，"凡有益民用者，皆可于此造之"。只要认真向西方学习，东方之民犹如西方之民。

在龚自珍去世十多年而魏源还在世时，一场席卷中国东南半壁江山的农民运动——太平天国运动到来了。正像龚自珍所预料的那样，清政府自己不改革，只有赠"山中之民"从外部进行革命。太平军所到之处，捣毁孔庙，烧孔书，有收藏、研读儒家者经书者，以罪论处。曾国藩惊呼：太平天国"举中国数千年来礼义人伦，诗书典则，一旦扫地荡尽。此岂独我大清之变，乃开辟以来名教之奇变"。洪秀全不仅要革清王朝的命，而且要革孔子的命，革中国文化的命，请来西方的耶稣基督取代孔子在中国文化中的地位，从外部摧毁儒学，而不是从内部促进儒学的自我转化。但在曾国藩、左宗棠、李鸿章等人的镇压下，太平天国运动失败了。

太平天国运动失败，清王朝的内忧暂时得到缓解，然而外患更剧了。西方列强"阳托和好之名，阴怀吞噬之计"，"炮弹所到，无坚不摧，水陆城关，渺无限制"。中国遭遇到"数千年未有之强敌"，中国经历着"三千年未有之变局"。在外患日急的情形下，曾国藩、李鸿章、张之洞等这些既是清王朝的大员，又是儒学的信仰者、孔子形象的维护者，在中国自南到北，兴起了一场以富国强兵为口号的洋务运动。这场运动的理论基础就是"中学为体，西学为用"。西学东渐，如何处理中学与西学的关系就是摆在中国人面前的重要课题。"中体西用"是解决与处理中西文化关系的一种模式、一种思考。尽管人们对"体"的内涵和"用"的意义理解不同，但这一口号至今仍然有其意义。

1894年7月,甲午战争爆发,李鸿章苦心经营多年的北洋水师在中日海战中全军覆没,宣告了这种治标不治本,变用不变体的洋务运动的失败。康有为、谭嗣同、严复、梁启超等维新人士走向时代的前台。

康有为等人认为要救中国,实现中国社会的近代化、现代化,必须实现中国社会结构的整体性转型,使中国由君主专制国家通过自上而下的改良转变为君主立宪国家。与之相适应,他们力图借助基督教样式,通过改良儒学,建孔教为国教。他感于"直省之间,拜堂棋布,而吾每县仅有一孔子庙,岂不痛哉",由是,他建议:加设道学科,发明孔子之道,举人愿入道学科者,得为州县教官,生员愿入道学科者,皆分到乡落,厚其筹费。下令将乡落淫祠悉改为孔子庙,各善堂会馆,独祀孔子。道学科高才硕学,有欲往外国传孔子之道或欲在外国建学堂者,明诏奖励,助以经费。

1898年6月,光绪帝下诏书明定国是,主张变法维新。6月19日,康有为奏光绪帝《请尊孔圣为国教立教部教会以孔子纪年而废淫祀折》,系统表达了他的孔教主张,可称得上近代中国孔教运动的第一个系统的纲领性文件。其主要内容如下:①尊孔教为国教,立孔子为教主;②在中央设立教部,中央以下设立教会;③罢弃淫祀,主张民间立孔庙祀孔;④以孔子纪年。

显然,康有为力图通过对西方基督教形式上的模仿,完成孔教的宗教化过程,完成儒学向新形态的过渡。这里需要特别指出,孔教的改革是他社会改造系统工程的配套工程,也可以说是他社会改造工程的理论基础。正像他的社会改革方案是借助于西方的社会制度改造中国传统的社会制度一样,他的孔教改革也是借助西教改革孔教。西方基督教的到来,对儒学而言,是危机与机遇并至,康有为的孔教革新正是对这种挑战的回应。

康有为的思考代表了他那个时代儒学发展的最高成就。他不仅是中国社会改革系统工程的设计者,同时也是实践者。正如他通过系统学习西方的社会政治、经济结构以改变中国的政治、经济结构一样,他也力图通过对西方基督教的模仿实现儒学由教化之教向宗教之教的转变,使中国真正成为名实相当的儒教之国。一方面,他以西方基督教的博爱诠释孔子的仁,另一方面,他又赋予仁以宇宙根源意义,认为仁是宇宙一切变化的根源。然而,百日维新失败后,即康有为在政治改革流产以后,他仍全力保护儒学改革的成功。民国初期,他在世界各地组织孔教会,发起定孔教为国教的请愿运动,创办孔子教会会刊,在袁世凯、黎元洪等政治人物的呼应下,孔教运动一度颇有声势。不过,由于孔教运动与旧派人物尤其是与袁世凯、张勋复辟活动相呼应,引起了激进知识分子的强烈不满。人们由痛恨袁世凯、张勋等复辟而憎恶康有为的孔教会,而由厌恶孔教会而累及整个儒家文化系统。新文化运动兴起,儒家文化的价值受到激进主义者的普遍怀疑乃至全盘否定,以至于"今天的中国,西学有人提倡,佛学有人提倡,只有谈到孔子羞涩不能出口",梁漱溟的这番话是新文化运动时期人们社会心态的真实写照。

康有为孔教改革的失败,有着非常复杂的社会原因,这里不拟进行社会学的分析。从该运动本身思考其失败的经验教训,我们认为,主要有两点:其一,对西方基督教做了形式主义的外在模仿,这种形式主义的模仿导致孔教运动腹背受敌,一方面它引起理性的、没有宗教情感的儒家知识分子的激烈反抗,另一方面,由于定孔教为国教又引起宗教人士尤其是基督教人士深深忧虑;其二,借助外在的政治力量推行孔教,而忽略了儒学自身内在力量的挖掘,是导致其失败的另一原因。

(二)梁漱溟、熊十力、冯友兰等中国现代儒学的奠基期

康有为孔教运动的失败意味着制度化儒学的努力破产。怎样才能使儒家复活?什么才是儒家永恒的精神?是许多儒家学者思考的问题。在反孔的滔天声浪中,梁漱溟先生挺身而出:"孔子之真若非我出头倡导,可能哪个出头?"梁漱溟一出头,就不同凡响,他抛开儒家文化的一切外在牵累包括制度的、礼俗的、官方化等等牵累,直透孔学的内在精神——仁,通过对孔子"仁"的创造性诠释,进而转活儒家哲学,复兴儒学。

梁漱溟在分判西方、中国、印度三种文化路向时曾指出,西方文化是意欲向前要求为其根本精神的文化,而印度文化是意欲反身向后要求为其根本精神的文化,而中国文化是意欲调和、持中为其根本精神的文化。西方人意欲向前要求,所以对自然持征服、奋斗的态度,产生西方灿烂的物质文明和锐意迈往的科学方法。中国人由于意欲调和、持中,所以对自然抱融洽为乐态度,它是"安分知足,寡欲摄生",绝没能提倡物质享受的,所以轮船、火车、飞机、大炮在中国是不会出现的,科学精神与民主精神是不会出现的,因为中国文化与西方文化不是同一方向的快慢问题,而是根本方向的不同。印度文化既不像西方人要求幸福,也不像中国安遇知足,而是努力解脱这生活,所以它代表了人类文化的第三方向。中国文化与印度文化都是第一条路没有走完就转向第二、第三路,所以它们是人类文化的早熟。

梁先生在比较了中西印三大文化系统之后,对世界文化的未来作了预判。他认为,现在西方文化的路向已经走到了尽头,其征服自然所产生的物质文明和科学方法已经走向了反面,不仅不能给人类带来幸福,而且还会给人类带来灾难。西洋人已经由过去物质上的不满足转为精神上的不安宁。这就迫使西洋人由第一条路向转向第二条路向即儒家文化的路向。由此他大胆预言:"现在是西洋文化的时代,接下去便是中国文化复兴成为世界文化的时代。"

梁漱溟文化哲学意义在于,重新校正了中国近代以来线性进化论的意义方位,对五四反传统思潮给予釜底抽薪式的回击!新文化运动先驱认为,中国文化是旧的,西方文化是新的,中国文化代表了人类文化的过去,西方文化代表了人类文化的未来。梁则明确告诉世人:西方文化是底层次的,中国文化是高层次的,西方文化得势于人类的过去与现在,而融合了西方文化的中国文化则代表人类不久的将来。梁漱溟扭转中国儒学由外在的政治入手转活儒学的方式,而从中国儒学的内在精神入手,去撬动儒家义理向现代转化的大门。无论后人如何评价梁先生的理论,但对于当时的颓萎文化保守主义者而言,这一理论的出现无疑是一针强心剂!

继梁而起,先是张君劢倡导新宋学,主张取资本主义与社会主义之长,建立混合经济模态。熊十力以大易为宗,重建儒家道德的形上学,转活陆王心学。冯友兰则顺程朱理学的义理方向,融合西方实证主义哲学的逻辑分析方法,再度复活程朱理学。马一浮、钱穆、贺麟等等学者在中国儒学现代转化中各有建树,20世纪30年代到40年代的中国展现出新的生机与活力。

(三)中国港台新儒学

20世纪50年代,当中国大陆全面进行马克思主义教育的时候,新儒家代表梁漱溟、熊十力、冯友兰、贺麟等等已不能展开自我理论的创造。而张君劢、钱穆、唐君毅、牟宗三、徐复观等来到台湾、香港,以新亚书院和人文友会为阵地,从事着中国儒学的现代转化工作。1958年,唐君毅、牟宗三、徐复观、张君励四人联名发表《为中国文化敬告世界人士宣言》,标志着海外新儒学的真正崛起,同时意味着中国儒学的现代转化进入新的阶段。

在海外新儒家群体中,唐君毅、牟宗三、徐复观、方东美等理论各具特色,但理论形态最为完整、系统、深刻且影响最大者首推牟宗三。这里以牟宗三为例,对港台新儒家作一简单的说明。牟宗三的理论有三点很值得人们留意。

1.本内圣之学如何开出新外王

牟先生曾言,几十年来,他一直在思考如何由内圣之学解决新外王的问题。内圣就是指道德理性之实践,外王是指治国、平天下之德业,新外王就是民主与科学。本内圣之学以解决新外王,就是由中国文化之道德理性开出民主与科学。

由内圣开出新外王,实际上这里有两层含义:一是为什么要由内圣开出新外王的问题,二是怎样才能由内圣开出新外王的问题。由第一个问题牟先生全面探讨了中国文化之所以未出现民主与科学之故,由第二个问题他探讨了中国文化实现民主与科学的方式、方法与道路。

牟先生认为,中国的学问是生命的学问。与西方文化源头之一的古希腊文化首先把握自然不同,中国文化则首先把握生命,中国人由如何调护生命和安顿生命,开出了心灵世界和价值世界,开出了"内圣外王"之学。内圣外王之学就是仁学,中国的文化系统就是仁的文化系统,或是"仁智合一的观念形态,而以仁为笼罩者的系统"。由是牟先生独造了一系列概念来对比中西文化的各自特征。就中西文化的根本精神说,他认为中国文化是"综和的尽理之精神"下的文化系统,西方文化是"分解的尽理之精神"下的文化系统;就这两种文化的根本精神所展现的方式而言,他认为中国文化是"理性之运用表现",西方文化是"理性之架构表现";就中西政治思想所展现的理路而言,他认为中国文化的政治理路为"理性之内容表现",西方文化的政治理路为"理性之外延表现";就中西文化超常、断下所依据的原则而言,他认为"以理生气"为中国文化悠久的超越原则,西方文化周期断灭所依据的原则为"以气尽理"。在他看来,中西文化皆为尽理,也都表现理,然而中西之理的意蕴并不相同,中国文化所尽之理是道德理性之理、政治之理,西方文化所尽之理是自然之理、知识之理,凡此等等,都显示了他独特的生命气质和哲学格调,显示了他对中国文化的独特用心。

牟先生认为,"中国的文化生命之向上透,其境界虽高,而自人间之实现'道德理性'上说,却是不足"。这种不足是说"中国以前儒者所讲的'外王'是不够的"。中国文化生命在以往的发展中充分实现了内圣,在外王方面却有严重的不足,即没有产生近代的民主与科学。中国文化之所以没有产生民主与科学,归根到底是因为在中国的文化生命里只有"综和的尽理之精神",而缺乏"分解的尽理之精神",只有"理性之运用表现",而缺少"理性之架构表现",只有"理性之内容表现",而缺乏"理性之外延表现"。在他看来,综和的尽理之精神下的理性之运用表现都是"摄所归能","摄物归心"。它外投则全心在物,内收则全物在心,消融了主客、能所、心物等对列关系,因而顺理性之运用表现而趋,可以成就圣贤人格、德化的治道、智的直觉形态,但决不会产生客观化的政道(民主)和智的知性形态(科学)。而后者是"分解的尽理之精神""理性之架构表现"的成就。因而从根本精神上说,只有由"综和的尽理之精神"转出"分解的尽理之精神",从"理性之运用表现"转出"理性之架构表现",方能在终极意义上解决中国文化实现民主与科学的问题。

牟先生认为,中国文化只有由"综和的尽理之精神"转出"分解的尽理之精神",才能实现中国文化向现代化形态的转进。然而,如何由"综和的尽理之精神"转出"分解的尽理之精神",由"理性之运用表现"转出"架构表现"呢?由此他提出了著名的"良知自我坎陷说"。

良知,牟先生亦称之为道德理性,自我坎陷即自我否定,良知自我坎陷是说道德理性通过自我否定转出架构理性,实现民主与科学。"德性,在其直接的道德意义中,在其作用表现中,虽不含有架构表现中的科学与民主,但道德理性,依其本性而言之,却不能不要求代表知识的科学与表现正义公道的民主政治。而内在于科学与民主而言,成就这两者的'理性之架构表现'其本性却又与德性之道德意义与作用表现相违反。即观解理性与实践理性相违反,即在此违反上遂显出一个'逆'的意义。它要求一个与其本性相违反的东西。这显然是一种矛盾。它所要求的东西必须由其对自己之否定转而为逆其自性之反对物(即成为观解理性)始成立。"民主与科学的实现只有通过道德理性自觉地自己否定自己,转而成为逆其自己的反对物,才能实现。经这一步坎陷,道德理性就由动态转为静态的理论理性,从物我合一之无对转为主客对列之有对,从践履上的直观转为理解上的横列。这表明代表科学与民主的"智"要从仁智合一的文化模型中,暂时脱离仁,成为独立之智,成为"纯粹的知性"。这种知性与道德不相干,道德处于中立状态,民主政治与科学从而具有独立意义。本内圣之学以解决新外王的问题是牟宗三先生全部理论的中心问题,也是牟宗三先生乃至整个当代新儒家研究领域最具争议的问题。

事实上,牟先生以"良知自我坎陷"解决内圣之学开出新外王的问题并不是具体的操作手段,而是理论的疏导。"良知自我坎陷"说有理论的必然性,但无现实的必要性,它的确为中国文化的近代自我革命作了理论补课,对中西文化的关系,道德与民主、科学的关系也有理论上的疏导之功,然而民主与科学的实现主要是实践过程,因而这一学说的理论解说意义远大于其现实意义。

2.儒学第三期说

牟先生认为,儒学在历史上已经完成两期之发展,第一期是由孔子经孟子、荀子到董仲舒,第二期是宋明理学,现在儒学则转化第三期之发展。儒学第三期之发展关键在于儒学能否融摄西方的民主与科学,重建中国文化,开出儒学新形态。他把这一新形态概括为儒家式人文主义的彻底透出。儒学第三期之发展即儒家式人文主义的彻底透出即"三统并建"说。他说:

道统之肯定,此即肯定道德宗教之价值,护住孔孟所开辟之人生宇宙之本源。

学统之开出,此即转出"知性主体"以融纳希腊传统,开出学术之独立性。

政统之继续,此即由认识政体之发展而肯定民主政治为必然。

道统是道德宗教,学统核心是科学,政统就是民主政治。道统的肯定、学统的开出、政统的继续就是儒家人文主义的完成,也是中西文化的自然融和,亦是第三期儒学的骨架与纲维。道统是内圣,学统与政统是外王,或者说是新外王,"三统并建"之说就是牟先生本内圣之学对现代新外王的解决。

当然,三统之间的地位和作用是不一样的,道统是一种比科学知识更具纲维性、笼罩性的圣贤之学,是立国之本,是文化创造的源泉,是主导、核心,是政统和学统的生命和价值之源;政统和学统是道统的客观实现、充分实现。失去了道统,政统和学统就会步步下降,日趋堕落;而失去政统与学统,道统也会日益枯萎和退缩。他以为,三统之说,就是"儒家式人文主义"的真正完成,也就是儒学真正转进第三期之发展。

从中西文化的关系上讲,三统之说显然是孔孟陆王心性之学同西方的民主与科学相融合的产物。在他看来,道德宗教即道统是中国文化之所长,而民主与科学是西方文化之所长,为中国文化之所短。中西文化自然融和,长短互补,西方的民主与科学只有为中国文化所融纳,才能显示其高美和伟大,保持其永久和不衰,中国文化只有融纳了西方的民主与科学,才能开出新的形态,实现其理想。但在这种融和中,中国文化是根本和核心,西方文化是末、是用。可见,在中西文化的关系上,他同样恪守了儒家人文主义的立场。

3.道德形上学之重建

牟宗三出自北京大学哲学系,哲学教学与研究是他终生从事的职业,是当代中国最富有创造性的哲学家之一。他一生用力最久,且收获最丰的是他对中国哲学的创造性重建。长期以来他出入于康德、黑格尔、怀特海、罗素、维特根斯坦等西方大哲之间,又浸润于儒、释、道三教之门,中西交互参入、圆融会通,建立起庞大、缜密的道德形上学哲学体系。他的哲学成就代表了中国传统哲学在现代发展的新水平,傅伟勋教授指出:"牟先生是王阳明以后继承熊十力理路而足以代表近代到现代的中国哲学真正水平的第一人。"

整合与重铸中国文化及哲学实质上有两条基本理路:一是以中国文化为主体,消融西方文化,通过文化与哲学之重铸,开出中国文化的全新形态,实现中国传统文化自身的嬗变;二是以西方文化为主体,消纳中国文化的部分因素,通过文化与哲学之重铸,使西方文化在中国落脚。前者是当代新儒家努力的方向,后者是科学主义或自由主义者努力的方向。前者自梁漱溟、熊十力至牟宗三,儒学由传统形态向现代形态过渡。

三、21世纪,中国儒学创造性转化如何可能?

儒学是顺应中国文化的大流、主流而来,儒学的创始人孔子不是诸子之一子,而是尧舜禹汤文武周公序列中的人物,因而儒学是最富有文化根源意义的智慧。儒学是不断走向开放、走向完善的思想学说。百余年的中国儒学不断转化的事实说明:

(1)儒学在中国有着顽强、坚韧的生命力。中国儒学植根数千年、拥有数万万信众的文化沃土,有着超强的生命力。经过五四"打倒孔家店","文革"时期的全民性批孔运动,儒学并没有被风吹雨打去,验证着儒学的坚强。经过梁漱溟、熊十力、张君劢、冯友兰、牟宗三、唐君毅、徐复观等大儒的努力,儒家学说不仅没有死亡,反而大师辈出,创造了一个又一个新的儒学思想系统,成为近代影响力最大,创造力最强的文化学派。

(2)中国儒学的现代转化总是与中国社会的变革、当代世界的发展紧密地相联系在一起。中国社会的变革对儒学而言,既是挑战,又是机遇。一方面,传统社会的断裂造成了传统思想丧失了制度的凭借,另一方面,任何社会的变革迫使儒家学者必须做出回应,对社会变革的回应促进了儒学新生。两千年封建政体的解体,一方面使儒学失去了政治力量的支撑,另一方面又促进与政治体制脱钩的学院派儒学的形成。当代,第一次世界大战后,梁、熊、张等第一代新儒家崛起;第二次世界大战结束后,唐、牟、徐等海外新儒家形成。

(3)西方文化是中国儒学现代转化的有力助因。西方文化到来对中国儒学而言,利大于弊。没有西学的到来就没有儒学的新生,也没有新形态儒学。中国儒学的转化就是以儒学为主体,融合西方文化,不断完善自己的过程。

同时,我们认识到中国儒学的现代转化并没有完成,可能永远也不会完成,它永远处于不断新生、不断完善的过程中。面对新的世界格局和中国作为世界大国的崛起,中国儒学的未来转化应注意如下数端。

(1)在人类视域里定位儒学未来发展。百余年儒学转化与发展一直与民族命运、国家的富强联系在一起,关心的是民族生死存亡问题,是中国如何实现现代化的问题,未来儒学发展应转向与全球发展相联系。儒学的理论自孔子起就不是为中国人设计的,而是为全人类设计的,为可以称作"人"的人而设计的。儒家"天下为公""四海之内皆兄弟"等观念可以为全球化时代的人类寻找新理论支撑。

(2)关切当代社会的新发展,回应当代社会的问题,不断为儒学的发展寻找到新的动力,实现儒学与当代社会的双向互动,促进儒家理论与现代社会的双向受益。

(3)积极参与世界多元文化、文明的对话、互动,在与世界各种文化、文明对话中成就自身的文化价值,发出中国的声音,同时汲取异质文化的因素,促进儒学现代形态的完善。

(4)儒学由精英走向大众,由殿堂走向民间,实现儒学的民间化、大众化、生活化与实践化,儒学由少数精英的"绝学"转化为大众的实践之学、生活之学,让"道"的担当由少数人的问题转化为全体中华儿女的问题,人人得道、悟道、体道、弘道,让儒学造福全社会、全中国、全人类。

农耕文化背景下的后土崇拜及其祭祀活动变迁

于晓雨

(山东大学儒学高等研究院)

摘要:"国之大事,在祀与戎",了解祭祀活动以及与其相关的祭祀对象的缘起及形象演变,有助于我们了解特定历史时期社会思想的形态及其发展和变化。在悠久的农耕文化浸染下,中国形成了与土地密切相关的祭祀活动体系,后土祭祀便是其中的重要组成部分。随着历史的演进,这一祭地活动展现出参与阶层自上而下的扩展、祭祀对象性别上的变化以及职能的拓展等变化。本文基于史料文献的梳理,讨论后土信仰的缘起及变迁,进而刻画孕育这一信仰形态的社会环境、历史背景和文化根源。

关键词:后土;土地;祭祀;变迁

作为儒家重要经典之一,《左传》曾提到"国之大事,在祀与戎"。由此可见,祭祀活动在古代社会生活中占有十分重要地位。在这样的文化背景下,特定祭祀对象的产生必然有其独特的社会根源及历史意义。针对特定祭祀活动及相关祭祀对象的梳理和研究,可以呈现出相应历史时期社会文化的历史形态及其发展趋势。在绵延数千年的中华文明中,最早出现的崇拜形式当属对于天、地的崇拜,其中对于土地的崇拜又因受到农耕文明的影响,显得尤为突出,对于土地的祭祀及相关信仰活动也一直延续至今,在传统社会形成了包括后土、土地、社等围绕土地崇拜形成的祭祀圈。其中,后土祭祀可谓国家层面对土地祭祀的最早形态。值得注意的是,这一祭地活动随着历史的演进展现出祭祀阶层由上而下的发展、祭祀的对象性别上的变异以及职能的拓展等变化。本文通过对史料文献的梳理,讨论后土信仰变化及其产生的社会历史背景以及文化思维根源。

一、自上而下的祭祀活动

天地的崇拜权最初是掌握在统治阶级手中的。据史料记载,最早设立后土祠祭祀的皇帝是汉武帝。据《史记·孝武本纪》记述:

> 其明年冬,天子郊雍,议曰:"今上帝朕亲郊,而后土毋祀,则礼不答也。"有司与太史公、祠官宽舒等议:"天地牲角茧栗。今陛下亲祀后土,后土宜于泽中圜丘为五坛,坛一黄犊太牢具,已祠尽瘗,而从祠衣上黄。"于是天子遂东,始立后土祠汾阴脽上,如宽舒等议。上亲望拜,如上帝礼。礼毕,天子遂至荥阳而还。过洛阳,下诏曰:"三代邈绝,远矣难存。其以三十里地封周后为周子南君,以奉先王祀焉。"是岁,天子始巡郡县,侵寻于泰山矣。①

在此之后,宋徽宗也曾专门至汾阴后土祠祭祀后土。除了专门的祠祭外,历代帝王每逢国之大事都会专门祭祀或者以后土为配飨对其行祭祀之礼。

由于受到历代帝王的重视,后土的神职及功能逐渐拓展,祭祀的群体也从统治阶层逐渐下沉,到明朝时期,开始出现官员祭祀后土的史料:

> 凡初终之礼,疾病,迁于正寝。属纩,俟绝气乃哭。立丧主、主妇,护丧以子孙贤能者。治棺讣告。设尸床、帷堂、掘坎。设沐具,沐者四人,六品以下三人,乃含。置虚座,结魂帛,立铭旌。丧之明日乃小敛,又明日大敛,盖棺,设灵床于柩东。又明日,五服之人各服其服,然后朝哭相吊。既成服,朝夕奠,百日而卒哭。乃择地,三月而葬。告后土,遂穿圹。刻志石,造明器,备大舆,作神主。既发引,至墓所,乃窆。施铭旌志石于圹内,掩圹复土,乃祠后土于墓。题主,奉安。升车,反哭。②

其后,全国各地的村庄和墓地中常可见到后土祠或后土神位。可见,随着历史的发展,祭祀后土的群体发生了自上而下的迁移。而这种祭祀群体的扩大和下沉过程不仅出现在后土祭祀中,同样也呈现在其他信仰活动中,可以说

---

① 《史记》卷十二,《孝武本纪》,(汉)司马迁;(刘宋)裴骃集解;(唐)司马贞索隐;(唐)张守节正义,金陵书局本,第461页。
② 《明史》卷六十,志第三十六,礼十四,凶礼三,品官丧礼,(清)张廷玉等撰;杨家骆主编,清武英殿本,第1490页。

是在历史发展过程中,统治力量弱化的必然结果。

二、后土形象的嬗变

在正史文献中有关后土最早的记录出现在《史记》中,这时后土是以男性官职的形式出现的,《史记·五帝本纪》中记载:

> 昔高阳氏有才子八人,世得其利,谓之"八恺"。高辛氏有才子八人,世谓之"八元"。此十六族者,世济其美,不陨其名。至于尧,尧未能举。舜举八恺,使主后土,以揆百事,莫不时序。举八元,使布五教于四方,父义,母慈,兄友,弟恭,子孝,内平外成。①

《春秋正义》对这里的"后土"一词释为:"后,君也。天曰皇天,地曰后土。"杜预《集解》中释"后土"为地官。那么上文"后土"指由八位有德才的男性担任的土地官,其职能则是主持地上的所有事物,这时后土职能范围之广可见一斑。

到东汉时期后,土开始有了女性的特征,《汉书》记载:

> 帝临中坛,四方承宇,绳绳意变,备得其所。清和六合,制数以五。海内安宁,兴文匽武。后土富媪,昭明三光。穆穆优游,嘉服上黄。②

文中称"富媪"是"后土神",首先从字形上看,后土的神名已经初步有了女性特征。颜师古《注》中曾引张晏《释义》:"媪,老母称也;坤为母,故称媪。海内安定,富媪之功耳。"而此时后土的女性特点仅体现在字面含义上,尚未真正定性。到王莽政权时期,后土女性化转变进一步加深:

> 孝武皇帝祠雍,曰:"今上帝朕亲郊,而后土无祠,则礼不答也。"于是元鼎四年十一月甲子始立后土祠于汾阴。或曰,五帝,泰一之佐,宜立泰一。五年十一月癸未始立泰一祠于甘泉,二岁一郊,与雍更祠,亦以高祖配,不岁事天,皆未应古制。建始元年,徙甘泉泰畤、河东后土于长安南北郊。永始元年三月,以未有皇孙,复甘泉、河东祠。绥和二年,以卒不获祐,复长安南北郊。建平三年,惧孝哀皇帝之疾未瘳,复甘泉、汾阴祠,竟

---

① 《史记》卷一,《五帝本纪》,(汉)司马迁;(刘宋)裴骃集解;(唐)司马贞索隐;(唐)张守节正义,金陵书局本,第35页。
② 《汉书》卷二十二,《礼乐志》第二,乐,郊祀歌,(汉)班固撰;(唐)颜师古注;杨家骆主编,王先谦汉书补注本,第1054页。

复无福。臣谨与太师孔光、长乐少府平晏、大司农左咸、中垒校尉刘歆、太中大夫朱阳、博士薛顺、议郎国由等六十七人议,皆曰宜如建始时丞相衡等议,复长安南北郊如故。"

莽又颇改其祭礼,曰:"周官天墬之祀,乐有别有合。其合乐曰:'以六律、六钟、五声、八音、六舞大合乐',祀天神,祭墬祇,祀四望,祭山川,享先妣先祖。凡六乐,奏六歌,而天墬神祇之物皆至。四望,盖谓日月星海也。三光高而不可得亲,海广大无限界,故其乐同。祀天则天文从。祭墬则墬理从。三光,天文也。山川,地理也。天地合祭,先祖配天,先妣配墬,其谊一也。天墬合精,夫妇判合。祭天南郊,则以墬配,一体之谊也。天墬位皆南乡,同席,墬在东,共牢而食。高帝、高后配于坛上,西乡,后在北,亦同席共牢。牲用茧栗,玄酒陶匏。①

文中的"墬"古同"地",其实就是与上天对应的土地。"先祖配天,先妣配墬",将男性祖先与"天"对应,女性祖先与"地"对应。又与上段文字结合,这里的"地"指向"后土"。这样一来,后土的女性特征得到进一步加强。值得注意的是,在文献中女性概念与"后土"内涵的联系体现出间接性,其关联产生的路径是由女性与土地的对应关系递进到后土的女性属性。因为后土为地祇,而地属阴,这时,后土在概念上开始有了女性内涵。

到了唐代,后土的女性形象正式确立,祭祀场所中开始出现女性神像。据《旧唐书》记载:

汾阴后土之祀,自汉武帝后废而不行。玄宗开元十年,将自东都北巡,幸太原,便还京,乃下制曰:"王者承事天地以为主,郊享泰尊以通神。盖燔柴泰坛,定天位也;瘗埋泰折,就阴位也。将以昭报灵祇,克崇严配。爰逮秦、汉,稽诸祀典,立甘泉于雍畤,定后土于汾阴,遗庙巍然,灵光可烛。朕观风唐、晋,望秩山川,肃恭明神,因致禋敬,将欲为人求福,以辅升平。今此神符,应于嘉德。行幸至汾阴,宜以来年二月十六日祠后土,所司准式。"

先是,脽上有后土祠,尝为妇人塑像,则天时移河西梁山神塑像,就祠

---

① 《汉书》卷二十五(下)《郊祀志》第五(下),(汉)班固撰;(唐)颜师古注;杨家骆主编,王先谦汉书补注本,第 1241—1271 页。

中配焉。至是，有司送梁山神像于祠外之别室，内出锦绣衣服，以上后土之神，乃更加装饰焉。又于祠堂院外设坛，如皇地祇之制。及所司起作，获宝鼎三枚以献。十一年二月，上亲祠于坛上，亦如方丘仪。礼毕，诏改汾阴为宝鼎。亚献邠王守礼、终献宁王宪已下，颁赐各有差。二十年，车驾又从东都幸太原，还京。中书令萧嵩上言："去十一年亲祠后土，为祈谷，自是神明昭格，累年丰登。有祈必报，礼之大者。且汉武亲祠脽上，前后数四，伏请准旧祀后土，行赛之礼。"上从之。其年十一月至宝鼎，又亲祠以申赛谢。礼毕，大赦。仍令所司刊石祠所，上自为其文。[①]

通过以上文献可以看出，"后土"作为祭祀的对象，最初是以多位男性官职的形式出现的。后来随着天地、阴阳观念的渗透，后土出现了"阴"的性质，进而演化出了女性的形象。当然，后土女性形象的出现，除了受天地、阴阳观念的影响外，一定还与特殊的历史背景密切相关，王莽时期外戚政权的建立、唐朝女皇统治局面的形成都需要为女权的合法性找寻依据，在这样的历史背景下，女性神灵的出现则顺应了政权的需要，成为历史的必然产物。

三、后土职能的拓展

如上文记述，"舜举八恺，使主后土，以揆百事"，后土最初是作为具有多种职能的官职出现的。其后慢慢演化为地祇，在国家发生大事的时候出现在祭祀天地的神位中。而后又进化为管理土地的功能神与阴司发生关联。

（一）王朝合法性的证明

据史料记载，封建时期，特别是在新的王朝建立时皇帝继位，为了证明新政权的合法性，要昭告皇天后土，说明政权建立的原因。例如：

> 即皇帝位于成都武担之南。为文曰："惟建安二十六年四月丙午，皇帝备敢用玄牡，昭告皇天上帝后土神祇：汉有天下，历数无疆。曩者王莽篡盗，光武皇帝震怒致诛，社稷复存。今曹操阻兵安忍，戮杀主后，滔天泯夏，罔顾天显。操子丕，载其凶逆，窃居神器。群臣将士以为社稷堕废，备宜修之，嗣武二祖，龚行天罚。备惟否德，惧忝帝位。询于庶民，外及蛮夷

[①]《旧唐书》《志》卷二十四，志第四，礼仪四，汾阴后土之祀，(后晋)刘昫撰；杨家骆主编，清惧盈斋刻本，第928—929页。

君长,佥曰:'天命不可以不答,祖业不可以久替,四海不可以无主'。率土式望,在备一人。备畏天明命,又惧汉祚将湮于地,谨择元日,与百寮登坛,受皇帝玺绶。修燔瘗,告类于天神,惟神飨祚于汉家,永绥四海!"①

(二)征战前对地祇的祭祀

除了在证明王朝合法性时需要设坛向后土祷祭以外,古时每逢征战前期,统治阶级也会向土地神后土祷告。例如:

> 巴复从交阯至蜀。俄而先主定益州,巴辞谢罪负,先主不责。而诸葛孔明数称荐之,先主辟为左将军西曹掾。建安二十四年,先主为汉中王,巴为尚书,后代法正为尚书令。躬履清俭,不治产业,又自以归附非素,惧见猜嫌,恭默守静,退无私交,非公事不言。先主称尊号,昭告于皇天上帝后土神祇,凡诸文诰策命,皆巴所作也。章武二年卒。卒后,魏尚书仆射陈群与丞相诸葛亮书,问巴消息,称曰刘君子初,甚敬重焉。②

又如:

> 后齐天子亲征纂严,则服通天冠,文物充庭。有司奏更衣,乃入,冠武弁,弁左貂附蝉以出。誓讫,择日备法驾,乘木辂,以造于庙。载迁庙主于斋车,以俟行。次宜于社,有司以毛血衅军鼓,载帝社石主于车,以俟行。次择日陈六军,备大驾,类于上帝。次择日祈后土、神州、岳镇、海渎、源川等。③

(三)对阴间社会的管理

值得注意的是,在三国时期,后土的职能从单纯的土地崇拜逐渐衍生出阴司的职能,最早的相关记录出现在《魏书》中:

> 是月,后母薨,帝制缌服临丧,百僚陪位。四年十一月,以后旧陵庳下,使像兼太尉,持节诣邺,昭告后土,十二月,改葬朝阳陵。像还,迁散骑常侍。④

---

① 《三国志》卷三十二《蜀书(二)》《先主刘备传》第二,(晋)陈寿著,(南朝宋)裴松之注,宋绍兴本,第888—889页。
② 《三国志》卷三十九《蜀书(九)》《董刘马陈董吕传》第九《刘巴转》,(晋)陈寿著,(南朝宋)裴松之注,宋绍兴本,第981页。
③ 《隋书》志卷八,志第三,礼仪三,亲征,巡狩,(唐)魏征等撰;杨家骆主编,宋刻递修本,第159页。
④ 《魏书》卷五《魏书(五)》《后妃传》第五《文昭甄皇后》,(北齐)魏收撰;杨家骆主编,宋大字本,第62页。

其后《宋书》中也出现了相关的记载：

> 宋孝武大明五年闰月，皇太子妃薨。樟木为椟，号曰樟宫。载以龙辀。造陵于龙山，置大匠卿断革，司空告后土。谓葬曰山茔。祔文元皇后庙之阴室，在正堂后壁之外，北向。御服大功九月，设位太极东宫堂殿。中监、黄门侍郎、仆射并从服。从服者，御服衰乃从服，他日则否。宫臣服齐衰三月，其居宫者处宁假。①

以上两个文献记述的内容相近，是在设立或者迁移陵墓时，需要向"后土"汇报，自此"后土"阴司职能得以体现。至明朝时期，则出现了更加细化的祭祀仪式，皇室在开启和关闭陵墓时都要派遣官员祭祀后土：

> 永乐中，贵妃王氏薨。辍朝五日，御祭一坛，皇后、皇妃、皇太子各祭一坛，亲王共祭一坛，公主共祭一坛。七七、百日期、再期，皆祭赠谥册，行焚黄礼。开茔域，遣官祠后土。发引前期，辞灵祭坛与初丧同，惟增六尚司及内官、内使各一坛。启奠、祖奠、遣奠各遣祭一坛。发引日，百官送至路祭所，皇亲驸马共一坛，公侯伯文武共一坛，外命妇共一坛。所过城门祭祀，内门遣内官，外门遣太常寺官。下葬，遣奠、遣祭一坛。掩圹，遣官祀后土，迎灵轿至享堂，行安神礼，遣祭一坛。②

由此可见，后土经历了由官职向神职的转化，而其具体的神职又从土地神祇延伸到掌管地下世界的阴司。但是从这些职位的联系中不难看出，"土地"仍然是将后土神职前后变化相关联的主要线索。昭告皇权的合法性是向土地表达的，战争前的祷文是面向土地的，而丧葬仪式中后土的出席也与相关仪式的"动土"行为脱不开关系，因此，后入的阴司职能也与土地有了必然联系。

四、结语

根据文献资料不难发现，后土作为象征大地的神祇首先受历代帝王祭祀，在某种程度上也成为王权的象征。随着封建王权统治力度的削弱，这一神祇慢慢成为民众信仰的对象，在这一信众范围下沉和扩大的过程中，后土的形象

---

① 《宋书》《志》卷十五，志第五，礼二，(梁)沈约著；杨家骆主编，宋元明三朝递修本，第 397-398 页。
② 《明史》卷五十九，志第三十五，礼十二，凶礼二，皇妃等丧葬，(清)张廷玉等撰；杨家骆主编，清武英殿本，第 1465 页。

和神职也产生相应的变异。首先,后土形象的性别转变,受到乾坤、阴阳观念的影响,后土由最初的男性官职转变为女性神祇,又随着性别的转变,神职拓展出求子、生育等新的内容;其次,由于与土地的天然联系,后土延伸出了阴司的职能。在民间信仰体系中,除了广泛分布于全国各地的后土祠庙外,后土牌位作为阴司之神更是被广泛供奉于墓地之中,这一现象不仅在中国(包括港澳台地区)十分常见,而且日本、韩国、新加坡、马来西亚等国也遗留着这一信仰形式。通过总结后土信仰的缘起及变迁,不难看出后土祭祀及其信仰内容均与土地息息相关,不论后土神性别的转变还是其职能的拓展,都离不开土地内涵的介入和影响。而在中国这样一个农业大国,百姓的生活离不开土地,封建王朝时期,经济的稳定、王权的稳固更离不开土地,也正是土地这一内涵赋予了后土信仰生生不息的内在动力。

杨慈湖"心"之本体建构及其工夫阐释

曾凡朝

(齐鲁师范学院马克思主义学院)

摘要:杨慈湖接续和光大陆氏心学,以"心"为本,将"心"之范畴彻底化、圆融化,建立了完全意义上的心本体学说。杨慈湖认为,作为本体的心是人人之所自有而又超越时空和人类个体的宇宙本根,心本然自足自明自神,虚明无体而又范围天地、发育万物,贯通古今,自善自仁,为伦理性的精神实体。以其心本体为基础,其工夫论以人心自明自灵为前提,强调"不起意",止绝意、必、固、我。工夫和本体在此得到了完美而有机的统一,心学的本体论和工夫论在内在理路上得以一以贯之。

关键词:杨慈湖;心;本体;毋意;工夫

杨简(1141—1226),字敬仲,慈溪人(今浙江慈溪人),谥文元,世称慈湖先生。从心学的发展过程来看,杨慈湖作为"象山弟子之冠",是陆氏心学的重要接续者和发扬光大者。他发挥了象山心学的核心部分,将"心"之概念彻底化,以其心本体为基础,其工夫论以人心自明自灵为前提,强调"不起意",止绝意、必、固、我。工夫和本体在此得到了完美而有机的统一,心学的本体论和工夫论在内在理路上得以一以贯之,将心学体系一元化,他抛弃陆氏"沿袭之累"[1],彻底消解了程朱理学核心概念——"理",在继承陆氏的同时又超越之,走向彻底的唯"心"论,成为陆象山至明代王守仁之间的重要一环。

---

[1] 王守仁:《与席元山》,《王阳明全集》(2),红旗出版社1996年版,第423页。

一、"心"之本体建构

"心""本心"在陆氏思想体系的建构中无疑是最为根本、最为重要的范畴。陆象山曾自述其为学要旨,称"学问之要,得其本心而已"①。其门人傅季鲁称:"先生之道,精一匪二,揭本心以示人,此学门之大致。"②袁甫亦赞曰:"先生发明本心,上接古圣,下垂万世,伟矣哉!"③但是,"理"范畴在象山文献中占据大量篇幅,在其理论体系中与"心"比肩。陆氏之理为宇宙的根本律则,亦是吾心之根本原则,宇宙与吾心同属此理之表现。象山曰:"吾所明之理,乃天下之正理、实理、常理、公理,所谓'本诸身,证诸庶民,考诸三王而不谬,建诸天地而不悖,质诸鬼神而无疑,百世以俟圣人而不惑者也。'学者正要穷此理,明此理。"④此理本天,乃宇宙固有,且充塞宇宙,具有普遍性。"此理本天所以与我,非由外铄。明得此理,即是主宰。真能为主,则外物不能移,邪说不能惑。所病于吾友者,正谓此理不明,内无所主。"⑤"此理乃宇宙之所固有,岂可言无?""充塞宇宙,无非此理"⑥,"此理充塞宇宙,天地鬼神,且不能违异,况于人乎?"⑦"塞宇宙一理耳,学者之所以学,欲明此理耳。此理之大,岂有限量?程明道所谓有憾于天地,则大于天地者矣,谓此理也。"⑧"仁即此心也,此理也。求则得之,得此理也;先知者,知此理也;先觉者,觉此理也;爱其亲者,此理也;敬其兄者,此理也;见孺子将入井而有怵惕恻隐之心者,此理也;可羞之事则羞之,可恶之事则恶之者,此理也;是知其为是,非知其为非,此理也;宜辞而辞,宜逊而逊者,此理也;敬此理也;义亦此理也;内此理也,外亦此理也。"⑨"万物森然于方寸之间,满心而发,充塞宇宙,无非此理。"⑩陈钟凡先生在《两宋思想述评》中关于陆氏思想一章的题目为《陆九渊之惟理学说》,并称其为"惟理一元论""宇宙

---

① 陆九渊:《年谱》,《陆九渊集》卷三十六.中华书局1980年版,第519页。
② 陆九渊:《年谱》,《陆九渊集》卷三十六.中华书局1980年版,第523页。
③ 陆九渊:《陆九渊集》,第523页。
④ 陆九渊:《陆九渊集》,第194页。
⑤ 陆九渊:《陆九渊集》,第4页。
⑥ 陆九渊:《陆九渊集》,第28页。
⑦ 陆九渊:《陆九渊集》,第147页。
⑧ 陆九渊:《陆九渊集》,第161页。
⑨ 陆九渊:《陆九渊集》,第5页。
⑩ 陆九渊:《陆九渊集》,第423页。

惟理说"。因此,陆九渊没有彻底解决心与理的最终归依问题,也无法摆脱"理"的沿袭之累,其心学理论没有得到充分的发展和彻底的展开。杨慈湖摆脱"理"之制约,以"心"为本体及最高范畴建构其思想体系,将心学理论大大向前推进,走向彻底的唯"心"论,发展了陆九渊心学,为阳明心学的形成铺平了道路。

中国哲学的概念范畴具有模糊性、整体性特征,杨慈湖对心之论述亦是如此。慈湖首先承认器官之心,他认为"人之生"乃"血气之所聚"①,人作为"血气生之属"(《杨氏易传》卷一)是由各种器官构成的,"心之为脏"②与目、耳、口、手、足等等,共同构成人的有机生命体。作为人体器官有机组成部分的心是具体的、形下的、可感的。以器官之心为基,杨慈湖指出了心的思虑功能:他说,"心能思虑"③,"以吾之视为目,以吾之听为耳,以吾之噬为口,以吾之握为手,行为足,以吾之思虑为心。"④这种看法,与《孟子·告子上》所谓"心之官则思,思则得之,不思则不得也"的观点一脉相承,也是中国传统哲学和宋代思想家的普遍看法,张载、二程、胡宏、朱熹、陆九渊等对此都有比较明确的论述。人脑是意识的物质载体,中国古代把这个思维器官称为心。以心作为具有意识的机能器官,在中国延续了几千年,到明代才比较明确认识到脑是思维器官。

杨慈湖并没有止于"清浊阴阳之气合而成之"的"血气形骸"⑤之心及其思虑功能,而是进一步体悟到统帅"思虑"背后的"不可见"实体。他说:"有断有续者,思虑也;无断无续者,心也。能明此心,则思虑有断续,而吾心无断续;血气有强弱,而吾心无强弱。有思无思,而吾心无二。不能明此心,则以思虑为心,虽欲无断续,不可得矣!"⑥"有断有续",指的是思虑作为一般知觉认识所具有的过程性和间断性特征,而"无断无续"则表明"心"所具有的超越一般感知

---

① 杨简:《杨氏易传》卷十,见《丛书集成续编》,上海书店1994年版。为节约篇幅,以下凡是引用此书,只随文注明书名和卷数。
② 杨简:《慈湖先生遗书》卷之七,山东友谊出版社1991年版,第299页。为节约篇幅,以下凡是引用此书,只随文注明书名和卷数和页码。
③ 杨简:《慈湖先生遗书》,山东友谊出版社1991年版,第299页。
④ 杨简:《慈湖先生遗书》,山东友谊出版社1991年版,第297页。
⑤ 杨简:《慈湖先生遗书》,山东友谊出版社1991年版,第294页。
⑥ 杨简:《慈湖先生遗书》,山东友谊出版社1991年版,第308页。

的特性。"此心乃我所自有,未始有间断。"①同时,"无断无续"之"心"与人人所具有的器官之心和思虑之心并非二心,乃为同一个心。"心无异心,即目视耳听之心,手握足行之心,自是不可知,不可限量,不可形容也。"②杨慈湖将这二者有机地圆融起来,这样便为说明哲学意义上的本体之"心"人人自有奠定了内在的根基,也恰恰体现了中国哲学范畴的模糊性和浑圆性。这是杨慈湖之心多种规定中的重中之重,也是体现其心学深刻之处的核心点。由此,杨慈湖批评了仅仅"以思虑为己之心"的"晦昧者":"人心即天地之心,晦昧者以思虑为己之心,故纷纷扰扰如云翳日,如尘积鉴。"(《杨氏易传》卷十二)杨慈湖通过对"心"与"思虑"相异性的比较,突出了"心"的超越性特点,从而在哲学上克服了将"心"混同于一般认知器官的疏漏,确立了其作为哲学范畴的本体之"心",确立了心在其理论体系中的本体基础和最高范畴地位。杨慈湖心之本体意蕴如下:

(一)心的内在性——"此心,人之所自有,人所自存"

心作为宇宙的本根是内在于每个人类个体之中的,是人人生来固有的。圣贤具之,凡人亦完满具之。"圣言千万,皆以明人心之所自有也。"(《杨氏易传》卷二)杨慈湖用孔孟之言予以论证:"孔子曰:人者,天地之心。又曰:心之精神是谓圣。孟子亦每道性善,又曰:仁,人心也。大哉斯言,启万世人心所自有之灵。……此心,人所自有也,不学而能也,不虑而知也。……心之精神,无方无体,至静而虚明,有变化而无营。"③人为天地之心,心为人身之圣,内在于人的本心与宇宙万物完全沟通,融通为一。人人完全是先验本然内在地自有此心,不学而能,不虑而知,非学而后有,虑而后知。许多人"因物有迁,感于物而昏",未能呈现此心所内在自有的本然,并没有消弭其内在的固有性。"心者,某之所自有,而先圣之道在焉,实广实大,实昭明,实无所不包。"④善、灵、明、神、中正、仁、义、礼、智、孝等等统统出自此心,贞正之德、顺悦刚中,皆"心之所自有",君君、臣臣、父父、子子、兄兄、弟弟、夫夫、妇妇也是"道心之中固自

---

① 杨简:《慈湖先生遗书》,山东友谊出版社1991年版,第129页。
② 杨简:《慈湖先生遗书》,山东友谊出版社1991年版,第649—650页。
③ 杨简:《慈湖先生遗书》,山东友谊出版社1991年版,第63—64页。
④ 杨简:《慈湖先生遗书》,山东友谊出版社1991年版,第153页。

有如此之异用而非异"。此心非独圣人有之,"愚夫愚妇咸有之"①。"天下之人心皆与尧、舜、禹、汤、文、武、周公、孔子同,皆与天地、日月、四时、鬼神同。"②"圣贤非有余,愚鄙非不足。"③这一论点,源自孔孟,又在王阳明"满街都是圣人"的论断中得到极致性发挥。杨慈湖与先圣后儒的良苦用意在于:圣贤非超人,只不过是把常人所具有的先天善性发扬光大而已;愚鄙非恶人,只不过是未把与圣贤共有的本心真正显露出来而已。圣贤没有理由趾高气扬,愚鄙也没有借口自甘堕落。人人都心如止水地最大限度呈现自我圆满具有的本心,在个体日用生活中以其思为思,以其示而行,在生活中时时刻刻信仰它,保有它,践履它,就能成贤成圣。

(二)心的超越性——"是心,四海之所同,万古之所同"

杨慈湖认为,人人皆内在本有之心具有超越性,它是超越人类个体和时空的宇宙本根。这就充分肯定了人人自我完善的内在根据,又突出强调了心的超越性特质。

慈湖曰:"人皆有此至灵之心"④,"不独其有此心,举天下万古之人皆有此心。益信人皆与尧、舜、禹、汤、文、武、周公、孔子同此心,顾人不自知不自信尔。"(《杨氏易传》卷二十)"人心非气血,非形体,广大无际,变化无方。倏焉而视,又倏焉而听;倏焉而言,又倏焉而动;倏焉而至千里之外,又倏焉而穷九霄之上。不疾而速,不行而至,非神乎,不与天地同乎?学者当知夫举天下万古之人心皆如此也。孔子之心如此,七十子之心如此,子思、孟子之心如此,复斋之心如此,象山先生之心如此,金溪王令君之心如此,举金溪一邑之心如此。"⑤"人人心量皆如此广大"⑥,"人心与天地鬼神之心通一无二"。⑦ 心是超越时空的。"此心非物,无形,无限量,无终始,无古今,无时不然"⑧。它"寂然无所有,忽焉而出,如思念外物外事则远出,直至于千万里之外,或穷九霄之上,或深及

---

① 杨简:《慈湖先生遗书》,山东友谊出版社1991年版,第92页。
② 杨简:《慈湖先生遗书》,山东友谊出版社1991年版,第93—94页。
③ 杨简:《慈湖先生遗书》,山东友谊出版社1991年版,第91页。
④ 杨简:《慈湖先生遗书》,山东友谊出版社1991年版,第774页。
⑤ 杨简:《慈湖先生遗书》,山东友谊出版社1991年版,第92页。
⑥ 杨简:《慈湖先生遗书》,山东友谊出版社1991年版,第963页。
⑦ 杨简:《慈湖先生遗书》,山东友谊出版社1991年版,第657页。
⑧ 杨简:《慈湖先生遗书》,山东友谊出版社1991年版,第527页。

九地之下,又忽焉而入,如在乎吾身之中。"①慈湖所谓的本体之心像云游于天,鸟游于空,鱼游于水,而无所拘束,不受阻碍、未被限隔,不粘不滞,自在飘动,忽焉而东,忽焉而西,忽焉而出,忽焉而入。杨慈湖经常用"无内外"表征其对空间的超越性:"道心无外内,外心即内心。"(《杨氏易传》卷九)"忠信之心,无精粗,无本末,无内外,无所不通。"②本体之心"实无内外"③,内心和外心只是不得已的名称指谓姑且说明而已,"外心即内心",二者是融会贯通的。心无内外,超越时空、涵盖一切,三才、万物、万化、万事、幽明、有无在此心之本体中融会贯通为一,能极上下四方之间,通古往今来之中,纵贯宇宙四海万古万物变化,具有"不疾而速,不行而至"的无限妙用。天地、男女、万物都是此本体之"心"的呈现。"天者,吾心之高明;地者,吾心之博厚;男者,吾心之乾;女者,吾心之坤;万物者,吾心之散殊;一物也。一物而数名,谓之心,亦谓之道,亦谓之易。圣人谆谆言之者,欲使纷纷者约而归乎此也。"④"放之东海之东而准也,放之西海之西而准也,放之南海之南而准也,放之北海之北而准也。"⑤杨慈湖没有简单地只从具象上来解释心,也没有简单地把心作为人们感官可见可知的经验世界中的存在物,而是把心看作既本存于每个个体生命之中而又具有超越性的无限之心。

(三)心的神明性——"此心自明自神"

杨慈湖的本体之心不仅内在地自有自存,而且本然地自明自神。杨慈湖说:"人心自善,自神,自明",(《杨氏易传》卷九)"人之本心,自神,自明,自不动,自即道"。(《杨氏易传》卷五)所谓自神自明,指人心自然而神,不求自明。"人心无我无体,自神自明,由中心而达,自无适而不当。"(《杨氏易传》卷十一)"人心自灵,人心自明,人心自神,……自与天地无二,自有变化随时中节之妙。"(《杨氏易传》卷六)心既然与生俱来,非由外铄,不学而能,不虑而知,自本自根,自有自存,自然神明,因而只要顺应人心,不动思虑,不须外索,不假外求,虚明应感,开启心自有之内蕴,则自无所不通,无所不达,无所不济,变化云

---

① 杨简:《慈湖先生遗书》,山东友谊出版社1991年版,第736页。
② 杨简:《慈湖先生遗书》,山东友谊出版社1991年版,第140页。
③ 杨简:《慈湖先生遗书》,山东友谊出版社1991年版,第573页。
④ 杨简:《慈湖先生遗书》,山东友谊出版社1991年版,第332页。
⑤ 杨简:《慈湖先生遗书》,山东友谊出版社1991年版,第312页。

为,随处皆妙。"此心自明,自神,自无所不通故也。"(《杨氏易传》卷六)"道心无体,自明,自神,自正,自中,自无所不通,自无所不济。"(《杨氏易传》卷十八)"人心自善,自正,自无邪,自广大,自神明,自无所不通。"①"人皆有心,人心皆善,皆正,自神、自明。"(《杨氏易传》卷十四)"人之本心,惟有虚名,初无实体,自神自明,自中自正,自直自方,自广自大,变化云为,随处皆妙。"(《杨氏易传》卷二)"能识恻隐之真心于孺子将入井之时,则何思何虑之妙,人人之所自有也。纯诚洞白之质,人人之所自有也。广大无疆之体,人人之所自有也。"②由此,杨慈湖反对主观人为索之于外,刻意外索则损害了自善自灵自明的自然本心。此心昏、乱、放的原因是因物有迁、动于意念、私欲蔽之而人不自知不自省。"人之本心,自善自正自神自明,唯因物有迁,始昏始放。"(《杨氏易传》卷十)"人心皆善,皆正,自神、自明,惟因物有迁,迁则意动,则昏,昏则乱,如云翳日,如尘积鉴。"(《杨氏易传》卷十二)"人心即大易之道,自神自明,私欲蔽之始昏、始乱。"(《杨氏易传》卷五)明心去昏止乱,"一日觉之,自神自明"(《杨氏易传》卷十)。

自神自明之心又至灵至神至明,无所不通,无所不照。至有极、最、尽之义。本心至神至明,即是指本心变化莫测,潜力无穷,睿智明慧,高明洞达。"道心无体,动者为谁？至神至明,我所自有。"(《杨氏易传》卷十七)"人心无体,至善至神至明至广大,其曰范围天地、发育万物。"(《杨氏易传》卷三)人心至神至明,范围天地、发育万物。此心之神明,统贯先圣之精神、天地之乾坤、日月之明、四时之变通、万物之生长发育,贯乎古今往来,通乎四宇天地,广大昭明,无所不包,万善毕随。由此可见,杨慈湖所论之心,并非实体性的存在。对此,杨慈湖又用"虚明无体"加以表征。

(四)心的虚而无体性——"此心虚明无体"

虚明、无体在《慈湖先生遗书》和《杨氏易传》中反复出现、屡次称引③,以形

---

① 《慈湖先生遗书》卷之一,第53页。
② 杨简:《慈湖先生遗书》,山东友谊出版社1991年版,第307页。
③ 据不完全统计,"虚明无体"在《慈湖先生遗书》约出现13次,《杨氏易传》出现1次,"无体虚明"在《慈湖先生遗书》出现1次。"虚明"一词,《慈湖先生遗书》出现58次,《杨氏易传》出现9次。"无体"一词,《慈湖先生遗书》出现64次,《杨氏易传》出现62次。

容和阐述心之特性。杨慈湖说:"此心虚明无体,精神四达,至灵至明。"①"人皆有是心,是心皆虚明无体,无体则无际畔,天地万物尽在吾虚明无体之中。变化万状而吾虚明无体者常一也。百姓日用此虚明无体之妙而不自知也。此虚明无体者,动如此静如此,昼如此夜如此,生如此死如此。"②"此心虚明无体象,广大无际量,日用云为,虚灵变化。实不曾动,不曾静;不曾生,不曾死。而人谓之动、谓之静、谓之生、谓之死,昼夜常光明,起意则昏则非。"③

心的虚明无体是对气血之体、有形之物而言的。杨慈湖认为,"心非有体之物也"④,是超越血气形体的。"人心非气血,无形体,虚明神用,无所不通。"(《杨氏易传》卷十)气血有形有体,"有形体血气则有聚散,非血气形体则无聚散。"(《杨氏易传》卷十)"心非气血,非形体,惟有虚明,而亦执以为己私,若一物然,故圣人去心之名,庶乎己私之释,而虚之神著矣。"(《杨氏易传》卷十一)"心无形体,无形体则自然无方所。"⑤"心无形体,故变化无方。"⑥心无体,故能无限;心无形,故能变化万端。非血气、无聚散、无形体,才能广大,才能无所执,才能变化无方,才能"清明无际"⑦,才能"至虚至柔"(《杨氏易传》卷十九),才能无所不通,才能范围天地、曲成万物。

杨慈湖又用"无实体"来说明心的虚明无体:"心无实体"⑧,"心本正,正无实体"(《杨氏易传》卷二),"人之本心,惟有虚名,初无实体"(《杨氏易传》卷二),"此心虚明,如日月之照尔,亦非有实体也"⑨,"直心而行,亦非有实体之可执也"⑩。实体是指具体可感知的形体,心没有现存的实在之体,看似不在,实际上无处不在,神通广大,时时有用,处处皆通。心"虚明无体象","广大无际量",广泛回应它所统照的世间万物,如日月之光,普照天下。

---

① 杨简:《慈湖先生遗书》,山东友谊出版社1991年版,第96页。
② 杨简:《慈湖先生遗书》,第126—127页。
③ 杨简:《慈湖先生遗书》,第144页。
④ 杨简:《慈湖先生遗书》,第725页。
⑤ 杨简:《慈湖先生遗书》,第736页。
⑥ 杨简:《慈湖先生遗书》,第535页。
⑦ 杨简:《慈湖诗传》卷十八,文渊阁四库全书本。
⑧ 杨简:《慈湖先生遗书》,第383页。
⑨ 杨简:《慈湖先生遗书》,第497页。
⑩ 杨简:《慈湖先生遗书》,第496—497页。

心的虚明无体不是简单的空洞虚无。心作为宇宙万物的本原,天地自然人物尽在其中。"人心虚明无体,广大无际,天地人物变化万状,不出吾心量之中。"①此心之中,万物毕照毕见,"人心至灵至神,虚明无体,如日如鉴,万物毕照。"②"天地万物尽在吾虚明无体之中","此心无体虚明,洞照如鉴,万象毕见其中而无所藏。"③"日用平常之心,何思何虑,虚明无体,广大无际,天地范围于其中,四时运行于其中,风霆雨露雪霜动散于其中,万物发育于其中,辞生于其中,事生于其中,属而比之于其中。"④"人心诚实无他,本体清明,本用神明,刚健中正,纯粹精一,乾元在斯,坤元在斯,有感有应,无不通矣。"⑤

(五)心的感通天地之性——"范围天地,发育万物"

杨慈湖认为,人心虚明无体,精深圆融,广大无限,无边无际。人心无体无方则无限量,无限量则无所不容,无所不载,"范围天地,发育万物"。"此心无体,清明无际,本与天地同,范围无内外,发育无疆界。"⑥"人心自虚,自无体,自广大无限量。"(《杨氏易传》卷十六)"诚内省此心之无体无方,无限量,则范围天地,发育万物。"⑦杨慈湖用"范围天地,发育万物"来描述本心之"范围无内外""广大无限量"。"人心广大虚明,变化万状,不出于中。其曰:范围天地,发育万物。"⑧"范围天地"出自《易传》,"发育万物"源于《中庸》。"《易传》曰范围天地。《中庸》曰圣人之道,发育万物。人心无体,至善,至神,至明,至广大。其曰范围天地、发育万物。"(《杨氏易传》卷三)"《易大传》言:范围天地之化;《中庸》言:圣人之道,发育万物。圣人与人同耳,圣人先觉我心之所同然耳。举天下万古之人皆能范围天地,发育万物,而人自不知也。"⑨"人心非血气,非形体,精神广大无际畔,范围天地,发育万物,何独圣人有之?人皆有之。时有古今,道无古今。形有古今,心无古今。"⑩所以,杨慈湖认为,"先圣之道,广大

---

① 杨简:《先圣大训》卷第二,山东友谊出版社1990年版,第430页。
② 杨简:《慈湖先生遗书》,第131页。
③ 杨简:《慈湖先生遗书》,第74页。
④ 杨简:《慈湖先生遗书》,第110页。
⑤ 杨简:《慈湖先生遗书》,第124页。
⑥ 杨简:《慈湖先生遗书》,第80页。
⑦ 杨简:《慈湖先生遗书》,第666页。
⑧ 杨简:《慈湖先生遗书》,第655页。
⑨ 杨简:《慈湖先生遗书》,第568页。
⑩ 杨简:《慈湖先生遗书》,第217页。

昭明，无所不包统，无所不贯通。在天为乾，在地为坤，在日月为明，在四时为变通，在万物为生，在某为心。心者，某之所自有，而先圣之道在焉，实广实大，实昭明，实无所不包。贯顺而达之，万善毕随；支而离之，百非斯集。"①人心统贯了先圣精神，天地乾坤、日月之明、四时变通、万物之生，贯乎古今，通乎四宇，广大昭明，无所不包。"是心与天地同功用，与四时同变通，喜怒哀乐无不中乎道。"②因此，杨慈湖批评了后世不知心之即道和心范围发育之功而于心外求道的思想。"后世于心之外复求道，不知此心虚明，广大无际畔，范围天地，发育万物，即道也。"③

(六)心的道德伦理性——"人之本心自善"

经象山本心点拨后，杨慈湖从宇宙本体境界之悟进入道德伦理之境，其心学才真正得以确立。作为万物根源和世界本体的本心是一种伦理性的精神实体。"人心自善……人心自备众德万善。"(《杨氏易传》卷六)"心"的此种意义自孟子开显，从陆象山、杨慈湖，直至王阳明，基本上是一以贯之的，他们都注重"就心上做工夫"，以成就社会人生之道德事业。

杨慈湖用孟子的论证方式来说明人心自善。"人心自正，人心自善。孩提之童，无不知爱其亲，及长，无不知敬其兄。不学而能，不虑而知。人皆有恻隐之心，皆有羞恶之心，皆有恭敬之心，皆有是非之心。"④"不学之良能，不虑之良知，我所自有也。仁义礼智，我所自有也。万善自备也。"⑤"见牛觳觫，谁无不忍之心？见孺子匍匐将入井，谁无往救之心？是谓仁义之心，是谓良心，即尧舜禹汤文武周公孔子之心，即天地日月鬼神之心。人人皆有此心。"⑥杨慈湖认为，"人心"之正、善、良，生而具有，浑然天成，犹如孟子所云之良知良能，不假后天修为，自是善之根、仁之端，社会伦理道德规范与心同体而异名。"孝弟忠信乃此心之异名"⑦，"慈爱恭敬之心，乃人之本心，乃天下同然之心。此心即道心。道心者，无所不通之心，以之修身则身修，以之齐家则家齐，以之治国则国

---

① 杨简:《慈湖先生遗书》,第153页。
② 杨简:《慈湖先生遗书》,第730页。
③ 杨简:《慈湖先生遗书》,第112—113页。
④ 杨简:《慈湖先生遗书》,第216页。
⑤ 杨简:《慈湖先生遗书》,第304页。
⑥ 杨简:《慈湖先生遗书》,第923—924页。
⑦ 杨简:《慈湖先生遗书》,第383页。

治,以之平天下则天下平,以之济大险则无所不济"。(《杨氏易传》卷十八)人心自善,其实质为孝悌忠信、慈爱恭敬。"人心自仁,大道在我,无所不通。"[1]现实人世间有恶无善是由于因物有迁、迷失本心,沦为妄心。"人心本善,因物有迁。"[2]"夫人之本心,自善,自正,自神,自明,唯因物有迁,始昏始放"(《杨氏易传》卷十)。"人心本自清明,本自善,其有恶乃妄心尔,因其不达,执以为我,被客来作主,迷失本心。"[3]

本善自仁之心的发用是个体自身自然的流行。"人心自善自神自明,自无污秽,事亲自孝,事兄自弟,事君自忠,宾主自敬,应酬交错如四时之错行,如日月之代明,如水鉴中之万象。"(《杨氏易传》卷九)"人性自善,人心自仁,其于父自能孝,其于君自能忠,其于天下事自能是是非非善善恶恶,此之谓天下同然之心。"[4]从自善自仁之心出发,人自能孝、悌、忠、敬,自能识别天下是非善恶。它是道德智慧的不竭泉源,是纯善意识的无尽宝藏,"本心"逢事遇物会自然相应地表现出来,见孺子入井便有怵惕恻隐之心,见丘墓则生悲哀之心,见宗庙会起钦敬之心,遇可羞之事则羞之,可恶之事则恶之,是知是为是,非知其为非。一切道德义理皆自"本心"流出。"谓人之本心无此善者,贼夫人者也;谓己之本心无此善者,自贼者也。孟子所以谆谆必称尧舜,灼见人皆有尧舜之心,病弗知耳,弗信耳。孟子知之,而举天下之人皆不知不信,是以劳孟子之谆谆也,吾徒不可以不熟讲也,不可以不自信也。"[5]人心本自善自正,自无所不通。"人心自善,自正,自无邪,自广大,自神明,自无所不通。"[6]"此心自善,此心自神,此心自无所不通。"[7]

杨慈湖将本体论与伦理学圆融为一,认为本体之心自然具有仁义道德的属性,以儒家的纲常伦理作为道心中固有的内容。"君君、臣臣、父父、子子、夫夫、妇妇,道心之中固自有如此之异用而非异。"(《杨氏易传》卷十三)"君臣之分""夫妇之序"等纲常伦理,不仅是通行万世的根本秩序,而且是心中固有的

---

[1] 杨简:《慈湖先生遗书》,第82页。
[2] 杨简:《慈湖先生遗书》,第371页。
[3] 杨简:《慈湖先生遗书》,第912页。
[4] 杨简:《慈湖先生遗书》,第827页。
[5] 杨简:《慈湖先生遗书》,第831—832页。
[6] 杨简:《慈湖先生遗书》,第53页。
[7] 杨简:《慈湖先生遗书》,第383页。

法则。"礼者,人心之所自有。"(《杨氏易传》卷十二)"经礼三百,曲礼三千,皆人心之诚敬也。自外者,非德行也,伪者,非德行也。德者直心而出之,非由外铄我也。"(《杨氏易传》卷十八)"经礼三百,曲礼三千,皆吾心所自有。于父母自然孝,于兄弟自然友恭,于夫妇自亲敬,于朋友自信。出而事君自竭忠,与宾客交际自然敬,其在乡党自谦恭,其在宗庙朝廷自敬。复者,复吾所自有之礼,非外取也。礼废乐坏逾二千载,学者率求礼于外,先圣特曰复,所以针二千载之膏肓,发人心之所自有。"[1]由此,杨慈湖将外在的自然律则和社会伦常纳入内心,将外在的制约变成内心的抑制和自为,从而达到一种本性的自觉:见父自然孝,见兄自然悌。形上意义的心与人的日常行为结合起来,实现了体用的圆融贯通。这是一切理学家的目的,也是杨慈湖的旨归。

心学的主要和核心特征在于以"心"为本,杨慈湖将"心"界定为宇宙万物人我共具、纯善无碍之本根,将宇宙万物与人之本质完全沟通、融会为心,纷繁芜杂的客体世界本质上不过是千姿百态、变化无常的心之映射。以"心"范畴的思维建构为基,杨慈湖抛弃陆氏"沿袭之累",在继承陆氏的同时又超越之,走向彻底的唯"心"论。

二、心之工夫阐释

杨慈湖将心学彻底化,其工夫论在"自省本心""自明己之心"的前提下,强调"不起意"[2]。黄宗羲称"慈湖以不起意为宗"[3]。"毋意"工夫在杨慈湖彻底甚至极端的心学体系中具有极其重要的地位和作用。

儒家意之范畴源出于《论语》。《论语·子罕》谓:"子绝四:毋意、毋必、毋固、毋我。"此为"毋意"说之滥觞。何晏注曰:"以道为度,故不任意。"(何晏《论语集解》)司马光以"毋意"为无欲,又以"毋意"为"无作意"[4]。这一解释对宋明理学家意义重大。

杨慈湖认为孔子所言"毋"乃是禁止之意,"绝"乃是止绝之意:"毋者,止绝

---

[1] 杨简:《慈湖先生遗书》,山东友谊出版社1991年版,第118页。
[2] 杨简:《慈湖先生遗书》,第928页。
[3] 宋元学案.第3册.中华书局1986年版,第2479页。
[4] 司马文正公集.文渊阁四库全书本.卷74

之辞。"[1]他说:"孟子明心,孔子毋意,意毋则此心明矣。心不必言,亦不可言。不得已而有言,孔子不言心,惟绝学者之意。"[2]杨慈湖以"毋意"为纲,对毋意、毋必、毋固、毋我进行论述。他说:

> 人心自明,人心自灵,意起我立,必固碍塞,始丧其明,始失其灵。孔子日与门弟子从容问答,其谆谆告戒,止绝学者之病,大略有四:曰意,曰必,曰固,曰我。门弟子有一于此,圣人必止绝之。……知夫人皆有至灵至明,广大圣智之性,不假外求,不由外得,自本自根,自神自明。微生意焉,故蔽之;有必焉,故蔽之;有固焉,故蔽之;有我焉,故蔽之:昏蔽之端,尽由于此,故每每随其病之所形,而止绝之,曰毋如此,毋如此。[3]

杨慈湖认为人先天固有之心,如太虚般澄澈,日月般光明:"君子之心,无私好无私恶,如天地太虚然,万物纵横纷乎其中"[4];"舜心如天地、如太虚"[5],认为凡对此澄澈、光明之心性有所增减、损益、沾染,即"意动""意度""意起",追逐于声色货利、执著于物我两分,产生不当的意欲观念,皆是意之过。"此心本无过,动于意,斯有过。……千失万过,皆由意动而生。"[6]"意如云气,能障太虚之清明,能蔽日月之光明。"[7]使人丧失灵明之心、圣智之性,人心备具的天然灵明善正之质无法得以呈现,致使心道相分,圣凡殊绝,害道甚矣。意态万殊,"门弟子欲尽记之,则不胜其记,故总而记之曰:子绝四"[8]。

杨慈湖是这样描述"意"的:

> 何谓意?微起焉,皆谓之意;微止焉,皆谓之意。意之为状,不可胜穷,有利有害,有是有非,有进有退,有虚有实,有多有寡,有散有合,有依有违,有前有后,有上有下,有体有用,有本有末,有此有彼,有动有静,有今有古,若此之类,虽穷日之力,穷年之力,纵说横说,广说备说,不可得

---

[1] 杨简:《慈湖先生遗书》,第75页。
[2] 杨简:《慈湖先生遗书》,第77页。
[3] 杨简:《慈湖先生遗书》,第75页。
[4] 杨简:《慈湖先生遗书》,第556页。
[5] 杨简:《杨氏易传》,卷1《乾》。
[6] 杨简:《慈湖先生遗书》,第87页。
[7] 杨简:《慈湖先生遗书》,第109页。
[8] 杨简:《慈湖先生遗书》,第109页。

而尽。①

贤知者之过,皆于清明无体无意中,而加之意,或有动之意,或有静之意,或有难之意,或有易之意,或有多之意,或有寡之意,或有实之意,或有虚之意,或有精之意,或有粗之意,或有古之意,或有今之意,或有大之意,或有小之意,意态万状,不可胜穷,故孔子每每止绝群弟子之意,亦不一而足,他日记者欲记,则不胜其记,故总而记之曰:子绝四:毋意、毋必、毋固、毋我。②

杨慈湖所谓的意不仅仅指私欲和从个体之"小我"出发的意念,而指游离于本心自然发育流行之外的一切思维,以及一切不合乎道德本能的意识活动或意向状态。其表现形态多种多样,包括空间上的前后、上下、虚实,时间上的今古,变化中的进退、动静、散合,数量上的多寡、有无,性质上的利害、是非、依违,关系上的体用、本末、此彼、难易、精粗,等等,诸如此类,"意虑纷然,不可胜记"③,是难以用言语概括的。杨慈湖认为,凡是一切有形象、有差别、有是非的具体知识,一切与人的感觉、思维活动相关的,一切有主、客之分的内容,都是意。对于寂然不动的心而言,一切动、起,都是对至灵至神、本清本明、全然纯善的心的偏离,都是意。"人心至灵至神,虚明无体,如日如鉴,万物毕照,故日用平常,不假思为,靡不中节,是为大道。微动意焉,为非为僻,始失其性,意消则本清本明,神用变化之妙固自若也;无体无际,范围天地,发育万物之妙,固自若也"④,各种"意"都会妨碍、阻隔人对本体之善心的直觉。

纷繁万殊的"意"是怎样产生的呢?杨慈湖认为,从最终根源上看,"意"非外来,皆自心生:心与意"二者未始不一,蔽者自不一。一则为心,二则为意,直则为心,支则为意,通则为心,阻则为意"⑤。心本身完满、精一,本无支离,不可分作两截,"据实而论,不见其为二也"⑥,二而不专则为意态。直诚不枉为心,支离分散为意;通达无穷为心,阻碍滞障为意。意之于心,如波之于水,心之动

---

① 杨简:《慈湖先生遗书》,第76页。
② 杨简:《慈湖先生遗书》,第715—716页。
③ 杨简:《杨氏易传》,卷11《咸》。
④ 杨简:《慈湖先生遗书》,第516页。
⑤ 杨简:《慈湖先生遗书》,第76—77页。
⑥ 杨简:《慈湖先生遗书》,第499页。

即为意。

　　杨慈湖认为,意起之后,危害无穷。微起意象,辄昏辄迷,微起意则有所倚,倚则偏则昏则疾。"微作意焉,辄偏辄党,始为非道。"①意起欲兴,人心始昏;意起而私,物我裂分。"此心本与天地为一,意作而昏,始乱始悖。"②意象微起,即为不仁;意象微止,亦为不仁。起意皆邪,败诚蠹信。怨咎交作,毒败诚心。"胸中有意有说,则失其所以为真孝真弟矣。不真则伪,伪则终于失。"③人心即道,动意必昏,作意则伪,意起则支,意动则窒,荆棘蔽之,坎陷害之,邪思乱之,千尤万过皆生。"惟动乎意则始昏,作好作恶,物我樊墙,是非短长,或探索幽遐,究源委彻渊底,愈乖张。"④此类无穷,不可备述。病本不去,祸流无穷。众蔽百恶,皆自此出。意生失心,失心失道,千尤万过皆由此出,要保持本如明镜的人心,惟有"毋意"一途。

　　那么,如何做到"毋意"呢?杨慈湖认为,此心本自灵、自神、自明、自妙,"直心直意,匪合匪离,诚实无他,道心独妙。匪学匪索,匪粗匪精。一犹赘辞,二何足论!……此心之灵明逾日月,其照临有甚于日月之照临。日月能照容光之地,不能照蔀屋之下。此心之神,无所不通,此心之明,无所不照,昭明如鉴,不假致察,美恶自明,洪纤自辨"⑤,果"明未纯一,意不能不动"⑥。毋意就是真正使纯善灵明神妙之心不被支离,不受阻隔,就是要保持本心的安止不动。

　　杨慈湖认为,"毋意"即《尚书》所称禹之"安汝止":"夫道,平夷而已矣,动乎意则失之,故孔子之毋意,禹之安汝止。"⑦"清者,不动乎意者也,禹曰安汝止之谓也,……孔子毋意之谓也。"⑧"毋意"不是外在的求得,也不容主体"费思力索",它是人在绝对自信的前提下使人本身固有的至尊至正至完满的心之发用和呈现。杨慈湖说:"人性本善本神本明,作意则昏,立我则窒,意作我立,如云翳空,如尘积鉴。……志在于善,反罹其灾;志在于得,反有所失;心在于静,得

---

① 杨简:《慈湖先生遗书》,第704页。
② 杨简:《慈湖先生遗书》,第796页。
③ 杨简:《慈湖先生遗书》,第531页。
④ 杨简:《慈湖先生遗书》,第74页。
⑤ 杨简:《慈湖先生遗书》,第77—78页。
⑥ 杨简:《杨氏易传》,卷11《咸》。
⑦ 杨简:《慈湖诗传》,文渊阁四库全书本.卷18。
⑧ 杨简:《慈湖诗传》,文渊阁四库全书本.卷18。

静则失动矣;心在于一,得一则失二失三四失十百千万矣。心在于万则得万,得万又失一;心在于同则得同,得同则失异矣;心在于异则得异,得异则失同矣;心在于实则得实,得实则失虚;心在于虚则得虚,得虚则失实;心在于中则得中,得中则失四方;心在于四方则得四方,得四方则失中;心在于知则得其知,得其知则失其不知;心在于不知则得其不知,得其不知则失其知。大抵有得则有失,无得则无失,无得则得无得,得无得则又失有得矣。有得非粗,无得非精,愈深愈穷,无深无穷。唯自觉者,四辟不通,变化无穷,是为大中,莫究厥始,无穷厥终。"①善与灾、得与失、静与动、万与一、同与异、实与虚、中与四方、知与不知,皆是作意的结果,唯自觉心性本善神明,才能扫云去尘,顿现本心而变化无穷。杨慈湖认为,明心、毋意本是自然契合,不存在任何人为的成分,不需借助诸如言辞之类的中介物,只要顺着人所固有的灵明良心善性,就会"不勉而中,不思而得",使明心、毋意冥符默契,自化自得。只有意之不起,心才能为一为纯,无偏无私,直质直信之心才可得以维护、保全,才可在不识不知、匪思匪为之中,变化云为,感通万物,彰显道体。"今学者诚尽屏胸中之意说,则自明自信矣。"②只要"本心"自然静定,意即不起。这样,在杨慈湖心学之中,本体与方法得到了完美而有机的统一,心学的本体论和工夫论在内在理路上得以一以贯之,"毋意"与其整个心学思想保持着严密而彻底的一致。"毋意"并不意味着反对任何活动。杨慈湖虽然认为思索问题、解决事情,会因物而动心生意,起意而违道,但他并非主张要与外物隔绝而决不理事。恰恰相反,杨慈湖承认接物治家、应物临事、反身修己、日用酬应的必要性和重要性。"不起意,非谓都不理事"③,"非谓截然不与物应也"④,"虽已闻道,而未精未一,奚可不用其力"⑤。他所强调的是,日用平常中应物做事、爱亲敬亲、事君事长、忠信笃敬等等,要不动妄念、不起私意而合理体道。"凡作事只要合理,若起私意则不可。如事亲从兄,治家接物,若子哭颜渊恸,与见其过而内自讼,此是云为变化,非起意,惟觉者自知。""直心为道,意动则差。爱亲敬亲,此心诚然而非意

---

① 杨简:《杨氏易传》,卷9《无妄》。
② 杨简:《慈湖先生遗书》,第499页。
③ 杨简:《慈湖先生遗书》,第718页。
④ 杨简:《杨氏易传》,卷17《艮》。
⑤ 杨简:《慈湖先生遗书》,第575页。

也;先意承志、晨省昏定、冬温夏清、出告反面,此心诚然而非意也;事君事长,此心诚然而非意也;忠信笃敬,此心诚然而非意也;应物临事,此心诚然而非意也。如水鉴中之万象,如四时之错行,如日月之代明,其积焉而不苑,并行而不谬,深而通,茂而有间,是谓变化云为,不识不知,一以贯之。"①

杨慈湖以《尚书·酒诰》"水鉴"为喻,说明万象万变毕见,森罗杂错,毕陈互映,有不可胜穷之容,但实无实虚而澄光莹然,而心"意虑不作,澄然如鉴,如日月之光,无所不照而常不动也"②。心"如水鉴昭明,常觉常明,自觉自明"③,"虚明静一,如鉴中象,自然毕照"④,"如鉴中象,交错纷然而虚明未尝有动也"⑤。杨慈湖所谓的心"如水鉴中之万象,水常止,而万象自动也;如天地之相感,而未尝不寂然也"⑥,这与佛教有惊人的相似。如临济宗的希运禅师说:"诸佛与一切众生唯是一心,更无别法,此心无始以来,不曾生,不曾灭,……犹如虚空,无有边际,不可测度。"(《断际心要》)但杨慈湖的学术重心放在己之忠信笃敬,落于爱亲从兄事长,社会伦常是其根本的着眼点。所以,他并没有走向佛家绝对的"空",相反,他还曾作诗讥笑"禅流错用心":"可笑禅流错用心,或思或罢两追寻。穷年费煞精神后,陷入泥途转转深。"⑦

以意范畴为基础,杨慈湖进而论述了与意伴生的必、固、我。

关于"必",杨慈湖曰:"何谓必?必亦意之必。必如此,必不如彼,必欲如彼,必不欲如此。"⑧"必"也是一种意,是意的一种表现形式,是人执著于一己之私、囿于一隅、坚守一端、固执己见所致,是由于人将自己限制于狭小视阈而囿于成见,不能变通而难以超越。事实上,"大道无方,奚可指定,以为道在此则不在彼乎?以为道在彼则不在此乎?必信必果,无乃不可,断断必必,自离自失。"⑨而"大道"无形无体,没有方所,既无所不由,无所不在,又莫不共由,莫不

---

① 杨简:《杨氏易传》,卷11《咸》。
② 杨简:《慈湖先生遗书》,第126页。
③ 杨简:《慈湖先生遗书》,第1044页。
④ 杨简:《慈湖先生遗书》,第209页。
⑤ 杨简:《慈湖先生遗书》,第101页。
⑥ 杨简:《杨氏易传》,卷11《咸》。
⑦ 杨简:《慈湖先生遗书》,第247页。
⑧ 杨简:《慈湖先生遗书》,第79页。
⑨ 杨简:《慈湖先生遗书》,第79页。

共在。人们固执地以为"道"在此,故一定如此去做;或固执地以为"道"在彼,故一定如彼去做,这些都是没有体悟到"道"的"天下莫不共由"的特性,都不合乎本心自然静定而又自然发用之性,都是悖道起"必"。见心明道就要"断""必"。

"固"也是一种意。杨慈湖指出:"固亦意之固。固守而不通,其道必穷;固守而不化,其道必下。"①固就是滞于成见,固守而不事通达、不从变化,而使"道"僵滞而走向穷途。杨慈湖以孔子对"逸民"的评价为例说明"逸民"的"固"弊和孔子对"固"的超越。《论语·微子》载:"逸民:伯夷、叔齐、虞仲、夷逸、朱张、柳下惠、少连。子曰:'不降其志,不辱其身,伯夷、叔齐与!''谓'柳下惠、少连,降志辱身矣,言中伦,行中虑,其斯而已矣'。谓'虞仲、夷逸,隐居放言,身中清,废中权。我则异于是,无可无不可'。"孔子认为,伯夷、叔齐隐居饿死,不仕乱朝,不降其志,不辱其身;柳下惠、少连,虽降志辱身,食禄鲁朝,言行必中于法度心虑;虞仲、夷逸,隐遁退居,放肆直言,身不仕乱朝而中清洁,废事免于世患而合于权智。杨慈湖进而评价道:"孔子尝曰:'我则异于是,无可无不可。'又曰:'吾有知乎哉!无知也。'可不可尚无,而况于固乎?尚无所知,而况于固乎?"②杨慈湖认为,伯夷、叔齐、虞仲、夷逸、柳下惠、少连等节行超逸之人各滞于所执,孔子则与他们有异,不必进退,存其会通,唯道义所在,无可无不可。杨慈湖深悟"无可无不可"的内蕴,明白知与无知的变化无驻,洞彻万物殊异,其实归一、大道无方、变无定规的深义。他在解《豫》卦六二爻"介于石"曰:"水静则清,清则明,人静则清明。人心本清明,惟动故昏。六阴二又阴,阴,静也,有至静不动之象。人之本心自静,自清明,惟因物有迁者多,故以不迁于物者为介,为如石,其实非致力作意而固执之也,作意固执非静也,非如石也。"③固执己意,执滞不化,不知变通,必会使心受蒙蔽而致昏恶。要昌明本心,豁显大道,应以自然静定之心,即物而不滞于物,以不偏不倚、至中至正之道应世接物,从容中道,变化通达。

什么是"我"呢?"我亦意之我。意生,故我立;意不生,我亦不立。"④杨慈

---

① 杨简:《慈湖先生遗书》,第79页。
② 杨简:《慈湖先生遗书》,第79页。
③ 杨简:《杨氏易传》,卷7《豫》。
④ 杨简:《慈湖先生遗书》,第79页。

湖认为，"我"就是局限于自我之躯、执著于个体一己之私而产生的自我之识之行。人们总是以自我的立场去认知和生活，所以直接感受到的是我在做什么或不做什么，我得到了什么或失去了什么，一切衣食住行、读书、仕宦、名声、行艺，都以个体之"我"的价值判断、立场观点为依准："自幼而乳，曰我乳；长而食，曰我食；衣曰我衣，行我行，坐我坐，读书我读书，仕宦我仕宦，名声我名声，行艺我行艺。"[①]这种执著于自我的血气形骸、主观意识，一切从个体自我出发思考行事，就会把自己限于一个狭小的天地，不能变通超脱，从而在心中树起一个"小我"，背离了物我一体寂然纯净的本体境界，导致所谓个体之我本然的洞寂圆满状态的缺失，神明之心、至善之性的遮蔽，易于引起无穷私利的追逐。有些人自以为无我而又"行我行，坐我坐"则不能洞彻天地万物一体之境，"自以为意、必、固、我咸无，而未免乎行我行，坐我坐，则何以能范围天地，发育万物？"[②]是否真的有"我"呢？杨慈湖认为，"方意念未作时，洞焉寂焉，无尚不立，何者为我！虽意念既作，至于深切时，亦未尝不洞焉寂焉，无尚不立，何者为我！"[③]"夫岂知本有之性，清明无体，何者为我？无我无意，自知自巽，何穷之有？"[④]"道心无体，何者为我？清明在躬，中虚无物，何者为我？"[⑤]通过从根本上对容易导致坐井观天之固执己我的剔拔、破除，不断回复"本心"的至善至明至灵，就可直至无我的本体之境："道心无我，中虚无体，自然于物无忤，自然于理无违。"[⑥]

杨慈湖认为，必、固、我是在意的统领之下的。"必如此必不如此，固滞而不通，行我行，坐我坐，衣我衣，饮食我饮食，俨然有我者存，凡此皆意中之变态。""孔子所以每每止绝学者之意。他日，门弟子总而记之曰：子绝四——毋意，毋必，毋固，毋我。皆意之类，皆意之别名。"[⑦]从古至今，"不省吾心虚明，牢执气血，坚持意态，守焉而不知其非，固焉而不省其妄，虽贤虽智，难逃四者。"[⑧]

---

① 杨简：《慈湖先生遗书》，第79页。
② 杨简：《慈湖先生遗书》，第80页。
③ 杨简：《慈湖先生遗书》，第80页。
④ 杨简：《杨氏易传》，卷18《巽》。
⑤ 杨简：《杨氏易传》，卷14《益》。
⑥ 杨简：《杨氏易传》，卷15《升》。
⑦ 杨简：《杨氏易传》，卷12《晋》。
⑧ 杨简：《慈湖先生遗书》，第716页。

"此万古学者之通患。"①故而,"圣人谆谆绝四之诲,有意态者,则绝之曰毋意;有必如此必不如此者,又绝之曰毋必;有固执而不通者,绝之曰毋固;其胸中隐然有我者存,则又绝之曰毋我。如是者不胜其众,故门弟子总而记之曰:子绝四——毋意,毋必,毋固,毋我。然则学者难乎脱是四者,自古则然,而况后世乎?"②"学者喜动喜进,喜作喜有,不堕于意,则堕于必,不堕于固,则堕于我。堕此四者之中,不胜其多,故先圣随其所堕,而正救之,止绝之,其诲亦随以多。他日门弟子欲记其事,每事而书,则不胜其书,总而记于此。某即其所记,推见当日之事情,坦然灼然,而先儒未有发挥其然者。先儒岂不知毋义非无,而必以毋为无者,谓此非学者之所及,惟圣人可以当之,故不得不改其义为无,而独归之孔子。先儒不自明己之心,不自信己之心,故亦不信学者之心。吁!贼天下万世之良心,迷惑天下万世至灵至明之心,其罪为大。某大惧先圣朝夕谆谆告戒切至之本旨隐没而不白,使后学意态滋蔓,荆棘滋植,塞万世入道之门。"③孰不知"道不远人,人以私意行之,故失;去其私意,则道在我矣,何远之有?何难之有?"④"知夫意蔽尽去、过尽改,则人人皆与圣人同也。"⑤杨慈湖通过孔门弟子总记而为"绝四"之言,推见当日孔子教诲的鲜活情形,领会至圣先师的意蕴本旨,阐发"绝四"大义,提出"毋意"之法,以正救之、止绝之,畅通万世入道之门。

杨慈湖"以不起意为宗"⑥,阐释并形成了心学"毋意"工夫论体系。这一体系对后世产生了深远的影响。如王守仁弟子、龙溪先生王畿就明确赞同杨慈湖的"不起意"之说,王夫之也认为:"意、必、固、我,以意为根,必、固、我者,皆其意也,无意而后三者可绝也。"⑦

杨慈湖以其"心"之本体为基础,其工夫论以人心自明自灵为前提,强调"不起意",止绝意、必、固、我。工夫和本体在此得到了完美而有机的统一,心学的本体论和工夫论在内在理路上得以一以贯之,心学体系实现了彻底的一元化。

---

① 杨简:《杨氏易传》,卷12《晋》。
② 杨简:《慈湖先生遗书》,第706—707页。
③ 杨简:《慈湖先生遗书》,第81页。
④ 杨简:《杨氏易传》,卷4《讼》。
⑤ 杨简:《杨氏易传》,卷9《无妄》。
⑥ 宋元学案:第3册.中华书局1986年版,第2479页。
⑦ 船山全书:第12册.岳麓书社1992年版,第167页。

持敬而尚仁

——先秦儒家的身体观[①]

张利明

（吉林省社会科学院）

摘要：身体是人的生命存在的最直接形式，也是人把握世界的基点。以感官眼耳鼻舌身"经验"世界也是生命展开的方式，思想也在此生命展开中运行。先秦儒家对身体持"敬"的态度，这种"敬"重在人伦。在身体与世界关系、如何认识世界、如何把握世界以及立身于世界等方面得以展现，儒家对身由"敬"而"仁"即由身体安泰进而伦理，构建达到其追求的道德境界。以儒家的身体观为基础而延伸的很多思想观念，在中国人的心理与情感中多有体现。

关键词：儒家；身体观；仁；修身

"亲己切己，无重于身"（《陶渊明集序》），身体是这个世界上最贴近人的物质存在，也是人可以把握的最直接存在。从哲学意义上说，身体具有"亲在""此在"的深刻意义，身体是人类把握世界的基点，世界也通过身体向人类显现。唐君毅先生说："吾所谓眼前当下之生命心理活动之诸方向，其最切近之义，可直自吾人之此藐尔七尺之躯之生命心灵活动以观，即可见其所象征导向之意义，至广大，而至高远。吾人之此身直立于天地间，手能举、能推、能抱、能取；五指能指；足能游、能有所至而止；有口能言；有耳能听；有目能见；有心与首，能思能感，即其一切生命心灵之活动之所自发。中国哲学中之基本名言之

[①] 杨儒宾先生在《儒家身体观》指出，原始儒家身体观有礼义化的身体观、心气化的身体观、自然气化的身体观。本文从"敬"而"仁"的视角论述先秦儒家身体观的一个侧面。

原始意义,亦正初为表此身体之生命心灵活动者。试思儒家何以喜言'推己及人'之'推'？庄子何以喜言'游于天地'之'游'？墨子何以喜言'取'？老子何以言'抱'？公孙龙何以言'指'？"① 由身体之"感"而通达事物之"理",这是中国文化系统中一个重要的问题。自孔子、老子始,儒家和道家后学不断丰富和充实身体观,以感官眼耳鼻舌身"经验"世界也是生命展开的方式,思想也在此生命展开中运行。②

马克思指出,人是受动的、受制约的、受限制的存在物。③ 人是有意识的社会性存在,人的身体与社会发展、生产方式、社会制度等有着密不可分的联系。作为中国传统文化主要源流,儒、道的身体观对后世影响很大,儒、道的身体观念是互补的。道家重视身体的自然性,侧重逍遥；儒家重视身体的社会性,主张敬重。④ 本文重点讨论先秦儒家的身体观,所谓"敬身而仁"⑤意在揭示儒家的身体观不只是道德性的,先秦儒家对身体的生命人文性也应得到关注。

一、身寄天下

《尔雅·释诂》曰:"朕、余、躬,身也。"身就是我,是自己,是自身,用哲学的话语就是生成意义上的身心一体。⑥ 身心一体不同于基督教中灵魂与肉体的对立,也不同于笛卡尔的意识之我。

"身体"是生命的载体,也是人无法脱离的形态。儒家以"身""四体"等界定身体。儒家对身体结构也有描述,"口之于味也,目之于色也,耳之于声也,鼻之于臭也,四肢之于安佚也,性也,有命焉"(《孟子·尽心下》)。口目耳身四肢等感官具有感知功能。荀子说:"目辨白黑美恶,耳辨音声清浊,口辨酸咸甘苦,鼻辨芬芳腥臊,骨体肤理辨寒暑疾养。"(《荀子·荣辱》)荀子此言也是讲生

---

① 唐君毅:《中国哲学原论——原道篇》自序,中国社会科学出版社2006年版,第4—5页。
② 欧美学界对身体的研究主要集中在三个方面:一是对身体器官、生理及其与社会、文化的关系研究；二是身体与政治和权力结构的关系研究；三是由身体延伸出的医疗史、疾病史、福利救济史、药物史等相关生命关怀研究。
③《马克思恩格斯全集》第42卷,北京:人民出版社1979年版,第167页。
④ 张利明:《敬重与逍遥:儒道互补的身体观》,《社会科学战线》2020年第4期。
⑤ 敬身有"敬重自身"与"行礼致敬"之意,这里取前意。
⑥ 日本学者汤浅泰雄认为认为印度、中国、日本身体观的特点是"身心合一",安乐哲认为中国哲学的"身体"是"身心互渗的过程",杨儒宾认为儒家"心性论与身体论乃是一体的两面"。

理感官的知觉能力,其目的是为后来的道德本性做论证。儒家重视身体的养护,孔子的日常饮食十分健康,对身体很有益处,《论语·乡党》载曰:"食不厌精,脍不厌细。食饐而餲,鱼馁而肉败,不食。色恶,不食。臭恶,不食。失饪,不食。不时,不食。割不正,不食。不得其酱,不食。肉虽多,不使胜食气。惟酒无量,不及乱。"孔子虽然有"食无求饱,居无求安"的言说,但他的饮食不是果腹而已,是很讲究的,且注重时间和营养的合理搭配,包括饮酒,也考虑到不能伤身,要适度。孟子说:"人之于身也,兼所爱。兼所爱,则兼所养也。无尺寸之肤不爱焉,则无尺寸之肤不养也。"(《孟子·告子上》)人都爱护身体的每一部分,也保养身体的每一部分,小之毫发,大之心脑,都要爱护保养。但是保养也有主次之分,"小"和"贱"指吃喝饮食等,"大"和"贵"指仁义道德,如果两者矛盾,一定要舍小取大。

儒家的身体观与其主张的"孝"道,关系是密不可分的。《孝经》曰:"身体发肤,受之父母,不敢毁伤,孝之始也。"就是教人注意自己的身体健康,少生病,避害伤,以免父母担心忧伤。再进一步,"君子不立危墙之下",不把自己放在危险的境地,避免父母为自己担忧。因为身体是父母给的,爱惜自己的身体就是孝顺父母。孝顺父母,还要把身体延续下去,俗语中的"不孝有三,无后为大",子曰:"不孝有三,无后为大。舜不告而娶,为无后也。君子以为犹告也。"这句话出自《孟子·离娄上》,"无后为大"指没有后德,不能为后人所尊重和效法。孝者是延绵子嗣,承继香火的,现在的婚姻家庭中生儿育女、传宗接代仍是家庭伦理的要求。《礼记·祭义》载曰:"身也者,父母之遗体也……父母全而生之,子全而归之,可谓孝矣。不亏其体,不辱其身,可谓全矣。"受之父母的身体,要谨慎地保养,不使身体有所损伤,使身体"全而生之,全而归之"就是实施孝道了。孝与敬紧密相连,"今之孝者,是谓能养。至于犬马,皆能有养;不敬,何以别乎?"(《论语·为政》)孝不只是物质上的赡养,贵在于"敬",就是孔子感叹的"色难",要让父母保持和颜悦色才是重中之重。儒家认为爱惜自己的身体,全身安亲是孝的开始,建功立业、光宗耀祖、扬名后世是孝的终结。孝是为人之本,身体就是开展孝之本的起点,不可不敬重。

"身寄天下"讲的是人与世界的关系,身体受之父母,香火延之子嗣,儒家的敬始慎终由此体现。身的问题实际是在战国开始重要起来,先秦儒家把身心关系问题凸显到前台,其基本思路是身国同构,身体是一个小王国,与大王国的运行机制相同,因此治身与治国是同一种方法,这就涉及身体与国家的关系。

儒家把"修身"看作"家国天下"思想的基础,儒家的"身体"不仅是物质的、器官性的肉身,更重于道德性、人文性的"修身",把自己的"身"修好了。《论语·子路》载曰:"其身正,不令而行;其身不正,虽令不从。"在这个意义上说,"身"不仅是个人修齐治平的基础,也是影响他人、教育他人的一种方式。儒家看来,一个人要完成社会价值、实现人生的意义,没有"身"的基础是万万不可的。

二、尽心知性

与同时代的古希腊、古印度不同,先秦儒家不以身体为审美对象,不单独追求形相,不做身相崇拜。《易经·系辞下》载曰:"近取诸身,远取诸物,于是始作八卦,以通神明之德,以类万物之情。"儒家的"身"与"心"是相互依存的,"心"在"身"之上。讲究"君子不器"(《论语·为政》)人与其他动物或物质的存在不同,物的存在只有相对于人的存在,才有价值和意义。相对于自然万物,儒家把人放在第一位,儒家学说主要是要人通过对自身道德的认识和把握去培养理想的君子人格。即使儒家观察自然事物的时候也是以一种"仁者乐山,智者乐水"的移情方式去获得一种道德哲学的体验。杜维明先生说:"身体在儒家思想里有崇高的地位。"[①]儒家把身心视为一体,修身的第一要务是修心,《大学》说:"所谓修身在正其心者。"修心是以个体的省察克制祛除后天的私欲,不断提升个人的道德境界。在个体自身修养的基础上,天道和人性能够达成和谐,成为一个圆融、协调的整体,以道德规范身体[②],以道德完善人,达到孟子所说的"反身而诚,乐莫大焉"(《孟子·尽心上》),这是儒家追求的精神境

[①] 杜维明认为人是在天地万物中感性最敏锐,也就是感情最丰富的存在,人的忠恕之道不是抽象说教,而是体之于身的一种自然涌现的感情。我们的身体不是仆役,不是手段,不是过渡,也不是外壳,而是自我的体现。杜维明:《从身心灵神四层次看儒家的人学》,载《儒家传统的现代转化》,北京:中国广播电视出版社1992年版,第447页。

[②] 对道德的看法,孟子和荀子有所不同,孟子认为道德是人的本性,荀子认为道德是对人外在的、强制的约束。

界。修身虽不是锻炼身体,儒家也从不轻视身体的锻炼,孔门的"六艺"中礼、乐、射、御、书、数和健康的体魄紧密相关。众所周知,儒家重"礼",对于孩童的站立坐走的正确姿势都有身教的工夫,"体正"是为礼教。儒家重视的头容、足容、手容乃至视容和听容,其目的是达到人生的艺术化。把人从呱呱落地时的自然状态逐步培养成具有完美的人格。《论语·乡党》中记载孔子的容色言动、衣食住行,体现了孔子正直、仁德的品格,这种人也是儒家理想的正人君子,这种理想是在一言一行、一举一动中呈现出来的。可以说,儒家的修身是在修己,修己的目的是"尽心知性"。儒家的学问不局限于"思"而重于"行",就是"体验"。对"家国天下""世间万物"的体认、体察、体会、体玩等,无不由身体一般性的体验而开端。自身而"体之"才是"知行合一"的体现,方能"知得真切笃实"又能"行得明觉精察"。儒家强调只有在身上真切下工夫才能知心,进而能明神。因此孟子说:"君子深造之以道,欲其自得之也。自得之,则居之安,居之安,则资之深,资之深,则取之左右逢其源,故君子欲其自得之也。"(《孟子·离娄下》)儒家问学的工夫,始于自身,终于济世,这种进路,是由内及外的超升,也是由外而内的潜沉。

三、诚身明善

《中庸》载曰:"诚身有道,不明乎善,不诚乎身矣。"① 儒家认为善是人的本性,要把先天的善显现出来,需要"自诚明"和"自明诚"两种途径,前者谓之"性",是自然而然,彰显本性;后者谓之"教",是尽力修身,后天教化。"诚"作为"本体",其本性就是对"身"的昭明。所以"诚者,天之道","诚"这种自我认识的追求可视为对于知天的追求,这种教就是一个超越的层面。结合起来看,自我教育的"明"能够达到"诚","诚"作为"天道"的真实存在又蕴含"明",就能达到"诚则明矣;明则诚矣"。可以说,"明则诚"指涉道德努力,而"诚则明"所指涉本性使然。所以王阳明说:"格物是诚意的工夫,明善是诚身的工夫。"

---

① 陈荣捷认为《中庸》的"诚"是"使天与人合一的那种性质为'chéng'(诚),'sincerity'(真诚),'truth'(真理),或'reality'(实在)。在这部经典著作中对这个观念的广泛讨论使它同时成为心理学的、形而上学的和宗教的概念。"诚"不只是一种精神状态,而且还是一种能动的力量,它始终在转化事物和完成事物,使天(自然)和人在流行过程中一致起来。"参见陈荣捷:《中国哲学文献选编》,江苏教育出版社2006年版,第76页。

(《传习录》卷上)通过勤奋努力、个人的修身达到"诚"的过程是一种重新树立自我、重新创造世界的过程。

"诚身"与"守身"并重,所谓守身为大,就是坚守自己的名节,绝不作出违反道德、有悖礼法之事。儒家主张用道德教化世人,让人知道善恶曲直。守身为大就是坚守自己的节操。孔子讲"君子谋道不谋食""君子忧道不忧贫",为了实现"克己复礼"的抱负,周游列国、向王侯将相陈述自己的政治主张,不辞辛苦,甚至为此牺牲性命也在所不惜;或"食无求饱,居无求安",在艰苦的条件下刻苦地学习各种本领,或为献身某种事业忠贞不渝。这些以身殉道、宁折不弯、安贫守志、高洁自持之士,自古就受到人们的尊重与敬仰,被传颂至今。儒家讲"欲齐其家者,先修其身"。《大学》中的"八条目"把"修身"看作"齐家、治国、平天下"之基,修身也就是做人,把自己的心性修养好,"修身"者要有庄重、宽厚、诚信、勤敏、慈惠五种贤德。修身从孝开始,以孝为核心的"亲亲"道德为出发点,"君子笃于亲,则民兴于仁""教民亲爱,莫善于孝,教民礼顺,莫善于悌"(《孝经·广要道章》)由此演化出仁与礼。礼是社会道德的外在规范,在君臣、父子、夫妇、兄弟、朋友中均可适用,仁是社会道德的内在核心,

所谓"仁者爱人","仁"的原则是:"己欲立而立人,己欲达而达人","己所不欲,勿施于人"。在行动上,具体表现为"恭""宽""信""敏""惠"。"恭"就是每个人都有尊严,要对每个人保持由衷的恭敬,"恭则不悔"。"宽"要持有颗宽和之心,心底无私,天高地阔,"宽则得众"。"信"要用生命保护信誉,言必行,行必果,就会有人用你,"信则人任"。"敏"一个有敏锐之心的人,就能够建功立业,"敏则有功"。"惠"有慈爱之心,让所有的人都可以分享到精神利益和物质利益,那你就足以"惠则使人"。儒家"尚仁",目的是要匡正人心,消弥争乱,天下归一。孔子说"一日克己复礼,天下归仁焉。为仁由己,而由人乎哉?"(《论语·颜渊》)以个人的修身为原点,"由己达人"至宗亲、至熟人、至天下,最终达到"人人亲其亲,长其长,而天下太平"。

四、内圣外王

儒家主张人在自然世界中生存,不是一般性的生存,有独特的自主性和存在方式。儒家"由己及外",感知外部世界是为了刺激心灵世界,进行内省与反

思建立"人"的理想世界。儒家重视人的社会文化,重视礼乐教化。有人认为儒家学说是重伦理的学说,身体就是儒家所重视的"血亲伦理"的重要载体,从自身上至父、祖、曾、高,下至子、孙、曾、玄,一脉相承的"血脉",承载着伦理身份、代际传承以及古往今来,这种身体不再是孤零零的、个体性的"小我",身体的关联性由"前"而"后",世代相传的血亲伦理文化已经深深融入中国人的骨髓,指导着中华儿女的思想和行为,前后贯通、古今关联。横向而言,由"自"而"人",儒家大同理想中对"矜寡孤独废疾者皆有所养"的社会理想,关注的群体是命运不幸的弱势群体,其身其力有某种局限,这些"身体"特殊而身世悲凉的人受到儒者特别的关注,这也是儒家"身体间性"的伦理形象情感生发的重要依据。[1]

在儒家看来身体不仅仅是自我的生命载体,既是"家"的,有伦理意义,也是"国"的,具有政治意义,尤其是对最高统治者和社会管理者的士大夫而言。[2]孟子说:"古之人,得志,泽加于民;不得志,修身见于世。穷则独善其身,达则兼善天下。"(《孟子·尽心上》)修身是儒家的基点,一个人在不得志的时候做好自己的道德修养,得志的时候让天下的百姓都能得到好处。宋代大儒范仲淹认为"不为良相,便为良医",不能实现治国的抱负,做个悬壶济世的医生,推己及人,舍己为人,医治世人的身体,也是儒者的选择。先秦儒学"内圣外王"的历史来源是孔子对尧舜以来圣王思想与行事的总结,并提出了以"仁"和"礼"为两个支柱的思想体系,在"内圣"方面,孔子主张,"为仁由己"。一个人能不能成为品德高尚的仁人,关键在于自己。正所谓"我欲仁,斯仁至矣"。在"外王"方面,儒家以"修己"为起点,而以"治人"为终点。《中庸》讲治理天下国家的"九经"在于"修身也,尊贤也,亲亲也,敬大臣也,体群臣也,子庶民也,来百工也,柔远人也,怀诸侯也。"即修养自身,尊重贤人,爱护亲族,敬重大臣,体恤众臣,爱护百姓,劝勉各种工匠,优待远方来的客人,安抚诸侯。这些皆是天下太平和合的重要保证。在孔子的思想中,内圣和外王是相互统一的,内圣是基础,外王是目的,只有内心的不断修养,才能成为"仁人""君子",才能达到内

---

[1] 杜海涛:《"疾"与孔子的身体观》,《中国社会科学报》2022年3月22日。
[2] 黄俊杰:《中国思想史中"身体观"研究的新视野》,载《文史哲研究集刊》2002年第3期,第541—564页。

圣,也只有在内圣的基础之上,才能够安邦治国,达到外王的目的。同样,内圣只有达到外王的目的才有意义,外王实现了,内圣才最终完成。

　　身在世界的存在是有时效的,再长寿的人也终有离开这个世界的时候。对于"死",先秦儒、道的态度也不尽同。谈起先秦的生死观,大家都习惯地引用孔子的"未知生,焉知死"(《论语·先进》)、老子的"民不畏死,奈何以死惧之"、庄子的妻死"鼓盆而歌"。对生死之大事,儒家把重点放在社会与人生上,所谓"朝闻道,夕死可矣",生的时候将事情做圆满了,死也无憾了。老子崇尚自然,生与死是不可分割的一体两面。庄子把生死当作气的聚散,这种聚散时刻都在进行,与四季循环一样自然而然,是天地大变中的一环。气聚在一起,产生了身体,便诞生了生命,这没有什么值得欣喜的;气消散于天地间,生命消逝了,这也没有什么值得悲伤的。《庄子·大宗师》载子来死时,子犁也把生死看作一种自然变化,不喜不悲。道家这种逍遥的生死观念,对后世影响深远,东晋陶渊明讲"甚念伤吾生,正宜委运去。纵浪大化中,不喜亦不惧。应尽便须尽,无复独多虑",意指要自由自在地生活,对生对死不喜不悲,该走则走,不必多虑,只有豁达坦然,才能逍遥洒脱。北宋大儒张载的"存,吾顺事;殁,吾宁也"(《正蒙·乾称》)也是受到道家的影响。

　　钱穆先生曾指出:"大体言之,儒家主进,道家主退。乃中国儒学自《中庸》《易传》以下,无不兼融道家言,故知进必知退,乃中国人文大道之所在。"[①]且不论儒道的这两种人生态度对社会的积极与消极作用,其对中国人的安身立命、为人处世的深广影响是客观的、不容置疑的。儒家使人积极乐观向上,道家让人恬淡内敛清净;儒家使人关注社会价值,道家使人关心自我的超越价值;儒家使人振奋,道家使人安逸。儒道互补,进退相宜,这是中国人从儒道中获得的伟大的人生智慧。唯有依此,不仅使中国人实现了自身的心身平衡,由此及外,也获得了推动社会进步的动力。儒道的这种互补在建构新的文化结构中仍有其积极性得以继续发挥。

五、结语

　　自先秦始,儒家的经邦济世观念与道家进退相宜的处事态度就有所显现,

---

① 钱穆:《现代中国学术论衡》,北京:生活·读书·新知三联书店2005年版,第38页。

所谓"邦有道,则仕;邦无道,则可卷而怀之"(《论语·卫灵公》),得意则儒则进,失意则道则退出。汉代的司马迁以积极的人生态度崇信黄老,追求"究天人之际,通古今之变,成一家之言",就是儒道互补。魏晋时期,玄学家的"老不及圣"之辩,[①]何晏、王弼、郭象讲名教与自然关系,把二者统一起来,也是儒道互补。张载说:"富贵福泽,将厚吾之生也。贫贱忧戚,庸玉汝于成也。存,吾顺事;殁,吾宁也。"(《正蒙·乾称》)活着的时候做本分应该做的事,死了以后就安息了。生死顺其自然,也是儒道互补。还有邵雍、周敦颐,兼综儒道,开出宋代道学;北宋苏轼对现实社会有所作为与为而有度的态度,"一蓑烟雨任平生"的恬淡知足与超然通达,对人生的豁达,是儒释道三教合流的典型代表,也是其后士大夫的普遍心态;理学代表人物朱熹,集理学之大成,可是他时时流露出道家情怀,故追求"胸次悠然,直与天地万物上下同流,各得其所之妙,隐然自见于言外"(《四书章句集注·论语注》)。至于陆九渊、王阳明的心学一派学者,更是兼综孔老,并会通释学了。

迨至封建社会末期,随着市场的发展,儒道两家的修身观念逐步衰退与坍塌,尤其是敬重之风气渐衰。至晚明,出现推崇肉身的美与力量,把身体视为快乐之源的重欲、逐驰声色、"昧于治身"危害个人身心、不利家国稳定的颓废之风。儒家高度重视身心一体、以德养身的修身观念,也随之被边缘化。

儒家以"敬"为核心的身体观重在人伦[②],所谓"天生万物"也是整个人类文明的出发点,既是儒家反复强调的人伦秩序也是建立在自然天性的基础上。儒家没有止于"敬身",不是仅仅爱惜自己,而是进一步扩充——爱人,这种爱不局限于血亲之爱,孔孟的仁爱是对百姓之爱、对人类之爱。所谓"为仁者,爱亲之谓仁。为国者,利国之谓仁"(《国语·晋语一》)。在仁爱之后,还有仁善,即道德上的自我修养至于完成,止于至善,这样的人才是儒家推崇的"仁人"。

在自身与外界关系上,儒道都主张"天人合一",也就是"天人合德",儒家和道家对天德有不同的理解,道家主张身体依赖自然世界;儒家则认为人在自然世界中是不同于其他存在物,人有自己的存在方式,有其自主性,能够参与

[①]《王弼传》载:"弼曰:'圣人体无,无又不可以训,故不说也。老子是有者也,故恒言无所不足。'"圣人即孔子,王弼认为,最能体无的不是老子而是孔子,以此为"名教本于自然"立据,意在调和儒道。
[②] 不能理解为儒道两家是截然二分的,儒家也有恬然之乐的逍遥精神,如"曾点气象""吾与点也"等。道家对生命也有敬重与敬畏的思想。

和改造世界。

今天,我们的身体观已经发生了很大的变化,但是对先秦儒家、道家的身体观,我们采用"各引一端,崇其所善"的态度,仍然有所承续,这种承继以宏大或细小、显豁或隐秘的方式延绵不断地发生着。不仅是在身体观念上儒道互补加以体现,在中国人的心理与情感中,也多处有所体现,正如邵汉明先生所指出的,中国人的"知足而不满足,追求而不苛求"[①]就是儒道互补的体现。儒道互补是一种人生智慧,可以使人安身立命,活得积极而又洒脱。儒家的进取、务实与经世致用,道家的内敛、谈玄与超越之学;儒家是社群之学,道家是个体之学;儒道互补,也是形而上学与形而下学的互补,儒道互补在不同人群和不同人生阶段上各有侧重。用儒家的进取有为的精神激励我们为个人的发展、民族的复兴、国家的昌盛而拼搏努力、建功立业。道家的逍遥智慧滋养我们的灵魂,让我们在奋斗之余使自己的心灵归于平和宁静,抚慰我们内心的缺憾与愤懑。儒家精神与道家智慧的结合,使中国人进退总相宜,而二者结合带来的身心健康坦然,人格刚柔相济,使我们既有辉煌的人生,又有健全的人格。

---

① 张利明:《点亮智慧人生——读邵汉明先生的〈儒道人生哲学〉》,《道德与文明》2011年第2期。